中國歷史常識

—典藏本—

常識

吳晗 主編

開明書店

目　錄

引　言

霍光傳不可不讀

人都是依據於常識而生活的，包括文化常識。

「觀乎人文，以化成天下。」文化常識是社會交往的共識，在人際交流中傳遞和流行。它看上去沒有那麼重要，多一點少一點似乎也不影響生活。但是看過張岱講過的這個故事，大家可能就不會這麼想了。

> 一個僧人和一個文士在夜航船中相遇。甫一登船，文士就開始高談闊論，包括僧人在內的乘客都肅然起敬，僧人更是蜷足側臥，不敢伸腳，害怕不小心擠到了這位學問了得的才子。不過，他聽文士侃侃而談了一陣子，插話問道：「澹台滅明是一個人還是兩個人？」
>
> 文士回答：「兩個人。」
>
> 僧人又問：「堯舜是一個人還是兩個人？」
>
> 文士回答：「當然是一個人了。」
>
> 僧人笑了，說：「那還是讓小僧伸伸腳吧。」

堯舜是上古兩位聖明君主唐堯和虞舜的並稱，「孟子道性善，言必稱堯舜」，可見堯舜是讀書人極熟悉的典型；澹台滅明是孔子

的一位著名弟子，複姓澹台，名滅明，字子羽。「以貌取人，失之子羽」，說的就是他。身為一名文士，居然不知道這些本應耳熟能詳的家門常識，難怪會被人嘲笑了。

文化常識不僅是夜航船上的談資，更是人們互動和交流的共識和準則，是社會文化習俗的一部分。有人比喻說：這類常識猶如眼鏡，沒有它，一片模糊；透過它，世界才變得清晰。平時我們不會去關注自己所戴的眼鏡，而只聚焦於眼鏡中所呈現的事實，殊不知，事實之所以成為事實，離不開作為眼鏡的常識所構成的判斷。就如瓦托夫斯基所說，它是「一種文化的共同財產，是有關每個人在日常生活的一般基本活動方面應當懂得的事情的一套可靠的指望」[1]。

在今天這個理論氾濫的時代，理論和範式層出不窮，信息傳播的便利（或者說多樣化），更加使那些沒有太大價值但卻能迎合大眾的新花樣，獲得空前的歡迎和普及。

然而正因如此，常識才更突顯出它的重要性。只有常識，才能讓我們辨別出哪些是迎合某種潮流而吹出的大泡泡，哪些是被現代名詞精心包裝出來的舊調調。沒有一種真正有價值的理論不是根植於常識之中，並以常識為發展或質疑的基本材料。正如陳嘉映先生所說：「理論所依的道理從哪裏來？從常識來。除了包含在常識裏的道理，還能從哪裏找到道理？理論家在成為理論家之前先得是個常人，先得有常識，就像他在學會理論語言之前先得學會自然語言。」

人缺乏常識，哪怕是特定領域中的理論常識，他所謂的思考都不過是重新整理自己的偏見，都有可能陷入自我誇張和自我膨脹的幻覺，動輒宣稱自己發現了終極真理，或者幻想自己是前無古人後無來者的先知或大師。他們不僅不知道自己缺乏常識，甚至還認為

---

1 〔美〕瓦托夫斯基：《科學思想的概念基礎 —— 科學哲學導論》，范岱年等譯，北京：求實出版社，1982 年，第 85 頁。

自己無所不知。這即使稱不上是哈耶克（Hayek）所說的「致命的自負」（The fatal conceit），但哪怕是「非致命自負」，對其本人的影響已經是一場災難。編者不幸認識這樣一位「女學者」，放下其理論的原創性和文筆暫且不提，一開口就說自己是某學說的當代領軍人物，不僅因妄自尊大而貽笑大方，更暴露出因缺乏常識而造成的病態幻覺之嚴重。

寇準當了宰相以後，曾經問大臣張詠：「您有沒有什麼要指點我一下的？」張詠沉默半天說：「霍光傳不可不讀也！」寇準聽了丈二和尚摸不着頭腦，回家找出《漢書》翻讀霍光傳，讀到「然光不學無術，闇於大理」，苦笑說：「這就是張先生要批評我的啊。」

可惜，張詠這樣耿直的朋友可遇不可求，那位「女學者」沒有寇準這樣的好運氣，恐怕要一直活在自娛自樂的幻覺中，直至伏惟尚饗了。

不知則為病矣

在上網極其便利和搜索引擎極其發達的今天，夜航船上的故事也許不會以那麼可笑的形式重演。要了解澹台滅明或者堯舜，那還不簡單？只要拿出手機輕輕點幾下或者說出這幾個字，儘管搜出來的詞條可能粗製濫造，但至少應該不會再鬧出把堯舜當一個人的笑話。內事不明問某度，外事不明問某歌，又有什麼常識是搜索不到的呢？

從純實用的角度來說，這話也不算錯。不過，網絡可以給你一個詞條或者答案，卻沒辦法讓你的內心世界豐富和成熟起來，也沒辦法讓你的情感和能力立體起來。在日常生活中，這些常識太過平凡，捫之而無形，扣之而無聲，以致我們既不會拍案驚奇，也不會感激有加，但是它卻如春風化雨，滲透、沉澱和內化到一個人最深

沉的精神情意之中，對他的生活特別是精神生活產生巨大的影響。

奧地利小說家茨威格曾經描寫過一個不識字的小夥子，用來形容其不幸的憐憫筆調，恰恰可以借用來表達缺乏常識者的可悲：

> 跟他提起歌德呀，但丁呀，雪萊呀，這些神聖的名字不會告訴他任何東西，只是些沒有生氣的音節，沒有意義的聲音，輕飄飄的。對一開卷頓時就會有撲面而來的無窮歡暢，像銀色的月光透出死氣沉沉的層雲，這個精神窮人是根本想像不出來的。

即便不能說所有，多數的文化常識不僅是人交流的共識基礎，不僅是迅速理解別人或者默契於心的鑰匙，更是使人的精神生活更為富足的硬通貨。先不說簞食瓢飲而不改的孔顏之樂，就是隨時隨地聽到李白、蘇東坡的名字，聯想起來「疑是銀河落九天」或「大江東去浪淘盡」，以及同時跳出來的種種故事，不是已經足以令你會心一笑了嗎？步入洛陽的關林，看到那把大刀的時候，你所想到的恐怕也就不僅是試試它的重量，還有關羽溫酒斬華雄以及大戰呂布的生動畫面，以及隨之切入進來的桃園三結義、大意失荊州吧？

離開了附麗其上的詩詞、畫面和故事，李白、蘇軾的名字或者關林這個地方，又能帶給你什麼樂趣呢？你跑到廬山看瀑布或者跑到赤壁看長江，也無非只會驚歎一句「好多的水！」

200億人生活過或生活着的中國，有那麼多的秦磚漢瓦、唐矢宋鏃，但更有價值的是秦漢唐宋而不是磚瓦矢鏃，秦漢唐宋並不屬於看到磚瓦矢鏃的人，而只會在掌握了文化常識的人眼前活躍起來、鮮明起來。站在某片園林裏的古建築前，或者裏裏外外地走上幾圈，有人看到磚瓦；有人看到花紋和架構，有人看到樹木蒼翠，有人看到松柏下的碑刻；有人聽到流水濺濺，有人卻如聞管弦，這都是不同的角度。文化常識可以幫一些人腦補出綠野風煙、平泉草木或東山歌酒，想像出千百年前某人如何把這兒變成了一個有故事

的地方。這些人在旅程中的收穫，似乎應該比只看到磚瓦山林者多上那麼一點點兒。

只有掌握了文化常識，人才能視野開闊、聯想豐富地去看、去聽、去體驗，才能保有「內心移民」的一片淨土，也才能與天地精神往來而不傲睨於萬物。沒有文化常識的生活，被茨威格無比犀利地形容為「穴居人不見天日的生活」。

很多人對文化常識態度漠然，覺得就像一支鉛筆、一張紙或者什麼隨手得到而又可以隨手丟下的東西一樣。但有見識的人從來不會這樣認為。

梁啟超一生著述 1400 萬字，融匯中西，出入經史，顯示了「百科全書」式的淵博。然而他對於常識的重視卻出人意料：「蓋今日所謂常識者，大率皆由中外古今無量數偉人哲士幾經研究、幾經閱歷、幾經失敗，乃始發明此至簡易、至確實之原理原則以貽我後人。」「如中國歷史、中國地理之稍涉詳密者，其在外國人，實為專治支那學者之專門學識；在吾國人，則實為常識，不知則為病矣！」[1]

這幾句話，他並非隨口一說，而是有切實的思考和實踐。近代以來，在推廣常識教育方面最不遺餘力的也正是他。從 1910 年 2 月創辦《國風報》開始，「常識」即成為梁啟超關注的一個中心議題。他在該報第二期刊載的《說常識》一文中，對自己的理念作了詳細闡發，並構想組建「國民常識學會」來實施自己的設想，其於 1916 年編撰出版的《常識文範》也影響深遠。中華書局創辦人陸費逵先生在 1915 年《大中華》創刊號上說：「梁任公先生學術文章，海內自有定評。竊謂吾國中上流人，稍有常識，固先生之功居多，而青

1　滄江：《說常識》，《國風報》1910 年第 2 期，1910 年 3 月。

年學子，作應用文字，其得力於先生者尤眾。」[1] 此言可謂為梁啟超一生致力於培養「國民常識」的功績蓋棺論定。

從文化大師對於傳統文化常識身體力行的重視，我們應可認識到其對我們每一個中國人的重要性。如梁啟超所言，「不知則為病矣」。

專精同涉獵，兩不可少

知識的學習有兩種，一種為「任憑弱水三千，吾只取一瓢飲」，通過學習某種專業知識，獲得相關文憑、職業資格證書；如果有進一步研究的興趣，則繼續深造以求「登堂入室，窺其堂奧」。這屬於專業學習。

但除此之外，我們還需要人格養成、獨立思考，還需要有參與社會的能力，更需要傳承歷史文化。這些都是專業學習力所不能及的，只有對蘊含和繼承了中國優秀思想文化的基本常識及文獻典籍的學習和閱讀，才能擔當此任務。

梁啟超指出：「有了專門訓練，還要講點普通常識；單有常識，沒有專長，不能深入顯出；單有專長，常識不足，不能觸類旁通。讀書一事先輩最講專精同涉獵，兩不可少。有一專長，又有充分常識，最佳。」[2]

與專業學習促進學術發展和科技進步的追求相比，常識的學習不致力於培養專業技術人才，更無意於打造螺絲釘式的現代「工具」，而是着眼於立人，培養有胸懷氣度及眼光識見的君子，也就是有獨立思考能力和道德判斷的人，營造普遍的人文氛圍和社會公

1　陸費逵：《宣言書》，《大中華》第一卷第一期，1915 年 1 月。

2　梁任公講授、周傳儒筆記：《歷史研究法》（後改題《中國歷史研究法補編》），《清華周刊》385 期，1926 年 10 月。

共生活，抵禦知識的異化、人的異化和社會的異化，促進人的全面發展。

從形式上，專業化學習往往不滿足於賜牆及肩，而致力於知識的精深；常識學習更着眼於知識的基本、根本與全面，不追求培養古代所謂的「通書千篇以上，萬卷以下」的通儒碩學，而是允許曾經滄海式的學習，更追求對重要的基本常識的了解，尤其是涉及精神生活和公共生活的最基本相關常識的掌握。

現代社會的追求是日新月異地建設一個新世界，需要各種各樣的專業人才，看似深奧宏大的理論層出不窮，對包含諸多常識在內的傳統文化卻越來越涼薄。然而，正如雅斯貝爾斯在《時代的精神狀況》中所說：

> 個體自我的每一次偉大的提高，都源於同古典界的重新接觸。當這個世界被遺忘的時候，野蠻狀態總是重現。正像一般船，一旦割去其繫泊的纜繩就會在風浪中無目標地飄盪一樣，我們一旦失去同古代的聯繫，情形也是如此。我們的原初基礎儘管是可能發生變化的，但總是這個古典界……

一個人、一個社會、一個國家，文化常識的有無以及人文素養的高低，直接影響着其生活面貌，決定着其是否會在風浪中無所底止地飄盪。今天，傳統文化所特有的豐富和細膩消散在碎銀幾兩的忙碌中，特有的色澤也在聲色搖曳的照射下闇淡，越是在這樣的時候，絕大多數人就越需要從傳統文化中汲取力量，解決形形色色的問題。然而典籍早已經被年輕人視若畏途，退而求其次的彌補，只能依靠文化常識的學習了。朱子在《近思錄》的序中也提到這個問題，並介紹了自己的嘗試。他說：

> 淳熙乙未（1175 年）之夏，東萊呂伯恭（呂祖謙）來自東陽，過予寒泉精舍。留止旬日，相與讀周子、程子、張子之

書，歎其廣大閎博，若無津涯，而懼夫初學者不知所入也，因共搦取其關於大體而切於日用者，以為此編。

直白地說就是：典籍廣大閎博，浩如煙海，我和伯恭先生擔心初學者不得其門而入，就一起縮編了這本既能反映典籍概要同時又能切近日用的通俗讀本。作為一位博學多識的大學問家，朱子對初學者循循善誘的一片苦心，於此可見一斑。他所強調和為之努力的，實際上也是一種文化常識的學習。我們也相信，在今天這個內外劇變的時代，常識教育能夠讓讀者更有力量。

站在巨人的肩膀上

常識類讀本是傳承文化的重要載體，可謂普通讀者認知傳統文化的一扇窗，它對於建構系統的知識體系，進而養成開放的胸懷以及多元的思考能力，加深對傳統文化的理解，是一個很好的阿基米德支點。

本叢書是一套名家編著的經典讀本，能夠充分體現傳統文化精華，吳晗、胡適、鄭振鐸、梁思成、林徽因等讀書破萬卷的「通儒」，在繼承和思考歷史文化精粹的基礎上，合零為整、苦心孤詣地歸納整理而成是編。這既屬於他們個人創造，更是一個時代對傳統文化的繼承。

歷史分冊的主編吳晗以明史研究的卓越成就而享譽學林。20 世紀 50 年代以後，他以一個「橫通」和「直通」兼而有之的歷史學家身份，全身心投入到歷史常識普及工作中，形成了一套關於歷史通俗化和普及的理論和方法，成為普及歷史知識的積極倡導者。他對學習和普及歷史知識的重要性有深刻的認識：

（歷史學）在提高的指導下普及，在普及的基礎上提高，兩者不可偏廢的，必須兩條腿走路。單有提高，沒有普及，只

是少數人提高了，大多數人還是一清二白，這是不符合現實要求的……

《中國歷史小叢書》《語文小叢書》《中國歷史常識》等幾部大型通俗性叢書，發起者和主編就是吳晗。他凡事躬親，一絲不苟。在《中國歷史常識》編輯過程中，無論是編輯方案的制訂、初稿的審閱和討論還是編輯加工稿的審訂等，他都一一過問和參加。在吳晗的精心佈置和領導下，叢書取得了極大成功，發行量之高，讀者面之廣，罕有與之相媲美者。

哲學分冊的作者胡適，與蔡元培、陳獨秀都屬兔，有北大「老兔、中兔、小兔」之雅稱。他以一篇《文學改良芻議》高揭白話文的旗幟，成為新文化運動的主將之一，更以一部被蔡元培譽為「截斷眾流」的《中國哲學史大綱》奠定了在學術界的地位。本書從《胡適全集》中擷取了部分篇章，與其任教北大時出版的《中國哲學史大綱》合編為一冊，彌補了胡著只有半卷的學術缺憾。由上古而中古，而近世，為讀者提供一種研究中國哲學史的完整門徑。

在胡適以前，研究普及中國哲學的人不計其數，其中不乏錢穆和馮友蘭這樣的大家，但胡適的不同之處是，他開創性地運用西方的治學方法和話語，來研究和解讀中國哲學，這就不能不讓人耳目一新。正因如此，蔡元培曾讚揚胡適《中國哲學史大綱》的長處是證明的方法、扼要的手段、平等的眼光及系統的研究，是一部新的哲學史。而同樣出版過《中國哲學史》的馮友蘭則多次表示，在中國哲學史研究的近代化工作中，胡適創始之功，不可埋沒。此外，胡適為文通俗易懂，簡潔平實，一點也沒有晦澀難懂的感覺。比如當他提到莊子的「達觀」思想時，這樣解釋：

> 有兩個人爭論，一個人說我比你高半寸，另一個人反過來說自己比對方高半寸，這時莊子走過來說：你們兩位不用爭了，我剛才從埃菲爾鐵塔上看下來，覺得你們兩位的高低實在沒有分別。

譬喻之精準巧妙，語言之幽默詼諧，都讓人不由得會心一笑。

文學分冊的作者鄭振鐸，是中國現代傑出的文學家和翻譯家，新文化和新文學運動的倡導者。在他眼中，文學乃是「最偉大的人類精神的花」。雖然他日後亦涉獵史學、藝術等領域，而文學研究實為其一生之志，「畢生精力所在」。

20 世紀 20 年代起，他的研究重點逐漸地轉到中國文學上來，陸續出版了《文學大綱》《插圖本中國文學史》。他自覺地引入了西方的文學觀念和治學理念，把中國文學放到世界文學的參照系中進行研究，不僅把小說、戲曲這類在傳統上被視為不入流的文體納入了敍述範圍，還風趣地對比指出：「《詩經》在孔子、孟子時代的前後，對於一般政治家、文人等等，即已有如《舊約》《新約》及荷馬的兩大史詩之對於基督教徒與希臘作家一樣的莫大的威權。」

建築分冊的作者是梁思成和林徽因伉儷。梁思成是梁啟超先生的長子，中國古代建築學科的開拓者和奠基者；以作家和詩人名世的林徽因，也堪稱中國第一位女建築師。1932 年至 1937 年 7 月，中國營造學社在梁思成、林徽因等人的主持下，於兵荒馬亂中先後到瀋陽、北平以及河北、山西、浙江、江蘇、山東、河南、陝西七省的近 40 個縣考察，對中國古建築進行開創性的調查研究。很多古建築如趙州石橋、應縣木塔、五台山佛光寺東大殿等，通過他們的考察得到了全國以及國際的認識，從此加以保護。

1934 年，他們編著《清式營造則例》一書，第一次將繁雜的中國古建築構造和形制作了科學的整理和分析，用近代的建築投影圖繪製出清式建築構架、門窗、裝飾和彩畫的詳圖。直至今天，這部著作仍然是初學中國古建築的必讀教材。1937 年，他們批註《大唐西域記》中數百處唐代建築及地名，引起了世人對中國古建築的關注。所著《中國建築史》更使中國古建築這一塊寶拂去塵埃，重放異彩於世界文化之林。

他們在跋山涉水考察測繪古建築和奔走呼號不讓「古都坍塌」的同時，還用自己的健筆傳播建築文化，先後發表《論中國建築之幾個特徵》《平郊建築雜錄》《中國建築發展的歷史階段》《中國建築與中國建築師》《晋汾古建築預查紀略》等，熱情地介紹中國建築傳統。林徽因應《新觀察》雜誌之約，撰寫了《中山堂》《北海公園》《天壇》《頤和園》《雍和宮》《故宮》等一組介紹中國古建築的文章。梁思成在《人民日報》上開闢「拙匠隨筆」專欄，寫出了《建築 ∈（社會科學∪技術科學∪美學）》《建築師是怎樣工作的？》《千篇一律與千變萬化》《從「燕園」—— 不祥的一語成讖說起》《從拖泥帶水到乾淨利索》，對建築知識和建築文化進行公眾普及。所有這些，都是梁林伉儷留下的重要建築文化遺產。

本叢書注重完整的編排體系，前後知識相互聯繫、相互補充，進而不斷深化。從中國的哲學、文學、歷史、建築等四個方面，對傳統文化以及承載傳統文化內涵的象徵性符號、典型建築等進行系統梳理，由淺入深，循序漸進地展開內容。為了更好地啟發思考，我們通過相關內容延展串聯相關知識網絡，綱舉目張地啟發讀者從不同的角度、不同的方面了解同一主題。

同時，由於文字的抽象性高，而圖片可以更直觀和形象地呈現內容，提高讀者的閱讀體驗。本叢書緊密配合歷史場景、人物形象、建築結構、事物聯繫等內容，按照一定比例配備了相應圖片，或對文字內容進行解釋，或對文字內容進行補充，圖片和內容相輔相成、相得益彰。

只有站在巨人的肩膀上，才能看得更遠。而這個叢書，恰恰可以為大家更經濟且更有效率地學習提供助力。當然，如果大家在讀了這套常識叢書以後，能進一步打開並沉潛到各位作者的原典著作中，從容求索，深入體味，收穫一定會更大。如果僅只滿足於了解一些常識，得少為足，相信也是有違這套書的作者們的初衷的。

序

我國歷史時期這麼長，歷史文獻這麼多，要人人都學點歷史、有點歷史常識，真是像前人所說，一部二十四史，從何下手呢？何況歷史文獻都是在不同歷史時期，用當時通行的古文編寫的，今天的絕大多數青年還不能熟練掌握、運用古文，這個關過不了，要學，又從何學起呢？

當然，這些年，我們也編出了幾套篇幅不等的通史，但是，一般地說，字數都比較多，而且對象都是在學的各級學校的學生，對廣大青年來說，還是不大適合的。

廣大青年都有強烈的學習歷史的要求，但是缺乏可讀的書，這個問題必須解決。

我們在各有關方面的支持下，編了這部《中國歷史常識》，就是為了適應這個強烈的要求，幫助廣大青年學習中國歷史知識，並且從中受到民族主義和歷史唯物主義的教育。

在編輯這本書的過程中，我們注意到以下一些特點：

第一是形式活潑。針對讀者對象，為讀者設想，這部書不能像歷史教科書那樣寫法，要不，已經有了那麼多套教科書了，何必重複？也不能寫成歷史故事，故事必然會有虛構、誇張成分，而這部書的目的是給讀者以必需的歷史常識，這個區別是必須弄清楚的。

當然，更不能寫成歷史論文，因為只有少數人才能讀懂。經過研究，採用類目形式，而且要求簡短精練，每個類目一般只有一千多字，具體說明一兩個問題。每個類目都有獨立性，各個類目之間又有連貫性。讀者隨便抽出一點時間，就可以閱讀一兩個類目，從而獲得知識。既可以隨時看，也可以隨時放下。把讀過的東西連貫起來，則又可以比較系統地了解我國歷史發展的基本面貌。

第二是取材廣泛。由於形式比較活潑，不拘泥於一定格式，一般教科書中所不可能接觸到的題材，在這部書裏就有了用武之地了。除了比較系統地和全面地反映了我國歷史發展的概況以外，本書還寫了歷史上的階級鬥爭和生產進步，也寫了某些重要的文化生活和歷史人物；既闡明了歷史上的光明面，也敍述了歷史上的黑暗面。此外，如臥薪嘗膽、完璧歸趙、負荊請罪、毛遂自薦、班門弄斧、約法三章、破釜沉舟、四面楚歌、扁鵲再世、三顧茅廬、聞雞起舞、風聲鶴唳等成語，都通過具體史實，給以詳盡的說明，這種敍述比一般辭書要詳細一些，豐富一些，也更生動一些，使讀者不但便於記憶，也可以從中汲取歷史經驗或教訓，獲得啟發。

第三是文字通俗。為了使讀者都能夠讀懂這部書，所有作者都在寫作中力求通俗，儘量避免用生僻的字和詞句，寫法也力求流暢、明白易曉。有些專名如人名、地名、官名等，其中有些較生僻的字難以避免的，也用漢語拼音注音、用漢字註釋，使讀者省去翻查字典的麻煩。在講述中還穿插了一些有關的故事情節，力求做到生動活潑，容易閱讀。

此外，由於內容涉及方面多，篇幅也不免較多。本書第一到第五編是古代史部分：其中，第一編是先秦，第二編是秦漢到魏晉南北朝，第三編是隋唐至宋，第四編是元明清（1840 年前），第五編是古代史專題的知識部分。近代史部分則是第六至第八編。

最後應該特別提出的是，這部書的編寫是集體勞動的成果，

是歷史學界和其他有關方面廣泛支持的成果。就單位來說，參加寫作的有二十多個；就寫作成員來說，一共有八十多人擔任分題撰寫。從最初商定選題到最後定稿，經過反覆修改、審訂，都是通過廣泛的協作進行的。參加的人有青年人、中年人，也有老一輩的長者，充分體現了青老協作互助的團隊精神，同時也發揮了學術工作者獨立鑽研的積極性。其中，參加制訂選題計劃、討論編寫要求的有（以姓氏筆畫為序，下同）：丁名楠、白壽彝、何茲全、胡厚宣、鄭天挺、謝承仁、戴逸等，其他大多數作者也提供了很多寶貴的意見。參加審改稿件的，第一編有何茲全、胡厚宣先生；第二編有何茲全先生；第三編有汪籛、陳樂素、鄧廣銘先生；第四編有翁獨健、鄭天挺先生；第五編有何茲全先生；審閱近代史的是戴逸先生。此外，謝承仁先生擔負的任務最為繁重，他參加了古代史全部書稿的編輯工作，逐篇逐段地協同進行了審閱、修改和統一加工的工作。在此，謹向他們表示感謝。

　　附帶聲明兩點。第一，這部書是通俗讀物，為了避免在讀者中引起對事物認識的混亂，所論述的只限於學術界已經論定的、有了一致意見的。至於學術界尚在爭論、說法不一的問題，則儘量不涉及。有些必須涉及的問題，如春秋、戰國的起迄年代，則把各家說法同時提出。第二，在編寫中，我們主觀上的要求是立論正確，要富有教育意義，但是因為時間匆促和水平的限制，在這方面還做得很不夠，可能還是會有若干錯誤。同樣，在文字表達方面，雖然力求通俗，但是也沒有完全做到，離生動活潑、淺顯明白的要求，還有一定距離。我們歡迎讀者和各方面專家隨時提出批評，使之不斷提高，成為比較可讀、易讀的通俗讀物。

吳晗

本編從中國猿人講到戰國末年，包括古老的神話傳說，中華民族的形成，夏、商、周的更替，春秋戰國爭雄，諸子百家的興起，這是中華文化的奠基和中華民族性格的形成時期。

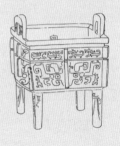

第一編

先秦往事

中國猿人

從人的形體上講，兒子總是像父親的，不過又不完全像父親；父親總是像祖父的，不過又不完全像祖父。照此往上推，我們的遠祖，以至人類的祖先，一定有些地方是和我們現代人相像的，也一定有很多地方是和我們現代人不相同的。那麼，人類的祖先究竟是什麼樣子的呢？

1927 年，我國考古工作者在北京西南五十公里的周口店龍骨山進行考古發掘，發現了大量的古代脊椎動物化石，其中有一種牙齒和下牙牀化石，既像人的，也像猿的，到底是什麼動物的呢？這不禁引起了科學家們的極大注意。後來經過研究才知道，原來這是一種「猿人」的化石。「猿人」是界於人和古猿之間的一種原始人類。考古學家們把在周口店發現的這種猿人稱作「中國猿人北京種」，或者簡稱為「中國猿人」，俗名叫做「北京人」。1929 年，我國考古工作者又在同一地區再次發掘，發現了一塊比較完整的「北京人」頭蓋骨化石和一些牙齒、下顎骨、軀幹骨化石，另外還有許多猿人製造和使用過的石器。中華人民共和國成立以後，繼續發掘，新的發現也很多。這樣，就為我們進一步研究「北京人」提供了不少寶貴的資料。

「北京人」生活的年代，離我們現在大約有五十萬年（也有人推定為四十萬年）。現在讓我們看看，「北京人」和我們今天的人，在

外貌上究竟有哪些地方相像，哪些地方不相像。

　　根據科學家們的研究，我們知道：「中國猿人」的上肢骨和現代人的極其相似，下肢骨雖然也具備了現代人的某些特徵，可是還保留了明顯的原始性質。至於其頭部保存的原始性質，則更為顯著，像低平的前額，隆起的眉脊骨，高高的顴骨，上下齒喙向前突出，沒有下頦（kē），腦殼比現代人厚一倍，腦髓的重量只有現代人的80%，等等。但是，從肢骨發達的情況來看，可以肯定，「中國猿人」已能夠直立行走；同時，根據發現的石器還可以肯定，它們已能夠製造工具。

　　直立行走，這是從猿轉變到人的有決定意義的一步；能製造工具，這是人和一般動物的一個很重要的區別。使人從普通動物中區分出來的原因是什麼？是勞動。猿人進化到脫離動物的範疇，進入人類的領域，首先就是從雙手得到解放，成為勞動的器官，並創造工具這一點開始的。「北京人」的上肢骨和現代人的上肢骨極為相像，就是勞動的結果；下肢骨的進化比上肢骨落後，頭部的進化相對比較緩慢，這正是說明下肢和腦部的發展是隨着手足的分工而進化的。

　　四五十萬年前，我國華北的氣候要比今天溫暖得多，那時周口店附近，林深草密、莽莽榛榛，到處是各種飛禽野獸出沒的場所，也是「北京人」生活的地方。在這片原始的土地上，誰是真正的主人呢？毫無疑問，是「北京人」。

　　「北京人」成羣地居住在龍骨山邊的洞穴裏，過着比野獸稍強的、極其簡單的原始人羣的生活。他們從離自己住處不遠的河灘上，揀來各種大小不同的鵝卵石，打砸成各式各樣的砍斫器、刮削器和尖狀器，用它們來作為圍捕野獸、採集植物果實和根莖的工具，或者作為防禦猛獸襲擊的武器。這種工具，只是經過初步加工，還相當粗糙，科學家們把它們叫作「舊石器」。所謂「舊石

器」，是和此後人類進步了的石器──「新石器」比較，相對而言的。「北京人」不但能製造石器，而且還能利用吃剩下的獸骨，製成各種使用的骨器。考古學家們在他們居住過的洞穴裏，還發現有用火燒過的石塊、骨骼，還有木炭和深淺不同的灰燼堆積。由這些可以斷定，「北京人」已經能夠使用火，知道了用火燒熟食物，並且具備了一定的管制火的能力。火的使用，在人類生活上有着極重大的意義。由於用火，肉類可以熟食，這樣便大大縮短了胃腸的消化過程，促進了人類體質的發展。由於用火，人類便增加了防禦猛獸和征服自然的能力。

（桂瓊英）

有巢氏　燧人氏　伏羲氏　神農氏

有巢氏、燧人氏、伏羲氏、神農氏這幾個傳說中的遠古「帝王」，是古代人們根據對原始社會情景的推測而提出的一些假想人物。原始社會的情景實際上並無文字記載。

相傳「有巢氏」「構木為巢」。所謂「構木為巢」，是指原始人用樹枝架着像鳥巢般的住所，在樹上居住。早在五六十萬年前，人類最早的祖先──「猿人」，剛從樹上降落到地面來生活，初步學會直立行走，他們拿着自己製造的粗糙石器，在那遮天蔽日的森林裏和鳥獸逼人的原野上，用集體的力量獵取虎、羊、熊、鹿等野獸，掘取、採集植物的根莖和果實，來維持自己簡樸、艱苦的生活。最初，他們還保持着在樹上居住的習慣──「構木為巢」；後來，由於地面的活動日益成為經常性的，在長期的生活實踐中，他們又漸漸學會了利用野獸的洞穴，或者親自在山巖邊挖掘洞穴來作為防禦野

獸侵襲的藏身處所。北京西南周口店的「中國猿人」遺址，就是一個洞穴住址。

相傳「燧（suì）人氏」「鑽木取火」。原始人不知道熟食，獵取到野獸後就連毛帶血地生吃。經過長期觀察，他們才慢慢發覺由於雷電或火山噴發所引起的森林大火不但可以取暖，而且可以嚇跑野獸；同時還發覺被火烤焦的獸肉，吃起來比生肉更香、更有味，也更容易消化。於是，他們逐漸地學會了如何保存天然火種不讓它熄滅，用火來燒熟食物、驅逐寒冷、圍獵猛獸。由於有了火，過去許多不能生吃的東西可以熟食了，可食之物的範圍擴大了；由於熟食，「猿人」的軀體有了新的發展，腦量有了增加，因而在形體上逐漸進化到了「古人階段」——猿人和現代人之間的過渡階段。此後又不知經歷了多少年，通過長期的實踐觀察、觀察實踐，原始人發現進行燧石加工或久鑽一塊堅硬的木頭時，往往由生熱而迸出火光，根據這個道理，他們慢慢地學會了「鑽木取火」。從此，用火便得到了保障。在我國「舊石器時代」遺址中，曾發現用火的痕跡，這說明遠在四五十萬年以前，居住在這裏的人類，就已經知道熟食了。

相傳「伏羲氏」（又稱「庖犧氏」）教人結網捕獸、捕魚，「養犧牲以供庖廚」，又說他「教民嫁娶」。這個傳說所反映的時間，大致在人類社會進入「中石器時代」以後。這時，石器的製作比以前進步，石器的種類比以前增多，因而獵獲野獸的效率也比以前提高了。特別是像弓箭、矛、魚叉等一類狩獵工具出現後，連空中的飛鳥、水中的游魚，也都成了獵取的對象。獵獲物多了，一時吃不完，飼養起來讓牠們繁殖，要吃時再宰掉，以後如果再遇到颱風下雨的日子無法出外圍獵，或者圍獵一無所獲時，就不會再像以前那樣鬧饑荒了。牧畜的發明，使人類的生活相對安定下來。人類社會的發展，慢慢地由原始羣居階段進入了有組織的氏族社會階段。氏族社會一開始是以婦女為中心的母系社會，婦女在生產上佔有重要

的地位。這時候，在婚姻方式上，已經擺脫了同族間「亂婚」的現象，而採取了氏族與氏族間兄弟姊妹對偶婚姻的形式，出現了「嫁娶」。由於氏族社會是以母系為中心，因此這時出嫁的不是女子，而是男子。

相傳「神農氏」嚐百草，發明醫藥，設立集市，又說他製造耒（lěi）、耜（sì）等農具，教人們種植五穀。這個傳說所反映的人類社會發展階段，大致相當於「新石器時代」。在這個時代，人類通過長期的勞動，逐漸積累了豐富的辨認和培植可食植物的經驗；石器的製作又比以前更進了一步。石刀、石鐮和木製耒、耜等農具的出現，說明農業已經開始。當然，這時候的農業還是極為原始的，人們只知道在砍倒燒光的林地上播種穀物，等待收穫，還不知道施肥和進行田間管理。這種農業，後世稱之為「鋤耕農業」。這時飼養牲畜有了進一步發展，畜牧業與農業需要分別進行，因而開始了第一次社會大分工。由於社會的分工，促進了原始交換的萌芽；開始時，這種交換當然還只是偶然的，不過到後來便成為經常性的了。我國典型的「新石器時代」的「仰韶文化」遺址所發掘的器物，正好展示了古史傳說中「神農氏」時代這一發展着的「鋤耕農業」經濟的某些社會圖景。

（王貴民）

仰韶文化　龍山文化

考古學根據人類製造工具和武器所用的原料，將人類文化的進化過程，劃分為「石器時代」「青銅器時代」和「鐵器時代」。「石器時代」又分「舊石器時代」「新石器時代」等多個階段。「仰韶文化」

和「龍山文化」就是居住在黃河中下游的我們祖先所創造的兩支「新石器時代」晚期的重要文化。

「仰韶文化」是由於它最早發現在河南省澠（miǎn）池縣仰韶村而得名，距現在大約有四五千年。它的分佈地區很廣，在河南西部、北部以及山西、陝西、甘肅、青海等省發現的遺址，就不下一千處。遺址中發現的器物有石器、骨器、陶器等。由於這些陶器以表面是紅色而又帶有彩色花紋的為最多，而這種彩陶又具有很明顯的特徵，所以「仰韶文化」又稱作「彩陶文化」。

根據對「仰韶文化」遺址和大量遺物的研究，我們知道當時的經濟是以原始的「鋤耕農業」為主，主要的農作物是粟；農具有石斧、石鏟、石刀和穀物加工用的石磨盤、磨棒等。這時的畜牧和漁獵雖然已漸成為一種副業，但是在整個經濟生活中還是佔有一定地位的。家畜方面，已有豬、狗的飼養。手工業方面，製石、製骨、製陶、紡織、縫紉已很普遍。人們這時已經過着較為穩定的定居生活，因為在遺址中發現了許多方形或圓形的小屋子連接成的「村落」模樣（在這種「村落」當中往往還有一所大房子，大概是這個氏族成員活動的公共場所）。另外，從對當時的墓葬和日用品的研究中可以看出，當時婦女在農業生產和日常生活中所佔的地位遠遠高於男子，因此許多學者認為，「仰韶文化」正處於母系氏族公社的繁榮時期。

「龍山文化」是比「仰韶文化」更晚、更進步的一種「新石器時代」晚期的文化，距現在大約有三四千年。它的得名，是由於它的遺址最早被發現在山東濟南附近龍山鎮的緣故。「龍山文化」的陶器，具有表面漆黑光亮、陶壁薄而堅硬等特點，考古學家把這種文化叫作「黑陶文化」。「黑陶文化」的分佈地區也很廣，大體是在山東、河南、安徽、河北、山西、陝西、遼東半島和浙江杭州附近。

在「龍山文化」遺址中發現的生產工具除了石斧、石刀之外，

還有半月形的石鐮、蚌鐮和木耒等農具。這一時期飼養的家畜除了豬、狗之外，又出現了馬、牛、羊、雞。手工業製造品也更精緻美觀。根據對「龍山文化」遺址和遺物研究的結果，我們知道，「龍山文化」時期的經濟，是以發達的「鋤耕農業」為主，狩獵和捕魚只是一種副業，與此同時，手工業也開始佔據重要地位。這一時期，男子在生產中已起主要作用，氏族中貧富的差別也愈來愈明顯。考古學家和歷史學家認為，「龍山文化」是以男子為中心的父系氏族公社時期的文化。

（王佔山）

黃帝　炎帝　蚩尤

　　黃帝、炎帝和蚩尤是我國遠古時代的三個部族首領。

　　以黃帝為首的部族，最早生活在我國的西北方，過着遷徙不定的遊牧生活，後來遷移到涿鹿地區（今河北涿鹿、懷來一帶），才開始知道馴養家畜，種植植物。黃帝姓姬，號軒轅氏，也稱有熊氏。

　　炎帝姓姜，是另外一個部族的首領。炎帝族最早也是生活在我國西北方的一個遊牧部族，他們遷徙的路線是由西部向中部推進。他們向中部推進時，和最先進入中原地區的九黎族發生了衝突。長期鬥爭的結果是，九黎族勝利了，炎帝族被迫逃亡到了涿鹿地區。後來，炎帝族聯合黃帝族共同對抗九黎族，雙方進行了一場激烈的大械鬥。在這場械鬥中，九黎族的首領蚩尤被殺。這就是古書上所說的「涿鹿之戰」。九黎族和炎、黃兩族的鬥爭持續了很久，後來九黎族因敵不過炎、黃兩族的聯合勢力，一部分被迫退到南方，一

部分仍然留在北方，還有一些則滲入炎、黃族內，成為其中的一部分。自此以後，中原地區——主要是黃河中游兩岸的地方，便成了炎、黃兩族的活動場所。

炎族、黃族在共同擊敗九黎族後不久，他們之間又發生了大衝突，雙方在阪泉（今河北省懷來縣）接連發生三次惡鬥。最後，炎帝被打敗了。這就是古書上所說的「阪泉之戰」。自此之後，炎、黃兩族逐漸結合，並且在中原地區定居下來。

「涿鹿之戰」和「阪泉之戰」說明了定居中原地區的遠古居民，是由黃帝族、炎帝族和部分九黎族組成的。他們互相融合的過程，當然絕不會這樣簡單，融合的途徑必然是多方面的，後世之所以只提這兩次衝突，那是因為年深月久，古書中僅給我們留下這樣兩個重大突出事件的痕跡。炎、黃兩族和部分九黎族結成一體定居中原後，與東方的夷族以及部分南方的黎族和苗族，在經濟、文化上互相影響，關係日益密切。他們共同開發了黃河中下游的兩岸，使這個地區成為了我國古代文化的搖籃。

傳說，進入階級社會後的夏、商、周三代的祖先，都是黃帝的後裔。這些生活在中原一帶的古老居民，春秋時自稱「諸夏」或「華夏」，有時也單稱「華」或「夏」，以區別於居住在長江、粵江（珠江）等流域的其他各族。華夏族就是漢的前身，所以後世漢族人把黃帝奉為始祖，自稱「炎黃世冑（後代）」「黃帝子孫」。

中原地區因是華族文化的發祥地，古時人們認為中原居四方之中，故又把這個地區稱為「中華」。後來，由於華族和其他各族不斷地融合，華族活動的範圍日益擴大，中原文化逐漸發展到全國各地，「中華」二字便成了代表整個中國的名稱。這就是今天中華人民共和國國名裏「中華」這個詞的由來。

（梁葦）

堯 舜 禹

公元前兩千多年時，是我國原始社會徹底瓦解、奴隸社會完全確立的時代，也就是「禪讓」制度被「傳子」制度代替（部落聯盟大首領推選制被王位世襲制所代替）的時代。

在遠古時代，我國黃河流域中下游地區，曾經存在過以黃帝族為主體的黃、炎、黎三族的部落聯盟。這一部落聯盟所處的社會發展階段，是原始社會的末期。部落聯盟的大首領，在三族首領中推選。大首領有權祭天、各處視察、處罰有罪的首領、率眾攻擊敵對的部落。三族聯盟的大首領——堯，年歲漸大的時候，要尋找繼承人，炎帝族的「四嶽」（管理四方事務的官名）推舉舜為繼位人。舜經受各種嚴格的考驗，協助堯工作了二十八年。

堯死後，舜讓位給堯的兒子丹朱，部落成員卻表示擁護舜的領導，有糾紛的雙方都願意找舜做仲裁人而不願去找丹朱，歌手們也不願歌頌丹朱而願歌頌舜，於是舜最後才接替了堯的職位。後來當舜的年歲漸大的時候，部落成員推舉禹出來兼管政務。十七年後，舜死，人們都不擁戴舜的兒子商均，卻願擁戴禹為部落聯盟的大首領。

及至禹死，情況便和過去有所不同。禹的兒子啟直接繼承禹位，並稱王號，建立了夏朝。這時候，與啟同姓的部落有扈氏不承認啟的統治者地位，起兵反對他，說他破壞了「禪讓」制度。啟打敗有扈氏，罰他做畜牧奴隸。經過這場鬥爭後，「禪讓」制就被廢除，「王位世襲」制開始正式登上了歷史舞台。

相傳古代洪水氾濫，堯命鯀（gǔn）治理洪水，鯀治水失敗，堯便改命鯀的兒子禹繼續治理。禹在外治水八年，為公忘私，三次

經過自家門口都沒有進去。後來禹治水收到了良好效果，建立起了變水患為水利的排灌系統——溝洫制度，大大有益於農業的發展，因此禹便為後世所歌頌並被描述為戰勝洪水的神人。相傳，禹的時代，曾用銅來做兵器和生產工具。根據這些傳說，可以想見禹在位時，生產力一定有了迅速的增長。

另外，根據記載，禹曾同苗族進行過戰爭，獲得大勝，苗族被迫退回南方。這一階段，由於生產力的發展，生產有了剩餘，戰爭中的俘虜不再像過去那樣隨便被殺掉，而是被當作奴隸來從事生產，生產出的產品絕大部分歸奴隸主所有。

（應永深）

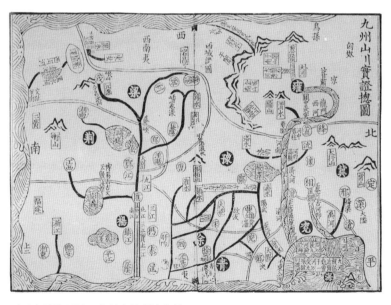

禹貢山川地理圖·九州山川實證總圖

夏 商 周

夏代是我國歷史上第一個朝代，也是我國奴隸社會的開端。它大概建立在公元前 21 世紀，或者稍前一些，共經歷了十七個王，十四代，四百多年。

夏代最後的一個王——桀，是一個有名的暴君。夏桀無視民力，把自己比作太陽，以為可以長久統治下去，可是人民卻指着太陽咒罵他，說：「你幾時滅亡，我們寧願跟你同歸於盡！」桀的統治已到了矛盾重重、難以維持的地步。

商原來是夏朝東部的一個侯國，逐漸向西發展，直至河南商丘。商侯國的君主成湯勵精圖治，利用夏朝內部的矛盾，滅掉夏在東方的韋、顧兩個屬國，然後乘勢攻夏。桀到鳴條（今河南陳留西北）迎戰，士兵敗散，他不敢回都城，便逃到南巢（今安徽巢湖市），後來就死在那裏。夏朝因而滅亡，商朝建立，奴隸制得到進一步發展。

商代（商王盤庚以後因為遷都於殷地，故又稱殷，或稱殷商，本名仍稱為商）從成湯到紂王共經歷了十七代，三十一個王，六百多年。

商代奴隸主貴族，為對被壓迫階級進行暴力統治，除擁有軍隊、監獄和一套官僚機構外，還迷信鬼神並利用它來作為鞏固其統治的工具。受盡剝削和壓迫的奴隸，經常成批地逃亡或不斷地暴動。這種鬥爭，嚴重地動搖了商朝的政權。

商代從祖甲以後，幾乎所有的君主都很荒暴。最後的一個國君——紂王，雖然在歷史上對我國東南地區最初的開發有一定貢獻，但是改變不了他是一個暴君的事實。他荒淫好色，喜歡飲酒作樂、打獵遊玩，使耕地荒廢成為狩獵場。為了滿足自己的腐化生活，他不顧一切加重人民負擔。他對東南地區的人方和孟方（族名）長期進行掠奪戰爭，儘管最後取得了勝利，可是卻耗費了不少的人力、

物力和財力。頻繁的戰爭，引起了平民和奴隸的強烈反抗，社會動盪不安。另外，他又招引他人的奴隸且不任用自己的族人，使得商和其他小國之間以及本國統治集團內部之間矛盾重重。

周本是商朝西部的一個侯國，經過太王、季歷、文王三代的苦心經營，國力已經很強大。文王時候，殷商北面和西面幾個主要的屬國都被周滅掉，周已經取得了當時所謂天下的三分之二，為滅商準備了良好條件。文王死後不久，他的兒子武王，率領兵車三百乘、士卒四萬五千人、勇敢的衝鋒兵三千人，大舉伐紂。同他一起出征的還有許多友邦和南方的庸、蜀、羌、髳（máo）、微、盧、彭、濮（pú）八個小國。紂率領十七萬（一說七十萬）大兵迎戰。在商的朝歌（今河南湯陰南，在那裏有紂的離宮別館）附近牧野（今河南衞輝一帶）地方，兩軍相遇，紂兵陣前起義，倒戈向紂。紂王戰敗自殺，商被滅，周朝建立，這就是我國歷史上第三個重要的朝代。

（雙聲）

殷墟　甲骨文

「殷墟」是指現在河南省安陽市西北五里小屯村北面洹（huán）河兩岸以及附近一些地方。這裏是三千多年前，商代後半期從商王盤庚遷都以後直到紂王滅亡二百七十三年間的國都所在地。商代滅亡後，這裏就成為廢墟，後來人們稱它為「殷墟」。

「甲骨」是指烏龜的背甲和腹甲、牛的肩胛骨和肋骨。商王和貴族奴隸主是最迷信鬼神的，不論有什麼疑難的事都要用甲或骨來占卜，占卜後就在上面刻寫下占卜情況的文字。這種文字就是當時通

用的文字，也是目前發現的我國最早的一種文字——研究這種文字的學者稱它為「甲骨文」。甲骨文是 1899 年（清朝光緒二十五年）在殷墟開始發現的。

根據殷墟的發掘和甲骨文的發現，再結合古書中有關商代歷史的記載一併研究，我們更清楚地知道：商代是我國歷史上的一個奴隸制文明大國，共有六百多年的歷史，當中又以盤庚遷殷（小屯村）為分界，分為前後兩期。這時的社會經濟，是以農業生產為主，使用的農具大部分為木、石、蚌類製成，同時也開始使用青銅製成的工具；種植的農作物有黍、麥、稷、稻、粟等。畜牧業也很發達，豬、馬、牛、羊、雞、狗已成為馴養的家畜，並且還能夠馴養大象。捕魚、打獵的技術也有了進步，用鏃、用彈丸、用網打漁，用車攻、火焚、箭射、陷阱等方法捕捉野獸。

在這一階段，青銅的冶煉、鑄造，陶、石、玉器的製作等手工業已脫離農業成為獨立的生產部門，有了規模較大的作坊進行生產。尤其是青銅器，種類非常多，有日常生活用器，祭祀用的祭器，生產工具和兵器，器物形制很精巧，花紋清晰美觀，達到了我國古代青銅工藝品製造的高峰。有名的司母戊大方鼎（祭器），重一千四百市斤，就是這段時期的代表作，也是目前我國和世界上發現的最古、最大的青銅器之一。

我國古代早期城市的規模在商代後期也比較完整。具有民族形式特色的宮殿建築遺址，在殷墟中也發現了。

商王和貴族奴隸主是商代的統治階級。他們有一套完整的統治機構，有維護奴隸主政權的軍隊組織。他們過着剝削廣大奴隸的寄生生活，吃的是酒肉，穿的是華麗的衣服，住的是宮殿和漂亮的房屋，整天歌舞淫樂。而廣大奴隸們的生活是很悲慘的，吃的是豬狗吃的食物，住的是茅屋土炕，成天不停地在田裏和作坊中勞動，有的在勞動時還要戴着鎖鏈，而且連生命也得不到保障。從甲骨文中

就可以明白地看出：商王和貴族奴隸主還把奴隸當作牲口屠殺來祭祀天帝和祖先。從發掘殷墟許多墓葬的結果可以看出，殺殉奴隸是經常的事。有一次，在一個大奴隸主的墓葬裏發現，被殺殉的奴隸就有一百多個。

（孟世凱）

周文王　姜子牙

很早的時候，至少從夏代末年開始，周族部落就住在現在陝西、甘肅一帶。商朝後期，周族的首領古公亶（dǎn）父（太王），因為遭到戎族和狄族的侵擾，率領周族從岐山之北遷到岐山之南的一片叫作「周」的平原上居住。古公亶父改革風俗，建築城郭室屋，開墾荒地，設立官吏。這樣，就逐漸形成了一個初具規模的國家；周族的勢力得到了迅速的發展。到了古公亶父的兒子季歷在位的時候，周族的力量漸強。商王文丁感到周國的威脅，竟將季歷殺害了。

季歷死後，他的兒子姬昌繼位，就是周文王。周文王是個政治家。他徵收貢賦有節制，周國的百姓都很擁戴他。

商紂王看見周的勢力日漸強盛，感到恐懼，曾下令將文王囚禁在羑（yǒu）里（在今河南湯陰西北）。後來周國向紂王奉獻美女、名馬和珍寶等物，並且買通商的大臣，向紂王求情，文王才被釋放。文王見到紂王暴虐無道，決心把自己的國家治理好，一遇時機，便興問罪之師，推翻商朝。

文王的臣僚中，雖然有不少人才，但是缺少一個極有才幹、能文會武的大賢作為他的輔佐。他常常留心尋訪這樣的大賢，甚至在睡夢中也夢見大賢在向他微笑招手。

有一次，文王帶着大隊侍衞出去打獵，在渭水的支流——磻（pán）溪，遇見一個老人正安安靜靜地坐在那裏釣魚。文王同這老人談話，向他請教了很多問題。從那老人滔滔不絕、見解卓越的回答中可以看出，他是一個才能出眾、學識淵博的人。於是，文王很高興地向他說：「我的父親以前常向我說：『將來一定會有一個賢能的人到我們這裏來，幫助我們治理國家，我們周族將會因此昌盛起來。』您是個很賢能的人，我們想望您已經很久了。」說完，就請老人一同上車，回到京城。回去後，就立老人為「師」（武官名）。因為老人是太公（指文王的父親）想望中的大賢，當時人們便稱他為「太公望」（文王得到「太公望」的輔佐這是史實，但是否有訪賢這一情節，歷史記載中說法不一）。

太公望本姓姜，名尚，字牙，他的祖先助禹治水有功，封在呂地（在今河南省南陽市西），故歷史上又喚他為呂尚。後人則稱他為姜子牙或姜太公。「子」是古代對男子的敬稱，稱他為姜子牙，是表示尊敬的意思。

周文王自從得了姜子牙這樣的好助手，便更加勵精圖治。周國一天比一天富強。文王開疆拓土西至密（今甘肅靈台縣），東北至黎（今山西黎城縣），東至邘（yú，在今河南省沁陽市附近），對商都朝歌採取進逼的形勢。隨後文王又進一步擴充勢力到長江、漢水、汝水流域一帶。文王晚年，周的土地，三分天下有其二，力量大大超過殷。但是，文王沒有實現滅殷的大志便死去了，他的兒子姬發繼位，就是周武王。武王經過積極準備後，興兵伐紂，完成了他父親的遺志，推翻了殷商，建立了統治全國的周朝。周把鎬京（「鎬」音hào，在今陝西省長安灃水之東）作為國都，歷史上叫作「西周」。姜尚因輔助武王滅商有功，後來被封於齊（在今山東省的中部和東部），為齊國始祖。

（王業猷）

周　公

　　周公是西周初年的大政治家，姓姬名旦，是周武王的弟弟。由於他的封地在周（今陝西省鳳翔縣），故歷史上稱他為周公。他輔助武王滅商，立有大功。武王滅商後二年病死，武王的兒子成王年幼，由周公代行國政。管叔、蔡叔、霍叔等貴族想爭奪王位，散佈謠言，攻擊周公，並聯絡紂的兒子武庚等殷商的殘餘勢力，發動叛亂，反對周朝的統治。周公親率大軍東征，用了兩年的時間，平定了反叛。為了鞏固周朝的統治，除去使用武力外，周公還在政治上採取了如下的措施：

　　一、加強分封諸侯的政策。周武王滅紂以後，就已開始分封諸侯。周公並不因武庚和三叔的叛周而改變原來的分封政策，相反更加大力貫徹。他把新征服的東方的土地和人民分封給同姓子弟和異姓功臣，建立屬國，來拱衞周朝王室。據說周朝初年，武王、周公、成王時代，先後一共封了七十一國。滅掉多數小國，建立較大的侯國，結束商朝以來原始小邦林立的現象，這在歷史上是一個進步。

　　二、營建洛邑。為了便於防止殷族的反抗和加強對東方的控制，周朝感到都城鎬京的位置太偏西了，因此便由周公主持營建洛邑（在今河南洛陽市），叫作東都。東都建成後，周公把殷的一部分遺民遷到洛邑，加以監管，並且派重兵駐守，以便鎮壓。周公自己也常駐在這裏。這樣，洛邑便成了當時周朝經營中原的一個重要據點。

　　三、制定典章制度。周公依據周國原有制度，參酌殷法，定出了一套設官分職用人的辦法和區分君臣、父子、兄弟、夫婦、上下、親疏、尊卑、貴賤的各種禮儀。這就是後世所說的周公制禮作樂。周公對商朝的文化，採取虛心學習的態度，他要周族貴族子弟學習商的文化和藝術，從而產生商周兩族混合的文化，這對以後中國文化的發展，是有很大影響的。

周公輔成王（漢代畫像磚拓片）

　　周公攝政七年，最後還政於成王。據歷史所記，西周初年，從武王、周公，再到成王、康王，幾十年間，天下太平，政治、經濟、文化不斷發展，西周的國力，這時最為強盛。

（王業猷）

春秋　戰國

　　公元前 771 年，我國西部的一個部族——戎族，攻佔了周的國都鎬京，把周幽王殺死在驪（lí）山之下。周幽王的兒子——宜臼，依靠各國諸侯的援助，做了天子，就是周平王。周平王害怕戎族的進攻，不敢住在鎬京，於是在公元前 770 年，把國都東遷到洛邑。歷史上把遷都洛邑的周朝叫作「東周」。

　　從公元前 770 年到公元前 403 年這一時期，歷史學家稱它為「春秋時期」（另外也有些歷史學家把春秋時期的範圍定為公元前 770 年到公元前 476 年）。

　　這段時期，包括了我國最早的一部編年體史書——《春秋》（自古相傳《春秋》為孔子所作，但也有人認為並非孔子所作）的起迄

年代（公元前 722—前 481）在內，春秋時期的名稱就是這樣來的。

春秋時期，我國的冶鐵技術已經逐漸進步，生產上也逐漸應用鐵製工具，如鋤頭、斧頭等。隨着生產力的提高，各地經濟有了更大的發展。有些諸侯的力量逐漸強大，超過了周王室。從這時起，周王只不過是名義上的最高領袖，實際上已沒有力量控制諸侯了。

春秋後期，由於各大諸侯國之間彼此吞併，到公元前 403 年，主要只剩下了七個大的強國：秦、齊、楚、燕、韓、趙、魏。

在這七個大國中，齊、楚、燕、秦四國是從西周以來就存在的老國家，韓、趙、魏則是由晉國分裂而成的三個新國家。為奪取更多的土地和人口，七國之間的兼併戰爭，比以前更加劇烈而頻繁，直到公元前 221 年秦始皇攻滅東方六國統一全國以前，各國相互攻伐一直沒有停止。後世人因此把這個時期（公元前 403—前 221）稱作「戰國時期」（有的歷史學家計算戰國時期是從公元前 475 年開始，到公元前 221 年終止）。

戰國時期，冶鐵事業有了進一步的發展，各國都出現了冶鐵業中心。鐵製工具的廣泛應用，又推動了各國水利事業和農業的發展。

（王業猷）

五霸　七雄

春秋時期，周天子的勢力衰落，大國諸侯互相爭奪霸權。歷史上把先後稱霸的五個諸侯叫作「五霸」。五霸一般是指齊桓公、宋襄公、晉文公、秦穆公、楚莊王。也有的說五霸應該是指齊桓公、晉文公、楚莊王、吳王闔閭（hé lú）及越王勾踐。

　　齊桓公在位期間，在有名的大政治家管仲的輔佐下，齊國在經濟、政治和軍事上實行了一系列的改革，國家日益走向富強。這時周王已經衰弱到不能維持其天下「共主」威權的程度，齊桓公為了擴大自己的政治權力，爭做霸主，就拿「尊王攘夷」作號召，企圖來達到自己的目的。所謂「尊王」，意思是尊重周朝王室，承認周天子的共同領袖地位；所謂「攘夷」，意思是聯合各諸侯共同抵禦戎、蠻等部族對中原的侵襲。齊國是第一個建立霸業的國家，它曾經援助燕國打退山戎的入侵，聯合諸侯國出兵衛國擊退了侵入衛國的狄人，還曾經聯合中原諸侯討伐楚國。齊桓公屢次大會諸侯，和各國結成同盟，相互約定：如某國遭遇外患，各國共同出兵援救；在盟各國，互不侵犯，如有爭端，由盟主公斷。齊桓公稱霸，阻止了戎狄的侵擾，保衛了華夏族的先進文化，在歷史上起了積極的作用。

　　齊桓公死後，齊國的霸業衰落。宋國（在今河南省東部）的襄公想趁機爭做霸主。正好這時鄭國（在今河南省中部）依附楚國，宋襄公就領軍討伐鄭國。楚國出兵救鄭，攻打宋國。宋軍被打得大敗，宋襄公也受了重傷，第二年即病傷而死。實際上宋國稱霸沒有成功。

　　真正繼齊桓公稱霸的是晉文公。晉國在今山西省，和周是同姓國家。公元前 632 年，晉文公率晉、宋、齊、秦四國聯軍大敗楚軍於城濮（今河南濮陽市南）。戰後，晉國把在戰場上俘虜的楚國戰車和步卒，獻給周天子。周天子賜給晉文公一百支赤色弓箭、一千支黑色弓箭，另外還有香酒、玉石等物。周天子賞賜弓矢，是表示允許其有權自由征伐的意思。從此以後，晉國便成了各諸侯的霸主。

　　在晉國稱霸時，西鄰的秦國也開始強大起來。秦穆公任命百里奚、蹇（jiǎn）叔為謀臣，曾打敗晉國，俘獲晉惠公。但是後來卻在崤（xiáo，山名，在今河南省洛寧縣北）地，遭受晉軍襲擊，被打得大敗。秦沒法向東發展，只好轉而向西，攻滅十幾國，在函谷關

以西一帶稱霸。

楚在春秋時，陸續吞併了長江、漢水流域許多小國，勢力逐漸伸展到淮水流域一帶。到楚莊王時，楚出兵進攻陸渾戎（居住在今河南嵩縣），並在東周洛邑的城郊耀武揚威，打聽象徵周朝天子權勢的九鼎輕重，大有代周而取天下的意圖。後來又在邲（bì，今河南鄭州）與晉大戰，打敗晉軍，終於成為霸主。

春秋末年，吳、越兩國相繼強大。吳王夫差曾在夫椒（在今江蘇省吳縣西南太湖中）打敗越兵，迫使越國屈服。之後又打敗齊軍，繼而率領大軍北上，在黃池（今河南省封丘縣西南）同諸侯會盟，與晉國爭奪霸權。

越王勾踐自被吳國打敗後，臥薪嚐膽、發憤圖強，決心洗雪前恥。經過十年生聚、十年教訓，終於轉弱為強，滅了吳國。勾踐北進王徐（今山東滕州市），大會齊、晉等諸侯共尊周天子，成為春秋時期最後一個霸主。

「七雄」指的是戰國時期的魏、韓、趙、秦、齊、楚、燕七國。秦在函谷關（河南靈寶市）以西；其他六國在函谷關東，稱為「山東六國」。

魏國大致包括今陝西北部、山西南部和河南北部一帶。魏文侯時，任用西門豹、李悝（kuī）、樂羊等人才，改革惡俗，整頓財政，發展生產，獎勵攻戰，逐漸成為戰國初期最富強的國家。

韓國主要在今河南省中部、南部和山西省東南部一帶。韓昭侯任用申不害為相，實行嚴政，加強國君的專制統治，國治兵強。申不害死後，韓又常遭各國侵伐。韓是當時七國中最弱小的一國。

趙國的疆域主要包括今河北省中部、南部和山西省北部一片地方。趙烈侯時，節財儉用，舉賢任能，國勢日強。

秦國是一個大國，大致佔有今陝西南部、甘肅東部及四川中部和西部廣大地方。秦本來是一個文化落後的國家，秦孝公時任用大政治

家商鞅進行變法，秦國才日益強盛起來，終至成為東方六國的勁敵。

齊國是春秋初期的強國。齊國的國君原本是姜尚的後裔，後來齊國的貴族田氏勢力漸大，姜姓國君終被田氏取而代之。齊威王時，任用鄒忌等革新政治，選拔人才，修訂法律，獎勵農耕，鼓勵羣臣及吏民批評朝政，故戰國時期齊國仍然是強盛的大國。

楚國在春秋時已經是一個強國。楚悼王時，任用吳起變法。楚威王時，派兵攻取越國浙江以西的土地；又派將軍莊蹻（qiāo）帶兵入滇，擴地數千里。楚國是當時七國中土地最大的一個國家。

燕國佔有今華北平原的北部直到遼東半島一帶，國都為薊（jì，即今北京）。燕國本很弱小，常受山戎攻掠。燕昭王時，重用名將樂毅，大破齊國兵，才成為北方的強國。

「五霸」「七雄」所代表的春秋、戰國時期，是我國歷史上一個重要的轉變時期，這時，不論在經濟、政治和思想文化上，都出現了前所未有的大變革。大量未墾殖的荒野被開闢出來，人口增加了很多，華族與其他各族的交往和融合不斷地加強，這一切都為以後秦漢大一統局面的出現創造了有利條件。

（王業猷）

管　　仲

管仲（又叫管夷吾），穎上（今安徽穎上）人，是春秋初期傑出的政治家。公元前 689 年，齊桓公任用管仲為相，改革內政。管仲治理齊國，總的目標是富國強兵、尊王攘夷，以成霸業。

在經濟方面：主張依照土地的肥瘠，定賦稅的輕重。對內開源節流，以減輕農民和小生產者的負擔。興修水利，開墾荒地，發

展農業。提倡漁鹽之利，鼓勵魚鹽輸出。設立鹽官、鐵官，管理鹽鐵的生產事業。重視通商和手工業。鑄造貨幣，調劑物價的貴賤。根據年歲的豐歉和人民的需求，決定貨物的集散。結果齊國國用充足、倉庫充實，國家越來越富庶，人民生活逐漸提高，奠定了齊國稱霸諸侯的經濟基礎。

在政治方面：分全國為士鄉（農鄉）與工商鄉，不許士（上古時代介於卿大夫和庶民之間的階層）農工商四民雜處。工商免服兵役，使成專業。優待甲士（帶甲的兵，甲是古時戰士的護身衣，用皮革或金屬製成），有田不自耕，專練武藝。戰爭時，農夫當兵，士當甲士和小軍官。這種促使社會加速分工的措施，對於當時生產的發展，起過一定作用。同時又提出「尊王攘夷」的口號，打着擁護周天子的旗號，領導各國諸侯合力抵抗戎狄部族的侵擾。這樣做，對於保衞中原地區先進的經濟和文化免受落後部族的掠奪與蹂躪，有着很大的好處。

齊國是春秋初期最強盛的國家之一，管仲的功績是不可磨滅的。

（王業猷）

子　　產

子產是春秋時期鄭國著名的政治家。

鄭國是一個小國，北面是晉國，南面是楚國，它處於兩大霸國之間，從晉則楚要打它，從楚則晉也要打它，若要避免滅亡，就不得不講求內政外交的善策。

從公元前 543 年到公元前 522 年，首尾二十一年，正是子產在鄭國掌握國政的時期。在這期間，子產充分發揮了他的政治才能，

依靠全國人民的力量，使弱小的鄭國，在晉、楚兩強之間，保持了應有的獨立地位。

子產治國，能任用賢才，並且能接受批評、改正錯誤，這是他的最大長處。這裏有個故事，可以看出他的政治家風度。他執政後不久，有人經常聚集在鄉校中，批評國家的政治，有個叫然明的人，看不慣這種現象，向他建議說：「把鄉校封閉吧，你看怎樣？」子產回答說：「為什麼要封閉鄉校呢？讓人們空閒的時候，常到這裏走走，評論評論執政的得失，有什麼不好？他們說這樣做對，我就這樣做；說那樣做不對，我就改正缺點。這正是我的老師啊！」

子產從政二十多年，為鄭國做了很多事情，其中最重要的有兩件：一是「作丘賦」，一是「鑄刑書」。

「丘賦」是怎麼回事，我們現在已弄不清楚，有人說，就是一「丘」出一定數量的軍賦。由「丘」中人各按所耕田數分攤。一「丘」的面積有多大，現在也弄不清了。據說「四邑為丘」。一邑四「井」，也就是說，「一丘，十六井」。既然「丘賦」係根據所耕田數分攤，那麼「丘」內新墾土地愈多，則分攤之軍賦必愈輕。這樣，不僅使得負擔平均合理，而且保證了國家軍賦的來源。「丘賦」制初行時，遭到了貴族們強烈的反對，但是子產很堅定地說：「不妨。只要對國家有利，我死也得做。」

鄭國是一個商業發達的國家，然而貴族們往往利用隨意輕重的刑罰來壓迫商人，這對鄭國來說很不利。子產把刑書（成文法）鑄在金屬鼎上公佈，使老百姓知道國家法令的內容和要求，有所遵循。從此，司法有了準繩，誰也不能光憑自己的好惡來濫施刑罰，這樣做多少有些限制貴族權力的作用。刑書剛公佈時，同樣也遭到了守舊派的強烈反對。但是子產還是堅定地去做。

子產的新政，受到了鄭國人民廣泛的讚揚。

（王業猷）

臥薪嘗膽

公元前 494 年，正是春秋末期。當時的諸侯之一——吳王夫差，出兵侵伐越國，越國生產落後，國勢很弱，加上越王勾踐不聽賢臣范蠡的忠告，以致越國的軍隊在夫椒地方被吳軍打得慘敗。越王勾踐收拾殘兵敗將五千人退守會稽（今浙江紹興市），又被吳軍包圍，形勢很危急。勾踐採納了范蠡的建議，派大夫文種前去求和。夫差的謀臣伍子胥對夫差說：「越王是個有深謀、肯耐勞苦的人，現在不過暫時屈服，一有機會，準會再起，不如趁此時刻一口氣把越國滅掉！」夫差覺得伍子胥的話有道理，就沒有答應越國的求和。

勾踐聽說吳王不肯允和，就想同吳國決一死戰。文種對勾踐說：「吳國的大臣伯嚭（pǐ）是個貪財的人，我們可以設法拉攏他。」於是勾踐派文種帶着美女和珍寶去賄賂伯嚭。伯嚭在夫差面前極力替越國說情。最後夫差終於答應了越國的求和，把軍隊撤回了吳國。

吳國撤兵後，勾踐被迫帶着妻子和范蠡到吳國去，給吳王夫差當奴僕。但是他立志洗雪國恥，忍辱負重，絲毫不露聲色。三年後，勾踐被釋放回國。

越王勾踐回國後，怕安逸的生活會把自己報仇雪恥的雄心壯志消磨掉，因此特地為自己安排一個艱苦的環境，以便時刻警惕。晚上他就睡在柴草堆上（臥薪）用戈（一種兵器）當枕頭，不敢睡舒適的牀鋪；平時屋裏吊着一隻苦膽，起身以後，或睡覺吃飯之前，他都要嘗一嘗苦膽的滋味，表示不忘亡國的痛苦（史書最早的記載，只說越王嘗膽，並沒有說臥薪，臥薪之說是後來才有的）。他倚靠賢臣范蠡和文種，任用有才德的人，發展生產，獎勵生育，營造戰艦，練兵習武。

和越國相反，吳王夫差自戰勝越國後，驕傲狂妄，不顧民生困

苦，連年東征西討，想成為凌駕各國之上的霸主，又聽信了奸臣伯
嚭的讒言，殺害了伍子胥。本來是弱國的越國，轉化為強；本來是
強國的吳國，表面上雖然還撐着一副空架子，實質上已經轉化為弱。

　　公元前 482 年，吳王夫差在黃池大會各國諸侯，打算跟晉國爭
做霸主。越王勾踐趁吳國國內空虛的機會，帶領大軍攻打吳國，包
圍了吳國的首都，殺死了吳國的太子，吳國人心大亂。夫差聞此，
匆忙帶兵回國。吳國軍心渙散，無力作戰，只好派人向越國求和。
此後，吳國一天天衰弱下去。

　　公元前 473 年，越王勾踐率領大軍再一次進攻吳國，把夫差圍
困起來。夫差派人向勾踐哀哀求和，勾踐堅決不答應。夫差悔恨自
己當年不聽伍子胥的忠告，自殺而死。吳國滅亡。越王勾踐滅吳以
後，北進到徐，大會各國諸侯，做了春秋時期最末一個霸主。

（王業猷）

商鞅變法

　　秦國在戰國初期，是一個比較落後的國家。公元前 361 年，秦
孝公即位，下令求賢，希望對秦國的政治有所改革。

　　衛國人公孫鞅（後因有功於秦，被封於商，故號商鞅）應募到
秦國，得到秦孝公的信任。公元前 359 年，秦孝公任命商鞅為「左
庶長」（秦國官名），在秦國實行第一次變法。

　　據說，在變法的命令尚未公佈以前，商鞅為了在人民中樹立
威信，派人把一根三丈長的木杆豎立在國都市區的南門，然後下令
說：「有人能把這木杆搬到北門去的，賞給他十金。」當時老百姓
來看熱鬧的很多，都覺得奇怪，認為做這樣簡單的工作，絕不可能

得到如此重賞，因此沒有一個人出來試試。商鞅看見人民不相信，又再次鄭重下令說：「有能把這木杆搬去的，賞賜五十金。」這次下的命令，更加使人感到奇怪；不久，真有這麼一個人鼓起勇氣，不管有賞無賞，把這根木杆從南門搬到了北門。商鞅毫不失信，立即給了這人如數的獎賞。這件事情傳揚開去，大家都知道商鞅是一個言出必行的人。從此，人們對於秦國的法令，誰也不敢等閒視之。

商鞅第一次變法的主要內容，有以下幾點：

一、組織民戶，實行「連坐法」。以五家為「伍」，十家為「什」，互相糾察；一家犯法，別家不告發，一同受重罰。

二、加強對勞動力的控制。戶主如有兩個兒子，到一定年齡必須分家，各立門戶，不得過依賴生活；否則，加倍出賦稅。

三、獎勵生產。凡努力耕織生產粟帛超過一般人產量的，可以免除徭役；凡棄農經商或因好吃懶做以致窮困的，連同妻子兒女一同罰做奴婢。

四、獎勵軍功，禁止私鬥。凡為國家立下戰功，按功勞大小受賞。貴族沒有軍功，不得享受爵位；不論貴族市民，如有私鬥，按犯罪輕重受刑。

新法實行十年，取得了很大的效果，秦國開始日益走向富強。公元前 352 年，秦孝公升商鞅為「大良造」（秦國官名），給了他更大的權力。公元前 350 年，商鞅又實行第二次變法。這次變法的主要內容是：在政治方面，普遍地推行縣制。歸併各鄉村、城鎮為大縣。全國一共設立三十一個縣（一說四十一個縣）。每個縣由中央政府派令和丞管理全縣的事。在經濟方面，開闢阡陌封疆（田間分疆界的土堆），擴大耕地面積；獎勵開荒，承認各人新開墾的土地所有權，准許土地的自由買賣。另外，還統一了全國的度量衡制度，加強了國內的經濟聯繫。

在第二次變法時，秦國把國都從雍（今陝西鳳翔縣）遷到了咸陽。

商鞅在實行新法時，秦國的舊貴族紛紛起來反抗。可是商鞅的態度很堅決，絲毫沒有妥協。公元前 346 年，太子帶頭反抗新法，商鞅下令把太子的兩個老師施以黥（qíng）刑（面上刺字塗墨），以示懲罰。老百姓看到太子犯法還要受到處罰，誰還敢違抗新法？因此，新法能夠在秦國雷厲風行地徹底貫徹。新法實行後，秦國很快由一個落後的國家成為當時最先進、最富強的國家。

商鞅變法，是中國歷史上的一次重大事件。商鞅，是中國古代的一位傑出的政治家。公元前 338 年，秦孝公死後，太子繼位，就是秦惠文王。舊貴族乘機報復，秦惠文王聽信了他們的話，殺害了商鞅。商鞅雖然被害，但是他所推行的新法，卻仍長期為秦國所奉行。

（王業猷）

趙武靈王胡服騎射

趙武靈王是戰國時趙國的國君，也是一位軍事家，公元前 325 年至前 299 年在位。趙國的東鄰齊國，是一個強國，西方的秦國，經過變法圖強，國勢也蒸蒸日上，相形之下，趙國當時只算是個二三等國家。趙國的東北方是中山國，雖然是個小國，卻也輕視趙國，常乘機侵犯它的邊境。趙武靈王即位以後，國勢仍然沒有變化，曾被齊國打敗過一次，又被秦國打敗過好幾次，好幾座城池都被秦國侵奪去了。

趙武靈王是一位很有志氣的君主，他很想進行一些改革，好使趙國變成強國。趙國的北部，大部分與胡人為鄰。那時，胡人都是些強悍善戰的遊牧部族，他們穿着短裝，行動靈便，上陣騎馬，往來如飛，一邊跑着一邊射箭，生龍活虎。趙武靈王認為採用胡服騎射，對於加強軍事戰鬥力量很有好處。他打算讓全國的人都改變裝束，一律穿短服，和胡人一個樣子，並且練習像胡人那樣騎馬射箭。

　　有一天，趙武靈王對大臣肥義說：「現在我想用胡人的衣服騎射，來教導老百姓，就恐怕世俗的人必定要議論我。」

　　肥義說：「臣聽說過：『做事情若有疑惑，必沒有成功的希望。』大王如果要學習胡服騎射，就不必顧慮那些世俗議論。要改革就不妨學學。過去，舜的時候，有個落後的部族叫有苗，舞跳得很好，舜就向他們學跳舞。可見古人也有學習別地方風俗的。只要對趙國有好處，胡服騎射又有什麼不可以學的呢？大王就照這樣去做吧！」

　　趙武靈王聽了肥義的話，下定了決心，在公元前 302 年，命令趙國人改穿胡服和學習騎射。他以身作則，帶頭先穿起胡人的服裝來。

　　最初，趙武靈王的叔父──公子成反對改革。趙武靈王親自同公子成辯論，用種種理由把頑固的公子成說服。最後，公子成也穿起胡服。眾大臣及老百姓看見趙武靈王和公子成都穿上了胡服，便也都隨着改變了裝束。接着，趙武靈王親自訓練士兵，教他們如何像胡人那樣騎馬射箭。不到一年的功夫，趙國大隊的新式騎兵就訓練成了，趙國在軍事上很快地就由一個弱國一躍而成了當時北方的一個強國。

（王業猷）

蘇秦 張儀

　　蘇秦是戰國時東周洛陽人。他年輕時，曾到東方的齊國求學。求學告一階段後，他便到各國遊歷，想憑藉自己雄辯的口才，游說各國諸侯，希望得到諸侯的重用，結果卻遭到了失敗，最後狼狽不堪地回到故鄉。他重新發憤讀書，用心研究當時各國政治形勢和兼併鬥爭情況，一年以後，提出了「合縱」的主張。那時，西方的秦國是「戰國」七雄中的強國，經常出兵攻打東方各國，各國諸侯都很害怕，感到無法抵抗。「合縱」政策，就是聯合六國共同抗秦的一種具體辦法。南北稱為「縱」，從北往南，由燕國到齊、趙、魏、韓諸國，再到楚國，南北聯盟，合力禦秦，故稱為「合縱」。蘇秦先到趙國，宣傳「合縱」的好處，趙相奉陽君不贊成，他只好轉往燕國。過了一年多，終於見到燕文侯。燕文侯很支持他，還替他預備了車馬盤纏，請他到各國去進行聯絡。蘇秦第二次又到了趙國，恰巧這時奉陽君已死，少了一個阻撓的人，所以他能直接見到趙國的國君──趙肅侯。蘇秦向趙肅侯說：「臣就天下形勢考察，覺得東方六國的土地比秦國要大五倍，各國的軍隊比秦國要多十倍，若六國能同心協力，西向攻秦，秦國必然會失敗，為什麼現在東方六國反而一個個都斷送自己的土地去奉承秦國呢？……臣希望大王對這問題加以慎重考慮……依臣的計謀，目前最好約請各國諸侯到趙國洹水聚會，共商大事，設誓訂盟。盟約規定：以後秦國如果攻打六國中任何一國，其他各國相互援助。諸侯中有不遵守盟約者，其他五國共同出兵討伐。」

　　趙肅侯聽了蘇秦的建議，非常高興，即刻為他準備了一百輛華麗的車子和許多黃金、白璧、錦繡等貴重的禮物，要他去游說各國諸侯。蘇秦先後到了各國，向各諸侯詳細說明了割地求和的害處同

聯合抗秦的好處。韓、魏、齊、楚四國都被他說服，一致贊同「合縱」的主張。趙、齊、楚、魏、韓、燕六國，大會於洹水，在共同抗秦的名義下，結成了聯盟。蘇秦被舉為「縱約長」，掛六國相印。

但是，這種聯盟是極不牢固的，因為六國統治者各有各的打算，根本不能真誠合作。後來秦國乘機暗用計謀，挑撥齊、魏兩國攻趙，「合縱」的盟約很快便被破壞。

張儀是戰國時魏國人，同蘇秦是同學。他最初漫遊各國到處游說，久不得志。有一次楚國相府舉行宴會，主人丟失了一塊美玉，府裏的人聽說他的名聲不好，都疑心是他偷的，便將他捆起來打了幾百板子，打得他渾身都是傷痕，結果他還是不承認，也只得算了。他回到家裏，他的妻子知道這事後，悲歎着說：「你要是不去到處游說，哪能會給人家打成這樣子！」張儀聽了忙張開口對妻子說：「你瞧我的舌頭還在嗎？」妻子笑道：「當然舌頭還在。」張儀道：「那就好，只要舌頭還在，我將來就有辦法。」

果然，以後張儀到了秦國，仗着他的辯才，取得了秦王的信任，做了秦相，提出了「連橫」的主張。東西稱為「橫」，使用威嚇、利誘的手段，逼迫東方六國西向和秦結交，就叫作「連橫」。

為了破壞六國的團結，張儀主張先爭取與秦接壤而又畏秦最深的魏國。他向魏王宣傳「連橫」的道理，要魏和秦結交。魏王起初不答應，張儀便慫恿秦國攻打魏國。魏與秦戰，魏國失敗。第二年，秦國進攻韓國，大敗韓國，斬首八萬，諸國震恐。張儀再次游說魏王，魏王迫於秦威，答應和秦訂交。進一步，秦國的目光轉向了齊、楚兩大強國。當時，齊楚訂盟，聲勢很大。秦國想瓦解齊楚聯盟，就派張儀到楚國，欺騙楚懷王說：「大王如果信臣的話，和齊國絕交，臣可以勸秦國獻出商、於（今河南省淅川、內鄉）地方六百里給大王，並且秦國願意和楚國結為姻親，永成兄弟之國。」楚懷王是個糊塗蟲，聽了張儀的話，信以為真，就派人到齊國去辱

罵齊王，同齊國絕交。齊國氣極了，反而同秦國聯合，共同對付楚國。結果，張儀向楚國派來接受土地的使者說：「我說的是六里地，不是六百里地，大概楚王聽錯了吧！」楚國使臣回去報告懷王，懷王大怒，即刻興兵攻打秦國。這時秦國和齊國聯合起來，兩面夾攻楚國，楚軍一連敗了好幾仗，敗得很慘，反而被秦國奪去了大片土地。

就這樣，秦國利用「連橫」政策，對東方六國採取各個擊破的辦法，最後使「合縱」的盟約完全瓦解。

「合縱」「連橫」，反映了戰國時期縱橫捭（bǎi）闔（分化或拉攏）的政治局勢，也反映了知識分子——「士」這一階層的興起，以及他們在政治上的活動與要求。

（王業猷）

火　牛　陣

田單是戰國時齊國的軍事家。齊湣（mǐn）王的時候，他在國都臨淄（今山東臨淄）做過小官，並不甚有名。但他辦事很認真、很有條理，深受族人敬重。公元前 284 年，燕國派遣名將樂毅聯合趙、韓、魏等國的兵力，打敗了齊國；齊國的地方幾乎全被燕軍佔領，只剩了莒和即墨兩城沒有被攻下。隨着逃難的人羣，田單率領一家老少也輾轉逃入即墨城。他參加了即墨城的防守工作。即墨守城的長官同燕軍交戰，死在陣上，城裏的人推選田單出來主持戰事，因為大家都認為他有才幹、有智謀。

田單做了首領，和部下同甘共苦，不分日夜親自巡城，受到全城人民的熱誠擁戴。

他一方面加強城守，另一方面還派人到燕國去偵探敵人內部的動靜。他聽說燕昭王死了，昭王的兒子惠王繼位。惠王原和樂毅有矛盾，彼此很不和。於是他便趁機派間諜到燕國造謠說：「齊國現在只有兩個城未被燕攻下。樂毅之所以不趕快把這兩城攻下，結束戰事，是想以伐齊為名，慢慢收攬人心，企圖在齊國稱王。齊國人倒不怕樂毅，就怕燕國改派別的大將，這樣，即墨城馬上就要遭殃了。」燕惠王聽信了這話，也不深思，就另派大將騎劫去代替樂毅。燕軍將士聽說樂毅遭了讒害，都憤憤不平。騎劫是一個無能的將領，燕軍軍心動搖，他根本指揮不靈。

田單用反間計除去樂毅後，便進一步做鼓舞士氣的工作。他在軍隊裏挑選了一個機靈的小兵，叫他假裝「神師」，以後每逢下令，總說是出於天神的教導。齊軍士兵看見有「天神」下凡幫助，都非常高興；相反燕軍聽到這個消息，都非常害怕。

接着，田單放出一種消息，說：「我們別的不怕，就怕燕國人俘虜了我們的士兵割去他們的鼻子，把他們放在隊伍的前列，讓即墨城裏人看了害怕，這樣人心就會渙散，即墨就再也守不住了。」騎劫聽到後，不假思索，就完全按照田單說的話那樣做。即墨人一見被俘的人都被割去鼻子，十分激憤，更加決心抵抗，堅守不降。

後來，田單又放出一個消息，說：「我們別的不擔心，就擔心燕軍挖掘我們城外祖先的墳墓。要是他們真挖掉了我們的祖墳，即墨城裏的人一定會感到寒心，不願死守。」騎劫聽到後，仍然不假思索，又完全按照田單說的話那樣。即墨人看見燕軍刨掉了自己的祖墳，燒燬了自己祖先的屍骨，都悲憤大哭，要求出城去和燕軍拚命。

田單見到士氣高漲，知道機會已到，就下令全城動員。他把自己的妻妾和親人都編入隊伍中，把自己的口糧也都拿出來分給部下。他命令精壯的士兵暫時隱伏，故意用老弱婦女在城頭防守。他

派人出城去假意投降。騎劫深信不疑，毫無警惕。燕軍見齊軍要投降，都高呼「萬歲」，鬥志迅速下降。隨後田單又派人給燕軍將領送去貴重的禮物，說：「即墨很快就要投降了，希望大軍進城以後，保全我們的家小。」燕軍將領個個歡喜，滿口答應。從此燕軍將士，絲毫不做戰鬥準備，整天飲酒作樂，專等田單出來投降。

而這時在即墨城裏，田單卻在積極做着戰鬥的準備。他徵集了一千多頭牛，牛身上都披着五彩龍紋的紅綢子，兩隻犄角上都綁上鋒利的快刀，尾巴上都紮上浸透油脂的蘆葦；並且預先在城牆根挖開幾十個洞口，把牛藏在裏面，預備衝鋒。同時他又挑選了五千名勇敢的壯士，拿着武器跟在牛隊的後頭。一切都已準備妥當，到了這天夜晚，田單正式下令出戰。牛尾巴上的蘆葦燒着了，一千多頭火牛怒吼着奔出洞口，直衝向燕軍兵營。五千名壯士緊跟在牛後，奮勇擊殺。城中人拚命地敲打着各種銅器，鼓譟助威。城外一片火光，喊殺聲驚天動地。燕軍從夢中驚醒，不知發生了什麼大事，慌亂一團，紛紛奪路逃跑，自相踐踏，死傷遍地。燕軍大敗，主將騎劫在混戰中被殺死。田單乘勝反攻，齊國淪陷區的人民四處響應，配合田單攔擊燕軍。齊軍大勝，最後終於把敵人完全驅逐出國境。田單率領部隊，收復了七十多座城池。

（王業猷）

完璧歸趙

趙惠文王在位時曾得到一塊世上稀有的美玉——楚國和氏璧。

秦昭王聽到這個消息後，派人送信給趙王，表示願意拿十五座城池來交換這件寶物。趙王同大臣們商量，感到很為難：若是答應，

怕上秦國的當；若是不答應，又怕秦國以此為由發兵入侵。大家商議了半天，還是想不出一個好辦法。

趙王心裏十分焦急。這時，身邊的一個宦官說：「我家裏有個客人，名叫藺相如，是個挺能幹的人。我認為，派他去秦國一定合適。」

藺相如應召而來，向趙王建議說：「如果大王實在沒有人可派遣，我可以去走這一趟。假若秦國真願意拿城來換，我就把璧給秦；否則，我就完璧歸趙。」

趙王很高興，便派他去辦理這件事情。

藺相如到了秦國，秦王在王宮召見他。藺相如把璧捧上去，秦王接過來，左看右看，欣喜若狂，順手把璧遞給左右的侍從和文武大臣們傳觀。大家看了都稱讚不已，齊聲向秦王道賀，高呼「萬歲」。

藺相如站在一邊等了許久，看到秦王根本不提換城的事情，他想：秦王果真存心霸佔這塊玉，便走上前對秦王說：「這塊玉上面還有一點小毛病，不容易瞧出，讓我指給大王看。」秦王信以為真，把玉遞給了藺相如。

藺相如接過玉，退到柱子邊，向着秦王，義正詞嚴地說：「大王曾說要用十五座城交換這塊和氏璧，趙王聽聞此事，召集羣臣商議，大家都主張不要答應。但是，趙王採納了我的意見，不願意和秦國傷和氣，同意用這塊玉和秦國交換十五座城。趙王為了表示鄭重，恭恭敬敬齋戒了五天，才派我把玉送來。可是大王卻隨隨便便把玉遞給這個看，遞給那個看，未免太不鄭重了。我看大王並沒有真心拿城交換的意思，故而我不得不把玉收回。假如大王存心威逼，那我就拚着頭顱和這塊玉一同碰碎在這根柱子上。」說完，真的舉起玉，就要朝着柱子猛砸。

這一下可把秦王急壞了，他沒辦法，只好向藺相如道歉，並且命人把地圖拿來，指點給藺相如看，說：「從這兒到那兒，一共十五

個城，全劃給趙國。」

藺相如心裏很清楚，知道秦王只是逢場作戲，他不動聲色地改換口氣，對秦王說：「和氏璧是天下聞名的寶物，價值連城。趙王為了送這塊玉，齋戒了五天；現在大王要受這塊玉，也應該鄭重其事齋戒五天。」秦王知道不能強奪，只好忍氣吞聲答應下來。

藺相如預料秦王終究會變卦，就在當天夜晚命他的隨員化裝成平民，抄小路把這件寶物偷偷地護送回趙國。

五天過後，秦國舉行十分隆重的儀式，來接受這件天下無雙的稀世之珍。一切都按照事先的安排進行，秦王坐在殿上，殿下文武林立，四周一片沉寂，氣氛十分嚴肅。不一會兒，藺相如空着手，不慌不忙地走上殿來。秦王一見，知道事情不妙，忙問道：「和氏璧呢？」藺相如回答說：「秦國多年以來，一直不守信義，趙國吃的虧已經不少，我害怕這次又會上當，已經暗中派人把玉送歸趙國去了。我欺騙了大王，很對不起，請大王治我的罪吧！」

秦王氣得渾身發抖，大發雷霆地說：「我依了你的話齋戒了五天，你竟把玉送回趙國去，這明明是你無理！」

藺相如面不改色地辯白說：「秦強趙弱，只要秦國先把十五座城交給趙國，趙國豈敢開罪大王不把寶物獻出？」秦王聽了這話，一時無言以對，最後想了想，實在沒法，只好自認沒趣，放藺相如回去。後來，秦國並沒有把十五座城給趙國，趙國也始終沒有把璧給秦國。

「完璧歸趙」的故事，千百年來，一直被傳為美談。至今，人們比喻某件物品的高貴，常說「價值連城」。向人借物，保證原物歸還，常說「完璧歸趙」。這兩句成語，就都是從這個故事中引申出來的。

（王業猷）

將　相　和

　　藺相如完璧歸趙以後，又過了好幾年。在這幾年中，秦國攻打過趙國兩次，雖說得了些勝利，可是無法使趙國屈服。於是秦王派使者去見趙王，約趙王在澠池（今河南澠池縣）見面。明裏說是促進秦趙和好，實際上是打算對趙國進行要挾。趙王害怕被秦國暗算，很想拒絕不去。可是藺相如和大將廉頗認為，要是推辭，等於表示膽怯。與其示弱於人，倒不如赴約前去。趙王接受了這個意見，決定動身去澠池。藺相如跟着一道同去，廉頗則在邊境上佈置重兵，以防秦國侵襲。

　　公元前 279 年，秦王和趙王相會於澠池。在筵席上，秦王假裝酒醉，故意戲弄趙王，說：「寡人聽說趙王喜歡彈瑟，請彈一曲聽聽。」趙王不敢不依，只得勉強彈了一曲。這時，秦國的史官趕緊上前把這件事記載下來，寫道：「某年某月某日，秦王與趙王會飲，令趙王鼓瑟。」藺相如認為這是對趙國的莫大侮辱，十分氣憤，立即上前對秦王說：「趙王聽說秦王擅長秦國鄉土音樂，盆缶敲得很出色，就請大王敲敲盆缶助興。」秦王大怒，厲色拒絕。藺相如不管這些，仍捧着盆缶上前，跪獻給秦王。秦王還是不肯敲。藺相如惱火地說：「大王如果一定不肯，在這五步之內，我願意把自己的頸血濺到大王身上！」秦王左右的侍衛都拔出刀來，要殺藺相如。藺相如瞪着眼大聲呵斥，嚇得那些侍衛直向後退。秦王無可奈何，為了解除眼前的威脅，只得隨便在瓦缶上敲了一敲。藺相如也立刻叫趙國的史官把這事記下來，寫道：「某年某月某日，秦王為趙王擊缶。」

　　秦國的大臣看到秦王沒有佔到便宜，有些不服氣，有人便提議說：「請趙國拿出十五座城來作為對秦王的獻禮。」藺相如也接着說：「請秦國拿出國都咸陽來作為對趙王的獻禮。」宴會間，雙方展開了

激烈的外交鬥爭，然而秦國始終沒有佔到上風。加上這時秦王得到密報，說趙國業已在邊境上集結了大量軍隊，所以更不敢冒失地對趙王無禮。

秦國原想藉澠池之會給趙國以屈辱，誰知相反，受屈辱的不是趙國，而是秦國自己。

澠池會後，趙王回到趙國，為了酬報藺相如的功勞，就拜他為上卿，地位在廉頗之上。

廉頗因此很不高興，逢人就說：「我做趙國大將，攻城野戰，出生入死，立了不少汗馬功勞；藺相如全仗着一張嘴，有什麼了不起，如今居然地位反在我之上。我可不願屈居他之下，哪天如果碰到了他，我一定要當面羞辱他一下。」

這些話傳進藺相如的耳朵以後，每次藺相如出門，處處躲開廉頗，盡量設法避讓他。有一次，藺相如出外有事，遠遠望見廉頗來了，便趕緊命人把車子拉到僻靜地方躲起來。這一下可把藺相如的門客氣壞了，大家都說：「我們遠離家鄉，投奔到您門下，是因為仰慕您的為人。如今您的地位比廉頗高，反倒這麼怕他，見了他，到處藏藏躲躲，連我們也感到屈辱。我們實在受不了，只好向您告辭了。」

藺相如聽了，說道：「你們不要走。我問你們，你們看，廉將軍和秦王比，哪個厲害呢？」

眾人同聲說：「那還用說，當然是秦王威風！」

藺相如道：「對呀！天下諸侯個個怕秦王，可是我就敢在秦國的朝廷上大聲責罵他。請想，我藺相如再不中用，難道還會害怕廉將軍嗎？」

「那您為什麼要處處躲避他呢？」

藺相如解釋說：「強暴的秦國之所以不敢出兵侵略我國，那是因為我們能夠同心協力，團結禦侮的緣故。要是我同廉將軍為了私人

意氣爭鬥起來，就好比二虎相鬥，準是『兩敗俱傷』。秦國一定會乘機來侵犯趙國。我處處避讓廉將軍，不為別的，正是為了國家的前途着想。」

後來別人把藺相如的話告訴廉頗，廉頗受到極大的感動。他覺得自己眼光短淺，氣度狹窄，為了一時意氣，險些誤了國家大事。這位勞苦功高、為國忠誠的老將，心裏感到十分慚愧。他立即袒開自己的衣服，背着荊條，登門向藺相如請罪，說：「我是個沒見識的糊塗人，沒想到您竟寬恕我到這樣的地步，請您責打我吧！」

從此以後，他們兩個互敬互讓，成了極好的朋友。趙國由於將相和睦，內部團結緊密，在很長一段時期，秦國始終不敢出兵攻打趙國。

（王業猷）

毛遂自薦

「毛遂自薦」的典故，說的是戰國時期趙國的事情。趙國的平原君趙勝，是趙惠文王的弟弟。他喜歡招收能人勇士做門客，毛遂就是其中的一個。

公元前 258 年，秦國圍困了趙國的都城——邯鄲。趙國派平原君到楚國去請求援兵，打算同楚簽訂聯合抗秦的盟約。

平原君想帶二十個文武全才的人同他一起到楚國去。他雖有三千多門客，可是挑來挑去，只有十九個人合格，還差一個，難以足數。這時，忽然有個坐在末位的門客站起來，說：「既然少一個人，那麼請您帶我去湊個數吧。」

平原君驚疑地望着他，問道：「先生，你叫什麼？來我家有幾年

了？」那人道：「我叫毛遂，來到您這裏已有三年了。」

平原君微笑着說：「有才能的人就好像放在口袋裏的錐子一樣，它的尖兒立刻就會顯露出來。可是先生在我這兒三年了，周圍的人從來沒有推薦過您，我連關於您的一言半語也沒有聽說過。先生，您還是留在家裏吧！」

毛遂也笑了笑，說：「直到今天我才請求您把我放進口袋裏去啊，您要是老早就把我放到口袋裏，那麼整個錐子早就戳出來了，不光只露出個尖兒。」平原君聽了無話可答，只好讓他一同前去。

到了楚國，平原君同楚王商議訂結抗秦的盟約。從日出一直談判到日中，楚王始終猶豫，只因害怕秦國而不敢同趙國訂盟。雙方正在熱烈辯論，這時，只見毛遂手按劍把，大踏步走上台階，大聲嚷道：「合縱抗秦有利，不聯合有害，只要一兩句話就可以決定。怎麼從早晨直談到中午，還沒有談判出結果！」楚王感到十分駭異，問平原君：「他是做什麼的？」平原君回答說：「他是我的門客。」楚王皺了皺眉，大聲呵斥毛遂道：「我同你的主人商討國家大事，你來插嘴做什麼？」

毛遂聽了，圓睜着眼，緊把着劍，走到楚王面前，正色道：「大王仗着軍隊多，才敢這樣呵斥我。現在，我距離大王不過幾步，楚軍雖多，也救不了大王，大王的性命懸在我手。您當着我的主人，為什麼要這樣無禮地呵斥我！」毛遂說時神情激昂，楚王坐在座位上，嚇得一聲不吭。楚王的侍衛誰也不敢莽撞行動。稍停，毛遂又繼續說：「楚國有方圓五千多里的土地，一百萬的甲兵，本來是可以稱霸的。以楚之強，理應天下無敵，沒想到秦將白起，率數萬之眾，興師與楚戰，楚國竟被打得落花流水。頭一仗攻拔了楚國的鄢（yān，在今湖北省宜城市）、郢（yǐng，在今湖北省江陵），第二仗燒燬了楚國祖先的墳墓，第三仗又使大王的先人受到侮辱。這種仇恨，百世（三十年為一世）不能忘，連趙國都感到羞恥，而大王

卻反倒不想雪恥！依我看，合縱抗秦，為的是楚，並不是為了趙。」毛遂的話，深深地擊中了楚王內心的痛處。的確，楚國以一個大國而一敗再敗於秦，確實是丟臉；敗後而不打算雪恥，更是丟臉。將來在其他小國眼裏，楚國還有什麼地位呢？當着平原君的面，要是拒絕援趙，豈不表明自己是個懦夫？秦圍邯鄲，趙國堅強抵抗，英勇不屈；楚與趙比，楚大趙小，趙有決心抗秦，楚無決心抗秦，楚國難道就不慚愧？再說，此次秦趙之戰，楚不救趙，設若趙勝秦敗，楚國必將為諸侯恥笑；設若秦勝趙敗，秦必更強，楚國的後患，必將有加無已……楚國應該怎麼辦呢？楚王想到這裏，不禁連忙說：「對對，先生說得對。」毛遂跟着又問了一句：「那麼大王決定簽訂盟約了嗎？」楚王說：「決定了。」毛遂一步不放鬆，當時就要楚王左右的人拿豬狗血來，準備盟誓。毛遂捧着盛血的銅盤，獻給楚王說：「請大王首先歃血定盟，其次是我的主人歃血，再次是我。」就這樣，楚王和趙國簽訂了合縱抗秦的盟約。

　　這是一個膾炙人口的故事。直到今天，如果有人自己推薦自己，願意主動擔當某一項工作時，人們還經常引用這個典故來作為比喻。

（王業猷）

信陵君救趙

　　信陵君魏無忌，是戰國時魏安釐（xī）王的異母弟。他為人謙虛，愛重人才，遠近的人都前來投奔他。他府上養有門客近三千人。

　　魏國的首都大梁（今河南開封市）有個隱者叫侯嬴，做大梁城夷門（城的東門）的門監，是一個很受人尊敬的七十歲的老人。信

陵君聽人說後，便親自去拜訪他，為他舉行盛大的宴會，待他為上客。侯嬴有個朋友名叫朱亥，在大梁市上做屠夫，也是一個賢者，信陵君也時常去拜望他。

公元前 258 年，秦兵圍攻趙國的國都邯鄲。信陵君的姐姐是趙惠文王弟弟平原君的夫人，趙國幾次送信給魏王和信陵君，請求派兵援救。魏王派將軍晉鄙統率十萬大兵去救趙國。秦國聽到這個消息，向魏國提出警告；魏王害怕，命令晉鄙暫時停兵不進，把軍隊駐紮在鄴城。

趙國盼望救兵不到，十分焦急，接連不斷派人到魏國催促。信陵君再三向魏王請求，魏王始終不肯答應進兵。信陵君為了援助趙國解救其圍困，就集合了一百多輛戰車，準備帶着自己的親信武士去同秦軍拚個死活。出發的這一天，他行經夷門會見了侯嬴，便把自己的打算告訴他，並且向他告別。不料侯嬴卻冷冷地說：「公子努力吧！我這個老頭兒可不能跟着一起去啊！」

信陵君走了幾里地，心裏越想越納悶，自忖道：「我平時對待侯生（侯生，是對侯嬴的尊稱）很好，現在我要去拚命了，他卻對我這樣冷淡，是什麼原因呢？莫不是我犯了什麼過錯嗎？」想到這裏，他命人掉轉車子，要回去向侯生問個究竟。侯生見信陵君轉來，笑着說：「我早料到公子是要回來的。」又接着說：「公子帶了這麼少的人去同秦軍打仗，正像拿肉餵餓虎，豈不是白白地去送死嗎？」信陵君聽了，誠懇地向他請教。侯生說：「我聽說調動晉鄙軍隊的兵符放在大王的臥室裏，只有大王最寵愛的如姬能夠把兵符偷出來。我又聽說從前如姬的父親被人殺害，她懷恨三年，到處設法尋找仇人不着，最後還是公子派人把她的仇人殺死，替她報了仇。她一直感激着公子。假如公子肯開口求如姬把兵符偷出來，她一定會答應。公子得了兵符，把晉鄙的兵掌握到手裏，擊退秦軍，救了趙國，這正是了不起的功勞！」

信陵君依他的話去做，果然把兵符弄到了手。這天，正準備出發，侯生又說：「大將統兵在外，只要便於國家，有時就是君主的命令也可以不接受。朱亥是個大力士，望公子帶他同去。萬一晉鄙不肯交出兵權，就叫朱亥當場打死他。」

信陵君帶着朱亥跟許多門客到了鄴城，見了晉鄙，假傳魏王命令，要接替晉鄙的兵權。晉鄙把兵符接過來，跟自己帶着的那一半兵符一合，合成了一個整體。兵符雖然不錯，可是晉鄙心中非常疑惑，說：「這是軍國大事，我還得奏明大王，才能照辦……」他的話還沒說完，朱亥抽出藏在袖中的一柄四十斤重的大鐵錘，猛不防一錘打去，晉鄙立即身死。

信陵君接管了晉鄙的軍隊以後，隨即進行了一番整頓的工作。他下令軍中，說：「如果父子都在軍中的，父親回家；兄弟都在軍中的，兄長回家；是獨子的，回家養父母。」最後他挑選了精兵八萬人。

魏軍經過整編，士氣高漲，猛攻秦軍。秦軍久攻邯鄲不下，士氣已疲，現在又受到魏軍猛攻，結果大敗。

被圍了一年多的邯鄲，至此正式解圍。信陵君受到了趙國人民極大的尊敬。

（王業猷）

圖窮匕首見

「圖窮匕首見」的典故，說的是戰國末年荊軻刺秦王的事情。

荊軻是衛國人，喜歡讀書、擊劍。他自從衛國亡後，就漫遊各地，最後到了燕國，和擅長擊筑（古代樂器名）的高漸離做了好朋友。燕國的隱士田光，也常和他往來。

　　燕國太子丹曾被當作人質抵押在秦國，秦王嬴政待他很不好，他逃回燕國後，便時刻想着報仇。他因為恨秦，所以有意收留了秦國的逃亡將領樊於期。當時秦國大將王翦正率領數十萬大軍攻打趙國。秦兵已經快迫近燕國的邊界，燕國很危險。太子丹去請教田光，田光便把荊軻介紹給他。太子丹把荊軻當作上賓，優禮接待。他希望荊軻出使秦國，乘機劫持秦王，令他歸還侵佔的土地，否則就把秦王刺死。荊軻答應了太子丹的請求。

　　可是過了好久，荊軻仍沒有動身的意思，而這時王翦已經破趙，秦兵業已打到燕國的南邊，太子丹十分恐懼，想催促荊軻趕快起程。荊軻說：「我此去若無憑信，恐怕不能接近秦王。聽說秦國懸重賞捉拿樊於期將軍，假使能取得樊將軍的頭，再加上一幅燕國督亢（今河北省涿州、定興、新城、固安之間）地方的地圖，一併獻給秦王，秦王必定樂意接見，這樣我才有機會報答太子。」太子丹對於荊軻的計劃，很是贊同；只是不同意殺樊將軍，覺得這樣做不太合適。

　　荊軻見太子不忍，便私下去找樊於期，把自己打算如何刺秦王的辦法對他講明，同時用言語來激他，結果樊於期自刎而死。太子丹見事已如此，只得依照荊軻的計劃行事。他命人準備了一個匣子，把樊將軍的頭顱用藥保存起來封好。又以重價買到一柄鋒利的匕首，上面浸淬上毒藥，使之殺人能見血立死。匕首就裹在督亢地圖裏面。另外還找到燕國一個著名的少年勇士名叫秦舞陽的，作為荊軻的副使。諸事預備妥當後，太子丹就打發荊軻上路。

　　出發的這一天，太子和他的賓客都穿戴着白色衣冠前來送行，一直送到燕國南部的國境易水邊。荊軻喝過了餞行的酒，高聲歌唱起來。他的朋友高漸離為他擊筑。只聽荊軻歌道：

　　　　風蕭蕭兮易水寒，

　　　　壯士一去兮不復還！

歌聲慷慨悲壯，送行的人個個感動。唱完歌，荊軻便帶着秦舞陽跳上車子，揚鞭西去，連頭也不回。

　　荊軻等到達了秦都咸陽（在今陝西省），秦王聽到燕國派人把樊於期的頭和燕國督亢的地圖送來，非常高興，特地用極隆重的儀式來接受燕國的獻禮。

　　荊軻捧着裝樊於期頭的匣子，秦舞陽捧着地圖匣子，二人依次上前。剛走到大殿台階邊，秦舞陽感到害怕，不禁臉色大變，渾身發抖。秦王的左右和羣臣都十分詫異。荊軻鎮靜地回頭朝秦舞陽笑了笑，然後向前替他謝罪，說：「北方的粗人，從未見過大王，不免震恐，還請大王恕罪！」

　　秦王未加深究，緊接着對荊軻說：「把秦舞陽手裏的地圖拿過來。」荊軻雙手獻上地圖。秦王慢慢地把圖展開，圖剛展完，突然現出一柄亮晶晶的匕首。這時，荊軻眼快，迅疾地左手一把抓住秦王的衣袖，右手抓起那把匕首，就朝秦王胸上猛扎。

　　秦王大驚，嚇得忙從寶座上跳起來，用力把衣袖掙斷，脫出手想拔劍抵抗，無奈劍身太長，心又慌，一時拔不出來。荊軻追過去，秦王圍着殿上的粗大柱子閃避，情況很危急，羣臣都驚慌失措，不知怎麼辦好。按照秦國的法律：羣臣在殿上，不准攜帶武器，手執兵器的衛士都在殿下，未奉命令不得隨便上殿。而秦王在慌亂中又偏偏忘了下令，衛士們都很着急。秦王圍着柱子跑，荊軻圍着柱子追，眼看快追上，忽然有人提醒秦王：「大王把劍鞘推到背上，從背後拔！」秦王依言拔出劍，揮劍砍荊軻，一劍就將他的右腿砍斷。荊軻倒在地上，將匕首對準秦王擲去，沒有擲中秦王，中在柱子上。秦王反身用劍亂砍荊軻。荊軻受重傷，倚着柱子大罵：「事情之所以不成，是我想要活捉住你……」最後，秦王左右一湧上前，將荊軻殺死。

荊軻刺秦王（漢代畫像磚拓片）

　　這個故事很著名，從古代一直流傳到現在。至今，當人們說到某一事件的陰謀終於暴露時，經常會引用這個典故——「圖窮匕首見」。

（王業猷）

端　午　節

　　農曆五月初五，叫作「端午節」，也叫「端陽節」。這個節日的起源，有很悠久的歷史。

　　端午節相傳是紀念戰國時期偉大的詩人屈原的。屈原是楚國人，生於公元前 340 年。他不僅是一位詩人，同時也是一位思想家、政治家。他生活的時代，恰值一度很強大的楚國開始走向沒落和敗亡的時期。他熱愛自己的祖國和人民。他在政治上有遠見，主張革新，希望楚國能夠重新強盛起來，然而卻始終得不到楚王和其他貴族的支持。公元前 278 年，楚國的郢都被秦國攻破，他感到無比的痛苦，便於這年農曆五月五日投汨羅江（在今湖南省）而死。

自屈原死後兩千多年來，人民一直都同情他。每年端午節這天，各地都要划龍船來紀念他。划龍船，是象徵當年楚國人民打撈他屍首時的情景。全國各地在這天都要吃粽子。吃粽子，也是對他表示懷念。據說古代楚國人民每年到這天，都要祭祀他，用竹筒裝米投到河裏，讓他享用。也有的說，把這些東西投進河裏是餵蛟龍，好讓蛟龍食用後不再去吃屈原的屍體。這就是後世吃粽子的來源。端午節這天，人們還要喝雄黃酒，家家門口還要插上艾葉和菖蒲草。古代人認為艾葉和菖蒲草有辟邪的作用，屈原是被代表邪惡的奸臣所陷害，插上這些東西，不但是一種懷念屈原的表現，而且是一種避邪降惡的象徵。

（王業猷）

諸子百家

我們現在所說的「諸子百家」，是指春秋戰國時期一切思想家及各種不同的學派。所謂「百家」，是表明學派很多的意思，並不是足足有一百家。

西漢初期，司馬談曾把春秋戰國以來的諸子，總括為「陰陽」「儒」「墨」「名」「法」「道德」六家。西漢末年，劉歆則總括為「儒」「墨」「道」「名」「法」「陰陽」「農」「縱橫」「雜」及「小說」十家。十家中，除「小說」家外，其餘九家被後人稱為「九流」，其中比較重要的是「儒」「墨」「道」「名」「法」「陰陽」六家。

儒家學派的創始人，是春秋末期的孔子；戰國時期儒家學派著名的代表人，則是孟子和荀子。儒家學說的主要內容為禮樂、仁義。「禮」指的是為區別親疏尊卑、上下貴賤等級而制定的各種條

文。「樂」指音樂，是禮的配合，提倡樂的目的，是為了從感情上緩和上下矛盾，好使禮的作用更加顯明。「仁」指的是做人的道理，也就是所謂愛和同情心。「義」的意思，就是適宜、合禮，也就是說，人人都要遵循和維護當時階級社會的一套區分尊卑貴賤的等級制度。在政治思想上，孔子強調禮樂的作用，認為「移風易俗，莫善於樂；安上治民，莫善於禮」。孟子則充分發揮孔子學說的仁義部分，主張國君行「仁政」。荀子講究禮義，不過其所講的「禮義」另外還包含法治的意味。儒家的經典著作——「四書」「五經」和儒家的各派學說，支配了中國古代文化的方方面面，對於中國整個封建時代的政治生活及精神生活都產生了極其巨大的影響。對中國封建制度的鞏固和延長，儒家學說發揮了重要的作用。

墨家學派是儒家的反對派，它的創始人是比孔子稍後的墨子。代表其思想的有《墨子》一書。墨家自己雖不反對等級，但卻堅決反對儒家所主張的等級制度。墨子認為：儒家所強調的繁文縟禮和厚葬久喪制度，是一種奢侈浪費；孔子所說的「仁」，實際是對貴族的偏愛。針對儒家的觀點和當時實際存在的各國貴族的腐化現象，墨子提出了「節用」「節葬」「兼愛」「非攻」等一些主張。墨家有自己嚴密的組織，凡是墨家門徒，必須服從巨子（墨家領袖稱「巨子」）的命令，過艱苦的生活，嚴守家法，捨命行道，實行教義，分財互助。秦漢以後，由於歷代統治階級都把墨家學說視為一種危險的思想，對它採取壓制、排斥的態度，所以墨家學說後來便逐漸走向衰落。

道家是戰國時期和儒墨兩家並行的一個學派，重要的代表人物有老子和莊子。老子生卒年不詳，研究老子思想，今天主要還是根據《道德經》一書，這本書大概是戰國時人所編纂。莊子名周，宋國蒙（今河南商丘市東北）地人，約與孟子同時或稍後。研究莊子思想，主要應根據《莊子》一書中的「內篇」七篇。老子是我國

古代具有極大智慧的思想家。他根據自己對於自然界天地萬物變化
情況的精密觀察，以及對於親身經歷的社會變革的深刻認識，發現
了事物矛盾的某些重要法則。他指出，任何事物都含有對立的兩方
面，並且正反兩方面在一定條件下會互相轉化。這種承認矛盾變化
的觀點，具有辯證法的因素，是老子學說中的精華。然而老子在思
想上帶有消極、保守的一面，他害怕鬥爭。他雖然發現了矛盾的某
些法則，可是卻不想解決矛盾，而是企圖把矛盾永遠拉回到原來的
起點，使它始終停留在靜止的狀態。莊子的學說比老子更保守、更
消極。他以「物（人）不勝天」為中心思想，反對技術的進步和經
濟的發展，主張人們都應「少私而寡欲」，自然做到「愚而樸」，
像嬰兒一樣保持其所謂真性。秦漢以後的歷代君主，在治理天下
時，常常利用道家學說來作為駕馭臣民的手段，因此道家和儒家一
樣，對於中國封建社會的政治和文化，也產生了很大的影響。

名家的代表人物是惠施及公孫龍。惠施是莊子的好友，比莊子
的年齡要大。公孫龍生於戰國末期，比惠施的年齡要小。他們都是
詭辯論者，專門玩弄名詞概念進行觀念遊戲。在惠施這一派人的眼
裏，宇宙間的一切，只不過都是些相對的概念，萬事萬物都一樣，
沒有什麼差別。犬和羊都是動物，所以犬可以為羊；黑和白都是顏
色，所以黑也就是白。在公孫龍這一派人的眼裏，事物的概念和屬
性似乎與事物本身是可以割裂開來的。堅白石本來是一件東西，但
是他們卻認為是「堅」性、「白」色、「石」形三個獨立的概念，而
不是一塊具體的堅白石。惠施一派詭辯論者把什麼都看成相對，甚
而抹殺一切事物的差別；公孫龍一派詭辯論者，把脫離具體事物的
抽象概念和各種物質屬性分割開來，其結果必然是否認客觀具體事
物的存在。

法家有法、術、勢三派。「法」的一派，代表人物是春秋時期
的子產和戰國時期的李悝及商鞅，他們着重於法律條文的制定以及

法律的執行和貫徹。「術」的一派，以戰國初期的申不害為代表，這一派着重研究君主駕馭臣下的方法。「勢」的一派，以慎到為代表。慎到，有人說生於申不害之前，也有人說生於申不害之後。為了使「法」和「術」能行之有效，君主必須有權力，權力就是「勢」，這一派主要就是着重講究如何增強君主的權勢。法家學說，代表了新興的地主階級要求建立君主集權國家的願望，這種願望在當時是一種進步的思想。

陰陽家以鄒衍（一作騶衍）為代表。他與孟子同時。他認為土、木、金、火、水是構成宇宙實體的五種物質，他把它們稱為「五行」，或叫作「五德」。五行之間有一定的「相生相剋」關係——矛盾對立與統一的關係。宇宙本身的運動，就是這五種物質的「相生相剋」在起作用。古代人的看法，認為天道和人事是相互影響的。鄒衍把自然界五行相生相剋的道理，拿來說明人類歷史的進化。他認為，某一朝代的興盛，必然和五行中當今的某一「德」配合，下一朝代的興起必然是它所配之「德」勝過前一朝代所配之「德」。例如，舜得土德而旺，夏得木德而旺，商得金德而旺，周得火德而旺。根據五行相剋的道理，木剋土，金剋木，火剋金；因此夏能代舜，商能代夏，周能代商。周以後，必為得水德的朝代代替；再後，必為得土德的朝代代替，然後又是木德、金德、火德、水德，如此循環不已。鄒衍把這種循環稱作「五德終始」。陰陽學派能夠看出宇宙間事物矛盾對立與統一的關係，以及人類歷史的進化，這是很了不起的；但是，他們利用「五德終始」的學說來解釋人事，把人類歷史的發展說成是循環的，而不是不斷向前發展的，這是很消極的。

總而言之，春秋戰國時期「諸子紛起，百家爭鳴」局面的出現，在我國文化發展史上，是一個很重要的階段。

（謝承仁）

四書　五經

　　「四書」的名稱，是自南宋淳熙年間（1174—1189）才開始有的。當時的理學家朱熹，特別從《禮記》一書中，提出《大學》《中庸》兩篇獨立成書，與《論語》《孟子》合稱為「四子書」，也叫作「四書」，以作為儒家的經典。

　　《大學》一書，闡述了儒家的社會政治觀點。書中提出了「三綱領」和「八條目」。「三綱領」指的是「明德」「親民」「止於至善」，「八條目」指的是「格物」「致知」「誠意」「正心」「修身」「齊家」「治國」「平天下」。書中特別強調修身的重要性，認為修身是中心環節，是治國、平天下的第一步，也是格物（研究事物之理）、致知（求得知識）的基礎。而所強調的「修身」，實際上就是要人們的一切言行都符合鞏固封建統治秩序的需要。所提倡的「格物」「致知」，並不是鼓勵人們去接觸外界事物，參加社會實踐，而只是教人專心注意內心的反省。

　　《中庸》是儒家宣傳封建道德的一部倫理教科書。書中提出了「中庸」這一概念，來作為指導人們行為的標準。什麼叫「中庸」呢？意思是說，在不同的時間和條件下，人們的行為既不要過分，也不要不及。「中庸」的人生觀，在中國的封建社會裏，產生了極大的影響。過去，這種折中主義的觀點，常被統治階級利用為反對任何根本改革的藉口，也常被那些具有保守思想的知識分子引用為逃避現實鬥爭的理論根據。

　　《論語》一書，是孔子的弟子和再傳弟子編纂的。孔子死後，弟子們把平日關於孔子言行的記錄收集起來，整理成書，叫作《論語》。《孟子》書中常引《論語》的話，可知《論語》纂輯成書的時間，當在孟子生前。漢朝時，《論語》原有《魯論》《齊論》《古論》

三種,《齊論》《古論》早已失傳,現存的只有《魯論》一種。《論語》的體裁很像後代的語錄,其中,有孔子答弟子所問,亦有弟子們的自相問答。全書共二十篇,是儒家思想所依據的經典,也是研究孔子思想的主要材料。《論語》的文字很簡樸,每敍述一事僅用數十字,意旨便很圓滿,是很好的語錄體散文。

《孟子》七篇,是孟子的門人公孫丑、萬章等所追述。裏面記載着孟子的政治活動和對某些學術問題的見解,以及和其他學派的一些爭論。《孟子》的文章,詞鋒犀利,氣勢雄健,說理精闢流暢,輕鬆幽默。這不僅是一部儒家的經典著作,同時也是一部優秀的古代散文集。

「五經」是指《詩》《書》《禮》《易》《春秋》五種書。這幾部經典流傳到現在,已經兩千多年了。

《詩經》是我國最古的詩歌總集。它保存了從西周初年到春秋中期的三百零五篇詩歌。全集分三個部分:「風」,是民歌;「雅」,是貴族們的詩歌;「頌」,是貴族們祭神、祭祖先的舞曲。傳說《詩經》是經過孔子修訂和整理的。《詩經》的內容非常豐富,它反映了當時社會各個階層的生活,表現方法多種多樣,情感真摯,文辭優美樸實,感染力強烈,是我國文學寶庫中一顆燦爛的珍珠。

《尚書》就是《書經》,是上古的政治論文集,分《虞夏書》《商書》《周書》等幾部分,包括古代許多重要的檔案和文告。這是一部具有很高史料價值的歷史典籍,也是儒家的一部重要經典文獻。

《禮》有《周禮》《儀禮》及《禮記》三種(後世《五經》中的「禮」指《禮記》)。《周禮》是戰國時的學者記述周朝官制的書。《儀禮》就是孔子所編訂的《禮經》,原書已經不全,現在所見的是漢朝儒家的傳本。《禮記》是孔子弟子以及後人傳習《禮經》的記錄。《周禮》《儀禮》《禮記》合稱「三禮」。這是考察儒家思想和戰國以前制度器物的重要典籍。

《周易》就是《易經》，是我國古代卜卦用的書。相傳《易經》裏的《易傳》，也叫作《十翼》，是孔子所作。這種說法不見得可信。《易傳》有《繫辭》，主要說明「變化之道」，總論整部《易經》的道理。《繫辭》裏包含樸素的辯證法思想，認為天地間一切事物都是變化的；可是它又認為有一種本質不變的東西存在，那就是天一定在上，地一定在下，在上者必尊，在下者必卑。這種思想應用到人事方面，就是枝節問題可以變，而統治階級的根本制度不能變。這種哲學思想，形成了儒家政治思想的基礎。

　　《春秋》是一部編年體的歷史書，記載了公元前 722 年到公元前 481 年間，二百四十多年的歷史。東周時期各國都有史官記事。魯國的史官記事，就叫作《春秋》。孔子可能對魯《春秋》加以刪修整理過，所以後世便稱《春秋》為孔子所作。

（王業猷）

孔子　孟子

　　孔子是我國春秋末期偉大的思想家、教育家。名丘，字仲尼，魯國昌平鄉陬（zōu）邑（今山東曲阜）人。生於公元前 551 年，死於公元前 479 年。他的祖先是宋國的貴族，沒落後遷移到了魯國。宋是商朝的後代，魯國是周公的封地，這兩國保存商周的文化最為完備。春秋時期，各國大夫觀禮、觀樂，都要到魯國。孔子在這樣的環境裏學習到了很多有關禮樂的知識。據說他幼年時做遊戲，就常愛做各種禮儀的演習。

　　孔子曾整理過古代的文獻書籍，相傳《詩》《書》《禮》《易》《春秋》等書都經孔子整理過。孔子對於總結我國古代文化遺產，有着

巨大貢獻。孔子主張做學問的態度是「毋意、毋必、毋固、毋我」，意思就是不臆測，不武斷，不固執，不自以為是。

孔子是一位大教育家，做了幾十年的教育工作。對學生，他主張因材施教。他教過三千名學生，據說精通禮、樂、射、御、書、數六藝的有七十二人。他的學生有貴族也有平民，各國人都有。

在哲學思想上，孔子學說的核心是「仁」。他曾說過「仁者愛人」的話。他強調「己所不欲，勿施於人」，認為損害別人的利益，就是不仁。他希望志士仁人要不惜犧牲性命來達到仁，不要苟且偷生來損害仁。

在政治上，孔子對於當時社會的動盪表示不安，要求通過制禮作樂的手段做到君惠、臣忠、父慈、子孝，從而鞏固統治階級的內部團結。這種主張，為後來的封建統治者提倡利用，影響中國社會極為深遠。

孔子講學圖

歷史上稱孔子為「至聖」，由來甚久。自漢武帝罷黜百家，尊崇儒術以後，孔子的地位便被一天一天抬高。唐朝玄宗開元二十七年（739），朝廷下令追尊孔子為「文宣王」。宋朝真宗大中祥符五年（1012），改稱孔子為「至聖文宣王」。元朝成宗大德十一年（1307），給孔子加號為「大成至聖文宣王」。明世宗嘉靖二十七年（1548），改稱孔子為「至聖先師」。清朝最初定稱號為「大成至聖文宣先師孔子」，到順治十四年（1657）改稱為「至聖先師孔子」。

　　總之，歷朝統治者對孔子都是倍極尊崇的。這是因為孔子的哲學思想和政治主張，正是維護他們統治秩序的工具。當然，今天我們也很尊敬孔子，不過今天的尊敬和過去的「聖化」本質上是不相同的。孔子是我國古代文化的代表人物。他的學說，我們需要整理總結，吸取其精華，去除其糟粕。把他神化、聖化是不對的。當然，完全否定他在先秦文化中起過一定的積極作用，也是不對的。

　　孟子名軻，魯國鄒（今山東省鄒城）人，大約生於公元前390年，死於公元前305年。他是魯國貴族孟孫氏的後代，沒落為「士」，是孔子的第三傳學生（孔子—曾子—子思—孟子）。他為了實現自己的政治理想和抱負，曾游說齊、魯、宋、滕、梁等國諸侯。他曾在齊國做了幾年卿，在梁國也很受優待。不過齊宣王、梁惠王都認為他的學說不合時宜，並未加以採納。後來他見自己的主張行不通，於是退而授徒講學。

　　孟子不僅是儒家曾子、子思學派的繼承人，而且還發展了這一學派，故後世把他當作儒家的嫡傳大師，地位僅次於孔子，與孔子合稱孔孟。

　　孟子的哲學思想是「性善論」。他認為人的本性都是善良的，仁、義、禮、智等品質都是自然地先天具備的。至於人為什麼會有不善的行動，他認為那是由於外界事物的引誘。根據這種認識，他

承認教育的作用，主張通過教育的手段，教人去其不善以存其善。可是他又過分強調個人的主觀精神作用，提倡存心養性，培養其所謂「浩然之氣」，以達到「富貴不能淫，貧賤不能移，威武不能屈」。孟子的思想，形成了儒家哲學中唯心主義的理論體系，對於後來宋代儒家有着很大的消極影響。

在政治思想上，孟子最突出的主張，是行「仁政」。這種主張是針對當時各國諸侯的兼併戰爭而發的。他從穩定君主的統治地位的角度出發，強調君主應當與民同憂、同樂、同好、同惡，應當讓人民過安定的生活。要使老年人能衣帛、食肉，鰥、寡、孤、獨的人生活能有所依靠。他反對那種強欺弱、眾暴寡的兼併戰爭和對人民的無辜屠殺。他主張講公義，反對講私利。他憎恨暴君，承認國人有權殺暴君，殺暴君是誅獨夫，不是弒君。他提出了「民為貴，社稷次之，君為輕」的「民貴君輕」思想，並且加以發揮，成為封建時代帶有民主思想色彩的、寶貴的政治理論。他同時還提出了「勞心者治人，勞力者治於人」的看法。

歷史上稱孟子為「亞聖」，由來也是很久的。宋、明的道學家們都極力推崇他，認為他是獨承儒家正統的傳人。元朝文宗時曾封孟子為「亞聖鄒國公」，明朝世宗嘉靖年間免去孟子的封爵，只稱「亞聖」。

（王業猷）

老子　墨子　韓非

相傳老子姓李，名耳，楚國苦縣（今河南鹿邑縣）人。他是道家學派的創始者，其生卒年代不詳：有人說他生於孔子之前，有人

說他與孔子同時，另外還有人說他生於孔子之後。他的學說被廣泛傳播，則是在戰國的後半期。

老子的哲學思想，具有樸素的唯物辯證法因素。他看到了宇宙萬物矛盾的對立統一與相互轉化的法則。在政治思想上，他提出了「無為而治」「小國寡民」的主張。他認為，為了治理國家和應付自然，最好是掌握節制的原則。治理一個大國，要像煎一盤小魚一樣，不要常常去攪動牠。天下禁令越多，人民就越陷於貧困，人們的技術越巧，奇奇怪怪的東西就越會增多。他說：「我無為而民自化，我好靜而民自正，我無事而民自富，我無欲而民自樸。」他反對暴政，指出：人民之所以有饑荒，是因為執政當局收取的捐稅太重。如果宮廷是豪華的，那麼田裏就會長滿野草，倉庫就會十分空虛。他希望人們恢復到孤立生活的遠古時代去，很小的國家，很少的人民，鄰國相望，雞聲、狗聲相聞，而彼此不相往來。在他看來，人民之所以難治，是由於人民有智慧，因此他主張「絕聖棄智」，「常使民無知無欲」。歷朝的統治者，對老子學說中的落後部分，是十分歡迎的，他們都大力鼓吹老子的這種愚民思想。

墨子名翟，魯國人（一說宋國人），是春秋末期偉大的思想家、政治家。大約生於公元前 480 年，死於公元前 420 年。他出身於下層社會的勞動人民家庭，懂得一些手工業生產技術。

墨子替手工業者、小私有者說話，無情地揭發了王公貴族的奢侈浪費，提出了「節用」「節葬」的主張；他代表手工業者、小私有者爭取政治地位，反對貴族世代專權，主張選拔賢人出來管理政治。並且認為人民也應該參加政治，還指出奴隸也是人。

在墨子學說中，「兼愛」「非攻」的主張，是構成墨子思想的核心。墨子提倡人與人應該無等差地「兼相愛」，認為只有這樣，才能「交相利」，才會使大家都有好處。在他看來，正是人們不能「兼相愛」，才產生「攻」「亂」「賊」「竊」的現象。「攻亂賊竊」是不義，

進攻別人的國土是大不義。他堅決反對不義的侵略戰爭，並且用自己的實際行動來阻止這種戰爭，後世流傳的墨子「止楚攻宋」的故事，就是一個很好的例子。

韓非是戰國末期的偉大思想家，代表法家的主要人物。

韓非是韓國的公子（古時稱諸侯的兒子為公子），大約生於公元前 280 年，死於公元前 233 年。他和秦國的政治家李斯都是荀子的學生，可是其才學比李斯高。他的文章寫得很好，長於著書立說，曾好幾次給韓王上書，勸韓王實行法治，但韓王都沒有聽從。後來秦始皇讀了他的著作，十分讚賞，於是把他請到了秦國。韓非到秦國後不久，卻被李斯陷害，自殺於獄中。

韓非總結了李悝、商鞅等各派法家的學說，吸收了儒、道兩家有關法治的思想，最後完成了法家的理論體系。他提出了完整的中央集權的政治理論，認為「法治」是唯一適合當時政治形勢的一種必然要求。他的主張主要有以下幾點：

一、國家應當把法令用明文公佈出來，使大家都能了解，有所遵循。不僅人民，甚至貴族和官吏，都應當遵守國家法令，從而鞏固君主的統治勢力。

二、君主應該有威嚴和權勢，以便掌握國家的最高統治權。官吏、將帥都由君主任免。只要有能力，即使「出身卑賤」，也可以做官。

三、重視開墾荒地和發展農業，認為這是使國家走向富裕的根本辦法。主張獎勵努力耕田的農民和勇敢作戰的戰士。要求取消不耕而富和沒有軍功而享有爵位的舊貴族的特權。

四、主張禁止其他各種學派的活動，以國家的法令來約束人民的思想。國家對人民的言論和思想，應該進行嚴格的控制。

五、政治上的改革，應該根據現實的需要，不必遵循古代的傳統。因為歷史是進化的，而國家的法律制度也應該隨着變化，不應該拘泥於古代。

韓非的學說，為新興的地主階級加強封建專制的統治，提供了理論基礎。秦始皇統一中國以後，鞏固統一國家的各種政治措施，基本上都採用了韓非的主張。

（王業猷）

孫武《孫子兵法》

孫武是春秋末期偉大的軍事學家，後世尊稱為孫子，生卒年代不詳。他原來是齊國樂安（今山東惠民縣）人。他的家庭，是齊國世襲的貴族。他最初也在齊國做官，後來因避亂投奔吳國，成為一個流落異國的沒落貴族。這時闔閭做了吳王，任用楚國的伍子胥做謀主，伍子胥同孫武交了朋友，後來便把孫武所著的兵法送給吳王看。吳王讀了很是稱奇，便讓孫武訓練全國的將士。公元前506年，吳王派孫武擔任大將，出動了三萬大兵，進攻楚國，五戰五勝。公元前505年，吳軍攻佔了楚國的郢都。經過這次戰爭，吳國一躍而成了當時的頭等強國。

孫武給後世留下的《孫子兵法》十三篇，是我國古代最傑出的軍事學著作。這部著作，大體是孫武總結春秋時期及其以前的戰爭經驗以及平時和吳王、伍子胥等研究軍事的論點，經過後代人長期整理而成的。今天所見的《孫子》十三篇，就是經過東漢時曹操的選擇和刪削的。我國歷代的名將都很推崇這部兵法，有些外國的軍事學家也對其推崇有加。

《孫子兵法》有自己精深完整的體系，對於戰爭問題、戰略問題等，都有比較精闢的分析和看法。下面我們概括六點，來說明這部書的價值：

一、戰爭的正確指導，在於「知彼知己」。「知彼知己者，百戰不殆」，這句話見於十三篇中的《謀攻篇》。孫武的意思，就是要求在作戰時，既要了解敵人的情況，又要了解自己的情況，從而加以比較分析，然後確定戰略的計劃與戰役的部署，充分發揮主觀能動性，以取得戰爭的勝利。「知彼知己，百戰不殆」這一總的原則指導，即使在今天，用來指導戰爭，也是正確的。

二、戰爭的正確指導，在於爭取主動權。孫武對於在戰爭中爭取主動這點是非常重視的。他說：「善於作戰的人，能調動敵人而不被敵人調動。」他認為爭取了主動權，使敵人不知我從何處進攻，處處防守，兵力分散，然後我可以「避實而擊虛」取得勝利。設法造成敵人的弱點，這是《孫子兵法》在軍事上表現主動性最突出的地方。他的辦法很多，如有計劃地造成敵人的錯覺而給以出其不意的攻擊，或者給敵人以小利，引誘敵人進攻而將其全部殲滅。

三、在進攻戰方面，孫子亦有高明的見解。他指出：進攻時要集中兵力，突破敵人一點。避開敵人堅固的地方而向敵人的弱點攻擊。

四、在運動戰方面，孫子提出了很多卓越的意見。他說：「乘敵人措手不及，從敵人想不到的道路，攻擊敵人所不戒備的地方。」又說：「我們想決戰，敵人雖然高壘深溝都不得不出來同我們在運動中來打，那是因為進攻了敵人所必救的地方。」戰國時期的大軍事家孫臏，就很會運用孫武這套原則，取得過輝煌的勝利。

五、《孫子兵法》中，在強調戰爭指揮的靈活性這方面，也有不少精闢的論斷。孫武非常講究「出奇制勝」，所謂「出奇制勝」，就是以變化無窮的戰術打擊敵人。他說：「善於『出奇』的，就像天地那樣變化無窮，就像江河那樣奔流不竭。」又說：「作戰方式靈活變化到頂點，就看不出行動的規律來。行動規律既然不可捉摸，那麼，就算有深藏的間諜也將偷看不到底細，聰明的敵人也想不出辦

法來。」對於用兵，孫武很強調「機變」，強調用不同的方法來解決不同的矛盾。戰爭中兵力的分散和集中，分進和合擊，需要根據敵人的情況，靈活地運用和變化，這才是保證勝利的關鍵。

六、十三篇中，對於如何依據敵我兩方兵員的多寡來採取戰爭的行動，有着十分明確的論述。孫武認為：我方兵力比敵人多十倍，就可以採用包圍戰；比敵人多五倍，可以採用進攻戰；比敵軍多一倍，可以分兵來作戰；相等的兵力，可以合力來作戰；兵力較少，就只能採用防禦戰；兵力差得太多時，只有暫避其鋒。這些重要的原則，如果運用得當，是可以發揮很大的戰鬥作用的。

由於階級出身和所處時代的限制，孫子的軍事思想，不免還有很多缺陷，不過儘管如此，孫子仍不失為我國古代最偉大的軍事理論家。

（王業猷）

班門弄斧

「班門弄斧」這個成語，出自明朝梅之渙《題李白墓詩》：

> 采石江邊一堆土，李白之名高千古。
> 來來往往一首詩，魯班門前弄大斧。

梅之渙認為有些人寫詩不如李白，卻不自量力，路過李白墓前，偏愛題詩，所以他拿「班門弄斧」這句話來諷刺那些自炫其能的人。

在班門弄斧這個成語中，「班」指的是魯班。魯班叫公輸般，又稱公輸子，是春秋戰國時的巧匠和著名的技術工程家。他出身於文

化比較發達的魯國，是孔子的學生子貢的弟子。他後來到了楚國，就長期住在楚國。當時楚越之間常發生戰爭，楚國常被越國打敗，為了改變這種戰敗的局面，公輸般替楚國發明了一種名叫「鈎拒」的水戰新式武器。《墨子‧魯問篇》中提到公輸般這種新式武器：「退者鈎之，進者拒之。」意思是說，在敵人的船隊後退時可以把它鈎住，在敵人的舟師進攻時可以把它擋住。另外，據說他又製造了一種攻城的利器──「雲梯」，十分厲害。

公輸般不僅發明了許多新式武器，還發明了不少生產工具，修建了不少橋樑或房屋。有人說他還造過能飛的木鳶，飛到空中幾天幾夜不落到地上。他的智巧自古以來便為人們所稱道。過去木匠、泥瓦匠、鐵匠、石匠等行業，都把公輸般尊奉為祖師。他成為我國民間傳說中勞動人民智慧的代表。

（王業猷）

屈　原

屈原（公元前 340 ─ 前 278），名平，出身於楚國一個貴族的家庭。他受過很好的教育，學識淵博，記憶力強。他的文章寫得很好，擅長外交辭令，對當時國內外的政治形勢十分熟悉。

楚懷王時，屈原曾做過楚國的左徒，出使過齊國。他在政治上是懷有遠大抱負的：他希望能制定新的法令來改革楚國的內政，使日益衰弱的楚國重新像往日那樣富強起來。他痛恨那些持權弄柄的守舊貴族，同情人民的艱難困苦。他期望懷王能夠親近賢臣，提拔有才德的人出來擔任國家的要職。

在外交上，他堅決主張聯合齊國，抵抗秦國。

起初，楚懷王曾一度相當信任他，他的聯齊抗秦的主張也博得了懷王的支持；但是後來由於懷王聽信了奸臣的讒言，加上受了秦國的威逼利誘，便漸漸地和他疏遠了。當時，在楚國，聯齊和聯秦是兩條對立的外交路線，這兩條路線鬥爭很激烈。屈原是主張聯齊派的首領。楚懷王的寵姬鄭袖和令尹（楚國官名）子蘭以及上官大夫靳尚，則是親秦派的代表。公元前 299 年，懷王在令尹子蘭的慫恿下，到秦國去訂立盟約，結果上了大當，被秦扣留，不得回國，最後竟病死在秦。懷王入秦不返的消息傳到楚國，楚太子繼位為王，就是頃襄王。

　　頃襄王剛即位的時候，楚國反秦的空氣一時十分濃厚，可是過了不久，在秦國強大的軍事壓力之下，頃襄王很快就屈服了，親秦派的勢力大大抬頭。屈原遭到了令尹子蘭等人的傾陷排擠，被流放到大江以南。

　　從此，飽受各種政治打擊的屈原，懷抱着拯救祖國的無限熱情，內心忍受着無窮的痛苦，開始了十多年的流放生活。

　　在他六十二歲那年，秦國派遣大將白起攻破了郢都，楚國已經面臨着亡國的危險，屈原的心中充滿了無限的悲痛，正如他自己所說：「舊愁未去，又接上了新愁。想到郢都的收復遙遙無期，就像江水與夏水沒有盡頭。」（白話翻譯係根據郭沫若《屈原賦今譯》，下同）他感到悲慘萬端，懷着對故國的滿腔赤誠，寫下了如此動人的詩句：

　　　　啊，我在向四方遠望，
　　　　要幾時才能再回故鄉？
　　　　飛鳥一定要歸巢，
　　　　狐死，頭向着山岡。
　　　　我無罪而遭流竄，
　　　　日日夜夜心中不忘。

就在這年，屈原終於以身殉國，投進汨羅江中而死。

屈原是一位偉大的詩人，他寫下了許多傑出的詩篇，流傳到現在的有《九歌》《天問》《離騷》《九章》等二十五篇。他在古代中國詩歌創作史上掀起了一次大的革命。他吸取了民間歌謠體的優點，並且發展了這種優點，形成了自己獨特的創作形式——「楚辭」，給後世兩千多年的中國文學帶來了極其巨大的影響。他在年輕得意時寫的作品，大多是一些祭神的歌辭，文字清新、生動，音調鏗鏘、玲瓏。讀後令人有一種沐浴在春天的和風之下聽泉聲、鳥語的感覺。他流放時寫的作品，在思想性和藝術性上都達到了很高的境界，內容充滿了憂國憂民的感情，悲憤、沉痛、抑鬱、奔放，讀後會使人產生一種四野茫茫、雷鳴閃電、狂風暴雨即將橫掃一切的心情。

他的代表作《離騷》，就是他遭到流放後所寫的一篇最宏大的抒情詩。在詩中，他給予了人民極深厚的同情，寫下了這樣的句子：

> 我哀憐着人民的生涯多麼艱苦，
> 我深長地歎息禁不住要灑下眼淚。

在另一篇流放後的作品《抽思》中，作者寫下了這樣的詩句：

> 想率性離開故鄉跑向國外，
> 看到人民的災難又鎮定下來。

郢都破後，作者懷着對祖國的無比熱愛，在《哀郢》一詩裏寫道：

> 登上大堤，我向遠方眺望，
> 姑且這樣，以療慰我的悲傷。
> 可愛的國土呵，無邊的沃壤，
> 水鄉的民俗這樣古樸純良。

這些詩滲透了作者高潔的情操，說明了作者偉大的人格。中國人民熱愛屈原的人格，也熱愛屈原美麗的詩篇。

（王業猷）

都江堰　鄭國渠

　　都江堰是秦昭王在位（公元前 306 — 前 251）時蜀守（蜀郡的長官）李冰興建的（一說是公元前 250 年秦孝文王時李冰擔任蜀守時興建的）。四川都江堰市、成都一帶，正當岷江從西北多山地區流經成都平原南向注入長江的去道上。水在山間流得很急，一到平原，流速頓減，水中挾帶的泥沙隨着沉積下來，容易堵塞河道。因此每年一到夏季，岷江水勢驟漲，常發生水災，水退之後又常有局部旱災。怎樣克服水旱災害以保證農業豐收，這是古代四川人民長期以來最希望解決的一個問題。

　　李冰擔任蜀守時，吸取了前人治河的經驗，視察了都江堰市一帶的地勢，找出了岷江氾濫的關鍵，研究了防治洪水的方法。他和兒子二郎一起，領導當地的人民，就地取材，經過長期艱辛的勞動，最後完成了這項聞名於世界的，我國古代最大、最成功的水利工程——都江堰（古書上叫作「都安堰」）。

　　這項工程，修建在都江堰市城外，是一個綜合性的防洪灌溉系統，主要工程包括：起分水作用的「都江魚嘴」；保護河岸、減少流水沖刷力量的「百丈堤」；隔離岷江內、外江水道的「內金剛堤」和「外金剛堤」；宣泄內江過多水量的洴水壩——「飛沙堰」；弧形的護岸建築「人字堤」；以及人工開鑿的內江通道「離堆」和「寶瓶口」。從百丈堤到寶瓶口，各項工程連綿共約三公里。內江經過寶瓶口流

到都江堰市東南分成三大支流，輸水灌溉農田；外江向正南流，沿途分成六大支流，輸水灌溉農田。總計分支流有五百二十多條，分堰有二千二百多道，渠道總長約一千一百六十五公里，灌溉面積合古代畝數三百多萬畝（古代每畝合今畝五分二厘）。

都江堰修成後，完全改變了成都平原的面貌。從那時起，直到現在，二千二百多年來，這一工程一直都在為農業生產服務。

鄭國渠開在陝西的渭河平原上。這裏原是黃土沖積地帶，由於雨量較少，常鬧旱災，所以糧食產量不高。公元前 246 年，秦王嬴政採納韓國水利專家鄭國的建議，從谷口（今陝西禮泉縣北）起，開鑿渠道，引涇水直達中山（今陝西涇陽縣北），又向東通到洛水，這就是著名的鄭國渠。渠道共長三百多里，灌溉了今天涇陽、三原、高陵、富平、蒲城、白水等縣合古代畝數四百多萬畝的田地。

自鄭國渠修成後，關中一帶變成了沃野，免除了嚴重的旱荒威脅，平均每畝田地的產量都達到「一鍾」（合六斛四斗）。

（王業猷）

本編從秦始皇統一講到魏晉南北朝對
峙時期。秦始皇是中國封建大一統政治制
度的奠基人，此後兩千多年歷史皆在其軌
道內運行。強盛的西漢則展現了古代中國
的輝煌，而在魏晉南北朝對峙的腥風血雨
中，中華藝術卻迸發出了燦爛的光芒。

第二編

秦漢魏晉

秦滅六國

秦統一全國是在公元前 221 年。

原來秦國自從商鞅變法以後，經過一百多年的時間，發展生產，養精蓄銳，越來越富強。公元前 246 年，秦王嬴政即位，積極地向各國展開了軍事攻勢。公元前 230 年滅韓國，前 228 年滅趙國，前 225 年滅魏國，前 223 年滅楚國，前 222 年滅燕國，前 221 年最後滅齊國。十年之間，次第滅掉各國，結束了戰國時代分裂割據的局面，建立起中國歷史上第一個統一的封建王朝——秦。

統一國家的誕生，有很多好處。

從此，自春秋戰國以來，那種經常動員人畜、轉運糧秣，兵不解甲、馬不離鞍，「爭城以戰，殺人盈（滿）城；爭地以戰，殺人盈野」，生產破壞、人眾流亡的爭戰局面，可以大為減少，人民也可以在比較安定的環境裏生產和生活了。

從此，那種因分裂而各造堤防，天旱為了爭奪水利相互征伐，天潦放水別國以鄰為壑的現象，可以免除了——水利由統一的政府統一管理，對農業生產更為有利。

從此，割據時期造成的此疆彼界以及其他各種限制人們交往的人為障礙，可以取消了；東方的鹽鐵和海產，南方的木材和礦產，西方的皮毛和珍寶，北方的馬匹和牛羊……可以相互流通，運往各地了。這對進一步鞏固和發展各族人民共同的經濟和文化，顯然是

大有好處的。

從此，在統一的國家裏，可以更好地動員和組織全國的人力、物力，加強國防，保衛人民的生產與生活。

總之，秦的統一，是適應當時社會發展的趨勢，符合廣大人民的利益和要求的，具有重大的進步意義。

（王克駿）

秦　始　皇

秦初滅六國，秦王嬴政覺得天下已大定，若「名號不更，無以稱成功，傳後世」，就下令叫大臣們討論換個稱號。大臣王綰、馮劫、李斯等認為秦統一全國，功業「自上古以來未嘗有，五帝（傳說中的五位古代帝王）所不及」，古代有「天皇」「地皇」「泰皇」（均為傳說中的古帝王），「泰皇」最貴，因此共上尊號，建議秦王稱「泰皇」。秦王嬴政去「泰」留「皇」，採上古的「帝」號，號曰「皇帝」，自稱曰「朕」（當「我」講，古代無論尊卑均可稱「朕」，秦以後只能天子一人獨稱）；並且決定從自己起，稱「始皇帝」，子孫後世以數計，稱「二世」，稱「三世」……依數類推，至於千世、萬世，傳之無窮。

秦始皇像

秦漢魏晉。

秦始皇採取了一系列加強中央集權國家統治的措施：

一、確立中央集權的政治制度。

皇帝是全國至高無上的統治者，掌握國家政治、經濟、軍事各方面至高無上的大權。皇帝以下，在中央，設置丞相、太尉、御史大夫和廷尉等官職。丞相輔佐皇帝處理國家大政，是最高的文官；太尉掌管全國的軍事，是最高的武官；御史大夫負責監察百官；廷尉掌理中央刑獄。這些官都由皇帝任免和調動，不得世襲。在地方，徹底廢除分封諸侯的辦法，把郡縣制度推行到全國。分全國為三十六郡（秦始皇末年，因疆域擴大，增至四十餘郡），郡下設縣。郡有郡守，縣有縣令或縣長（萬戶以上縣稱令，不滿萬戶縣稱長），分別負責管理一郡、一縣的政事。郡、縣都設尉，管理軍事。郡又置監御史，監視郡守、監察郡政。這些官吏都由中央政府直接任免。縣以下還有「鄉」「里」等行政組織。實行郡縣制度，中央政府的權力可以直接下達至各地，避免了地方的割據稱雄，鞏固了國家的統一。

二、統一文字和統一車軌與度量衡。

戰國時，各國的田畝大小、車軌寬窄、法律法令、服裝制度、語言文字等都不一樣。秦統一後，這種紊亂現象當然不能被容許再存在。秦始皇命李斯等以原來秦國的文字為基礎，制定出一套筆畫比較簡便的新文字——小篆，通令各地使用，六國的文字與秦不合的都廢棄。後來程邈又根據民間流行的字體，整理成一種比小篆還要簡便的隸書，書寫起來更方便。同時，秦始皇還下令統一全國車軌的寬窄，又把原來秦國的法律施行於全國；另外還統一了錢幣的形制，以及度量衡的標準。

這些措施，實際上是對當時社會的一種重大改革，而這種改革又完全順應當時統一的政治局面要求，並為以後經濟和文化的進一步發展帶來了很大好處。

但是，這些新的政策和措施，引起了不少守舊勢力的反對。他們引經據典，利用古書上的話做根據，對政府進行惡意批評。秦始皇召集羣臣商議，丞相李斯說：「時代變了，制度辦法也必須跟着變，古代的制度，在古代是好的，但在今天就不能再用。有舊思想的人，隨意批評法令，既影響政府威信，又容易混淆是非。」他主張：除秦國的歷史記載以外，凡是六國的史書和民間收藏的《詩》《書》諸子百家等典籍都一律燒掉；以後還有人在一起談論這些古籍內容的，處死刑；引用古書批評當世的，殺全家。秦始皇採納了這個建議，於是在公元前 213 年下令焚書。除一部分農、卜筮（古代用蓍草占卦，叫筮）、醫藥等書未燒外，很多重要的文獻古籍，都在這次焚書令下被燒燬。焚書的次年，秦始皇又下令把四百六十個儒生在咸陽活埋，罪名是「為妖言以亂黔首（老百姓）」。所謂「妖言」，指的是這些儒生對新政的指責和對秦始皇的誹謗。

　　「焚書坑儒」，對於維護新的中央集權的政治制度和壓制落後反動的思想言論來說，有一定的作用，但是，「焚書」對古代文化是一種很大的摧殘，「坑儒」影響了人民對政府的正確批評，這也是無可諱言的事實。

　　不過，總體來講，秦始皇所做的上述事業，都有利於統一國家的形成，因此，他成為了歷史上一個傑出的皇帝。

（王克駿）

靈　渠

　　公元前 214 年，秦始皇命令天才水利工程師史祿負責領導人民開通靈渠。

靈渠在今廣西興安縣城附近，是溝通湘江與灕江的一條人工運河。原來，湘江和灕江都發源於廣西。湘江從海陽山向東北流，經過湖南省，注入洞庭湖，流進長江；灕江從唐公背嶺向東北流，後轉向西南，注入桂江，加入珠江流域系統。這兩條水雖然流向不同，可是它們上游的距離卻很近。靈渠就是選擇在它們相距極近的適當地點開鑿的。全部工程大概是這樣：

先在今興安縣城東北不遠處的分水塘村，開鑿兩條人工渠道，一條北渠，一條南渠。然後在湘江河道中填土疊石，砌成一座分水的石堤——「分水嘴」（因形狀像鏵，故古書上都稱「鏵嘴」或「鏵堤」），將湘水分而為二：一部分水流進北渠，注入湘江；一部分水流進南渠，注入灕江。北渠長約兩公里，南渠長約三十三公里；渠身翻山越嶺，工程異常艱巨。南渠亦稱靈渠（因灕水又叫靈河，故渠由此得名），又稱興安運河。靈渠流過的地方，都是高地，為了便於船隻航行，在渠中設立了很多「斗門」（早期的船閘）。平時，用閘將渠水分段蓄積起來，像樓梯一樣分成一級一級的。每當船隻由湘江上溯，來到這裏的時候，先閉後閘，再啟前閘，使水流平，船隻便上進一級，這樣，船隻級級上進，便可安然翻過高地。反之，船隻若由灕水經靈渠駛入湘江，由高處往低處走，那麼，就按照相反的道理，先啟前閘，使水流平，再閉後閘，然後再前進。

靈渠擴大了我國古代內河航運的範圍。自從靈渠修成後，湘、灕兩江達成一氣，長江流域和珠江流域兩水系發生了密切關係；我國南北的交通又開闢了一條新的途徑，除陸路外，又增添了水路。

（謝承仁）

孟姜女哭長城

匈奴是秦朝北方的勁敵。

戰國時，秦、趙、燕三國都與匈奴為鄰，它們都在與匈奴接壤的邊界上修築了長城，並且還派重兵把守，以防禦匈奴。公元前215年，秦始皇派大將蒙恬率領大軍三十萬人，北擊匈奴，收復了過去被匈奴強佔的河南地方（今內蒙古自治區黃河以南的河套地區）。

為了進一步鞏固邊防，蒙恬奉命把舊日秦、趙、燕三國的長城連接起來，加以修整，築成了一道西起隴西郡的臨洮（今甘肅岷縣境）、東至遼東郡內（今遼寧省遼陽市北），長達五千餘里的古代世界最偉大的工程——萬里長城。此後，歷經兩漢、北魏、北齊、北周以至隋，各朝都對長城有所修繕。特別是明代，幾乎對長城加以全部整修。今天我們所見到的長城，西起嘉峪關（在甘肅省），東到山海關（在河北省），像一條長龍似的蜿蜒起伏於崇山峻嶺中。這條氣勢雄渾、壯麗、令人歎服的長城，主要是明朝人遺留下的成績。

秦始皇派兵北擊匈奴，並令蒙恬率眾修築長城，這對防守秦朝的北疆和保衛黃河流域一帶人民的生活與生產，是有着極大意義的。但是，秦剛滅六國不久，人心未定，創傷未復，如此過早、過急、過猛地動員大量的人力和物力，來修築這樣規模巨大的工程，毫無疑問，是會給人民增加負擔的。加之秦始皇在位期間，短短十幾年，一方面做了很多有利於國家統一的好事情，另一方面也做了不少勞民傷財的壞事情。他聽信方士們的胡言妄語，迷信神仙長生不死之說，屢次派人遠航海外，訪仙求藥，浪費了大量金錢。為了顯示威風，他不斷巡遊各地，到處登山刻石，炫耀功德。他足跡所至，東北到過今天的河北省昌黎縣，東南到過今天的浙江省紹興

市，南邊到過今天的湖南省寧遠縣。有一次，他想南巡到衡山，舟行至湘山（在今湖南湘陰縣北），遇到大風，不禁大怒，命三千刑徒將山上的樹木完全砍光，向湘神表示皇帝的威力。他濫用民力，強迫人民給自己修築生前居住的宮殿和死後安眠的墳墓。著名的阿房宮和驪山陵，工程之大，空前未有。單是這兩項工程就徵調了七十多萬人。據說，阿房宮前殿，東西五百步，南北五十丈，庭中可以坐一萬人，殿中可以豎立五丈高的大旗；宮前有十二個銅人，各重二十四萬斤。驪山陵高五十餘丈，周圍五里餘；墓中有宮殿和百官位次，內藏珠玉珍寶無數，還用水銀造成江河大海，象徵山川形勢。

苛重的賦稅與勞役，把人民推向了痛苦的深淵。在秦始皇的統治下，人民表面上暫時不敢說話，實際上內心裏卻充滿了反抗的怒火。孟姜女哭長城的故事，就是反映了人民這樣一種心理。

一對新婚的夫婦，男的名叫范喜良，女的名叫孟姜女，正在歡度婚後的蜜月，忽然男的要被徵發到北方去修築長城，命令下來，丈夫不得不走。范喜良和孟姜女各懷着生離死別的悲哀，被強逼着分開了。

歲月一天一天地消逝，范喜良一去杳無音訊。孟姜女日夜想念着丈夫。她滿懷着與丈夫相會的心情和希望，跋涉千山萬水，來到了長城邊，想探訪自己丈夫的下落。

可是，她的希望破滅了，范喜良早已在沉重的苦役下死去。孟姜女看到了長城，沒有看到丈夫，她的心碎了。她放聲痛哭，哭聲震動了天地。她悲憤的眼淚飛濺到城牆上，把長城沖塌了一道四十里長的缺口。

孟姜女哭倒長城的故事，起源於何時，現已不可知。根據南宋人周煇所著的《北轅錄》記載，遠在南宋時，人們便給孟姜女這位傳說中的人物修了廟，塑了像，把她當作神靈來供奉。這說明，孟姜女的遭遇，得到了廣大人民的同情；孟姜女哭倒長城的傳說，表

明了暴力壓迫下的千千萬萬人民的積憤及其所顯示的力量。

後來，秦朝的統治就在各地憤怒人民的起義聲中坍垮下去了。

（謝承仁）

陳勝　吳廣

《漢書·食貨志》描述秦統治者剝削農民的情形：「男子力耕不足糧饟（xiǎng，同「餉」），女子紡績不足衣服。」可見，當時農民所受的痛苦是如何嚴重。秦朝殘酷的統治，引起了全國普遍的反抗。在秦始皇還活着時，社會就已經顯現出了不安的前兆。公元前211年，有隕石落在東郡（今河南濮陽縣），當地的老百姓在上面刻了「始皇帝死而地分」七個大字，表示對他的憤恨。第二年，秦始皇死後，他的兒子胡亥繼位，稱二世皇帝。二世殺死他的哥哥扶蘇和大將蒙恬，任用宦官趙高專擅朝政，對農民進行敲骨吸髓的榨取。在這種情況下，廣大的農民忍無可忍了，終於，中國歷史上第一次農民大起義爆發了。

公元前209年的秋天，蘄縣（今安徽宿州市）大澤鄉一帶，淫雨連綿。一隊九百個面色愁苦憤怒的人們，在大雨滂沱的泥濘路上行進。他們是被徵調到漁陽（今北京市密雲區）去戍邊的農民。大雨把他們阻隔在這裏，耽誤了他們到達漁陽的限期。按照秦朝的法律，誤了期是要判死罪的。死亡威脅着這一羣人，那麼他們怎麼辦呢？其中有兩個屯長（帶隊的），一個是僱農出身的陽城（今河南登封，一說今安徽宿州市境）人陳勝（又叫陳涉），另一個是貧苦農民出身的陽夏（今河南太康）人吳廣，他倆計議道：現在就是趕到防地，也是被殺，與其被殺，不如死中求活，反抗秦朝，做一番

大事業；天下人久已痛恨秦的暴虐，如果起來反抗，響應的人一定很多。兩人商量後，決定起義。他們先把督率他們前往漁陽戍守的將尉（率領戍卒的官）殺死，然後用話激被徵的戍卒，說：「大家遇雨，已過限期，過期當斬，縱然不斬，到達戍地，十之六七也是死。大丈夫不死便罷，死應死得值得。所謂王侯將相，難道都是命中注定的嗎？」這番話，博得了九百戍防失期的農民的一致擁護，大家立即推舉陳勝為將軍，吳廣為都尉，正式宣佈起義。

九百人起義以後，首先攻下了大澤鄉，接着攻下了蘄縣，在一個月之內，次第攻佔了許多地方。各地農民聞信後，拿起農具、竹竿、木棒，踴躍參加起義軍。當起義軍進入陳（今河南淮陽縣）地時，已經有六七百乘車，一千多騎兵和好幾萬步兵了。起義軍攻下陳地後，為了加強號召，大家擁立陳勝為王，國號「張楚」，建立起了起義軍的政府。「張楚」是張大楚國的意思。因為陳勝等起義的地區在原來楚國的境內，而戰國時楚國又是僅次於秦的強國，有很大的潛在勢力，所以用「張楚」為號，以便加強反秦的號召力量。這時，反秦的浪潮已經席捲全國，各地人民紛紛揭竿而起，殺死當地秦朝官吏，響應陳勝，公認他是起義軍的首領。甚而舊六國的貴族也趁機起勢，反抗秦朝。

陳勝以陳地為中心，向四方發展，並派周文（又名周章）率主力軍往西直攻秦朝的都城咸陽。周文的軍隊聲勢浩大，沿途有很多農民參加，等攻到函谷關的時候，已經有車一千乘，戰士數十萬了。起義軍入關之後，一直打到離咸陽不到一百里的戲（今陝西臨潼境內）地。秦二世惶駭萬分，趕忙徵發所有修築驪山陵墓的徒役，武裝起來，命大將章邯率領，前來迎戰。周文的起義軍雖然人數很多，但因是短時期內發展起來的，既缺少作戰經驗，也缺乏戰鬥訓練，所以被秦軍打敗，退出函谷關。章邯追擊起義軍，周文沿途抵抗，接連戰敗，隊伍損失過重，不能作戰，最終周文自殺。

章邯繼續東進，各路起義軍多遭失敗，吳廣被部下殺死。章邯進攻陳地，陳勝兵少不敵，向東南退卻，途中被叛徒──車伕莊賈所殺。

陳勝、吳廣領導的大澤鄉起義，從開始到失敗，雖只短短六個月，但是由他們所引發起來的反秦風暴，卻愈來愈猛烈。最後，秦朝的統治，終於被義軍推翻。

（謝承仁）

約法三章　鴻門宴

陳勝、吳廣起義失敗後，在許多起義軍中，以項羽和劉邦領導的兩支起義軍，成就最大。

劉邦，沛（今江蘇沛縣）地人，農民家庭出身。他的哥哥是種地的能手，他的妻子也曾參加田間勞作。他在秦朝當過亭長（秦於郊野設亭，十里一亭，亭有亭長）。有一次，他負責押解一批人到驪山去服徭役（古時統治者強制人民服行的勞役），半路上跑掉了很多，他知道自己反正交不了差，便索性把其餘的人都放掉。其中有十幾個壯士願意跟隨他，和他一起逃。他們怕人追趕，不敢走大路，打算趁天黑抄小道逃走。不料走到一處水邊，忽然遇到一條大蛇攔在路上，走在前面的人都嚇得退了回來，不敢過去。這時劉邦正喝了酒，醉沉沉的，一點也不害怕。他拔出劍說：「大丈夫，怕什麼！」說時揮劍將蛇斬成兩段。眾人都佩服他勇敢，他自己也為此感到驕傲。

陳勝、吳廣起義的消息傳到沛縣，劉邦認為時機已到，立即聚眾響應。他在蕭何、曹參、樊噲等人的支持下，佔領了沛縣，被推

立為沛公，手下很快就有了三千人。項羽的叔叔項梁起兵後，劉邦率眾投奔項梁，勢力逐漸強大。陳勝死後，項梁接受謀士范增的建議，擁立舊楚懷王的孫子做楚王（仍稱楚懷王）。不久，項梁和秦軍作戰，戰敗犧牲。

公元前 207 年，秦將章邯圍攻在反秦鬥爭中建立起來的趙國，趙國危在旦夕。楚懷王派宋義、項羽等領兵救趙，派劉邦西向攻秦，並且和諸將相約：誰先滅秦，誰就做關中王。關中係指函谷關（在今河南省西部）以西，散關（在今陝西省西部）以東，二關之中一帶地區。

當項羽軍在今河北平鄉一帶牽制住秦軍主力並和秦軍主力展開決戰時，劉邦卻趁此機會，在幾乎沒有遇到多大抵抗的情況下，很快地便打到了咸陽附近的霸上。

而這時，秦政府內部已經極度混亂。權臣趙高逼死秦二世，另立子嬰為秦王，子嬰又把趙高殺死。劉邦的軍隊打來，秦王子嬰無力抗拒，只好捧着秦始皇傳下的玉璽、兵符到劉邦軍前投降。至此，秦朝的統治便正式被推翻了。

劉邦進入咸陽，接受了張良等人的勸告，將秦宮中的財物珍寶封存不動，然後還軍霸上，向關中人民約法三章：犯殺人罪處死刑，傷人及盜賊按輕重治罪。並且宣佈廢除秦朝的苛法，安定社會秩序，受到了關中人民的熱烈歡迎。「約法三章」的成語，就是這樣來的。

項羽在消滅秦軍主力後，這才引軍西進，他在途中聽說劉邦已經先破咸陽，心中不禁大怒。他帶領四十萬大軍攻破函谷關，打進關中，把軍隊駐紮在鴻門，離劉邦軍隊的駐地霸上有四十里。劉邦的軍隊只有十萬人，和項羽相比，兩軍勢力相差懸殊。范增勸項羽不要錯過機會，加緊進攻劉邦。項羽的叔父項伯，因和劉邦的部下張良相好，怕戰爭發生後張良遭到危險，連夜把這機密透露給張良，建議他趕快離開那裏。張良又把這個消息告訴劉邦。劉邦驚

恐，求項伯在項羽面前替自己疏解，說明自己先入關中毫無野心，請項羽千萬不要多心。

第二天，劉邦親自帶着一百餘騎人馬到鴻門來拜謁項羽，向項羽解釋。項羽在鴻門軍帳中設宴招待劉邦。酒席間，范增屢次給項羽暗示，要他將劉邦殺掉，項羽只裝沒有看見。范增着急，藉故退席出外，把項羽的叔伯弟弟項莊找來，要他進去舞劍，順手將劉邦殺死。項莊答應，進帳敬酒，敬完酒，說：「軍中酒宴沒有音樂，讓我來舞劍助興。」項羽點頭同意，說道：「可以。」於是項莊拔劍起舞。項伯看出項莊不懷好意，也拔出劍來和項莊對舞，常用自己的身子遮護劉邦，使項莊不能下手。張良眼見事情危急，忙出帳來找樊噲。樊噲滿臉怒氣，手執寶劍盾牌，衝進帳中。項羽大吃一驚，問是什麼人，張良回答說：「這是沛公帶的人，名叫樊噲。」項羽賜樊噲喝酒吃肉。樊噲把盾牌覆在地上，一面喝酒一面用劍在盾上切肉大嚼，意氣豪壯，旁若無人。

劉邦見勢不妙，藉口不勝酒力，招樊噲出帳，然後和樊噲等數人，偷偷從小路逃回霸上。臨走時，讓張良獻給項羽白璧一雙，送給范增玉斗一雙，作為謝禮。范增見劉邦逃走，十分氣惱，他把玉斗放在地上，拔出劍來狠狠砍成碎片，然後憤憤地對項羽說：「你真成不了大事！將來和你爭奪天下的，不是別人，就是沛公。從此以後我們都要做他的俘虜了。」這就是「鴻門宴」的來歷。

鴻門宴後，項羽引兵入咸陽，殺秦降王子嬰，放火燒燬秦宮室，大火三月不熄。關中人大為失望。

這期間，項羽的勢力最為強大。在他的強力支配下，他分封了十八個王，自立為西楚霸王。劉邦沒有做成關中王，被封為漢王，都城在南鄭（今陝西南鄭縣），雖然心中很不滿意，但由於力量敵不過項羽，也只好忍氣吞聲，暫時屈服。

（謝承仁）

破釜沉舟　四面楚歌

「破釜沉舟」和「四面楚歌」這兩個典故，說的是項羽率楚兵救趙，大破秦軍主力，和後來與劉邦作戰，被圍垓下，兵敗自殺的故事。

項羽是舊楚國大將項燕之孫，勇武威猛，青年有大志。秦朝末年，他跟隨叔叔項梁殺死秦朝的會稽郡守，舉兵反秦，響應陳勝、吳廣。

項梁最初有精兵八千人，分兵略地，屢次打敗秦軍，勢力日益壯大，產生了驕傲心理。

公元前 208 年秋天，秦將章邯在定陶（今山東菏澤市定陶區）大破項梁軍，項梁戰死。隨後，章邯率軍渡河，向北攻打趙國，包圍鉅鹿（今河北鉅鹿縣）。公元前 207 年，楚懷王命宋義為上將軍，項羽為次將，引兵救趙。宋義行軍至中途，逗留四十多天不肯前進。當時天寒，兵士無衣無食，而宋義卻天天飲酒高會。項羽一怒，把宋義殺掉。楚王只好改命項羽為將，帶着軍隊繼續前進。楚軍渡河後，項羽下令把全軍的飯鍋統統砸破，把所有的渡船一律鑿沉，把全部的營帳完全燒燬，士兵們每人只帶三天的乾糧，準備和秦軍決死戰鬥，不得勝利，絕不生還。楚軍這種抱着戰死決心以求勝利的精神，是十分感動人的。所以，後世人便把不顧一切，決心做成一事的行為，比喻為「破釜沉舟」。

這時，救趙的軍隊，除項羽率領的楚軍外，還有十多支，但是都害怕秦軍，各築堡壘自守，誰也不敢出去交鋒。項羽軍開到，與秦軍大戰；楚軍個個奮勇，以一當十，九戰九捷。各國諸侯將領站在壁上觀戰，看見楚兵勇猛衝殺的情景，都驚呆了。

楚軍大破秦軍後，項羽召見各國諸侯將領，各諸侯將領進入楚軍轅門，懾於項羽威風，都跪着爬行向前，不敢仰視。從此，各國軍隊都隸屬項羽麾下，項羽也成了「諸侯上將軍」。

後來，章邯勢窮，投降項羽。項羽把二十多萬投降的秦國兵士全部坑殺，消滅了秦軍的全部主力。

項羽率軍入關中，進入咸陽後，屠殺百姓，引起了人民的普遍怨恨。他還大封諸侯王，這是違反當時人民渴望統一的願望的。他在分封時，封什麼人為王，封做什麼王（做擁有多大勢力的王），只根據自己的好惡隨意決定。許多得封的和不得封的將領，都不滿意項羽這種做法，他們紛紛起兵反抗，和項羽展開了激烈的爭奪政權的鬥爭。

劉邦趁此機會收攏民心，養精蓄銳，終於攻佔了整個關中，然後以關中為根據地，東向聯合各諸侯，進一步同項羽爭天下。

從公元前 206 年到公元前 202 年，楚漢相爭持續了五年。五年間，楚漢大戰七十次，小戰四十次，劉邦屢戰屢敗，身受重傷十二次。項羽在軍事上雖然節節勝利，可是在政治上卻遭到很大失敗。他要把歷史拉回到割據分裂的狀態，因此得不到人民的支持和援助。這是他走向失敗的主要原因。他殘暴好殺，人民都很怕他，對他表示厭棄。他不如劉邦會用人，而且剛愎自用，有一范增而不信任，這就更促使他走向失敗。

公元前 202 年，項羽全軍被劉邦包圍在垓下（在今安徽靈璧縣境內）。為了瓦解楚軍鬥志，劉邦命令士兵四面唱起楚歌。楚軍聽了，人人思鄉厭戰，軍心大為動搖。項羽聽到歌聲，以為漢軍已經盡得楚地，萬分驚疑。這天深夜，項羽置酒帳中，痛飲解愁。

他心緒十分煩亂，想來想去，除了突圍，毫無辦法。他決定突圍而走。突圍的前刻，他對着自己寵愛的美人虞姬和常騎的駿馬烏騅，唱出了一首慷慨悲壯的歌，歌道：

　　力拔山兮氣蓋世，
　　時不利兮騅不逝。

騅不逝兮可奈何，

虞兮虞兮奈若何！

歌畢，揮淚上馬，帶着眾人捨命衝殺。最後他雖然衝出了重圍，並且殺死、殺傷漢軍無數，逃到烏江邊，然而終於還是在漢軍的追擊之下，走投無路，不得不自刎而死。

項羽的失敗，給了後代極深刻的教訓。後世又把失道寡助的人的遭遇，比作「四面楚歌」。

（謝承仁）

漢初三傑

秦被推翻後所出現的楚漢相爭局面，經過四五年的混戰，到公元前 202 年終於告一段落。漢王劉邦取得了最後勝利，建立了一個在歷史上比秦更加強大的國家，國號漢，建都長安（今陝西省西安市西北），習慣上稱為西漢或前漢。劉邦做了這個朝代的開國皇帝，就是後世所稱的漢高祖。

漢高祖劉邦有一次對人說：「出謀劃策，決勝千里，我不如張良；安撫百姓，籌集糧餉，我不如蕭何；帶着百萬大軍，攻必勝，戰必取，我不如韓信。這三個人，都是人傑啊！」

劉邦所讚揚的這三個人，就是歷史上所稱的「漢初三傑」。他們對於漢朝的建立都是有貢獻的。

張良，字子房，先世為韓國人，出身於貴族家庭。他年輕時，韓國被秦國所滅，他為了替韓國報仇，把家財散盡，結交了一個大力士。公元前 218 年，這位大力士拿着一柄一百二十斤重的大鐵

錘，在博浪沙（今河南原陽縣）行刺秦始皇，卻沒有打中本人，只打中了副車。秦始皇大怒，下令到處搜捕刺客，張良在此藏身不住，只好改名換姓，逃避他鄉。傳說在逃難期間，有一次，張良在一條河邊遇見一個老人故意把自己的鞋踢到橋下去，老人衝着他很不客氣地說：「小孩兒，給我把鞋撿上來！」他一聽心裏直冒火，怎麼這個人這麼大模大樣隨意指使人呢？但是轉而一想：他年紀大走不動，替他撿撿又何妨？於是便走到橋下替老人把鞋拾了起來。誰知老人這時又把腳一伸，說：「給我穿上！」張良差一點氣得要發作，不過他又轉而一想：給老年人做點事也沒有什麼不應該，何必計較他的態度。於是他又恭恭敬敬地幫老人把鞋穿上。鞋穿好後，老人連「謝」字也沒有說一個，扭轉身就走了。張良望着老人的背影，看着他慢慢走開，覺得這人十分奇怪。不料過了一會兒，老人忽然走轉回來，笑着對張良說：「很好，你這小孩兒可教！記住，五天後一早到這裏來會我。」過了五天，張良抱着好奇的心理真的起了個早，趕到橋邊來會老人，沒想到老人卻比他早到。老人一見他晚來，就發怒道：「與長者約會，怎麼能遲到呢？你五天之後再過來吧！」又過了五天，這次張良一聽雞叫就起牀，他自以為今天一定不會晚，誰知到橋邊一看，老人比他到得更早。老人見了他，又非常生氣地說：「怎麼又遲到？回去，再過五天後來！」再過了五天，張良不等半夜就到橋邊去守着，這回總算沒有遲到，過了一會兒老人才來。這次老人很高興，點了點頭說：「應當如此。」說時便從袖中拿出一部兵書送給他，鼓勵他好好學習。從此，張良便用功學習兵法。後來劉邦起兵，他便參加了起義軍，做了劉邦的謀士。他輔佐劉邦入關滅秦，立有很大功勞。楚漢戰爭時，他建議不立六國後代，免得天下又恢復到戰國時期那種分割的局面；同時，他還建議用利祿籠絡韓信，聯絡英布、彭越，全力對付勁敵項羽。劉邦完全採納了他的建議，因之加速了戰爭的勝利。漢朝建立後，他被封為

秦漢魏晉

。

083

留侯，受到了漢政府極大的優待。

蕭何和劉邦是同鄉，公元前 209 年，他輔佐劉邦起兵，立有大功。當起義軍打進咸陽時，別的將領多只注意金帛財物，而他卻獨具遠見，把注意力放在秦政府的各種檔案文獻上，因而一到咸陽，便將秦丞相府、御史府的圖書律令全部接收過來。由於漢軍掌握了這一份重要的資料，所以劉邦對於全國的山川險要、郡縣戶口以及社會情況的了解，比起其他起義軍領袖來，要更加清楚、全面得多。這一點，對於漢的迅速統一，是起到一定作用的。蕭何善於辨識人才，韓信的被重用，就是由於他的極力推薦。最初，韓信在劉邦軍中因未被重視，故棄營而去，蕭何聽到消息後連忙放下工作，親自去追趕。劉邦問他為什麼別的人不追，單追韓信一人。他回答說：「韓信有大將之才，若要爭天下，非重用韓信不可。」劉邦聽了他的話，真的就拜韓信為大將。後來，韓信在漢的開國事業中，果然立下了不世的功勳。在楚漢劇烈鬥爭的那些艱困年代裏，蕭何以丞相身份留守關中，轉運糧餉，補充兵源，使得劉邦雖然屢屢戰敗而仍有餘力來對付項羽，終至取得最後的勝利。漢統一天下後，劉邦感念他的功績，封他為酇侯。漢初採取「與民休息」的政策，他在當中也起了很大的作用。他死後，曹參繼他為丞相，基本上仍按照他生前所定的一些規章制度辦事，繼續執行「休養生息」的政策。所以歷史上常把他們兩人相提並論，稱之為「蕭規曹隨」。

韓信，淮陰（今江蘇淮陰）人，出身貧苦家庭，起初在項羽部下，後歸劉邦，被任為大將。在漢統一戰爭中，他表現出了極其傑出的軍事才能。比如，他曾以數萬之眾，以少勝多，大敗趙軍二十萬，就是一個突出的例子。在這次戰爭剛開始時，他一方面調遣輕騎兵兩千人，每人持一面紅旗，從小道出發，到趙軍大營附近埋伏，並吩咐他們趁趙軍出營追擊漢軍的機會，進入趙營，將趙軍的

旗幟完全拔掉，換上漢軍的紅旗；另一方面，他把自己的營盤故意紮在背靠着河流的地方，這從表面上看是違反兵法的。敵軍看見他背水為陣，都笑他不懂兵法。他自己的部下見他這般佈置，也都感到十分納悶。可是他本人卻滿懷着勝利的信心。臨戰前，他下令軍中說：「今日破趙以後再飽食。」諸將雖然口裏都勉強答應「是」，其實心裏一個個都在暗自嘀咕。等到戰鬥開始，兩軍接戰，相互奮勇廝殺。漢軍假裝敗退，趙軍出營追擊，得意忘形，只顧爭着撿拾地上的戰利品。漢軍退到河邊，無路可退，反身再戰，勇猛無比。趙軍不能取勝，打算收兵回營。不料這時預先埋伏在趙營周圍的兩千騎兵，已經建立了戰功，把趙軍的旗幟完全換成了漢軍的旗幟。趙軍看見到處漢旗飄揚，不禁大驚，以為漢已破趙，於是拋甲棄戈，紛紛遁走。漢軍四面夾擊，大破趙軍，陣斬趙軍主將陳餘，取得了輝煌的勝利。戰爭結束後，韓信的部下問他：「為什麼不依兵法，背水為陣反而取得勝利，這是什麼道理？」他回答說：「我這種做法，並沒有違反兵法，只是諸君沒有仔細考察兵書罷了。兵書上不是說過『陷之死地而後生，置之亡地而後存』這樣的話嗎？我之所以要背水為陣，就是根據這個意思。我知道，我在軍中時間不長，還沒有真正建立起威信，一旦軍士們面臨着生死關頭時，是很難聽我的命令的，我若不把他們置之死地，使之自為戰，哪能死中求生；相反，若把他們置之生地，有路可逃，一到戰爭激烈時，他們會一個一個地逃走，哪裏還會有今天的勝利？」諸將聽了都認為他說得很有道理，並佩服其軍事才能。從此，大家都知道，原來韓信是一個很會靈活運用兵法的人。韓信為漢的開國立下了不朽之功，漢朝建立後，他被封為楚王，後被降為淮陰侯。公元前 196 年，他被劉邦的妻子呂后所殺。

（易惠中）

漢 武 帝

漢朝初年，統治者接受秦亡的教訓，對農民採取讓步政策，減輕剝削，獎勵農耕，給了人民暫時喘息的機會。經過漢初六十多年休養生息的時間，自秦末以來遭受嚴重破壞的社會生產，終於在全國人民的辛勤勞動下，得到了恢復和發展，並且逐漸超過了戰國時期的經濟繁榮。相傳文帝、景帝時，國家財貨充積，人民安居樂業，社會出現了富庶景象，所以歷史上稱之為「文景之治」。特別是景帝時，削平了以吳王劉濞（bì）為首的吳、楚等七國貴族的叛亂，進一步加強和鞏固了中央集權的統治，為漢朝的興隆與統一奠定了可靠的基礎。漢武帝憑藉着這樣的物質基礎，做出了許多轟轟烈烈的事業。

漢武帝劉徹，是漢朝開國後六十七年登上帝位的皇帝。他十六歲登基，一共統治了五十四年（公元前 140─公元前 87）。

「罷黜百家，尊崇儒術」，是他接受大儒董仲舒的建議後所採取的一項從思想上鞏固中央集權政治的重要措施。董仲舒把孔子的學說，說成維護封建統治的唯一準則，把其他各家學說斥為「邪辟之說」。他認為，只有「邪辟之說滅息，然後統紀（社會秩序）可一，而法度可明，民知所以」。因此，他建議廢除其他各家學說。同時，他還建議設立太學，專門用來培養為地主階級服務的儒生。漢武帝採納了這些主張。從此以後，儒家學說便處於優越的地位，逐漸發展成為兩千多年來封建社會的正統思想。

頒「推恩之令」，是漢武帝接受主父偃的建議後所採取的一項從實際行動上加強中央統治權力的重要措施。吳、楚七國之亂被平定後，漢景帝雖然剝奪了諸王的政治權力，初步樹立了中央集權的統治，但是諸王的領地還是很大，經濟力量還是很強，還隨時有和

中央政權對抗的可能。主父偃認為，如果諸侯過於強大，就會恃強，就會聯合起來反抗中央政權。所以他主張實行「推恩」分封的辦法，分封諸王的子弟為侯，以分散王國的領土，使大國變為小國，強國變為弱國。這樣，他們就再也無力反對中央了。漢武帝實行了這個建議，果然收到了預期的效果。

漢是一個大國，需要有一個強有力的中央政府，才能維持這個大國的強盛和統一。而這樣一個強盛統一的大國，對於發展全國的經濟和文化來說，具有極其重要的意義。

漢武帝時，國家富裕，國防力量加強，有了力量來對付匈奴的侵擾。從公元前 129 年到公元前 119 年，漢與匈奴之間較大的戰爭有十餘次，漢軍屢敗匈奴兵，奪回了被匈奴侵佔的河套等地區，基本上解除了秦漢以來的匈奴威脅。

另外，漢武帝還派張騫出使西域，先後派唐蒙、司馬相如等經營今四川、雲南、貴州一帶地區。這一切，在客觀上都取得了積極的效果。漢與西域各國的交通打開，西南大部分地區的各族人民與漢族人民的關係逐漸密切。

強盛統一的漢朝，為統一多民族國家的形成，提供了十分有利和有力的保障。

漢武帝在位期間，在他的指示和領導下，漢政府發動民力，在全國廣大地區興修水利，推廣較進步的農具與農業生產技術，對於促進當時農業的發展起了很大的作用。

僅以關中地區為例，重要的水利工程就有六輔渠（當地人稱為「六渠」或「輔渠」）、靈軹（zhǐ）渠、成國渠、湋（wéi）渠、白渠。拿白渠來說，這條渠連接了涇水和渭水，全長二百里，可以灌田四千五百頃（合今二十三萬多畝），與鄭國渠同樣著名。黃河自古以來是一條經常氾濫的河流，漢文帝十二年（公元前 168）和漢武帝元光三年（公元前 132），曾在今河南與山東一帶地方兩次決口，造

成極大損失。兩次雖然都勉強把決口堵住，然而始終未能徹底解決問題，黃河下游地方仍舊時常被淹。元封二年（公元前109），漢武帝徵發數萬人修築瓠子堤（今河南濮陽市），並且親自到河上視察。此後不久，又從館陶（今山東館陶）開鑿了一條與黃河寬深相等的屯氏河，引水流入海中。經過這兩次的努力修治，黃河的災患大為減輕；在此後六七十年間，黃河的下游基本上沒有再遭受大的水災。

除重視水利建設外，漢武帝晚年又大力提倡使用新農具，推行新的耕作方法。比如，下令給大農（官名），要他選取有技巧的工匠製造新農具；又令全國郡守派遣所屬縣令和三老、力田（小官名）及鄉里老農到京師學習新農具的使用方法及代田耕種養苗方法，就是比較突出的例子。

由於國家的統一、經濟的發展，武帝時，文化也很昌盛。政治、經濟、歷史、文學、天文、農業、音樂、藝術等，各方面都人才輩出。

（王克駿）

司馬遷《史記》

司馬遷，字子長，夏陽（今陝西省韓城市）人，生於公元前145年，即漢景帝中元五年；卒年大約在公元前87年，即漢武帝後元二年。他的一生，大部分時間是活在漢武帝時代。他的父親司馬談是漢朝的太史令（管歷史和天文的官），又是當時卓越的思想家。司馬遷生長在這樣的家庭裏，所受的影響自然不小。他從小就閱讀了很多書籍，又跟隨有名學者學習，學問大有進步；他二十歲左右時，開始漫遊全國，考察史跡，探訪傳聞，了解人民的生活和

各地的風物。他登上萬里長城，體驗到了先民的偉大和秦朝使用民力的殘暴。他渡黃河、過長江、訪問都江堰，考察了水利和民生的關係。他去過孔子的故鄉，參觀了孔子的廟堂和「車服禮器」等遺物。他到過今天的四川、雲南一帶，採訪了當地少數民族的民情與習俗。後來，他做了太史令，又閱讀和整理了官家收藏的各種圖書資料。

公元前104年，他開始寫《史記》（實際上整理史料的工作在公元前108年便已開始）。這年，他四十二歲，正是精力充沛的時候。

不料，在他進行著述的第七年，在評論政事的時候，觸怒了漢武帝，被下到獄中受了「腐刑」（閹割）。這對他是極大的侮辱。他受到這樣巨大的打擊，非常痛苦，幾乎痛不欲生。但是，他一想到自己所要完成的偉大著作時，就又堅持着活了下來。他發憤繼續寫他的《史記》。到了公元前93年，基本上完成了這一巨著的初稿。從這以後，直到他死，他還對他的著作做了不斷的加工和修補。

《史記》原名《太史公書》，漢朝末年靈帝、獻帝以後，大家才習慣地稱呼其為《史記》。這是一部包括從黃帝起到漢武帝後期止，

司馬遷像

《史記》古本

秦漢魏晉

。

長達三千多年的紀傳體歷史書。全書分為「本紀」「表」「書」「世家」和「列傳」五個部分，共一百三十篇，五十二萬六千五百字。

「本紀」十二篇，是以帝王世系為中心，按年月順序，列舉歷代的人事，好像全書的總綱，使人讀了能夠了解每一朝代歷史發展的重要線索。「表」十篇，分為「世表」「年表」「月表」（以「年表」為主）三種，是排列帝王、諸侯、將相的年代及爵位的。由於夏、商、周三代時期年次不明，故只能按世系列為「世表」；而秦楚之際，政治變化急劇複雜，「年表」不能解決問題，因此列為逐月記事的「月表」。「表」能更清楚地表明時間順序，使讀者一目了然。「書」八篇，總述了司馬遷以前歷代的天文、地理、文化、經濟等方面的情況，價值很大；八「書」的內容雖然還不夠完備，然而對我們了解這一時代社會的全貌，卻有很大的幫助。「世家」三十篇，大體分為兩類，一類是敍述諸侯國家興亡的歷史，另一類是敍述貴族和地位最高的大臣的事跡。不過其中有兩篇例外：一篇是《孔子世家》，另一篇是《陳涉世家》。因為孔子在思想文化上有突出影響，而陳涉（陳勝）是掀起中國歷史上第一次農民革命的農民領袖，所以這兩人都列入了「世家」。「列傳」七十篇，是全書裏篇幅最多的部分，有政治、軍事等各方面的重要人物傳，有特殊事業傳，有國內少數民族傳，有屬國傳，有外國傳等。

司馬遷寫出了古代帝王、將相、名醫、俠客、大商人、優伶（戲曲演員）、刺客、占卜人的事跡和經濟、文化等方面的情況。他的寫作態度嚴謹，愛憎分明。他對被壓迫者、被剝削者給予了同情。他熱烈地歌頌了農民戰爭的領袖，把陳勝、吳廣擺在和封建王侯同等重要的地位，專門給他們寫了「世家」。他一方面肯定了漢高祖劉邦的才能和功績，另一方面卻又真實地描繪了這位皇帝的狡詐與無賴；他一方面稱頌了漢武帝劉徹的豐功偉業，另一方面卻又深刻地諷刺了這位天子迷信求仙的荒誕與無聊。他真誠地頌揚了那

些不為私利、愛國愛民的忠臣與義士；另外，他也憤怒地譴責了那些用嚴刑峻法來殘殺人民的劊子手。《史記》開創了用紀傳體敘事的體裁，這種體裁一直為以後的史家所沿用。它的語言生動活潑，人物形象鮮明突出，具有強烈的藝術感染力，為以後的傳記文學樹立了典範。

司馬遷無愧是我國古代最傑出的歷史學家，《史記》無愧是我國古代最偉大的歷史著作。

（王克駿）

趙　　過

我國是一個有悠久歷史的國家，在農業上有很多生產經驗和發明創造。趙過是古代在這方面有卓越貢獻的人物之一。

漢武帝末年，漢武帝任命趙過為搜粟都尉，發展農業。趙過研究和總結了農民的生產經驗，發明了「代田法」，創製了新農具，提高了農業的生產水平。

在這以前，耕作技術是比較落後的。農民們把土翻起後，就往下播種，也不分行列。這是一種原始的耕作方法，容易消耗地力。為了使地力恢復，今年耕種的土地，明年就得停止耕種，休耕一年。貧瘠的土地，甚至得連續休耕兩年或三年。古時地長一百步、寬一步（一步六尺）為一畝。「代田法」是在這六尺寬的田畝中分為壟、甽（zhèn，田地中間的溝）相間的三壟三甽。壟和甽都寬一尺，甽低壟高，甽比壟深一尺。春天把種子播到甽裏，長苗以後，除去壟邊雜草，把翻鬆的泥土培蓋在甽中的苗根上。等到夏天，壟土已全平，而苗根埋土已深，可以增加耐風和抗旱的能力。下次耕種，

再把原來的壟改為甽，原來的甽改為壟，這樣每年甽壟互相更代，叫作「代田」。用「代田法」，不必把整塊土地完全休耕。由於土地時常翻動，土質鬆軟，對於莊稼的生長也有好處。用「代田法」耕種的田地，都是「用力少而得穀多」，一歲之收，每畝常過普通不用「代田法」的田一斛（hú，當時以十斗為一斛）到兩斛以上。

趙過發明的新農具有耦犁和耬車。耦犁用兩頭牛拉兩個犁，後面兩人各扶一犁，前面一人牽引兩牛，共用兩牛三人。用這種耦犁犁田，每年可種田五頃。趙過還做了一種人力犁，無力養牛的農民，可以使用人力犁。使用人力犁，人力多的一天能耕三十畝，人力少的也能耕十三畝。耬車是一種把耕犁和播種器結合在一起的播種工具。耬車的構造是：犁上裝一個耬斗，用以盛穀種，耬斗的兩足外圓中空，直伸到地裏。耕地時，一面破土，一面搖動耬斗，種子就由外圓中空的耬斗足播入土中。這比耕完地再播種快多了。用耬車播種，據說一天能播地一頃。

趙過改進農業生產技術和農具，擴大了耕地面積，增加了作物產量，在農業生產上給人民作出了巨大的貢獻，他的功績是值得紀念的。

（王克駿）

蘇武牧羊

漢朝時候，北方的匈奴常常侵擾邊境。漢武帝時，擊敗了匈奴，北邊才得到安定。公元前 101 年，匈奴且鞮（jū dī）侯單于新立，派使臣到漢朝修好，為了答禮，漢武帝派蘇武出使匈奴。

蘇武，字子卿，是一個廉潔正直、有膽量、有骨氣的人。他奉武帝之命率領副使張勝、隨員常惠等一百多人出塞到了匈奴。當他

把出使的任務完成後，正待回國時，恰巧有漢降將衛律的部下虞常等，想趁單于出去打獵，劫單于的母親歸漢，並殺死衛律。虞常和張勝是老朋友，他們暗中商量，卻不讓蘇武知道。後來虞常失敗，單于派衛律審辦這件案子。張勝怕受牽連，才把事情告訴蘇武。蘇武說：「事已如此，一定要牽累我，我被侵辱，對不起國家。」遂拔刀自殺，由於常惠等救護，才沒有死。不久，衛律奉單于之命來審問蘇武。蘇武說：「我是漢朝的使者，如果受到審問，就是活着，還有什麼臉回去！」用刀使勁自刺，鮮血直衝出來。衛律大驚，立刻飛馬去找醫生。醫生來時，蘇武已流血過多昏厥過去。醫生救治了半天，蘇武才轉過氣來。蘇武這種忠於國家的精神，連單于也很欽佩。蘇武的傷好了些，單于要逼他投降，通知他去觀審虞常，並當場把虞常斬首。衛律舉劍對張勝喝道：「投降免死。」張勝跪地求降。衛律又對蘇武說：「副使有罪，你當連坐。」蘇武說：「我不知道他們的密謀，又不是親屬，說什麼連坐！」衛律舉劍砍來，蘇武顏色如常，穩坐不動。衛律停住手，說：「我投降匈奴，蒙單于大恩，封我做王，富貴已極。如今部下幾萬人，牛羊滿山谷。你今天投降，明天就和我一樣，不然，白白喪命，又有誰知道！」蘇武毫不動搖，反而義正詞嚴地把衛律大罵一頓。單于見他不投降，便把他關在一個大地窖裏，不給他飲食。天下大雪，蘇武困臥窖內，飢寒交迫，渴了飲雪水，餓了吞氈毛，一連好幾天，差一點凍餓而死。單于見威脅、利誘都不成，便把他和常惠等分開，給了他一羣公羊，送他到北海邊去牧羊，並且說：「等公羊生了小羊，你再回去！」北海一帶，當時是無人煙的荒漠，每到冬天，這裏白雪皚皚，四野冰封。蘇武常處於絕糧的威脅中，沒有辦法，只好掘取野鼠洞裏的草籽充飢。後來單于又派人來勸降，他仍是忠貞不屈。每天，他一面牧羊，一面撫弄着出使時朝廷給他的「漢節」（節是古代使者拿着作為憑證的東西），表示時刻不忘漢朝。時間長了，「漢節」上的毛都脫落了。就這

樣，他在這窮荒苦寒的地方，艱難地熬過了十九個年頭。

武帝死後，昭帝繼位，匈奴和漢朝和好，漢朝要求釋放蘇武等人，匈奴詐說蘇武已死。後來漢使又到匈奴，常惠想法子夜見漢使，教他對單于說：「漢天子在花園射雁，雁足上拴有帛書說蘇武現在在北海某處。」漢使照常惠的說法質問單于，單于才允許蘇武回漢朝。

昭帝始元六年（公元前 81）春天，蘇武、常惠等九人（同出使的人很多，這時都已死去），回到了久別的首都長安。

蘇武出使的時候，才四十歲左右，正當壯年，等到歷盡艱苦回來時，已經是鬚髮全白、六十多歲的老人了。

當時的人，都非常尊敬這位大節凜然、一片丹心的英雄；千古以來，他的事跡被傳為佳話。

（王克駿）

昭君出塞

昭君，姓王名嬙，字昭君，是漢元帝的宮女。

她被選入宮時，由於拒絕賄賂奸臣毛延壽，毛延壽故意把她的畫像塗改，使元帝見了，以為她生得醜陋，把她打入了冷宮。後來元帝發現上了奸臣的當，要捉拿毛延壽。毛延壽逃入外國，慫恿那個國家的君主興兵犯境，指名要昭君和親。昭君在一個蕭瑟的秋天，懷着對故國的深沉依戀，騎着馬，彈着琵琶，唱着哀怨悲憤的歌曲，出了邊塞，迎着朔風，走進了那黃沙無邊的草原……

這樣的王昭君，是詩歌戲曲中的形象，歷史的事實可不完全是這樣。

西漢元帝時代，漢朝國力還很強大。公元前 33 年，匈奴呼韓邪單于表示，希望和漢聯姻，永結親好。元帝將後宮宮女王昭君嫁給呼韓邪單于為妻。昭君到匈奴後，和呼韓邪單于結婚，做了閼氏（yān zhī，即單于的妻子，相當於漢人的皇后），並生了一個兒子。後來，呼韓邪單于死，大閼氏生的兒子雕陶莫皋立為單于，按照匈奴的風俗，父死娶後母，所以昭君又做了後單于的閼氏，並生了兩個女兒。長女雲娘，在漢平帝時，曾來漢朝拜見太皇太后，太皇太后很高興，賞賜了她很多東西。雲娘和她的丈夫，主張和漢朝友好。後來呼韓邪單于的少子咸做了匈奴的單于，雲娘常勸咸跟漢朝親善。公元 14 年，雲娘要求會見和親侯王歙（xì）。王歙是昭君哥哥的兒子，雲娘的姑表兄弟。這時，西漢劉氏皇朝早已被王莽廢掉，建立起國號叫作「新」的王氏皇朝。王莽答應了雲娘的請求，隨即派王歙和他的弟弟王颯兩人出使匈奴，帶去好多禮物，以表示對咸立為單于的祝賀。

自從呼韓邪單于與漢結親起，以後六十多年間，漢與匈奴沒有戰爭，雙方友好往來，和睦親善，漢北部邊境呈現了「邊城晏（晚）閉，牛馬佈野」的和平氣象。昭君出塞的故事，成為漢與匈奴這兩大民族和睦關係中的一段佳話。

昭君死後，匈奴人民為了表達對昭君的崇敬和愛戴之情，在大黑河畔（在今內蒙古自治區呼和浩特市南郊）特地為她修了一座獨立蒼穹、氣象巍然的青塚，這就是傳說中的昭君墓。

兩千年來，昭君的美麗、善良、樸實、勤勞的形象，始終活在當地人民的心中。據內蒙古民間傳說，昭君很愛護百姓，曾教給當地婦女紡紗、織布和做衣服的技術，並且傳播了一些有關農業生產的知識……

（王克駿）

王　莽

　　西漢後期，四川、河南、山東一帶連續發生了以申屠聖、鄭躬、樊並、蘇令等為首的農民和鐵官徒（工徒）起義，有的發展到一萬多人，有的經歷了十九個郡國。西漢皇朝的統治出現了嚴重的危機，連一部分統治階級的人物也認為漢朝的命運已經快要完結了。王莽就是在這樣的情況下，憑藉外戚（帝王的母族或妻族）的地位，爬上了皇帝的寶座。

　　王莽的姑母王政君是漢成帝的生母。自成帝時起，王家有九個人封侯，連王莽在內共有五個人做過當時最高的軍政長官——大司馬。地方官也有很多是王家的黨羽。成帝死後，哀帝繼位。哀帝在位六年，重用別的外戚，王家不是很得意。公元前 1 年哀帝死，哀帝沒有兒子，王政君就跟王莽合謀立成帝的弟弟中山孝王九歲的兒子做了皇帝，就是漢平帝。這時，王莽做大司馬，取得了朝政的實權，還得到了「安漢公」的封號。王莽用大封官爵的辦法取得了貴族、官僚們的擁護，又用小恩小惠，如出錢百萬、獻田三十頃分賑受災的貧民等辦法，並且籠絡地主階級知識分子。他這種假仁假義的做法，曾經在短時間內迷惑了一部分人。據說，前後曾有四十八萬多吏民上書太皇太后，要求重賞王莽。平帝死後，王莽一方面挑了皇室一個兩歲的嬰兒來做傀儡皇帝，另一方面又利用迷信製造輿論，說武功地方掘井發現一塊白石，上面有「告安漢公莽為皇帝」八個紅字，要王政君下詔許他稱「假皇帝」（假是代理的意思）。三年以後，即公元 8 年，王莽便正式做了皇帝，建立國號叫「新」。

　　王莽做皇帝後，為了鞏固統治，打着復古的旗幟，進行變法。他下令：將全國土地改稱「王田」，奴婢改稱「私屬」，都不准買賣。一家男子不滿八個佔田超過一井（九百畝）的，應將多餘的田地

分給本族或鄰居的無田人。原來沒有田的人，按男口每口給田一百畝。凡是指摘這套辦法和散播反對言論的人，都被放逐到邊遠地區。

王莽又實行五均六筦（guǎn）。在長安城東西市設市令，在洛陽、邯鄲、臨淄、宛、成都五大城市設司市師，各郡縣設司市，負責管理市場、物價、收稅和對貧民賒貸，叫作「五均賒貸」。又實行官賣鹽、酒、鐵器，由政府統一鑄錢，收名山大澤的生產稅，加上五均賒貸，叫作「六筦」。

王莽曾多次實行幣制改革，如下令廢除行用已久的漢五銖錢，造金、銀、龜（龜甲）、貝（貝殼）、錢、布（銅製）六類共二十八種名目的貨幣。嚴禁私鑄錢幣，私鑄者連鄰近五家都算犯罪，人口罰為官奴婢。私用五銖錢的，有罪。

但是王莽要佔有田地多的人分餘田給貧農的命令在豪門地主的抵制下，一開始就無法實行。他企圖停止田宅、奴隸的買賣，這在階級社會也是行不通的幻想。執行五均六筦政策的各級官吏，本身都是大商人、地主，這些政策不但沒有給人民帶來好處，反而增加了人民的負擔。例如，市場管理規定：市官根據物價行情，定出本市每季貨物的平價，五穀、布、帛等貨源多時，政府按賣方成本收貨；市價高過平價，政府將存貨按平價賣出；市價低於平價，聽人們自行交易。這從表面上看，似乎能起到平抑物價的作用，可是實際上不然。由於規定市場平價的大權都掌握在那些官僚、地主們之手，他們趁機收賤賣貴，從中取利，以致老百姓並不能得到真正的好處。工商業稅按純利額十分取一，這對大工商業不算重，然而對小工商業卻很不輕，並且如捕魚、捕鳥、養家畜、養蠶紡織、縫補都要收稅，非常繁苛瑣細，人民當然更受不了。官賣鹽、酒、鐵器，無異是一種對重要產品的壟斷。幣制改革更是赤裸裸的掠奪，因為這使很多持有五銖錢的小農和小生產者受到了嚴重損失，甚而破產。只有賒貸予民（百錢月收三錢）一事，倒是可以打擊高利貸

者，多少還對民有利，可是，假若過期還不出來，人民仍然要受貪暴官吏的迫害。

王莽的變法，在各方面的反對下，「王田」「私屬」制只實行了三年多，變法的主要部分就不得不宣告破產。五均六筦堅持得久一些，但最後也不得不下令廢除。

在這期間，王莽不甘心變法的失敗，還挑動對外戰爭來向國內人民示威。這便加速了綠林、赤眉農民大起義的爆發。公元 23 年，長安市民響應起義軍，攻入宮中殺死王莽。

（陳繼璠）

綠林　赤眉

王莽改制失敗，人民生活更加痛苦。加以水災、旱災、蝗災接二連三地出現，農民們實在活不下去，除了自己起來推翻暴政，再沒有別的出路。

17 年，湖北西部一帶大旱，飢餓的農民們在新市（今湖北京山）人王匡、王鳳的領導下發動起義。王匡、王鳳起義後，聞風前來投奔的人很多，幾個月光景，起義軍就壯大到七八千人。他們駐紮在綠林山（今湖北當陽市）上，人們把他們稱為「綠林軍」。21 年，王莽的荊州牧（官名）率兵兩萬人前來攻打綠林軍，結果被打得大敗而逃。綠林軍乘勝攻下了幾個縣城，把隊伍擴充到了五萬多人。

第二年春天，綠林山裏發生了瘟疫，農民軍病死的很多。他們決定分散活動，由王常、成丹領一支人馬，攻佔南郡，號稱「下江兵」。由王匡、王鳳領一支人馬開往南陽，號稱「新市兵」。不久，平林（今湖北隨州東北）人陳牧、廖湛等人，也聚合一千多人起來

響應，這支人馬被叫作「平林兵」（後與新市兵合）。

18 年，琅琊（郡名，今山東東南部）人樊崇在山東莒（jǔ）縣起義，帶領數百人佔領了泰山。不到一年，他的部眾就發展到一萬多人。接着，逄（páng）安、謝祿等人都領起義隊伍前來投奔。於是，他們以泰山為中心，在山東一帶展開活動。22 年，王莽派太師王匡（與綠林軍首領王匡同姓名）、更始將軍廉丹率十萬大軍前來鎮壓。樊崇率領農民軍迎戰，為了在戰鬥中便於與敵軍區別，大夥都把眉毛塗成紅色，作為起義軍的記號。從此，「赤眉軍」的名號便傳開了。在這次大戰中，赤眉軍個個奮勇當先，把官兵打得大敗，王匡溜走，廉丹戰死。赤眉軍戰勝後，人數大增，勢力迅速發展到黃河中游一帶。

正當農民起義軍轟轟烈烈發展的時候，許多地主階級分子也趁機而起，如南陽的漢朝皇族劉演、劉秀兄弟，便在此時混入了綠林軍。

23 年，綠林軍已發展到十多萬人，各路聯軍共同推舉漢朝皇族劉玄為帝，號稱「更始皇帝」。農民軍節節勝利，使王莽政權面臨着崩潰的危機。王莽派遣王尋、王邑帶着四十二萬大軍，圍攻昆陽（今河南葉縣），準備與農民軍決戰。綠林軍奮勇抵抗，大敗王莽軍，王尋戰死，王邑逃走。昆陽大戰後，綠林軍便兵分兩路進攻長安，終於推翻了王莽政權。

但是劉玄進入長安以後，就完全背叛了農民軍。

赤眉軍樊崇等人與劉玄分裂，繼續組織力量進行鬥爭，短期內起義力量又發展到了三十萬人。25 年，樊崇等立了一個十五歲的放牛娃劉盆子為帝，接着再度攻入長安，迫使劉玄投降。但這時，關中豪強地主隱藏糧食，組織武裝，進行頑抗。第二年，赤眉軍由於糧草斷絕，無法在長安堅持，只得回師東歸。

劉玄以前在洛陽時，曾派劉秀到河北活動。劉秀勢力逐漸壯大，25 年公開背叛農民軍，在河北稱帝。赤眉軍與劉玄在關中鬥爭

時，劉秀趁機南下渡過黃河，佔領了洛陽。當赤眉軍東歸的時候，劉秀預先在河南西部山區埋伏大軍，偷襲赤眉軍。赤眉軍雖然拚全力抵禦，無奈寡不敵眾，加上長途跋涉，精疲力盡，最後戰敗。

劉秀建立的政權，因都城在洛陽，故歷史上稱為東漢或後漢。劉秀就是後世所稱的漢光武皇帝。

堅持了十年鬥爭的綠林、赤眉起義軍雖然最終敗於劉秀，但西漢末年和王莽時代的暴君惡政畢竟被農民軍推翻。劉秀建立的東漢政權震懾於農民軍的威力，為了鞏固統治，不得不吸取教訓，採取一些減輕租賦徭役之類的措施。因此，東漢初年人民的生活相對地有了一定的改善，社會生產也有了一定的恢復和發展。

（黎虎）

黨錮之禍

「黨錮之禍」是東漢統治階級內部的一次政治鬥爭。

東漢中期以後，外戚和宦官相繼把持政權。從和帝開始到桓帝中期，是外戚把持政權的時期。後來桓帝聯合宦官單超等誅滅外戚梁冀，政權又落在宦官手裏。在桓帝、靈帝時期，宦官執政前後達三十年，他們獨攬朝政，殘虐百姓，橫行地方，把東漢的政治推到了黑暗、腐敗的頂點。官僚們痛恨宦官把持政權，影響了他們的權位；中小地主出身的知識分子也痛恨宦官，阻塞了他們做官的道路，尤其使他們恐懼的是，宦官殘暴黑暗的統治會加深社會的動盪不安，這將會導致整個政權的覆亡，為了本身的利祿，也為了挽救階級統治的危亡，他們要求在政治上進行改革，反對宦官的黑暗統治。世家豪族李膺、陳蕃等人和太學生（太學是當時的最高學府）郭泰、賈彪等人聯

合起來，向宦官集團展開猛烈的抨擊。他們一方面品評人物，相互吹捧以增強聲勢；另一方面批評朝政，打擊宦官及其親屬、賓客等為非作歹的行為。這樣就自然引起了宦官們的仇視。宦官誣告他們結為朋黨，並以「圖謀不軌」的罪名將他們逮捕下獄，或禁錮終身不許做官，有的甚或處死。這就是歷史上所說的「黨錮之禍」。

　　東漢的「黨錮之禍」共發生了兩次。第一次是在桓帝延熹九年（166）。宦官黨羽張成的兒子殺人，被司隸校尉（官名，負責糾察京師百官及所轄附近各郡官吏）李膺所捕殺。宦官們便誣告李膺等人交結太學生共為朋黨，誹謗朝廷，敗壞風俗。桓帝下令逮捕李膺、陳寔（shí，同「實」）等二百多人入獄。後李膺等人雖因尚書霍諝（xū）和外戚竇武的力爭，被赦歸鄉里，但卻遭到禁錮終身不許做官的處罰。第二次「黨錮」之爭，發生在靈帝建寧二年（169）。宦官侯覽依仗權勢侵奪百姓田宅，強搶民女，為山陽督郵（代表郡太守督察縣、鄉，宣達教令，兼管訟獄捕亡等事之官）張儉上書告發，並就地將其資財沒收。侯覽大怒，指使黨羽誣告張儉與同郡二十四人結為朋黨，圖謀不軌。朝廷大捕黨人，連同過去的黨人李膺、杜密、范滂等一併受到牽連。結果，一百多人死在獄中，被殺的、流徙的、囚禁的共達六七百人，凡是「黨人」的門生、故吏、父子、兄弟以及五服以內的親屬，都免官禁錮。這次黨錮範圍很廣，時間也很長，直到中平元年（184）黃巾起義，靈帝怕他們與黃巾聯合，才赦放黨人，「黨錮之禍」才宣告結束。

　　「黨錮之禍」雖是東漢統治階級內部的鬥爭，但在宦官黑暗、腐敗的統治下，官僚和太學生能揭露、打擊他們的罪惡和暴行。有些人，如范滂等，被逮捕後表現出與惡勢力鬥爭的不屈精神，也給予人們鼓舞。不過，等到黃巾起義以後，在面對着對抗共同的敵人——起義的人民這一前提下，統治階級內部的矛盾便得到緩和，互相妥協了，有些黨人便直接參加了鎮壓農民起義的活動。

東漢時期，政權為什麼常把持在外戚和宦官手裏呢？原來東漢的皇帝從和帝起，都是幼年繼位，由母后臨朝輔政，母后照例依靠自己的父兄——外戚，幫助處理政事。外戚既然控制着中央政府，便大批派遣自己的子弟、親戚和賓客到各地做官，發展自己的政治勢力。等到皇帝長大了，要親自執政時，便與外戚的權力發生了衝突，這時，朝臣上下多是外戚的親信或依附外戚的人，皇帝可以依靠的人便只有身旁的宦官。這些宦官在消滅外戚勢力的過程中，立了功，控制了中央政府，也同樣要派遣自己的親戚和親信到各地做官，來發展自己的政治勢力。東漢的皇帝又大多短命而死，母后和外戚就利用這個機會，選立幼小的皇子繼位，藉此把政權掌握到自己手裏。這樣，鬥爭便反覆地循環下去，形成了外戚和宦官相繼把持政權的局面。

（李書蘭）

佛教　道教

佛教傳入中國的具體時間，到現在還有所爭論。但可以肯定的是，一定是在漢武帝以後。一般認為約在西漢末期。關於周時或秦始皇時中國人就已經知道有佛教後代的記載，是不可靠的。

漢武帝時，漢朝的使者張騫到過大夏國（今阿富汗北部）。張騫在大夏時，曾聽說大夏西南有個身毒（yuān dú，是當時中國人民對印度和巴基斯坦一帶的稱呼）國，並看到我國巴蜀地區出產的物品由身毒轉銷到大夏。當時，佛教已在身毒盛行，大夏和身毒國又是緊鄰，張騫也就很有可能聽說過佛教。只是《史記》《漢書》都沒有記載而已。

到東漢初年，中國已經有人信仰佛教，而且已見諸正史記載。東漢第一個皇帝劉秀，他的兒子劉英，被封為楚王，都彭城（今江蘇徐州）。楚王英就崇信佛教，他有供養「浮屠」（佛）的「仁祠」，而且還供養着「伊蒲塞」（佛教信徒）和「桑門」（沙門、和尚）。

東漢以後，佛教就在中國傳開。

道教創立於東漢中期。相傳，順帝時，琅琊人宮崇，曾把他的老師于吉傳給他的所謂神書——《太平清領書》一百七十卷獻給皇帝。順帝因為他的書「妖妄不經」，沒有接受。

這部《太平清領書》就是道教最早的經典，于吉大約就是第一個集結道教經典，開始傳佈道教的人。

佛教是從外國傳來的，道教是在中國本土土生土長的。作為宗教組織，道教雖然在東漢中期才創立，但它的教義卻繼承了先秦陰陽五行、巫覡（xí，指男巫）雜語、方術之士的一套理論。道教正是雜合這些東西，又模仿佛教的組織形式而創立起來的。

佛教、道教兩種宗教在中國歷史上都有很大的影響。佛教講輪迴，行善積來世；道教講煉丹、修仙、長生不老。都是把解脫痛苦的希望寄託於來世天堂，主張脫離現實。這正符合統治者的利益，歷代統治者都大力提倡佛教、道教，將之作為麻痹人民的工具。南北朝和隋唐是佛教鼎盛的時代。北朝時期，佛廟有兩三萬所，和尚多到兩三百萬。南朝梁武帝信佛，定佛教為國教。他本人曾三次捨身到佛廟去做寺奴。僅建康一地，就有佛廟五百多所，和尚十萬多人。當時人說佛教僧眾和佛廟裏所佔有的勞動力之多，使「天下戶口，幾亡其半」。佛廟都很富有，佔有大量土地和金銀財貨，好多佛廟都放高利貸、開質店（當舖），與世俗地主豪強一樣地盤剝人民。道教雖然沒有佛教盛行，性質則是一樣，有道觀，有道士，也擁有土地、財產。

統治者利用宗教，人民也利用宗教。統治者為了提倡宗教，曾

給佛教、道教一些特權，如和尚、道士可以免除租稅徭役。因此，人民就藉此逃到寺觀做和尚、道士，以逃避租稅。人民還利用宗教作為起義的組織工具，如東漢末年的黃巾起義，就是利用道教進行祕密組織活動的。南北朝以及後世，不少農民起義，也都是利用佛教、道教來組織活動的，北朝的大乘教起義、彌勒佛起義、元代的白蓮教起義等，就是歷史上著名的例子。

（何茲全）

《論衡》

《論衡》是東漢初年人王充寫的一部傑出的哲學著作。

王充是我國古代偉大的思想家，畢生從事戰鬥的唯物主義者。他生活的東漢前期，「讖緯」非常流行。「讖」是預卜言凶的宗教預言，「緯」則是用宗教預言的觀點來解釋儒家經典的書。讖緯的內容多是牽強附會的一些神學迷信，讖緯家專門宣傳所謂「天人感應」一套學說，用天象來比附人事，好直接為統治者服務。這種妖妄的迷信圖讖，西漢末年，已經在發展。到了東漢，統治者更是大加提倡，好藉此來提高皇帝的權威。由是，讖緯之說一度成為兩漢封建統治思想的政治工具。

所謂《論衡》，意思就是說，他闡述的道理都是很公平的。

《論衡》，總計八十五篇，共二十多萬字。在這部書中，王充針對當時流行的官方思想，提出了許多精闢的見解。他首先否定了天的神祕性，認為世界萬事萬物都是自然存在的，並不是由於天意的創造。他指出天沒有口目（感官），也就不可能有什麼嗜慾感覺，更不可能會有什麼意識活動。這樣就把所謂天能安排世界上一切事

物的迷信徹底揭穿。

在《論衡》裏，王充根據當時科學認識的水平，對當時社會流行的神仙、鬼怪、迷信也進行了嚴厲的批判。王充說，人是物，即使貴為王侯，本性跟物也沒有差異。既然物沒有不死滅的，那麼人怎麼就能夠成神、成仙長生不死呢？物死了不為鬼，人死了為什麼會獨能為鬼？人死了，精氣消滅，血脈枯竭，形體腐朽，成為灰土，哪裏來的鬼呢？他還拿睡着了的人作例，來駁斥那種「人死為鬼，有知，能害人」的謬說。他說：睡着了的人儘管軀體精神都在，但由於暫時沒有知覺，自然也就不能害人。死人的精神形體都滅亡了，又怎麼能夠為害於人呢？可見「人死不為鬼，無知，不能害人」，道理原是很明顯的。像這種無鬼的理論和神滅的思想，能在當時那種迷信空氣十分濃厚的情況下提出來，的確很了不起。

此外，在《論衡》裏，有《書虛》《儒增》《問孔》《刺孟》等篇。《書虛》和《儒增》明白地指出，包括經、傳、緯書在內的許多書籍，記載有很多地方不符事實。《問孔》篇認為孔子的話多前後矛盾。《刺孟》篇指責孟子的行為前後不同，始終不一，對於孟子所說的「五百年必有王者興」的話，還特別依據古史加以駁斥。像這種對封建統治者捧為「聖賢」的孔孟的大膽懷疑與批判，在封建社會是很難得的，是需要極大勇氣的。

總之，從王充的哲學觀點到政治觀點，都可以看出，他不愧是一個進步的思想家。當然也應該指出，限於當時的歷史條件和自然科學水平，王充對事物的認識也還有其局限性。例如，雷電擊毀人物，俗說是天神取龍。他固然一方面指出了俗說的虛妄，可是另一方面卻對於龍的存在一點也不懷疑。對社會歷史現象的認識，他認為，人事的貴賤福禍，國家的治亂安危，都受「時命」的支配，人力不能變動。顯然，這種看法仍舊是一種落後的命定論觀點。

王充出身「細族孤門」，是一個沒有社會地位的平民。他青

年時在洛陽太學讀書，買不起書，只好常到書舖裏去看。後來他雖然也做過幾任小官，可是直到晚年，生活仍然十分貧困，但他始終「居貧苦而志不倦」。他花了三十多年的功夫，才完成《論衡》這部巨著。

（陳繼瑁）

班　昭

　　班昭是我國古代第一位女歷史學家。她是扶風安陵（今陝西咸陽）人，大約生於東漢光武帝建武年間至安帝永寧年間，活了七十餘歲。

　　班昭在史學上的主要貢獻，是整理並最後寫成《漢書》。她的父親班彪是當時很有名的學者，曾經發願繼續司馬遷的《史記》，作《史記後傳》六十五篇，寫成西漢一代的歷史（司馬遷的《史記》只寫到漢初），沒有完成便死去了。她的哥哥班固繼承父親的事業，根據父親所積累的材料，經過整理和補充，寫成了一部上起漢高祖、下迄王莽共二百三十年的西漢歷史，這就是我國第一部紀傳體的斷代史——《漢書》。但是，其中的「八表」和「天文志」還沒有完成，班固也逝世了。班固死後，繼續完成《漢書》的任務便落到班昭的肩上。

　　當時，《漢書》雖然已經初具規模，可是還有一些散亂的篇章。漢和帝便命班昭到當時的皇家藏書處「東觀藏書閣」繼續完成班固未竟的工作。她在這裏進行了「八表」和「天文志」的寫作，並整理校對了父兄的初稿，後來馬續也協助班昭撰述「天文志」。《漢書》至此才算大功告成。

《漢書》初出時，一般人不易通曉，東漢政府便選拔馬融等十人，在「東觀藏書閣」中，跟從班昭學習《漢書》。漢和帝還命皇后和妃嬪們拜班昭為師，向她學習儒家經典，乃至天文算術。因此，大家都尊稱她為「曹大家」。

班昭除了編撰《漢書》以外，還寫了不少文章和辭賦，大都失傳。現在傳世的，尚有《女誡》七篇及《東征賦》等。

（黎虎）

張衡　張機

張衡是南陽郡西鄂縣（今河南省南陽市城北）人，生於東漢章帝建初三年（78），卒於順帝永和四年（139），是我國古代一位偉大的科學家。他好學深思，肯於刻苦鑽研。他的好友崔瑗說他研究學問的態度就像大江裏的水一樣，日夜奔流，片刻不停。他有廣博的學識和多方面的才能，對文學、哲學、地理、機械製造等都有研究，特別精通天文、曆算。

我國很早就重視天文學的研究。東漢時期，天文學主要有「蓋天說」和「渾天說」兩派。蓋天說認為天圓地方，天在上，像傘蓋，地在下，像棋盤，是一種舊的傳統說法。渾天說認為天地都是圓的，像一個雞蛋，天在外，像雞蛋殼，地在內，像雞蛋黃。這種說法在當時比較進步。張衡經過精密的研究和對天象的實際觀測，繼承並發展了渾天學說，寫成了他的重要的天文學理論著作——《靈憲》。在這部著作裏，他指出日有光，月亮自身不會發光，月光是由日光照射而來的；月亮向着太陽時，我們在地球上就能看見圓圓的明月，背着太陽時則看不見。他還推測出月食是由於地體遮蔽的

緣故。這些都是十分卓越的見解。他約計天空中的星體，常明的有124 個，有定名的 320 個，連同所有可見的星體共有 2500 個，海外看見的星體沒有計算在內。他繪製了一部星圖叫《靈憲圖》。據現在天文學家統計，肉眼能看見的六等星總數 6000 多顆，在同一地方同一時間所看到的星數，也不過 2500 顆到 3000 顆。

　　張衡發明了很多重要的天文儀器。他根據渾天學說的理論創製了渾天儀。渾天儀用銅鑄成，內外分作幾層圓圈，各層銅圈上分別刻着赤道、黃道、南北極、日、月、五星、二十八星宿及其他星體，用漏壺滴水的力量使它按着一定的時刻慢慢地轉動，人們就可以從渾天儀上看到星體的出沒，與實際天象十分符合。張衡這項發明，經過唐、宋科學家們的發展，就成為世界上最早的天文鐘。張衡又創製了地動儀，這是世界上第一部測定地震的儀器。它也是用銅鑄成，圓徑八尺，頂上有凸起的蓋子，像個大酒樽；內部有個銅柱，叫作「都柱」，連着八個方向的機械，外面有八個龍頭，按東、南、西、北、東北、東南、西北、西南八個方向排列着。每個龍嘴裏啣着一枚銅球，下面蹲着一個銅製蛤蟆，向上張着嘴巴。哪個方向發生地震，那個方向的龍嘴就吐出銅球，落在蛤蟆嘴裏，發出清脆的聲音，看守儀器的人就能知道地震的日期和方向，把它記錄下來。這架儀器測定很準確，有一次，西方龍嘴裏的銅球忽然落了下來，而洛陽的人並未感到地動，可是沒過幾天，甘肅來人報告，說那裏發生了地震。這架精巧的儀器是 132 年發明的，比歐洲創造的地震儀要早一千七百多年。

　　張衡除精通天文外，對曆算學也有很深的研究。他製造了一部類似活動日曆的機器，叫作「瑞輪蓂（míng）莢」，用它可以表示出每月從月初到月終的日數，既能知道日期，又能知道月相，很是方便。在數學方面，他著有《算罔論》，對圓周率也有研究，可惜已失傳，只能從後代數學著作中知其一二。在木製機械方面，他的

製作有「三輪自轉」和「木雕獨飛」。其中,「三輪自轉」是有關指南車和記里鼓車的主要機械,「木雕獨飛」是一種利用機械發動能夠飛翔的木鳥,相傳能飛數里。

張衡對我國以及世界科學的發展,作出了重大的貢獻。

張機,字仲景,南陽郡涅陽縣(今河南省南陽市)人,約生於東漢桓帝和平元年(150),卒於獻帝建安二十四年(219)左右。他是我國古代一位卓越的醫學家。東漢末年,戰爭頻繁,疫病流行,人民死亡的很多。他的家族原有兩百多人,不到十年時間,死了三分之二,其中因患傷寒而死的佔十分之七。他同情人民的疾苦,精心研究醫學,整理和總結前代醫學的理論和經驗,廣泛收集民間的藥方,結合自己的臨牀經驗,寫成了他的醫學巨著《傷寒雜病論》十六卷。後來,流傳下來的只有《傷寒論》和《金匱要略》兩書。傷寒在當時是一切熱性病的總稱,《傷寒論》幾乎是一切傳染病的概論,內容包括病理、診斷、治療、用藥等方面。《金匱要略》是治療雜病的專書,包括內科、外科、婦產科等方面的病理和藥方。

張仲景在病理方面,根據對病人病情的分析,通過望色、聞聲、問症、切脈的診斷過程,找出病源;在治療方面,提出發汗、催吐、下瀉、解病毒四種方法以及「寒病熱治」和「熱病寒治」兩大原則。他是一位有豐富理論和實際經驗的多能的醫師。他能兼用針灸術、灌腸法等技術治病,又能使用人工呼吸法急救昏厥。在醫學觀點上,他主張疾病要早期預防,提出只要保養身體,飲食有節,勞逸適當,就可以保持身體健康,預防疾病。

張仲景的醫學,奠定了中醫治療學的基礎。他的著作至今仍被視為中醫的可貴財富,有些藥方在今天仍有實用價值,有着顯著療效。他對中國醫學的發展有着巨大貢獻和深遠影響。

(李書蘭)

扁鵲再世　華佗重生

以前在許多醫院裏，我們常常可以看到「扁鵲再世」「華佗重生」的匾額，這些匾額大都是曾經患過重病，而後被治好的病人贈送的。他們以「扁鵲再世」「華佗重生」來讚揚大夫的高明醫術，表達自己的由衷謝意。

扁鵲是戰國時期齊國人，姓秦，名越人。扁鵲是他在趙國行醫時的綽號。他是個民間醫生，長於內科、婦科、小兒科、耳目科等。他的醫術很高明，治好過許多患重病的人。相傳虢（guó）國的太子患了重病，四肢冰冷，人事不省，失去知覺已經半天。許多人都認為太子已死，只等着殯殮了。適巧扁鵲由這裏經過，他診治後斷定太子並未死去，而是患了「屍蹶症」。他立即先以針法急救，使病人恢復知覺，再以熨法溫暖病人身體，然後又用湯藥調養，經過二十多天，終於使太子恢復了健康。因此，當時的人都稱讚扁鵲能「起死回生」。

他治病除了切脈之外，還用望色、聽聲和觀形等方法診斷病症。據說，有一回他到了齊國都城，齊桓侯接待了他。當他第一次朝見齊桓侯的時候，就發現桓侯有病在「腠理（指皮膚之間）」。他勸桓侯早點醫治，桓侯不信。過了幾天，他又見到桓侯，發現桓侯的病已到血脈，桓侯仍然說：「我沒病。」又過了幾天，他再見到桓侯時，桓侯的病已到了腸胃，但桓侯還認為自己沒病，不肯治療。又過了幾天，扁鵲發現桓侯的病已深入骨髓，不可救治，他便離開了齊國。扁鵲走後，桓侯的病果然發作，不久就死了。

扁鵲以他高超的醫術和對待病人負責的精神，為人們所仰慕，也為後來醫家所崇敬。他是我國古代最有聲望的名醫之一，人們把他說成是中國的「醫聖」。

華佗是東漢末年沛國譙縣（今安徽亳州市）人。他勤奮好學，學識非常淵博，既通儒家的經術，又酷好醫學，精通內科、外科、婦產科、小兒科和針灸科等，尤擅長外科手術。

華佗是個不貪圖功名利祿的人。他兩次拒絕漢朝地方官吏要他做官的舉薦，只肯做一個普通的民間醫生。他走遍了今江蘇、山東、河南、安徽的部分地區，最後，他因不願做曹操的侍醫而被曹操殺死。

華佗的醫學知識和臨牀經驗都很豐富，經他治好的病人很多。例如，廣陵太守陳登得病，胸中煩悶，面色發赤，食慾不振。華佗給他診脈後，斷定他肚裏有蟲，給他配了些湯藥，喝下去後便吐出許多蟲來。再如，有位李將軍的妻子病得很重，請華佗診脈。華佗說：「這是由於傷身而胎未去的緣故。」將軍說：「的確曾經傷身，但是胎已去了。」華佗說：「以脈來看，胎並沒去。」將軍卻不相信。過了一百天左右，病人的病勢更重了，再請華佗診視，他說：「脈如從前，可能因為是雙胎，生第一個孩子時失血過多，以致影響第二個孩子生不下來。現在胎兒已死，只好用針灸與湯藥催死胎快點下來。」將軍的妻子在針灸和服藥後，肚子痛得厲害。華佗說這是死胎久枯，不能自出，可找一個人把它取出來。那人按照華佗所說的方法，果然取出了一個死胎。

華佗不僅善於採用診脈的方法治療疾病，而且善於通過對病人的面容形色、病狀的觀察，判斷病人患的是什麼病，並能推知以後的發展情況。有一次他在鹽瀆（今江蘇鹽城）一家酒店裏看見幾個飲酒的人，他仔細地觀察了其中一位名叫嚴昕的男子，然後問道：「你身體好嗎？」嚴昕回答說：「和平常一樣。」華佗對他說：「從你臉上可看出你有急病，最好不要多飲酒，快回家去。」果然嚴昕在回家的路上頭暈，從車上跌下，到家不久就死了。

華佗除了在內科診斷和治療方面有很大成就外，他對醫學的

更大貢獻是在外科手術方面。他發明用全身麻醉的方法進行外科手術，是我國也是世界上第一個使用全身麻醉的醫生。華佗為了消除和減輕人們在進行外科手術時所感到的劇烈疼痛，發明了一種名叫「麻沸散」的麻醉劑，動手術之前，叫病人用酒沖服，等病人失去知覺，然後開腹治療，若是腫瘤就割去腫瘤，若是病在腸胃，就斷腸湔（jiān）洗，最後再縫合傷口，在傷口上敷上藥膏，四五天後開刀處即可癒合，一個月左右病人就可和健康人一樣了。由於他的醫道高明，技巧純熟，以至後來的人常常把當時一些名人的治病事例和他的名字聯繫在一起。比如，《三國演義》中的「關雲長刮骨療毒」的故事，便是這樣附會出來的。

華佗也很重視積極鍛煉身體，預防疾病。他創造了一種新的運動方法，名叫「五禽之戲」，模仿虎、鹿、熊、猿和鳥類五種動物的動作姿態，來鍛煉人的身體各部。

（李秋媛）

黃巾起義

東漢劉秀（光武帝）建國不久，皇親國戚和開國功臣就在河南一帶大量侵佔民間土地。中期以後，外戚、宦官相繼當權，侵奪土地更加猖狂，如章帝時的外戚竇憲，倚仗權勢，霸佔土地，甚至以低價強奪沁水公主的園田。後來被章帝發覺，責罵他說：「公主的土地你還敢強佔，何況百姓！」桓帝時，宦官侯覽，前後奪人住宅三百八十一所，田地一百一十八頃。除外戚、宦官外，一般商人、地主也大量兼併土地。東漢後期，社會危機更加嚴重：貴族、官僚、商人、地主日益加劇土地的兼併，農民大批破產、流亡，或依附豪

族做佃客，或賣身為奴，離鄉背井、流散道路的人，觸目皆是。

政治的黑暗和腐敗，是東漢中期以來加深人民痛苦的一個很重要的原因。不管是外戚當政，還是宦官當權，百姓都受盡欺凌和迫害。桓帝時，外戚梁冀獨攬朝政，他的親戚佈滿州郡，爪牙橫行地方。為了搜刮錢財，他把地方上的富戶關入獄中拷打，敲詐勒索，出錢多的可以贖身，給錢少的或被殺死，或被流放遠地；數千百姓被迫為他做奴做婢，受盡剝削壓迫，苦不堪言。梁冀死後，朝廷沒收他的家產，資財達三十多億，相當於政府全年稅收的一半。宦官執政也是同樣的兇殘。單超、左悺、具瑗、徐璜、唐衡因謀誅梁冀有功，五人同日封侯，世號為「五侯」。單超死後，四侯勢力更盛，到處欺壓百姓，胡作非為，當時人劉陶上書指責宦官的殘暴，認為他們與虎狼沒有什麼差別。

再加上東漢不斷和羌族統治者發生戰爭，耗費幾百億錢財，負擔也都落在百姓身上。人民不堪這種慘重的經濟剝削和黑暗的政治壓迫，紛紛起來反抗。從安帝時開始，各地大小規模不等的起義，就已陸續爆發，而且此起彼伏，散而復聚。「發如韭，剪復生；頭如雞，割復鳴；吏不必畏，小民從來不可輕。」這支表現人民堅強不屈的、充滿革命氣概的民謠在到處流傳。全國在醞釀着一次更大規模的革命風暴。靈帝時，修建宮殿，加重賦斂，賣官賣爵，吏治更加敗壞，剝削更加殘酷，人民實在忍無可忍，終於，在中平元年（184），波瀾壯闊的黃巾大起義爆發了。

起義軍以黃巾包頭，稱為「黃巾軍」。他們在張角、張寶兄弟的領導下，焚燒官府，捕殺貪官污吏，打擊地主豪強，聲勢浩大，革命的火焰迅速燃遍了廣大地區。後來，雖然起義各部都被東漢政府和地方豪強的聯合武裝鎮壓下去，然而東漢的統治經過這次暴風式的革命力量的打擊，也到了奄奄一息的地步。

黃巾起義是中國歷史上第一次利用宗教組織的農民大起義。

起義軍利用太平道教作為組織起義的工具，並且提出了要求政治平等、財富平均的「太平」理想。起義失敗後，道教向兩極分化：一部分上升變成為封建統治階級麻痹人民、維護其統治秩序的有力工具；另一部分則仍舊與農民羣眾相結合，成為組織農民暴動、宣傳革命思想的武器。太平道的革命思想，成為後代農民起義「等貴賤，均貧富」思想的淵源。

（李書蘭）

赤壁鏖兵

東漢末年，各處地方官吏和豪門大族在絞殺農民起義的過程中，造就了自己龐大的軍事勢力，各霸一方，互相攻伐，形成了3世紀初期封建割據的混戰局面。在這些割據一方的勢力中，力量比較強大的，在北方，有河北（黃河以北）的袁紹和河南（黃河以南）的曹操；在長江流域，有江東（長江下游一帶）的孫權、荊州（今湖北、湖南）的劉表和益州（今四川、雲南、貴州）的劉璋。

漢獻帝建安五年（200），曹操在官渡（今河南中牟縣東北）打敗了袁紹，統一了北方。建安十三年（208）秋天，他又率軍南下，打算統一全國。

這時，佔據荊州的劉表剛剛死去，他的次子劉琮繼位，在曹操大軍的威懾下，投降了曹操。原來投靠劉表的劉備，則與劉表的長子劉琦一道，率領大約兩萬的兵力，退守夏口（今湖北武漢）。

曹操率領着號稱八十萬的大軍（實際只有二十多萬），自江陵（今湖北江陵）沿江東下，直逼夏口。劉備的情況十分危急，他派了

114
。
中國歷史常識

諸葛亮到江東去聯合孫權，共同抗曹。

孫權和劉表原來也有矛盾，只是這時見到曹操勢盛，如果荊州真為曹兵佔據，江東也就很難保全，鑒於這種形勢，他同意了諸葛亮的意見，答應派大將周瑜、程普等人率軍三萬與劉備聯合，共同抵抗曹兵。

曹操的大軍自江陵順流而下，舳艫（指船）千里，旌旗蔽空，聲勢十分浩大。曹操自以為在軍事上佔絕對優勢，打敗劉備乃至孫權，是不成問題的。官渡之戰的勝利，劉琮的乞降，使得他變得驕傲起來。他不再能冷靜地考慮雙方的有利和不利條件。事實上，這時曹操的軍隊雖有二十多萬，可是其中就有七八萬人（主要是水軍，是作戰的主力）是剛剛投降過來尚懷疑懼的荊州水兵，而從北方來的兵士由於遠來疲敝、不服水土，生病的很多。再加上劉琮初降，荊州民心未定，後方很不穩固。所以儘管曹操善於用兵，也並不是有全勝的把握的。

曹操的軍隊和孫、劉聯軍在赤壁（今湖北嘉魚縣東北）相遇。曹操鑒於北方軍隊不慣水戰，下令用鐵索把戰艦連鎖在一起，以便兵士在船上行走如履平地，這就給了孫、劉聯軍採用火攻的機會。一天夜裏，東南風大起，周瑜的部將黃蓋假稱投降曹操，帶了一艘艨艟（méng chōng，古代的一種戰船）斗艦，裏面滿載着灌了油的柴草，順着風勢直向曹營駛去。在離曹營不遠處，船上一齊燃起火來，迅疾地向曹操的水軍船艦衝去，火烈風猛，霎時間，曹軍船艦就被延燒起來。那些船艦因有鐵索連鎖，倉促間無法拆開，一時烈焰衝天，曹操的水寨化成了火海。一會兒功夫，曹操的岸上營寨，也被延燒着了。曹軍人馬燒死溺死的不可勝計。孫、劉聯軍分水、陸兩路乘勢進擊，曹操損失慘重。

赤壁之戰後，曹操經過這次挫敗，退回到北方，勢力局限在中國北部，再也無力南下。220 年，曹操病死，他的兒子曹丕廢掉漢

獻帝自立為皇帝，國號魏，建都洛陽。劉備通過這次戰爭，趁機佔據了荊州的大部分地方，有了立足之地，隨即又向西發展，奪取了劉璋的益州。曹丕稱帝的次年（221），劉備也自立為皇帝，國號漢（史稱「蜀」，或「蜀漢」），建都成都。孫權經過這次戰爭，在長江中下游一帶的勢力得到鞏固，力量比以前更加強大。229 年，孫權稱帝，國號吳，建都建業（今南京）。這就是歷史上所說的魏、蜀、吳三國。三國鼎立的局勢出現後，戰爭雖然仍舊繼續進行，但是由於各國統治者都比較注意各自統治區內社會生產的發展和社會秩序的安定，所以，這時比起東漢末年時，由於軍閥混戰所造成的「出門無所見，白骨蔽平原」的局面，相對地要好得多。

「赤壁鏖（áo，形容戰爭激烈）兵」，指的就是這一次對三國鼎立局勢的形成具有決定意義的大戰役。

（李秋媛）

曹　操

曹操（155—220），字孟德，小名阿瞞，沛國譙縣（今安徽亳州）人，出身於宦官集團的大官僚家庭。二十歲時，他被地方官以「孝廉」名義推選為郎（官名），不久升為洛陽北部尉，負責管理京都地方的治安。洛陽是首都，豪強貴族很多，不好治理。曹操到任後，造了幾十根五色棒懸掛在大門兩旁，有違犯禁令的就用棒打死，以此來懲辦那些觸犯法令的豪強。後來，他在濟南任相時，有十幾個縣官，貪贓枉法，欺壓百姓，被他奏免了八個。為此，當時豪強都非常恨他。

184 年，黃巾起義爆發，曹操領兵鎮壓黃巾起義，並不斷擴充

自己的軍事力量。192年，青州（今山東中東部）黃巾軍再起，攻到兗（yǎn）州（今山東西部）各地。曹操縱兵追擊，打敗了青州黃巾軍，得降兵三十餘萬，男女百餘萬口。他從中挑選精銳，充實和擴大自己的隊伍，號為「青州兵」，成為自己的軍事主力。

196年，漢獻帝從長安軍閥董卓殘部的控制中逃回洛陽，曹操要漢獻帝遷都到許（今河南許昌），把這個傀儡皇帝直接放在自己的勢力控制之下，然後利用他的名義發號施令。

軍閥的連年混戰，使北方社會經濟遭到嚴重的破壞，人民生活困苦，軍糧供應也很缺乏。為了安定社會，解決軍糧問題，曹操在迎獻帝遷都於許的這一年，在許的附近實行屯田，興修水利，招撫流民開墾，第一年就取得了很大成績，獲得了一百萬斛糧食。此後，他又把屯田推行到其他各地。幾年的功夫，今河南一帶地方農業生產便逐漸恢復起來。屯田地區的糧倉都堆得滿滿的，保證了軍糧的供應。這是曹操迅速統一北方的可靠的經濟基礎。

赤壁之戰後，曹操感到自己的力量還不夠雄厚，一時還不能統一全國，還必須努力積聚力量。因此，他一面繼續推行屯田政策，減輕賦稅，發展農業；一面積極整頓內政，抑制豪強，加強中央集權。在政治上，他曾先後三次下令求賢，只要有真才實學，即使「出身微賤」「門第低下」，也可以被量才錄用。這一措施打破了長期以來豪族壟斷政權的局面，使許多奮發有為的人得到了破格提拔的機會。同時，他還積極提倡文學，對當時知名的文人極力爭取，加以重用。流落匈奴十多年的女文學家蔡文姬，就是由於他的招攬被贖回來的。曹操本人就是一個傑出的詩人，詩歌寫得很好。他的兩個兒子——曹丕（魏文帝）、曹植（曹子建），一個是當時著名的文學評論家，一個是當時才華橫溢的大詩人。父子三人在文學史上都佔有很重要的地位。曹操是一個有多方面才能的人，他不僅會打仗，而且還精通兵法，《孫子》十三篇，就是經過他的整理流傳至今。

總之，從上面的敍述來看，曹操雖然曾經鎮壓過黃巾起義軍，但是他做過許多有益於當時生產發展和社會進步的好事情，就他一生主要的活動來講，是功大於過。他是我國封建時代傑出的政治家、軍事家和文學家。

（唐贊功）

文姬歸漢

蔡文姬，名琰，是東漢末年大文學家蔡邕的女兒。她博學多才，記憶力很強，尤其對於音律有極高的造詣。《後漢書·列女傳》引劉昭的《幼童傳》說：她小時，有一次聽父親夜裏鼓琴，忽然斷了一根弦，她只聽聲音就知道斷的是第幾根。父親不相信她真的能辨別，認為是偶然猜中的，於是又故意弄斷了一根來試她，結果又說得一點不差，這才知道她是真的能辨琴音，並不是瞎猜。

她一生的遭遇是十分悲慘的。她幼年時跟隨父親亡命在外，吃盡苦頭；後來回到洛陽，嫁給河東衞仲道。192 年，父親在長安遇害，接着，母親和丈夫也相繼死亡，她一個人過着孤苦伶仃的生活。漢獻帝興平二年（195），她為南匈奴騎兵俘虜，被迫嫁給南匈奴左賢王。她在匈奴留居了十二年，生了兩個孩子。但是，她日夜思念着自己的家鄉，正如她自己所說，「無日無夜兮，不思我鄉土」。

十二年過去了，中原地區發生了很大的變化。曹操先後打敗了各地的軍閥，統一了北方，基本上結束了北中國的戰亂局面。曹操是一個有遠大抱負的政治家，他想統一全國，希望人民能過安定的生活，國家能夠富裕繁榮。他不僅注重積極發展生產，而且注重

過居庸關圖（和林漢墓壁畫）

努力提倡文化建設。在他的周圍，匯聚了許多方面的人才。蔡文姬是蔡邕的女兒，曹操和蔡邕是很好的朋友，蔡邕被王允所殺，只有蔡文姬這個女兒。加上文姬本人又是才女，曹操同情她的遭遇，更愛惜她的才能，因此決定把她接回來，好讓她為文化事業作出一番貢獻。

建安十三年（208），曹操派遣使者，攜帶着厚重的禮物，到匈奴把蔡文姬贖了回來。至此，流落匈奴十餘年的蔡文姬，終於回到了故鄉。文姬歸漢後，曹操問她：「夫人家中原先藏有很多古書，還能記得內容嗎？」文姬回答道：「從前亡父藏書四千多卷，因流離散失，一無所存，如今還記得內容的才四百多篇。」曹操說：「很好。我派十個人，夫人口授，讓他們記錄。」蔡文姬說：「不必。我自己繕寫好，再給您送上。」果然，她憑着自己的記憶，默寫出了四百多篇古代珍貴的典籍。

蔡文姬很有才華，她不但懂音律，而且詩作得很好，據說有名的長篇抒情詩《胡笳十八拍》就是她的作品。

（唐贊功）

秦漢魏晉　。

119

三顧茅廬

「三顧茅廬」說的是 207 年劉備拜訪諸葛亮的故事。

諸葛亮（181—234），字孔明，東漢末琅琊陽都（今山東沂水南）人，是一位傑出的政治家和軍事家。童年時候，因父母先後去世，他跟隨叔父寄住荊州，後來隱居在襄陽隆中（今湖北襄陽西），刻苦學習。他在隱居期間，常和許多好友在一起談論國內的政治形勢，對當時那些割據稱雄的軍閥們的情況都比較熟悉。他是一個有遠大志向的人，常自比為春秋戰國時期的管仲和樂毅。顯然，他的隱居，並不是為了逃避現實，而是在等候機會，待時而起。熟悉他為人的人，都很敬重他，稱他為「臥龍」先生。

劉備在多年軍閥混戰中，始終沒有佔據到穩固的地盤，後來被迫跑到荊州去依靠劉表。在荊州時，劉備認識了當時的很多知名人士。司馬徽和徐庶，就是他十分欽佩的人物。這兩個人也都是諸葛亮的好朋友，他們在劉備面前極力推薦諸葛亮，認為只有他才是當今真正有學問、識時務的俊傑。經過他們的介紹和推崇，劉備十分渴望這位「臥龍」先生能夠出山來輔佐自己。207 年，劉備為了表示推崇的誠意，一連三次，冒着嚴寒親自到隆中去敦請諸葛亮。前兩次都未見到諸葛亮的面，直到第三次，諸葛亮深感他的熱誠，才出來接見。這就是歷史上被傳為美談的「三顧茅廬」的故事。

在隆中草房裏，劉備坦率地傾吐了自己的抱負與目前所處的困境。諸葛亮也縱談天下的形勢與自己對形勢的見解，他說：「現在曹操佔據着北方，擁有百萬之眾，挾天子以令諸侯，暫時還不能跟他爭鋒。孫權佔據江東，已經統治了三代，國勢穩定，不能與他為敵，最好是與他聯合。現在只有佔據荊州、益州作為根本，然後內則勵精圖治，充實國力，外則聯合孫權，團結西南各族。等待時機

成熟，命令一名上將率領荊州軍，北向攻取南陽和洛陽，將軍您則親自率領益州主力西出秦川（陝西），取長安，奪中原。如果能照這樣做，當可以統一全國。」這一席話就是有名的「隆中對策」。這段話對當時天下形勢的分析是很有見識的。劉備聽了，極為佩服。從此，諸葛亮就結束了自己的隱居生活，成了劉備的主要謀士，正式登上了政治的舞台。

208 年，曹操率領二十多萬大軍（號稱八十萬），準備統一南方，這時劉備剛從樊城逃往夏口，兵力只有兩萬餘人。在這大軍壓境、危在旦夕的形勢下，諸葛亮初出茅廬就表現出了卓越的政治、軍事才能。他分析了敵我形勢和雙方的各種條件，認為只有聯合孫權，共同抗曹，才有出路；他隻身赴東吳，說服孫權，成立孫劉聯軍，採用火攻辦法，在赤壁一戰，大破曹軍。膾炙人口的「舌戰羣儒」「借東風」等傳說，就是根據諸葛亮在這次戰爭中的傑出活動而虛構、誇張出來的。

赤壁之戰奠定了三國鼎立的局面。赤壁之戰後，劉備佔領了荊州，以後又佔據了益州。221 年，劉備在成都稱帝，國號漢；諸葛亮為丞相，負責管理蜀國的政治、經濟和軍事。223 年劉備死後，諸葛亮又輔助他的兒子劉禪（阿斗），更是兢兢業業。

在諸葛亮任丞相期間，蜀漢一方面勵精圖治，嚴明賞罰，減少冗官浮員；另一方面注意獎勵農業，恢復生產，推行屯田政策。諸葛亮自己也能夠虛心納諫，謙虛謹慎，生活也比較儉樸。因而，蜀漢成為當時一個政治上比較清明的國家。為了鞏固後方，蜀漢對西南少數民族，採取了和好政策，從而使彼此的關係得到了改善和加強。

在做好了上面的準備工作以後，蜀漢開始了北伐曹魏的軍事行動。諸葛亮親自率領部隊，六次北伐，兩次出祁山（今甘肅西和縣西北）。在歷次戰鬥中，諸葛亮表現出了足智多謀的軍事才能和堅

韌不拔、苦幹實幹的精神。234 年，他因為操勞過度病死在五丈原（陝西郿縣西南）前線。據說他死前吐血不止，還帶病堅持工作，真正做到了他自己所講的「鞠躬盡瘁，死而後已」。

在二十幾年的戰爭生活中，諸葛亮積累了豐富的戰鬥經驗。他善用計謀，精通兵法，出色地改善和運用了「八陣圖」法，連他的敵手司馬懿也稱讚他是「天下奇才」。據說，他還創製了一些新式武器和運輸工具，如經他革新的「連弩」，能同時發射十箭，威力比舊式連弩大得多；再如，為了適應蜀隴山區運輸的需要而製造的「木牛流馬」，使用起來非常靈活方便。

由於這些，在後來的小說《三國演義》以及各種戲曲傳說中，諸葛亮被塑造成了一個忠貞、智慧的典型角色，並且被渲染、誇張成為一個能掐會算、呼風喚雨、充滿傳奇色彩的神話人物。我國民間有句諺語，「三個小皮匠，勝過諸葛亮」，這兩句話一方面表明了人多智慧大、主意多這一真理，另一方面也表明了人們對諸葛亮的傑出才能的頌揚。

（黎虎）

晉朝的建立

司馬氏的晉朝，是東漢以來逐漸強大起來的世家豪族這一階層，在司馬氏家族的領導下，篡奪了主張中央集權的曹魏政權而建立起來的。

東漢以來，世家豪族的勢力非常強大。在經濟上，他們佔有大量土地，佔有勞動力，一家大豪族，常是「膏田滿野，奴婢千羣，徒附（一種依附性很強的農民，類似農奴）萬計」；在政治上，他們

獨佔官位，一家豪族常是「四世三公（四代都做三公大官）」。東漢末年的政府，就是依靠這個階層的勢力才把黃巾起義鎮壓下去的。黃巾起義失敗以後，東漢中央政府的力量更加薄弱，世家豪族的力量也就更加強大。

曹操以鎮壓黃巾起義起家，他在逐個消滅了黃河流域的地方割據勢力後，統一了北方。曹操不喜歡這些世家豪族。這些世家豪族都是些大大小小的地方割據勢力，大的想佔郡佔縣、稱王稱霸，小的也想佔土地佔人口、武斷鄉曲。曹操想建立起有力量的集中權力的政府。曹操的想法和這些世家豪族的想法，是對立的。曹操採取了很多措施，在政治上、經濟上打壓世家豪族的勢力，曹操所任用的一些地方官也都以能夠打壓世家豪族的勢力而得到曹操的喜歡。

司馬氏和曹氏相反，他在政治上是代表世家豪族的利益的，司馬氏家族本身就是河內溫縣（今河南溫縣）的大豪族。

晉朝第一個皇帝──武帝的祖父司馬懿是司馬氏取得政權的一個重要人物。

司馬懿原在魏朝政府裏做官。249 年，他發動了一次政變，殺死魏朝執政大臣曹爽和一些曹爽的同黨，就實際上掌握了大權。不過，這個時期曹家的勢力還很大，司馬懿還沒敢一下就廢掉曹氏皇帝。

司馬懿集中力量在兩方面做工作，來為他奪取政權鋪平道路。他一方面逐個消滅和曹魏關係密切的一些實力派人物，一方面建立五等爵，承認世家豪族的政治、經濟特權，以此來取得世家豪族的歡心和支持。司馬懿死後，他的兒子司馬師、司馬昭繼續執政，也就繼續做這些工作。265 年，一切條件成熟了，司馬昭的兒子司馬炎就奪取了魏朝的皇位，自己做起皇帝來，這就是晉武帝。司馬炎建立的晉朝都城在洛陽，歷史上稱為西晉。

司馬氏的晉朝，就是這樣建立起來的。

（何茲全）

石崇、王愷鬥富

這是西晉武帝時候的事情。

當時統治階級生活極端腐朽，他們荒淫無恥，縱情享樂，以豪華奢侈為榮耀，以比賽浪費為樂趣。石崇與王愷鬥富的醜劇，就是統治階級腐朽生活的典型。

王愷是武帝的舅父，石崇是個大官僚，兩人都是依靠剝削、壓迫勞動人民而發財的大富翁。王愷家裏用麥糖洗鍋，石崇家裏就把白蠟當柴燒；王愷出門，在道路兩旁用紫絲布做成步障四十里，石崇就用錦緞做成步障五十里；王愷用赤石脂泥牆，石崇就用香料泥牆。武帝看到舅父比不過石崇，就賜給他一株珍貴的珊瑚樹，高三尺多。王愷自謂無比，請石崇觀賞。不料，石崇一下把它打得粉碎。王愷非常惋惜，石崇說：「你用不着惋惜，馬上可以奉還。」接着叫左右的人搬出家藏的珊瑚樹，高三四尺的就有六七株之多。這兩個荒誕的貴族，就是這樣肆無忌憚地糟蹋勞動人民辛勞創造的財富！

王愷和石崇還常常大宴賓客。王愷同客人喝酒時要美女在席旁吹笛，如果吹得稍失音韻，就把美女殺掉。石崇用美女勸客飲酒，如果客人喝得不高興，或喝得不多，就殺美女。在一次酒席上，一個殘忍的客人故意不喝，石崇就連殺三個美女，真是殘暴到絕滅人性的地步！這些美女是他們家裏蓄養的婢女。他們為了自己的荒淫縱樂，竟任意殺死她們。

西晉統治集團的醜惡行為是數不盡的，豈止石崇和王愷如此？最高統治者晉武帝就是一個荒淫無恥的家伙！他差不多把民間長得好看一點的女子都選入了宮廷。滅吳國後，他又選取了吳國宮女數千。據說，他宮中總共有宮女一萬人以上。平日，他乘着羊車，便

任羊車拖他到後宮隨便什麼地方，車停到哪裏，便在哪裏宴寢，整天沉浸在荒淫的生活中。有皇帝帶頭，這就無怪一般豪門貴族跟着奢侈放縱。大官僚何曾，每天吃飯要花一萬錢，還說沒有下筷子的地方。他的兒子何劭，一天膳費達兩萬錢，奢侈又甚於父親。貴族子弟常常披着頭髮，脫光衣服，一起狂飲，戲弄婢妾。他們的行為，就是這樣無恥和放蕩！

西晉上自皇帝，下至所有官僚貴族，都十分貪財，晉武帝就公開賣官營利。司徒王戎，貪污勒索，積財無數，田園遍天下；每天晚上，還親自和老婆在燈下拿着籌碼算賬，分毫必較。他家裏有好李子，怕賣出以後，別人得到好種和他爭利，於是先把李核鑽了再拿到市場上去賣。石崇做荊州刺史時，竟然指使部屬公開搶劫過路行旅。

西晉統治階級當權派大都是地主階級中的門閥豪族，朝廷規定他們有免除課役和世代做大官的特權。他們佔有無數良田耕地和大量佃客（為他們種地的農民），無情地對廣大勞動人民進行奴役和剝削，以此來積累財富，維持自己極端可恥的生活。

（嚴志學）

八王之亂

「八王之亂」是西晉皇族之間的一場爭奪權力的鬥爭。

265 年，司馬炎（晉武帝）稱帝，隨後大封同姓子弟為王。他改變漢魏以來虛封王侯的辦法，給予諸王軍政實權。諸王不僅在封國之內權力很大，有的還兼理一方軍務，如汝南王司馬亮都督豫州諸軍事，楚王司馬瑋都督荊州諸軍事……這樣，諸王既有封土，又

有軍隊,勢力逐步擴充,野心自然隨之滋長。

290 年,晉武帝死,惠帝繼位,由皇太后的父親楊駿輔政。惠帝是個白痴,當時,天下荒亂,人民餓死的很多,而他卻問:「那些人為什麼不吃肉粥?」這個白痴做皇帝,大權旁落。於是,野心勃勃的諸王就想趁機爭奪政權。

戰亂的開始是從宮廷發動的。惠帝的皇后賈南風與楊駿爭權。291 年,她使楚王司馬瑋帶兵入朝,殺了楊駿,並請汝南王司馬亮輔政。不久她又指使司馬瑋殺死司馬亮,接着就用矯詔擅殺的罪名,殺死楚王司馬瑋,奪得全部政權。300 年,趙王司馬倫起兵殺死賈后,第二年廢掉惠帝,自己稱帝。從此,大亂由宮廷內亂發展到諸王間的大混戰。

這時,齊王司馬冏鎮許昌,成都王司馬穎鎮鄴,河間王司馬顒(yóng)鎮關中,這三鎮都是軍事要地,力量最強。這年三月(陰曆),齊王司馬冏聯合成都王司馬穎、河間王司馬顒共同起兵反對趙王司馬倫。經過六十多天的廝殺,戰死近十萬人。最後,趙王司馬倫戰敗被殺,齊王司馬冏入洛陽,惠帝復位,齊王專政。

302 年,河間王司馬顒派兵兩萬進攻洛陽,並約長沙王司馬乂(yì)進攻齊王司馬冏。長沙王司馬乂和齊王司馬冏在洛陽城內連戰三日,齊王司馬冏戰敗,長沙王司馬乂割下齊王的頭,徇示(巡行示眾)三軍,朝政又落在長沙王司馬乂手裏。

303 年,成都王司馬穎和河間王司馬顒以長沙王司馬乂「論功不平,專擅朝政」為口號,聯兵反對長沙王司馬乂。司馬顒派部將張方率精兵七萬出關東趨洛陽,司馬穎派陸機等率二十萬軍隊從北向洛陽進攻,惠帝和長沙王司馬乂退出洛陽。張方進入京城,縱兵大掠,殺人萬計。後張方退屯洛陽附近,惠帝還宮,但不能打退張方的包圍。京城男子十三歲以上的都被拉去當兵,一石米值萬錢,

許多人因此餓死。東海王司馬越在洛陽城中勾結部分禁軍，把長沙王司馬乂擒住，交給張方，為張方燒死。成都王司馬穎旋即進入洛陽，做了丞相，但不久，仍回到他的老巢鄴城，張方則在洛陽掠奪了官私奴婢萬餘人西還長安，軍中沒有糧食，就殺人和在牛馬肉裏一起吃。真是一羣吃人的野獸！

304 年，東海王司馬越帶領禁軍和惠帝，討伐成都王司馬穎。在蕩陰（今河南湯陰縣西南）一役，被司馬穎殺敗。惠帝身中三箭，被俘入鄴城，東海王司馬越逃到自己的封國（山東郯城縣）。河間王司馬顒令張方率兵佔據洛陽。

幽州刺史王浚曾和成都王司馬穎有仇隙，這時，他便聯合并州都督司馬騰反對司馬穎，並勾結一部分鮮卑、烏桓人充當騎兵。司馬穎也求匈奴左賢王劉淵助戰。劉淵派騎兵五千助司馬穎。司馬穎被王浚打敗，奉惠帝逃入洛陽，王浚軍隊進入鄴城，大肆搶掠殺人，鮮卑兵還掠走許多婦女。由是，諸王間的混戰便擴展為各族統治者間的混戰。

佔據洛陽的張方看到洛陽已經被劫掠一空，便強迫惠帝和成都王司馬穎遷往長安。到長安後，成都王司馬穎被廢，司馬顒獨掌朝政。

305 年，東海王司馬越又在山東起兵，並聯合王浚進攻關中，攻入長安，又大肆殺掠。司馬越送惠帝返還洛陽。306 年，司馬越先後殺死司馬穎、司馬顒和惠帝，立晉懷帝，大權最後完全落在他手裏，戰亂才宣告結束。

從 291 年賈后殺楊駿，到 306 年司馬越立晉懷帝，戰亂達十六年之久。參加戰亂的，除賈后外，共有八王，所以史稱「八王之亂」。

（嚴志學）

南北朝　六朝

自東漢以來，匈奴、鮮卑、羯、氐、羌等少數民族不斷地向長城以內和黃河流域一帶遷徙，到西晉時，有的已經徙居內地很久。由於長期與漢族交往，他們逐漸走向定居的農業生活，經濟文化有了迅速的發展。

西晉末年，腐朽的統治階級內部爆發了「八王之亂」，長達十六年之久的激烈的混戰，給人民帶來了巨大的災難，人民無法生活，走投無路，不斷掀起反對西晉統治階級的英勇鬥爭。各少數民族也都乘機起來反抗晉朝的統治，最先起兵的是匈奴族的劉淵。劉淵是匈奴貴族，304 年，在左國城（今山西離石）稱漢王，308 年稱帝，建都平陽（今山西臨汾）。劉淵連敗晉軍，很快佔領了山西中部和南部一帶地方。310 年，劉淵死，劉聰繼位。次年，劉聰派劉曜、石勒攻進洛陽，俘晉懷帝，殺晉王公、士民三萬餘人，縱兵焚掠，洛陽城遭到嚴重破壞。懷帝被殺以後，晉湣（mǐn）帝即位長安。316 年，劉曜攻破長安，晉湣帝投降，西晉滅亡。

西晉滅亡以後，中國出現了各族統治者長期割據混戰的局面。從 304 年劉淵稱王起，到 439 年北魏統一中國北部止，一百三十五年間，各族先後在北方和巴蜀建立了十幾個國家。

中國北部這種分裂的局面，最後為鮮卑族拓跋氏建立的北魏所統一。494 年北魏孝文帝自平城（今山西大同）遷都洛陽，改姓元，實行改革，推行均田制，並加強鮮卑貴族和漢族大地主的結合。各族人民在北魏政權的統治下逐漸融合。534 年，北魏分裂為東魏和西魏，以後東魏為北齊所代，西魏為北周所代。

西晉亡後，317 年，司馬睿在江東建康（今南京市）建立政權，歷史上稱為東晉。東晉從建國起到 420 年滅亡止，共經歷了一百零

四年。東晉以後，緊接着有宋、齊、梁、陳四個朝代，它們都建都在建康。

這樣，從 420 年東晉滅亡，到隋統一的一百七十年間，中國歷史上形成南北對立的局面，這一時期，歷史上稱作南北朝。南方的東晉、宋、齊、梁、陳加上三國時候的東吳，都是建都在建康（東吳時稱建業），歷史上又把它們稱作六朝。

（唐贊功）

聞雞起舞

西晉滅亡後，司馬睿（歷史上所稱的晉元帝）在建康建立東晉政權，北方陷入了各族統治者的混戰中。北方各族統治者非常殘暴，他們任意燒殺擄掠，北方生產遭到嚴重破壞。人民不斷地起來反抗，他們到處建立塢堡，奪取城鎮，在反抗統治階級的鬥爭中，漢族人民和各族人民的命運密切結合起來了。

祖逖（tì）是這一時期的一位英雄，他是范陽遒縣（今河北淶水）人，和劉琨是很好的朋友。他們倆在青年時代就很有抱負。每當他們談論到天下大勢、討論起當時的政局時，總是慷慨激昂，義憤滿懷。有時，在半夜裏，他們聽到雞叫，就披衣起牀，拔劍起舞，來磨礪自己的意志，鍛煉自己的身體。祖逖眼看到晉朝統治者相互爭戰，把中原鬧得烏煙瘴氣，心中非常難過。他對劉琨說：「萬一天下大亂，豪傑並起，我們決不能總待在中原，沒有作為啊！」

匈奴貴族劉淵起兵以後，中原陷入了非常混亂的狀態。祖逖率領親族和部屬、家人南下，後來到達了京口（今江蘇鎮江市）。

那時，東晉王朝中以晉元帝為首的統治集團，只把目光集中在

鞏固江南的統治上,從來不想改革政治,也從來不做北伐的準備。誰主張北伐,誰就受到排斥和打擊。大臣周嵩勸晉元帝整頓軍事,加強武備,收復中原後再稱皇帝,結果被貶為新安郡太守。祖逖要求晉元帝允許他帶兵北伐,說:「各族統治者趁晉朝皇族自相殘殺,興兵擾亂中原,人民遭受殘害。如果讓我帶兵北伐,必定會得到天下的響應。」晉元帝不好直接拒絕他,但只給了他一個豫州刺史的空頭銜,一千人的食糧和三千疋布,要他自己去招募軍隊和製造兵器。在這樣艱困的情況下,祖逖絲毫不灰心,他帶領隨從他的一百多人渡江到北岸去。當船到江中時,他取楫(船槳)擊水,當眾起誓說:「我祖逖不能肅清中原,決不回頭!」態度堅定,聲音激昂,和他一同渡江的人都非常感動。他到北方後,不久就組成了一支兩千多人的隊伍。祖逖的軍隊既缺乏糧食,又受到敵人的襲擊,處境非常困難。可是人民支持他,給他送糧送信,歡迎北伐軍就像歡迎自己的親人。祖逖沒有一刻忘記過渡江擊楫的誓言,他緊緊地依靠人民,和敵人展開了不屈的鬥爭。317 年,他帶領大軍在譙城(今安徽亳州)打敗石勒的軍隊。三年以後,收復了黃河以南的大部分地區。他團結人民,保衛收復的土地,得到了人民真誠而熱烈的擁護。他繼續練兵,準備向黃河以北推進。

但是,他的勝利引起了東晉政府的敵視。東晉政府不僅不支持他,還派人監視他。他看見東晉君臣只是爭權奪利,晉元帝只想做一個偏安江南的皇帝,權臣王導只想建立一個王氏當權的小朝廷,尤其是權臣王敦非常專橫,還準備發動叛亂,知道收復全部失地已經沒有希望,他感到憤恨,感到痛苦。321 年,他在憂憤中病死。收復的失地,很快又被石勒完全佔領。他的死,引起了人們極大的悲痛,人們到處修祠紀念他。據史書上說,豫州地方的人民聽到他逝世的消息,都不禁痛哭流涕。

（吳雁南）

風聲鶴唳　草木皆兵

4 世紀中葉，氐人佔據了關中，建立了前秦。後來，苻堅做了前秦的皇帝，他任用王猛，打擊豪強，休息民力，國勢日益充裕。前秦漸成為北方強大的國家，它先後滅掉前燕、前涼，統一了北方。

382 年，苻堅召集滿朝文武官吏，對他們說：「我做皇帝將近三十年（實際只有二十五年），四方大體上已經平定，只有東南一角的東晉不肯聽從命令。我準備親自率領大軍滅晉，你們看行不行？」除個別人外，多數大臣都不同意出兵攻晉，認為攻晉不會討得什麼便宜。大家討論了很久，始終不能得出苻堅所希望的結論。苻堅很不耐煩地說：「這樣議論紛紛，哪能有什麼成果！讓我自己做決定好了。」

苻堅同他的弟弟苻融單獨商議，苻融指出：前秦的軍隊長期攻戰，士卒疲勞，軍民存在畏懼東晉的情緒；鮮卑人、羌人、羯人佈滿長安附近一帶，他們並沒有真正歸順前秦，大軍一旦東下，關中會發生很大的危險。苻融還說，凡是說不可伐晉的人都是忠臣。苻堅聽了，不高興地說：「怎麼你也會說這樣的話，真使我感到失望。」

大臣們不斷苦諫，勸他不可攻晉。而鮮卑貴族慕容垂等卻希望苻堅在戰爭中失敗，好趁機恢復前燕的統治，都私下勸苻堅出兵。

383 年秋，苻堅派苻融為前鋒帶領二十五萬人，大舉攻晉。前秦的兵力共有步兵六十萬，騎兵二十七萬，這裏面有鮮卑人、羯人、匈奴人、氐人、羌人，其中大部分是漢人。進軍的聲勢看起來很大，旌旗相望，首尾一千多里，先頭部隊已經抵達淝水附近，而後繼部隊才從咸陽出發。實際上這是一支七拼八湊，內部很不穩固的隊伍。

　　東晉派謝玄、謝石等率領八萬人迎擊秦軍。謝玄、謝石等人決定趁秦軍主力還沒有集結的時機襲擊它的前鋒，一舉擊潰秦軍。他們首先派劉牢之率兵五千在洛澗（在今安徽定遠縣西）打敗秦軍，隨即指揮各路兵馬乘勝前進，直逼淝水右岸，和前秦軍隔河相對。秦王苻堅和他的弟弟苻融登上壽陽城，遠遠望見晉兵陣勢非常嚴整，又望見前面八公山上的草木，以為都是晉兵。他對苻融說道：「敵人相當強勁啊！」說時不覺臉上流露出了畏懼的神色。

　　東晉和秦軍在淝水對峙，晉軍請求秦軍稍往後退，願意渡河同秦軍決一勝負。苻堅企圖趁晉軍半渡的時候殲滅晉軍，就答應了晉軍的要求。秦軍士氣低沉，見前面軍隊移動，以為是打了敗仗，又聽到有人喊：「秦兵敗了，秦兵敗了。」軍心由是大亂，士兵們都不顧苻堅的命令，一個勁兒往後退卻。晉軍渡河，乘勢猛追，秦兵大敗。潰退的秦軍爭先恐後，自相踐踏，金鼓旗幟，拋棄滿地，殘屍斷骸，蔽野塞川。逃命的秦兵，不敢停下來休息，聽到風聲、鶴唳，都以為是晉兵追到，晝夜不停地奔跑，十分之七八餓死、凍死在路上。苻堅狼狽逃回北方，苻融被晉兵殺死。晉兵取得了輝煌的勝利。

　　淝水之戰是東晉十六國時期最大的一次戰爭，也是決定南北朝對立局面形成的一次戰爭。

（吳雁南）

魏孝文帝

　　淝水之戰後，前秦很快地崩潰了，北方又走向了分裂。386 年，鮮卑族拓跋部在山西北部建立了政權，並逐漸向南發展。拓跋部建

立的政權最初稱代，被滅後，燕取得河北，後又改稱魏，歷史上稱作北魏。439年，北魏統一了北方。

當時，在黃河流域，大地主田莊進一步發展起來，許多大地主往往控制幾百家、幾千家的農民，甚而還擁有武裝，成為北魏政府加強對各地方控制的對抗勢力。在這種情況下，北魏政府不得不承認大地主在地方上的勢力，拉攏他們到政府裏去做官，承認他們對其所控制的農民的剝削權力。農民在北魏統治者和大地主的壓迫下，非常困苦，不斷舉行起義。

北魏統治者認為，為了緩和自己統治下各族人民的反抗和增加國家財政的收入，就必須把勞動人口從大地主手裏奪過來。485年，大臣李安世向北魏孝文帝拓跋宏上書說：在荒年裏，人民逃亡，他們的土地多半被豪強地主霸佔，現在應當均量土地。孝文帝採納了這個意見，派大臣巡行州郡，會同地方官吏實行均田。根據均田規定：男丁十五歲以上受露田（耕種穀物的田）四十畝，婦女二十畝，種植各種穀物。因為土地要休耕，故實際上都得加倍受田。休耕兩年的，三倍受田。此外，男丁給桑田二十畝，種桑樹、棗樹和榆樹。農民年老或死亡，露田要歸還政府，桑田由農民永遠使用，不還。

受田農民，一夫一婦每年要交納租稅粟二石，帛一疋，男子還要服徭役和兵役。

那時候，往往三五十家共立一個戶籍，大地主隱匿的農戶很多，妨礙着均田制的實行。孝文帝頒佈均田制的第二年，大臣李沖建議，實行三長法：五家組成一鄰，五鄰組成一里，五里組成一黨。鄰有鄰長，里有里長，黨有黨長，合起來稱作三長。三長負責檢查戶口，徵收租稅和徵發徭役等。許多大臣本身就是大地主，隱匿的農戶很多，他們羣起反對李沖的主張。文明太后（太皇太后）和孝文帝為了加強自己的統治力量，堅決支持李沖。他們說：「立三長

制使租稅有一定的準則，可以把逃避租稅的人口清查出來，為什麼不能實行呢？」結果，三長法在文明太后和孝文帝的堅決主張下實行了。

均田制、三長法實行以後，許多被大地主隱匿的不交租稅的人口清查出來了。北方農民有了一定的土地，生活和生產比以前安定了，更多的荒地隨着被開墾出來。北魏的農業得到了迅速的恢復和發展。

為了同黃河流域的漢族大地主取得聯繫，進一步鞏固北魏的政權，孝文帝決心把都城從平城（山西大同）遷到洛陽。孝文帝知道，遷都一定會遭到各方面阻撓。他召集文武大臣，宣稱要大舉進攻南朝。以任城王拓跋澄為首的大臣紛紛反對。退朝後，孝文帝召任城王入宮，對他說：「我們鮮卑人起自北方，首都平城，這是用武的地方，不能作為『文治』的中心。我想以進攻南朝的名義，帶領大家南下，遷都中原。你的意見怎樣？」拓跋澄領會了孝文帝的意思，知道單憑武力不能長久維持北魏的統治，必須拉攏漢族地主，用政治來維持國家。他全力擁護遷都的計劃。493 年，孝文帝帶領步騎三十萬南下，到了洛陽，還表示要繼續南進，羣臣要求停止南伐，孝文帝藉此對大家說：「你們既然不願意南下攻伐南朝，就得聽我的話，遷都洛陽。」第二年，北魏正式遷都。遷都洛陽後，孝文帝對於改革鮮卑風俗、推行漢化政策更加積極。他下令鮮卑貴族採用漢姓，同漢族大地主通婚，改穿漢人的服裝，說漢語。他自己帶頭改拓跋氏為元氏，並要所有遷到洛陽的拓跋貴族，都算作洛陽人。他還全部採用了漢族統治封建制度。

北魏孝文帝的改革，增加了國家的財政收入，鞏固了封建統治，加速了鮮卑族和漢族人民的融合。

（吳雁南）

葛榮起義

北魏後期，統治者日趨腐化。高陽王元雍的宮室園林，可以同皇宮、禁苑相比。他家役使的童僕就有六千多人，他吃一頓飯，就要花好幾萬錢。河間王元琛同他比富，用銀槽餵馬。胡太后在皇宮旁邊修建永寧寺，極其壯麗豪華，寺裏到處陳設着珠玉錦繡。

統治者的揮霍浪費，加重了對農民的敲詐勒索。比如，調絹原規定每疋長四丈，可是有的官吏卻強迫人民交七八丈算作一疋，租米也往往加倍徵收，以致農民的生活越來越困苦。

北魏初期，在北方邊緣設沃野、懷朔、武川、撫冥、柔玄、懷荒六鎮（以後又增設三鎮），駐重兵防止柔然人的進攻。邊鎮將領非常貪暴，任意奴役士兵，因而激起了以破六韓拔陵為首的軍民起義，起義軍屢次打敗北魏軍隊。白道（今內蒙古呼和浩特市北）一戰，使廣陽王元深帶領的軍隊幾乎全軍覆沒。後來，北魏統治者借柔然人的兵力，才把起義鎮壓下去。北魏軍隊捕虜了參加起義的軍民二十多萬人，強行把他們押送到河北去。這批人才到河北，就同各族人民結合起來，舉行了聲勢更為浩大的起義。

526 年，大起義爆發。葛榮領導的一支起義軍日益壯大起來。葛榮，鮮卑人，曾經做過北魏懷朔鎮的鎮將，以後參加了起義軍。起義軍在博野縣（河北博野）襲擊章武王元融，經過一天的激戰，大敗北魏軍，元融被起義軍殺死。不久，起義軍又在定州（河北定州）的一次戰鬥裏，擒殺北魏軍統帥廣陽王元深。528 年，河北的起義軍集中在葛榮的領導下，控制了河北廣大地區。起義軍發展到近百萬人，「鋒不可當」。

葛榮領導的起義軍包圍了相州（今河南安陽），準備攻克相州以後就向洛陽進攻。起義軍的前鋒越過汲郡（今河南衞輝），他們

沿途處死官僚地主，奪取大地主的財產，得到人民的熱烈擁護。北魏的大將爾朱榮帶領七千騎兵，急忙奔撲相州。勝利使葛榮產生了輕敵的情緒。得到北魏軍來攻的消息後，他對部將說：「你們準備一些長繩，等爾朱榮一來，就跟我抓俘虜。」葛榮的大軍向前迎敵，列陣幾十里。爾朱榮集中兵力襲擊起義軍，兩軍在相州城下，展開激戰。起義軍失敗了，葛榮戰敗被俘，送到洛陽後被害。

（吳雁南）

王 羲 之

　　王羲之，字逸少，是東晉時代傑出的書法家。他做過右軍將軍，所以後人也叫他王右軍。他的書法藝術在我國歷史上享有極高的聲譽，後人把他稱為「書聖」。

　　王羲之寫的字既秀麗，又蒼勁，在當時就很聞名，受到許多人的喜愛。據說，在山陰（今浙江紹興）地方，有一位道士想求王羲之寫一本《黃庭經》，怕他不答應，便想了個巧妙的辦法。他打聽到王羲之最喜歡鵝，就買了一羣鵝，把牠們養得又肥又白，十分討人喜愛。一天，王羲之路過那裏，看見這一羣羽毛潔白、姿態美麗的鵝後，心裏有說不出的喜歡，看了又看，捨不得離去，他要道士把鵝賣給他。這時，道士故意不肯賣，說：「鵝是不賣的，要麼你給我寫一本經來換還可以。」王羲之一聽這話，馬上答應，就聚精會神地寫好一卷《黃庭經》，交給了道士，才把一籠子鵝帶走。這就是人們歷來傳頌的「書成換白鵝」的佳話。

　　王羲之的書法藝術，不僅吸收了漢魏以來許多書法家的精華，更重要的是他能擺脫傳統的束縛，開創一種新的境界。他書寫的有

名的《蘭亭序》，筆飛墨舞，氣象萬千，是他書法藝術的代表作。人們評論他所寫的字是「飄若浮雲，矯若驚龍」。這兩句話正好說明了他的書法藝術的風格。到了唐朝，唐太宗李世民對他的書法推崇到了極點，並且號召大家學習他的書法。經唐太宗這麼一提倡，唐、宋以後，所有的書法家幾乎沒有一個人不臨摹王羲之的書法的。

王羲之在書法藝術上之所以有這樣高的成就，和他的勤學苦練是分不開的。據說，他即使在走路和休息的時候，也在揣摩字體的結構、間架和氣勢，心裏想着，手指也隨着在自己身上一橫一豎地畫着，日子久了，連衣服都畫破了。他每天練習完了字，要到門前的池塘裏去洗筆硯，時間久了，池塘裏的水都變成黑色的了。

據《寰宇記》記載，在會稽戢山下，有王右軍的洗硯池。戢山在今浙江省紹興市東北，是王羲之的故鄉。

（張福裕）

顧 愷 之

顧愷之（341—402），字長康，無錫人，是東晉時代一位傑出的畫家，在繪畫創作和繪畫理論兩方面都有很高的成就。

這位大藝術家，年輕時候詩、文、書、畫都很精通；加上他性情坦率、自負，為人詼諧、古怪，所以被人稱為「才絕、畫絕、痴絕」三絕。

顧愷之確是一個多才多藝的人，特別是在繪畫上的造詣，尤其突出。在歷史上有這樣一則動人的故事：據說，興寧二年（364）時，江寧（今南京）要修建一所大廟，和尚們到處向各方面人士化緣募

款。當時，一般士大夫官僚捐的錢沒有一個超過十萬的，而顧愷之卻滿口答應要一個人樂捐一百萬。大家見他承諾捐的這個數太多，都不太相信，以為他可能是在說大話，或者是在開玩笑。過了一些時候，和尚們果真拿着緣簿來找他，向他要一百萬錢。這時顧愷之不慌不忙地對和尚們說：「請你們在新建的廟裏，準備好一堵白牆，我自有道理。」和尚們也不知他要做什麼，只好照着他說的這麼辦。顧愷之在廟裏住了一個多月，專心一意地在那堵白粉牆上畫一尊維摩詰（佛教故事中的人物）像。快完工時他對和尚們說：「明天可以請人來看一幅畫，告訴大家：頭一天來看的人，要捐十萬錢；第二天來看的人可以減半，只捐五萬錢；第三天以後，捐多捐少可以隨便。」這消息傳出後，轟動遠近。許多人都想來看看究竟是一幅什麼畫。到了這天，來的人不少。那幅維摩詰像的清瘦面容，滿含着慈祥莊嚴的神情，既像在入定，又像在沉思，使人看了有一種寧靜聖潔的感覺。顧愷之的藝術魅力，使人受到了深刻的感染。果然，和尚們趁這機會募了一大筆錢，很快就湊足了一百萬錢的數目。這個故事不僅說明了顧愷之繪畫藝術的高度成就，而且也說明了人們對他的藝術的尊敬與喜愛。

顧愷之繪畫創作的真跡，現在已經失傳了，流傳下來的只有後人摹本，如《列女圖》《女史箴圖》《洛神賦圖》等幾幅。

顧愷之在繪畫理論上的成就也是非常突出的。根據他留下的《論畫》《魏晉勝流畫贊》和《畫雲台山記》三篇著作，可以看出他在人物畫和山水畫方面，有許多卓越的見解。比如，他認為畫人物必須把豐富的想像和敏銳的觀察結合起來，才能夠把人物的精神狀態表現得準確而微妙；並且主張人物的神氣必須通過外形表現出來。這些論點，就是在今天，也還是有一定的參考價值的。

（張福裕）

祖 沖 之

　　祖沖之（429—500），是我國南北朝時候的一位偉大的科學家，他生活在南朝的宋朝和以後的齊朝。他在天文、數學、物理等方面，都做出了巨大的成績。

　　他在天文曆法上的貢獻，主要是修訂新曆法。為了研究天文曆法，他參考了歷代所有的曆書。為了證明前人說得對不對，他常常拿着儀器去觀察日月星辰的運行，測量太陽影子的長短。經過這樣仔細的研究和實地的測驗，他發現過去的曆法有很多地方不夠精確。比如，關於閏年，在舊的曆法裏，每19年中有七個閏年，用這種曆法每過兩百年就要比實際天數相差一天。於是，他根據自己研究的結果，編了一部新的曆法，叫作《大明曆》，糾正了舊曆法中的許多錯誤。在這部曆法中，他把19年七閏改為391年中設置144個閏年，就比舊曆法合理得多。同時，他還注意到了「歲差」（太陽從上一年冬至到下一年冬至，並沒有回到原來的位置，這種現象在天文學上叫「歲差」）現象，並且把歲差應用到了《大明曆》中。這是我國曆法史上一件劃時代的事情。由於在曆法中應用了「歲差」，就使「回歸年」（指太陽連續兩次經過春分點所需要的時間）和「恆星年」（指地球繞太陽真正公轉的一個周期）有了區別。祖沖之非常精確地測出了一回歸年的日數是365.24281481日，這和近代科學測量所得的日數相比，只差50秒，即僅有六十萬分之一的誤差。這個結果該是多麼驚人的精密啊！

　　祖沖之在數學方面，把前人對「圓周率」的研究，大大往前推進了一步。圓周率指的是圓的周長和它的直徑之比，這是一個常數。也就是說，任何大小的圓，它的周長和它的直徑的比，都會得出這個常數。如果我們知道了這個常數，知道了圓的直徑（或半徑），再求圓的周長，就很方便了，只要將直徑（或二倍半徑）乘上這個常數就

可以得出。我國古代許多數學家，為了推算這個常數，作出了不少的貢獻。特別是晉朝的大數學家劉徽，創造了用「割圓術」（用圓內作內接正多邊形以求圓周長的一種方法）來計算圓周率值的科學方法，更是取得了輝煌的成績。祖沖之為了天文、曆法上的推算和度量衡的考核需要，也研究了圓周率。他在劉徽「割圓術」的基礎上，繼續精心推求，最後精確地算出圓周率是在 3.1415926 和 3.1415927 之間。把圓周率的數值推算到小數點後七位數字，他在全世界上是第一人。歐洲的科學家一直到他死後 1000 多年，才算出這個數值來。日本的學者曾建議，為了紀念祖沖之的貢獻，把圓周率改名為「祖率」。

在物理學上，祖沖之也有重要的發明和創造。他曾經成功製造一艘「千里船」，放在江裏試航，速度比一般船快得多。他還根據古人的發明加以改進，成功製造了一個利用水力轉動的水碓磨，可以用來碾米、磨面。另外，他還為蕭道成（齊朝的齊高帝）修理了一輛指南車，十分靈敏準確。這輛指南車原本是南朝的宋武帝在長安繳獲的戰利品，只有一個架子，內部的機械已散失，指南的性能已失靈，一直擱起來沒有用，只做做樣子。直到宋末，蕭道成才要祖沖之想辦法來修理這輛指南車。經過祖沖之的修理之後，這輛車果然恢復了它的指南性能。據說，比原來造的那輛還好，無論車子怎樣轉彎，車的指南效能沒有一點錯誤。

（張福裕）

范　縝

范縝，南朝齊、梁時人。他年輕時非常用功，博學多才，常常發表一些不平常的議論。他三十五歲時開始做官，為人廉潔正直，

在當時有很高的聲譽。

在他生活的時代，封建迷信把整個社會鬧得烏煙瘴氣。竟陵王蕭子良大力提倡佛教，范縝不畏權貴，當面反駁佛教迷信，蕭子良和一些佛教徒常常被他駁得目瞪口呆。後來，范縝著《神滅論》揭露佛教迷信的虛妄，和佛教徒在思想上展開了尖銳地鬥爭。

《神滅論》全文雖然不長，可是沒有一個佛教徒能真正把它駁倒。范縝在《神滅論》中指出：人的精神和肉體是結合的。只有人的形體存在，精神才能存在；形體死亡後，精神是決不會存在的。精神和肉體只是名稱上的不同，決不能彼此分離。他打了一個很好的比方，說：「形體和精神的關係，就好像刀和鋒利的關係，離開了刀，就談不上鋒利。從來沒有聽說刀沒有了，鋒利還可以存在；所以離開了肉體，精神也就不存在。精神是肉體產生的。」范縝在《神滅論》裏還譴責了統治階級利用佛教迷信危害人民的罪惡。他指出統治者用渺茫不可知的東西欺騙人民，用地獄的痛苦來威嚇人民，用天堂的快樂來引誘人民，結果是糧食被遊手好閒的和尚吃盡，財物在興修寺廟的名義下被耗費盡。

《神滅論》發表後，觸怒了以蕭子良為首的佛教徒。蕭子良招來了全國最有名的和尚來同范縝爭辯，企圖駁倒《神滅論》。鬼神根本不存在，蕭子良和許多佛教徒硬說有什麼鬼神，雖然絞盡腦汁，也找不出像樣的道理來。相反，范縝一個人，卻是「辯摧眾口，日服千人」，越來越多的人相信范縝了。

蕭子良使王融拜訪范縝，王融轉彎抹角地提到關於《神滅論》辯論的事後，對范縝說：「范先生堅持沒有鬼神的言論，是違反我們向來遵守的教訓的。像你這樣才德雙全的人，哪愁做不上中書郎那樣的高官！你故意堅持錯誤，不怕斷送自己的前途嗎？」

范縝聽了，大笑道：「假如我范縝賣論取官，早已做到更高更大的官了，何止中書郎！」他正顏厲色地拒絕了蕭子良的無恥收買。

這些人妄想用利誘的辦法要范縝放棄《神滅論》的觀點，結果遭到了可恥的失敗。

後來，軍閥蕭衍奪取了齊朝的政權，做了皇帝，歷史上稱為梁武帝。他進一步利用佛教欺騙人民，鞏固他的統治。為了叫人們相信他拜佛的誠意，他還假惺惺地要「捨身」到同泰寺去當和尚。他每到同泰寺「捨身」一次，大臣們就得拿出很多錢送到同泰寺去，把他「贖回」來。他玩弄了三次到同泰寺當和尚的手法，這裏的和尚發了三次橫財，自然也就更加賣命地來替梁武帝欺騙人民。

梁武帝自然不容許范縝揭穿他們欺騙人民的罪惡面目，他做皇帝後不久，就找了一些藉口來打擊范縝，范縝不肯屈服。

梁武帝寫了一篇《敕答臣下神滅論》的詔書，誣衊范縝的理論違背經典，脫離常規，忘掉祖先，並且發動六十多位有學問的人寫文章來反對他。但是，誰也提不出像樣的道理來和范縝論辯，只不過憑藉着政治的勢力罵他一頓罷了。梁武帝怕《神滅論》的思想在論戰中得到傳播的機會，只好宣佈論戰結束，草草收場。

（吳雁南）

《文選》《文心雕龍》

《文選》是南北朝時候梁朝梁武帝的長子——蕭統（昭明太子）編選的一部文學總集。蕭統（501—531）是一位博學的文學家，他聚集了將近三萬卷書籍，日夜勤學研讀，從不厭倦。他很看重當時的學者，注意吸取他們的長處。那時候，國內許多有才華的文人學士，都被召集在他門下。他和他們經常在一起討論文學上的各類問

題。《文選》這部書，就是他集中了眾人的才智，編選出來的。

《文選》原序作三十卷，唐朝人李善註《文選》時，分成六十卷。全集選錄了從戰國到梁朝各種體裁、風格的優秀詩文作品。據蕭統講，選錄作品的標準是「事出於沉思，義歸乎翰藻」。就是說，選取的詩文，不僅要有獨到的見解，立論精確，而且辭藻也要很優美。蕭統認為文章是隨時變改、不斷發展的，因此，他在《文選》中，把詩文分成很多類，按時代編排，使人們能看出一些變化的大概。

《文選》是我國現存最早的規模最大的文學總集，它對唐代以後的文學有很大的影響，受到後世的重視。

《文心雕龍》是我國古代第一部系統全面的文學方法論和文學批評書，它是由南北朝時候另一位大文學家劉勰撰寫的。劉勰（約465—520）幼年時，父親死去，家境很貧苦。後來，由於他在文學上的成就很大，很為昭明太子所敬愛。

這部書是劉勰在齊朝末年寫成的。全書分十卷，五十篇，對各類文章體裁、創作方法和文學批評等方面，都做了深刻的論述，目的在於講明白寫文章的基本法則。《文心雕龍》不承認抽象的文學天才，認為寫文章重要的是對事物仔細觀察，只有抓住了事物的本質，才能寫出好的作品。它認為文學的內容和形式是統一的，文章的表達形式是為內容服務的。針對當時人寫文章多從形式上做功夫沒有真實內容這一弊病，《文心雕龍》提出了反對造作、反對以詞害意、反對內容遷就形式等主張。

《文心雕龍》一書，受到後世極大的推崇。在這以前，許多討論文學的論著，多半偏而不全，都沒有這部書系統、全面和周密。《文心雕龍》是目前了解南北朝以前文學理論唯一的一部大著作。

（吳雁南）

《齊民要術》

《齊民要術》是北魏末期傑出的農學家賈思勰所著。

賈思勰，曾做過高陽郡（今山東境內）太守，他很注意農業生產事業的發展。那時候，黃河流域居住着漢人、匈奴人、鮮卑人、羯人、氐人和羌人，各族人民經過長時期的生產實踐，在耕種、畜牧和種植樹木方面，積累了豐富的經驗。賈思勰認為，這些經驗是保證人民生活的重要方法。為了把這些經驗總結起來，廣泛傳播，以便促進農業生產事業的進步，他決定寫《齊民要術》。「齊民要術」四個字的意思，翻譯成口語就是「人民羣眾謀生活的主要方法」。

賈思勰在寫《齊民要術》的過程中，讀遍了他所能看到的古書上有關農業方面的材料。書裏引用的古書就有一百五十多種。除了認真閱讀古書外，他還很注意調查研究。他訪問過許多農民，虛心向他們請教，幫助他們總結生產經驗。在《齊民要術》裏，他就採用了許多寶貴的有關作物栽培方面的民謠和民諺。同時，他還經常親身參加勞動，該書裏談到的許多養羊方面的經驗，就多半是他親身體驗所得。

6 世紀 30 年代，賈思勰完成了這一輝煌的巨著——《齊民要術》。這部書分十卷，九十二篇，介紹了耕田、收種的方法，穀物、蔬菜、果樹和樹木等的栽培方法，家畜、家禽和魚類的飼養方法，食品的製造方法等。

書裏很注重有關不誤農時、因地種植的經驗。賈思勰認為，農作物的栽培和管理，必須根據不同的季節、氣候和土壤條件，採取不同的辦法。他說：順應天時，估量地利，用力小，可以取得大的

鐵犁牛耕

成效；單憑個人主觀願望，不顧實際條件，違反自然規律，只會多費勞力。他認為，各種農作物的栽培都有一定的時機，千萬不要錯過最適宜栽種的季節——「上時」。

《齊民要術》還記載了關於土壤條件對農作物影響的經驗。書裏談到，并州（今山西境內）沒有大蒜，得向朝歌（今河南境內）去取蒜種，種了一年以後蒜瓣變得非常小。并州蕪菁的根，像碗口那麼大，也是從別的地方取來的種子。在并州，蒜的瓣變小，蕪菁的根變大，都是土壤條件不同造成的結果。

《齊民要術》是我國現在保存下來最早的一部完整的農書，也是世界農學史上最早的一部名著。書裏許多寶貴的生產經驗，直到今天還受到人們的重視。

（吳雁南）

《水經注》

　　《水經注》的作者是北魏時的地理學家酈道元。酈道元，字善長，范陽（今河北涿州）人。他年輕時，好學不倦，博覽羣書，是一個很有學識的人。

　　我國古代有一部較完整的地理學著作，名叫《水經》，相傳是漢朝人桑欽所著（也有人認為是三國時代的人所著），書中記述了全中國一百三十七條大小水道，對於研究當時的地理，具有相當高的價值。不過這部書有一個缺點，就是每條河流都記敍得很簡單，只說：某水源出某地，經某地，又往某某地。酈道元為了補救這個不足，決心給《水經》作注。他補充了一千二百五十二條河流，並且在《水經》原文下詳加注引，敍述水道所經之地的風土人情以及歷史古跡。注文比《水經》原書多出二十倍，共約三十萬字，分成四十卷。注文引用的書籍多至四百三十七種，同時還記錄了酈道元本人親自到各地實際觀察所得到的大量寶貴知識。這是一部具有高度科學性的巨著。

　　書中對於各地河道的變遷，地名的變化，酈道元都根據大量文獻材料，並參證自己實地的所見所聞，一一做了精細的考證。直到清朝，人們考察河道、山脈、地域的變化和沿革，《水經注》一直是自然研究很重要的參考書籍。

　　《水經注》不僅是水道變遷、地理沿革的重要記錄，而且對各地的歷史古跡、神話傳說，也有詳細的記載。比如，《江水注》中，就記敍了戰國時代水利工程家李冰化牛與江神角鬥的故事，還插敍了三國時劉備被孫權打敗爬山越嶺逃走的史事。全書這樣的例子很多，而且描寫的技術很高，讓人讀來感到意味深長，生動有趣。所以，很多年來，《水經注》也被看作一部優秀的文學作品。

（張福裕）

雲岡石窟　龍門石窟

　　雲岡石窟開始建造於北魏文成帝和平元年（460）（一說始建於太平真君十一年，即 450）。直到 495 年，龍門石窟開鑿完成為止，前後經歷了三十五年，後來又陸續有所修造。

　　北魏文成帝即位不久，就指定曇曜和尚領導技術工人，在今山西大同（當時北魏的國都，後遷都洛陽）西北三十里雲岡鎮武州山的崖壁上，開鑿石窟，雕刻佛像。

　　雲岡石窟現存三十餘洞，其中特別重要的有二十多處。各個洞窟裏面，分別雕刻着大大小小的佛、菩薩和天仙，還有各種飛禽走獸、樓台寶塔和樹木花草等，藝術價值很高。比如，在第八石窟中，有口啣小珠的猛禽，爪趾雄健，半蹲半站的姿勢，顯得分外有力。這種猛禽，形狀有點像孔雀，在佛經中叫作「那羅延」，是古印度人想像中的靈異。我國勞動人民在刻制這種外來的、想像中的動物時，完全採用了秦、漢以來的傳統造型手法，並進行再創造，在藝術成就上，達到了很高水平。

　　雲岡石窟雕作的佛像，充滿了人間氣味。拿第五窟大佛洞來講，洞口築有四層的大樓閣，進入樓閣，迎面就是一座約莫五十五尺高的巨佛坐像，它的腳就有十四尺長，中指有七尺長，比一個人還大得多。佛像高大雄偉，顯示出舉世獨尊、無可匹敵的氣概。其他石像，各按品級一個低似一個，全體均服從大佛。再配上許多身材矮小的人像，把大佛襯托得更加雄峻莊嚴。洞內有一副楹聯，寫道：「頂天立地奇男子，焰古騰今大聖人。」由此可見，大佛是象徵皇帝的，其他各級石像好比大小羣臣，身材矮小的人則代表民眾和各種服役的奴隸。這豈不是一幅完整的封建統治示意圖？

　　長期以來，雲岡各洞石佛，都有殘毀；特別是近百年來，遭到

秦漢魏晉

147

帝國主義的偷竊破壞，損失更嚴重。僅據 1935 年的調查結果，佛頭便被偷鑿去三百餘顆。

龍門石窟是北魏孝文帝遷都洛陽後，在洛陽龍門山上開鑿的。最初開鑿的，稱古陽洞大石窟。孝文帝死後，魏宣武帝和魏孝明帝繼續開鑿，稱為賓陽洞，分北、中、南三大石窟。以後在東魏、北齊、隋、唐時代，又繼續經營，開鑿了不少。石窟造像多開鑿在洛陽南四十里伊水兩岸。北魏時營建的石窟都在左岸（西），其中最重要的有二十一窟，此外小窟還很多。據《魏書・釋老志》記載，僅造窟三所，即共費人工八十萬以上；若就全部石窟來說，可以想見工程多麼浩大。各石窟中刻滿了大小佛像，造像都很優美。如賓陽中洞所刻的《帝后禮佛圖》，就是一件精美絕妙、具有極高藝術價值的精品。但是這份無價之寶早已被帝國主義盜走。龍門石刻和雲岡石刻在藝術上各有特點。雲岡石佛多姿態雄健，氣象逼人；而龍門石佛，則多面帶笑容，溫和可親。比如，賓陽洞的主佛佛像，臉上含着微笑，仿佛想要人和他親近的樣子。龍門石刻和雲岡石刻一樣，也遭到了帝國主義的嚴重盜竊和破壞，其損失之重，無法估計。

雲岡、龍門兩石窟，是我國人民長期辛勤勞動和偉大智慧的創造，它在我國文化史上佔有十分重要的地位。直到中華人民共和國成立後，這份藝術上的珍貴遺產，才真正受到了國家的珍視和保護。

（張福裕）

本編從隋朝建立講至宋朝滅亡。隋唐是中國封建時代的又一個高峰，政治、經濟、文化高度繁榮，人才輩出，羣星璀璨。然而，自安史之亂以後，中國跌入了低谷，陷入長期的戰亂紛爭中。宋朝建立之後，對外雖長期處於劣勢，但文化科技卻有了長足的發展。

第三編

隋唐兩宋

隋朝的建立

隋是繼北周之後建立起來的一個朝代。

北周末年，皇帝、貴族荒淫無度，政治十分腐敗。如周宣帝宇文贇（yūn）只顧坐享安樂，不管人民死活，為了建築洛陽宮，竟把原來農民每年服役一個月的規定，改為四十五天。在位兩年後，宇文贇死去。兒子宇文闡繼位（周靜帝），年僅八歲，年幼無知，外戚（帝王的母族或妻族）楊堅輔政，這樣就給楊堅製造了奪取北周政權的大好機會。

楊堅的父親楊忠，是西魏主要將領「十二大將軍」之一，北周時被封為隋國公。楊堅繼承了父親的爵位，他的妻子獨孤氏是鮮卑大貴族獨孤信的女兒，他自己的女兒是周宣帝的皇后。他憑藉着楊家的社會聲望、個人的政治才能和外戚身份，總攬朝政，官至「大丞相」，集軍政大權於一身。輔政不久，他就積極謀劃，部署力量，準備奪取北周政權。北周地方大臣相州（今河南安陽）總管尉遲迥、鄖州（今湖北十堰市鄖陽區）總管司馬消難、益州（今四川成都）總管王謙相繼起兵，為挽救北周的統治做最後的掙扎。但是都無濟於事，結果被楊堅先後派兵討平。581 年，楊堅迫使周靜帝讓位，自立為皇帝，國號隋，建都長安（今陝西西安，後遷大興城，仍在長安附近），改元開皇。他就是隋文帝。

開皇九年（589），隋文帝派兵滅掉了南朝最後的一個王朝——

陳，統一了全國，結束了東晉以來二百七十多年長期分裂的局面。為了維護地主階級的封建統治，實現和鞏固地主階級政權的統一，隋文帝在滅陳以前和以後一個時期內，實行了一系列安定社會、發展農業生產的政策，其中重要的有以下幾項。

一、繼續推行北魏以來的「均田制」：規定農民所受土地，分為露田和永業田兩種，露田要歸還，永業田不歸還。一個成年男子受露田八十畝，永業田二十畝（當時人口稀少，荒蕪的土地很多，所以規定受田較多，但實際並未能在所有地區都按規定受田），婦女只受露田四十畝。奴婢按照一般的成年人受田，一頭牛按規定也可受田六十畝。官僚地主所受的田要比農民多得多。隋朝「均田」的土地，是無主荒地或由政府直接掌握的官田。無地或少地的農民獲得一部分土地，對恢復社會生產是有利的。

二、減輕農民賦役負擔：北周政府原規定，已娶妻的男子每年納絹一疋、綿八兩、粟五石，未娶妻的男丁減半。男子自十八歲到五十九歲每年都要服勞役一個月（周宣帝時因修治洛陽宮一度增為四十五天）。隋初規定農民繳納租調，以牀（一夫一婦）為計算單位，丁男一牀，繳納租粟三石，調絹一疋（四丈）或布一端（五丈），綿三兩或麻三斤；單丁和奴婢只需繳納一牀租調的一半。隨着政權的日益穩定，開皇三年（583），隋政府把成丁年齡由十八歲提高到二十一歲，每年服役日期由一個月減為二十天，調絹一疋由原來的四丈減為二丈。開皇十年（590），又規定五十歲以上一律免役收庸（用布帛代替力役）。租調徭役減輕，對於提高農民的生產熱情，促進農業生產的發展，能起一定的積極作用。

三、整理戶籍：從漢末以來，大族豪強地主佔有大量的土地和農民，他們隱匿戶口，逃稅漏稅的很多。隋文帝即位後，為了直接控制更多的土地和勞動力，以便增加稅收，打擊豪強大族的勢力，命令州縣編制鄉黨閭保，整頓戶籍，清查戶口，凡屬堂兄弟以下都

要分別立戶，不准隱瞞。河北、山東一帶，隱匿戶口的現象特別嚴重。隋政府整頓戶籍首先便以這一地區為對象。583 年，隋政府下令在全國實行戶口大檢查，結果有四十多萬壯丁，一百六十多萬人口，新編入戶籍。這一措施，對於鞏固中央集權，限制逃稅漏稅，加強農業生產發展，都是有利的。

此外，隋政府還在革除弊政、劃一制度、打擊大族豪強地主等方面，做了許多其他有益的工作。例如，南北朝時，郡縣的設置既濫且多，冗員充斥，大量官吏的薪俸開支，是農民的沉重負擔。隋政府合併了許多州縣，裁汰了一些冗官，從而節省了一些開支，在客觀上多少減輕了農民的負擔。隋文帝很注重提倡節儉，他個人的生活也比一般帝王較為簡樸，這雖然不能直接增加生產，但提倡節儉，對於社會財富的積累，是有好處的。

據記載，隋朝初年，社會經濟有很大發展，出現了「人庶殷繁」（百姓多而且富有）的景象。顯然，這與當時全國統一以及隋政府採取各項有效措施是有一定關係的。

（張習孔）

隋朝的崩潰

604 年，隋文帝死，他的兒子楊廣繼承皇位，這就是隋煬帝。

隋煬帝是歷史上著名的暴君。繼位的第二年（大業元年，605），他便下令強迫人民給他營造顯仁宮（在洛陽附近）和西苑（也在洛陽附近）。為修築、佈置顯仁宮，長江以南、五嶺以北的各種奇材異石，以及全國各地的各種珍禽奇獸等，都被強徵到洛陽。西苑的規模異常宏大：周圍有兩百里，苑內挖有人工海和渠，海中堆

有蓬萊、方丈、瀛洲諸山，高出水面一百多尺，山上築有台、觀、殿、閣，十分華麗；沿渠有十六院，院中樹木秋冬凋落時，則用各色綾羅剪成花葉，綴在枝上，水池內也用彩色綾絹做成荷、芰（jì，菱的一種）、菱、芡（qiàn，一年生水草），表示四季常青。據記載，隋煬帝在位，「無日不治宮室」，自長安至江都（今江蘇揚州），便有離宮（皇帝經常所住宮殿以外的宮室）四十餘處。

從大業元年到大業十二年，隋煬帝曾三次巡遊江都。巡遊的目的，主要是想憑藉皇帝的威力，在政治上對江南地區人民的反抗起鎮服作用，但是也帶有很大程度的遊玩享樂成分在內。每次出遊，耗費的財力物力，實在無法計算。以第一次巡遊為例：早在好幾個月前，隋煬帝就派人往江南監造龍舟及各式雜船，以備應用。龍舟高四十五尺，長二百尺，分四層：上層有正殿、內殿、東西朝堂；中間兩層有一百二十個房間，都飾以金玉錦繡；下層為內侍所住。其他船隻雖較龍舟為小，裝飾也極為豪華。605年秋天，隋煬帝帶着皇后、妃嬪、文武百官以及大批和尚、尼姑、道士、侍役、衛隊，從顯仁宮出發，分別乘坐小船自漕渠出洛口（洛水入黃河之口），然後改乘龍舟及其他各類船隻，前往江都。大河中，船隊相接，首尾二百餘里，共用挽船伕八萬餘人。兩岸有騎兵隨行護衛，蹄聲動地，旌旗蔽野。巡遊隊伍所過之地，五百里內的百姓都得貢獻食物。

隋煬帝做皇帝十四年，經常巡遊在外，留在京城的時間，總共加起來還不足一年；而每次巡遊，跟隨的妃嬪、宮娥等人，「常十萬人」，需用的食物用品，都要地方州縣供給，實際的負擔都落到人民頭上。廣大人民在這種繁苛的徵斂和役使下，苦不堪言。

隋煬帝在位期間，為了進一步加強中央對地方的控制和方便搜刮江南財富，隋政府曾先後役使數百萬民伕，利用前人經營的基礎，開掘了通濟渠、山陽瀆、江南河、永濟渠等人工河道，完成了

貫通祖國南北的大運河工程。這條運河的開掘，隋朝人民以及隋以前和以後歷朝的人民，都貢獻了力量。儘管隋朝統治者下令開掘運河的目的是維護統治階級的利益，然而從客觀上的效果來講，在古代很長一段歷史時期內，這條運河對祖國南北物資的交流和社會經濟的發展，曾起過極其重要的作用。

（易惠中）

隋末農民起義

隋朝末年，隋煬帝的統治更加殘暴，廣大人民不堪痛苦，紛紛舉行起義。大業七年（611），山東鄒平人王薄，首先舉起了反隋的旗幟。不少農民響應了王薄的號召，跟隨他一道起義。他們佔領了長白山（在今山東鄒平東南），到處攻打官軍。不久，各地農民也接着起義，農民戰爭的大風暴迅速席捲了全國的大部分地區。

自 611 年到 618 年，隋末農民戰爭共歷時八年。這八年，大致可以分為三個階段。從 611 年到 614 年，為第一階段。在這一階段，農民軍由於缺乏訓練和裝備，加上各支隊伍分散作戰，彼此未能很好聯繫，以致在對敵鬥爭中，暫時處於劣勢地位；但是另一方面被推進窮困深淵的農民大批參加起義軍，因此農民起義的隊伍反而在局部失敗中一天天更加壯大起來。從 614 年到 616 年，為第二階段。在這一階段，農民軍不僅在山東、河北一帶鞏固了自己的據點，奪取了一些重要的城市，並且還在江淮地區取得了很大的勝利；而隋朝封建統治者由於不斷受到農民軍的沉重打擊，這時已無法再維持其原有的軍事優勢，起義軍的力量已逐漸發展到了和隋軍接近平衡的地步。從 616 年到 618 年，為第三階段。在這一階段，

隋軍的力量日益微弱，農民起義軍在軍事上完全轉入了主動地位，隋政權日益走向崩潰，以致最後覆滅。

根據史書的記載，隋末農民起義大約有一百二十餘處。各路起義軍逐漸匯合，後來形成了三個最強大、最著名的軍隊，這就是河南的瓦崗軍、河北的竇建德軍和江淮之間的杜伏威軍。

瓦崗（在今河南省滑縣南）軍的最初領導人是河南人翟讓。後來，單雄信、徐世勣（jì）等人都來參加起義。616年，李密也投奔到瓦崗軍來。李密很有才幹，他加入瓦崗軍後，一面勸翟讓明確地提出反抗隋朝暴政的口號，一面親自去勸說各地起義領袖加入瓦崗軍。瓦崗軍的勢力迅速壯大起來，成為當時最強大的一支農民武裝力量。

616年，瓦崗軍攻下了金堤關（在今河南滑縣東）和滎陽（今河南滎陽）附近各縣，隋煬帝派大將張須陀率兵前往鎮壓，瓦崗軍埋伏在滎陽大海寺北面的樹林裏，隋軍中了埋伏，被殺得大敗，張須陀自殺。617年，瓦崗軍一舉攻下今河南鞏義附近隋的著名糧倉——洛口倉，並且開倉放糧，賑濟百姓。附近人民扶老攜幼前來領糧，他們對瓦崗軍一致表示感戴。瓦崗軍發展到幾十萬人，河南的郡縣大多被他們佔領。

瓦崗軍攻佔洛口倉後，隋朝大為震恐，派劉長恭、裴仁基領兵前來堵擊，兩軍在石子河（今鞏義東南）會戰，隋軍大敗，裴仁基率領部下秦瓊、羅士信投降瓦崗軍。經過這幾次勝利，李密被翟讓等推為瓦崗軍的領袖。617年年底至618年年初，瓦崗軍大敗隋將王世充軍，東都（今河南洛陽，是隋煬帝為了加強中央對地方的控制而建立的一個新都）幾乎被瓦崗軍圍困住。在推翻隋朝統治的過程中，瓦崗軍起了重大的作用。《隋唐演義》和《說唐》兩部小說中所寫的瓦崗寨故事，就是以瓦崗軍歷史素材作為依據的。不過，小說又進行了許多渲染和虛構，因此和歷史真實情況有很多地方不同。

竇建德領導的起義軍，活動於河北一帶。616年，他曾以七千人大破隋軍郭絢部，「殺略數千人，獲馬千餘匹」。617年，當瓦崗軍進迫東都時，隋煬帝命薛世雄率領河北三萬精銳援救東都，竇建德偵知消息，在河間大敗薛世雄軍，河北郡縣大部被竇建德乘勝攻下。

在江淮一帶，杜伏威領導的起義軍，勢力最大。617年，杜伏威率軍打敗了隋將陳稜的軍隊，佔領了江北廣大地區，又佔據了歷陽（今安徽和縣）作為根據地。江淮之間的小支起義軍，大多聚集在杜伏威的周圍。隋的軍事重鎮江都受到了嚴重威脅。

在以上幾支起義軍的打擊下，隋軍只能困守長安、洛陽、江都幾座孤城，號稱「甲兵強盛」的隋朝統治，實際上已經土崩瓦解。

（曹增祥）

貞觀之治

617年，關中大地主李淵利用農民起義蓬勃發展、隋政權走向崩潰的形勢，在太原起兵。關中的地主紛紛起來反隋，響應李淵，他們的武裝隊伍配合李淵的軍隊，包圍了長安城。接着，李淵的軍隊攻佔了長安。618年，隋煬帝在江都被部將殺死，李淵在長安做了皇帝，國號唐。

在八九年的時間裏，唐軍先後消滅了各地的起義軍和割據勢力，統一了全國。626年，李淵把帝位讓給了次子李世民，李世民就是歷史上有名的唐太宗。從貞觀元年（627）到貞觀二十三年（649），是唐太宗統治的「貞觀」時期。在這一時期裏，政治比較清明，社會經濟得到迅速的恢復和發展。這種經濟上的恢復和政治

上的相對安定，就是歷史上有名的「貞觀之治」。

「貞觀之治」的出現，根本原因是由於唐太宗和他的大臣們吸取了隋末農民起義的嚴重教訓。唐太宗曾對大臣們說：「一個好皇帝，必須讓老百姓能夠活下去。」曾經參加過瓦崗軍的大臣魏徵也曾對唐太宗分析過隋朝滅亡的原因，說：「隋煬帝無止境地役使人民，人民為了活下去，不得不起來反抗，隋政權就土崩瓦解了。」

基於這種認識，唐統一全國後，為了鞏固封建政權的統治，就實行了一系列對農民讓步的措施。624年，唐政府下令實行均田制和租庸調制。規定：在地多人少的地方，每個十八歲以上的男子，受田一百畝，其中八十畝在年老或死後要歸還政府，二十畝不需歸還。受田的農民從二十一歲到六十歲，每年要向政府繳納米二石（叫作「租」），絹二丈、綿三兩（叫作「調」），服勞役二十天。不服役的要用絹代替（叫作「庸」）。這些措施，使農民獲得了一定數量的耕地。政府按照規定徵收租庸調，又注意不在農忙季節徵發，這就對於農業生產的恢復和發展起了積極推動的作用。

貞觀時期，吏治也比較清明。在精簡機構方面，如對中央官員的裁減和對地方州縣的歸併，唐政府都做了很多工作。唐太宗很注意地方官吏的人選，他曾經把地方最高軍政長官的名字寫在屏風上，誰做了善事或惡事，就在他們的名下記上一筆，以便作為升降職位的參考。貞觀八年（634），唐太宗又派李靖等大臣到全國各地去巡察，升遷廉吏，懲罰貪官。唐太宗還很注意提拔人才，他重用了一批出身於較低階層的人，如魏徵、戴冑、張玄素等。這些人都敢於說話，經常糾正太宗的過失，並且經常拿隋朝滅亡的教訓來提醒太宗不要重蹈隋亡的覆轍。此外，唐太宗時的著名賢相房玄齡、杜如晦，在訂立制度、整頓吏治方面，也起了重要的作用。

由於封建剝削較前減輕，政治比較清明，貞觀年間，社會生產

得到了一定的發展。貞觀初年，全國戶數為二百多萬戶，到太宗死後不久，便增加到三百八十萬戶。牲畜也繁殖起來，甚至是「牛馬佈野」。

貞觀年間，由於國家政權日漸穩固，唐朝的國防也比較鞏固。當時北方的東突厥很強盛，東突厥的騎兵經常侵入唐的北方邊境，破壞生產，搶掠人口和牲畜。貞觀四年（630），唐軍打敗了東突厥，解除了唐朝北方邊境的威脅，使人民能夠在這些地方進行正常生產。

（張習孔）

魏　　徵

魏徵是我國歷史上的名臣，在唐太宗時，當過侍中（宰相）等官。他曾先後規勸唐太宗二百多事，對鞏固唐朝的封建統治，起到過重要作用。

貞觀六年（632），唐太宗在羣臣的慫恿下，準備到泰山進行所謂「封禪」（祭祀天地）大典。這個大典是從秦始皇以來許多帝王最喜歡玩弄的一套把戲，統治者企圖用這個迷信的活動來麻痹人民，達到加強封建統治的目的。魏徵進諫說：「自從隋末以來，山東州縣殘破得很厲害，皇帝車駕出行，必然要跟隨大批官吏和衛隊，這樣不僅浪費許多人力、物力，並且要給沿途州縣人民帶來極大的痛苦。」他堅決勸阻唐太宗東封泰山。魏徵的話，引起了太宗對隋朝滅亡的回憶，他因而取消了這個計劃。

貞觀八年（634），唐太宗下令修復洛陽宮殿。陝縣令皇甫德參上書，認為太宗大興土木，是勞民傷財。同時，皇甫德參還勸阻唐

太宗不要苛斂百姓，並且指出，當時婦女流行梳很高的髮髻，是一種很不好的風氣，這是宮中傳出來的。唐太宗認為皇甫德參有意誹謗自己，惱怒地說：「這人要國家不役使一個人，不收取一文租，宮女都沒有頭髮，才稱心滿意呢！」魏徵知道了，諫阻太宗說：「自古以來，做臣下的上書，言語激切是不可免的；因為不這樣，便不能打動皇帝的心意。」太宗聽了，很是感悟，不但沒有責罰皇甫德參，反而賞賜給他絹帛二十疋。

魏徵曾告訴太宗，「兼聽則明，偏信則暗」，希望太宗處理問題時傾聽多方面的意見，不要只聽一面之詞。他不斷勸太宗「居安思危，慎終如始」。貞觀十三年（639），他非常激切而誠懇地寫了一個書面意見給太宗，說他不像貞觀初年那樣能夠堅持儉約樸素，那樣體恤百姓，那樣孜孜求治，那樣虛心聽取意見了。唐太宗讀了魏徵的意見以後立即說：「我現在知道我的錯誤了，我願意改正。」

魏徵經常積極地給唐太宗提意見，要唐太宗吸取隋末農民起義的教訓，不要過重地剝削和壓迫人民。唐太宗把魏徵比做一面鏡子，認為通過他可以發現自己身上的缺點。魏徵死後，太宗對大臣們說：「我從此失去一面鏡子了！」

（張習孔）

文成公主

7 世紀初，青藏高原上興起了一個強盛的吐蕃王朝。這個王朝的贊普（藏語稱國王為「贊普」）松贊干布是一位有雄才大略的英雄人物，他統一了高原上的許多部落，把都城遷到邏些（今西藏自治區拉薩市），勵精圖治，為吐蕃的多方面發展創造了條件。

　　唐太宗即皇帝位以後，松贊干布為了加強和唐朝的友好關係，曾經幾次派遣使臣，帶着貴重的禮物到長安向唐王室請婚。唐太宗最後接受了他的請求，答應把宗室女文成公主嫁給他。直到今天，藏族民間還流傳着許多關於請婚和許婚的動人故事。有這樣一則流傳比較廣的「五難婚使」的傳說。

　　吐蕃派到長安來請婚的正使是聰明機智、很有才幹的大相噶·東贊，唐太宗向噶·東贊提出了五件難做的事，並且把做好這五件難事作為迎娶文成公主的條件。這五件難事中的第一件便是要把一百匹母馬和一百匹馬駒的母子關係，分別地尋認出來。噶·東贊靈活地運用了吐蕃人民在牧業生產方面的知識，他先把母馬和馬駒分別圈起來，並且暫時斷絕了馬駒的草料和飲水供應，過了一天之後，再把母馬和馬駒同時放了出來，一百匹馬駒很快地認出了自己的母親，偎依不離，難題被順利地解決了。第二件難事是要把一條綿軟的絲線穿過一個孔道很細的九曲明珠。聰明的噶·東贊先將一條馬尾鬃拴在一隻螞蟻的腰部，再把螞蟻放進九曲明珠的孔內，然後，用嘴不斷向孔道裏吹氣，一會兒，這隻螞蟻便拖着細細的馬尾鬃從明珠另一端的孔中鑽了出來；這時，再把絲線接在作為引線的馬尾

［唐］閻立本《步輦圖》

鬃上，只輕輕一拉，絲線便穿過了九曲明珠。難題又被順利地解決了。就像這樣，接連的五件難事都被噶‧東贊分別解決，唐太宗非常高興，允許把美麗、智慧的文成公主嫁給吐蕃贊普松贊干布。這個傳說雖然不一定是歷史事實，但是它生動地反映了漢藏兩族人民在歷史上的親密關係。

貞觀十五年（641），文成公主由唐朝禮部尚書、江夏王李道宗護送西行。松贊干布親自到柏海（在今青海境內）去迎接，並以女婿的禮節和李道宗相見。文成公主到邏些時，吐蕃人民穿着節日的盛裝，熱情洋溢地迎接了這位遠道而來的聯絡漢藏民族友誼的贊蒙（藏語稱王后為「贊蒙」）。為了尊重漢族的風俗習慣，松贊干布還特地在邏些為文成公主修築了居住的宮室。

松贊干布和文成公主聯姻以後，吐蕃和唐朝之間的親密友好關係有了很大的增進。太宗死後，唐高宗繼位，又以松贊干布為「駙馬都尉」，封「西海郡王」。松贊干布為了表示對唐太宗逝世的哀悼，還遣遣來朝，向太宗的陵墓備禮致祭，同時還上書表示效忠唐室。

文成公主嫁到吐蕃的同一時期，中原地區的農具製造、紡織、繅絲、建築、造紙、釀酒、製陶、碾磨、冶金等生產技術，和曆算、醫藥等科學知識也傳入了吐蕃。藏族人民傳說，文成公主帶到吐蕃去的糧食、蔬菜的種子有成百上千種，隨行工匠的人數是五千五百名，帶去的牲畜數是五千五百頭。這些傳說的數字雖然不見得確實，但卻反映了這一時期中原地區的先進文化大量傳入吐蕃的歷史事實。應該說，這種先進文化的傳入，對當時吐蕃的發展起了很大的促進作用，也對以後藏族經濟、文化的發展有深遠的影響。

文成公主在唐高宗永隆元年（680）逝世，她在吐蕃生活了近四十年。由於文成公主對吐蕃社會的進步和發展作出了貢獻，她的事跡在廣大的藏族地區是家喻戶曉的。今天，藏族人民還能根據先輩口傳，指出文成公主曾在哪些地方教過藏族婦女紡織，在哪些地

方刺繡過佛像。藏族婦女都說她們的紡織技術是文成公主傳授下來的。她們在講述這些故事時，對文成公主很是感激、懷念。藏族人民對於文成公主是十分崇敬的。她經過的地方，一直被認作聖潔的所在。而且，藏族人民還特地規定了兩個節日來紀念她。藏族的歷史也用了大量的篇幅來記載她的事跡。直到現在，拉薩市的布達拉宮和大昭寺內，還供奉着松贊干布和文成公主的塑像；布達拉宮裏，還保存着她和松贊干布結婚時的洞房遺跡。

松贊干布和文成公主的聯姻，說明了早在 7 世紀時，漢藏兩族人民就已經建立了血肉相連的親戚關係，以及極其密切的政治、經濟、文化等方面的頻繁往來關係。

（王輔仁）

武　則　天

武則天，名曌（zhào），是我國歷史上唯一的女皇帝。唐高宗（唐太宗的兒子）即位不久，她做了皇后。高宗病死後，她以皇太后身份臨朝執政。690 年，她六十七歲，改國號唐為周，加尊號稱「聖神皇帝」。從三十二歲做皇后時開始參決政事起，到八十二歲病逝止，她前後掌握政權達五十年。由於她晚年的尊號稱「則天大聖皇帝」，所以歷史上叫她武則天。

武則天從開始臨朝執政時起，就遭到了許多皇室貴族的反對。為了壓制這些政治上的反對派，培植自己的勢力，鞏固自己的政權，她發展了科舉制，增加了每次考取的名額數；除考選文官外，還考選武官。這樣，就為一般地主階級有更多的機會參加政權在客觀上創造了有利條件。

在唐高宗還活着的時候，武則天曾經向高宗提出減輕賦稅、振興農桑、消除兵災、節省徭役、廣開言路等許多有利於國計民生的建議。684年，她下令各地方官獎勵農桑，如果做到「田疇墾闢，家有餘糧」，就可以受到獎勵、提升官位。如果「為政苛濫，戶口流移」，就要受到貶降處分。

為了廣泛延攬人才，武則天常常要求各級官吏把有才能的人推舉出來，並且還允許有才能的人自薦，而加以破格任用。例如，她聽說王及善有才幹，便決定讓他出來擔任地方官。當召見時，她發現王及善果然有很好的政治見解，便又改變主意，把他留在中央，參與朝廷大計。

武則天在政治上很重視接受臣下的意見，她命令大臣們對朝政得失大膽地提出批評。在她所鑄造的四個銅匭（guǐ，就是銅匣）中有「招諫」一匭，就是專門為了聽取臣下的不同意見而設的。狄仁傑是武則天時的宰相，也是當時最有膽識的政治家，他曾對武則天提出過許多建議和批評，諸如有關寬減刑獄，減輕徭役，懲辦不法的大臣等，都被武則天欣然接受。

武則天統治時期，政治是比較清明的，社會經濟是繼續向上發展的。不過在這裏，也應該指出：武則天大造佛像、佛寺，也給生產帶來了一定損失。她的破格用人，總的來講，意義很大，但她信任像薛懷義那樣「用財如糞土」的人，也在政治上造成了很不好的影響。

一千多年來，由於受封建統治階級的思想影響，人們一直存在着對武則天不正確的看法，甚至極力誣衊她。武則天敢於衝破種種阻撓，宣佈自己是皇帝，不愧是我國封建社會女性中傑出的人物。

（張習孔）

隋唐兩宋

唐代的長安

唐朝在公元 7 世紀初至 8 世紀中這一時期，是世界上最富強的國家之一。唐的首都長安，不僅是當時中國的政治、文化中心，而且也是當時國際性的大都市之一。

唐代的長安城，位居全城北面正中的是「宮城」；宮城的南面是「皇城」；從宮城北緣東西兩端向外延展，並從東、西、南三面把宮城和皇城包圍起來的是「外郭城」，也叫「京城」。

宮城分三部分：當中為殿閣，是皇帝和大臣們議事及國家舉行大典的地方；西部為掖庭宮，是皇帝和后妃居住的地方；東部是東宮，是太子居住和會見東宮官屬的地方。這座宮城是隋朝原有的建築。唐朝初年擴大宮殿，在城的東北面加建了一個大明宮。唐玄宗時，又興建了興慶宮。

皇城內南北有七條街，東西有五條街，唐朝中央政權組織各機關就分佈在這一帶。管理官營手工業的各個專門機構，也設在這裏。唐代官營手工業是很發達的。在長安，官營手工業作坊很多，並且分類也很細。例如「少府監」的「織染署」就掌管十個織染作坊、五個組綬（貴族官吏用來承受佩玉的一種寬絲帶子）作坊、四個絁線作坊、六個練染作坊（一說「織染署」只掌管做帽子的作坊）。官營手工業作坊的工匠，是從各地徵調來的。作坊的產品，只供皇室貴族用，不供一般平民用。

外郭城周圍有六十七里。城中有南北十一條街，東西十四條街，一百零八「坊」。正對皇城南面的朱雀門有一條寬闊的大街，叫朱雀門街，這條街恰好把外郭城分成了東西兩部，街東五十四坊，街西五十四坊。這裏是老百姓和一般官吏的住宅區，也是商業區。

長安有兩個著名的市場，一個是「東市」，一個是「西市」。

東市在朱雀門街以東，西市在朱雀門街以西。東市南北佔地二坊，有東、西、南、北四條街。街市上有各類私營手工業作坊和出售各種貨物的店舖，也有專門賣飲食的酒肆和飯店。市的四周還有許多官僚豪富開設的「邸店」，邸店是供外地的轉運商客居住和存放貨物的地方；直接經營邸店的人被稱為「居停主人」或「牙人」，他們也替商客買賣貨物，從中取利，抽取傭錢。西市的規模和交易的情況，大體和東市相同，但比東市要更加熱鬧。長安是一座很美麗的城市，街道修建得很整齊，佈置得很有計劃。城裏有許多清池小溪，種有不少的梧桐、槐樹、白楊和垂柳。特別是城東春明門至曲江一帶，樓閣參差，水流曲折，景色格外豔麗；每年百花盛開的季節，這裏終日有遊人川流不息。

　　長安是當時全國人才集聚的地方，許多著名的學者、文學家、藝術家，都在這裏長期居住過，他們在這裏創作了不少優秀的作品。詩人李白和杜甫，就都在長安居住過。

　　唐代長安，外國商人、外僑和外國留學生很多，充分反映了長安作為一個國際性都市的特點。外商大多數集中在西市，他們有的來自今伊朗和中亞，有的來自今阿拉伯半島，有的來自今東南亞各國。他們從遠方帶來香料、珠寶等貨物，來長安換取中國的絲織品和瓷器，唐朝政府允許他們開展正當的貿易，給他們創造了許多方便的條件，並且還允許他們在中國開設店舖。派遣留學生到中國來學習的，主要有日本和朝鮮半島的新羅等國。留學生來到長安，學習唐朝的政治制度、經典、文藝和科學。不少外僑和留學生，在長安一住幾十年；也有許多留學生學成歸國，帶走大量中國的古籍經典。

　　通過各國商人到長安進行貿易往來，通過各國留學生到長安學習各種文化，唐朝的文化隨之遠傳到國外。同時，唐朝也從中吸取了各國文化的長處和優點。

（易惠中）

安史之亂

　　唐朝高宗（649—683 在位）以來，邊疆一直有重兵屯戌；從睿宗年間（710—712）開始，唐政府又陸續在邊境設置了節度使；到玄宗（712—756 在位）時期，節度使已增加到十個。節度使起初只管軍事，後來日漸發展成為全面掌握一個地區的軍事、財政和行政大權的封建割據勢力。

　　唐玄宗統治的後期，朝政先後被李林甫、楊國忠等人操持。他們驕縱跋扈，排斥異己，貪污腐化，殘虐百姓，唐朝的政治日趨敗壞。

　　天寶十四年（755）冬，兼領平盧（治所在營州，今遼寧朝陽）、范陽（治所在幽州，今北京市）、河東（治所在太原，今山西太原市西南）三鎮節度使的安祿山，利用唐政權腐朽的機會，以討伐楊國忠為名，率所部兵十五萬人，從范陽長驅南下。安祿山的軍隊沒有遭到什麼抵抗，很快地就渡過黃河。攻陷了洛陽。唐政府臨時招募起來的軍隊一戰即潰，安祿山軍逼近了潼關。唐朝朔方（治所在靈州，今寧夏回族自治區靈武）節度使郭子儀、新任河東節度使李光弼進兵攻打河北；常山郡（在今河北省正定縣一帶）太守顏杲（gǎo）卿和平原郡（今山東省平原縣東北）太守顏真卿也在河北起兵，襲擊安祿山的後方，安祿山軍的軍心動搖。安祿山怕後路被切斷，一度打算放棄洛陽，回軍河北。但是唐政府沒有利用這種有利的形勢，進行有效的抵禦。756 年夏，安祿山的軍隊攻下了潼關，唐玄宗聞訊後，偷偷從長安逃往四川，走到馬嵬（wéi）驛（在今陝西興平市）時，軍士們憤恨楊國忠禍國殃民，就殺死了楊國忠，連玄宗的寵妃楊貴妃也被逼縊死。此後，玄宗逃到四川，太子李亨逃到靈武，即皇帝位，就是唐肅宗。

安祿山的軍隊進入長安以後，大肆燒殺搶掠，遭到人民的強烈反抗，無法繼續西進。安祿山在攻陷長安以前，曾在洛陽稱帝，國號大燕。肅宗至德二年（757），安祿山軍的內部發生分裂，安祿山在洛陽被他的大兒子安慶緒殺死。唐軍趁機反攻，並且憑藉回紇（hé）兵的幫助，於這年秋季先後收復了長安、洛陽。

肅宗乾元二年（759），洛陽再度失陷。安祿山的舊部史思明進入洛陽，殺安慶緒，自立為大燕皇帝。

肅宗上元二年（761），史思明被他的兒子史朝義所殺，史軍勢力漸衰。次年，唐政府再次依靠回紇兵，收復洛陽。史朝義逃往河北，他的許多部將都投降了唐朝。

代宗廣德元年（763），史朝義在走投無路的情況下自殺。這場使人民的生命、財產蒙受了巨大損失的「安史之亂」才宣告結束。從此，唐朝由興盛進入了衰落時期。

（張習孔）

黃巢起義

唐朝末年，政治異常腐敗，皇帝、官吏、藩鎮、僧侶、地主、富商霸佔了絕大多數的土地，揮霍掉大量人民以血汗創造的財富，過着荒淫腐化的生活。農民終日勞苦，仍然是「健兒無糧百姓飢」。儘管這樣，官府還是拚命催徵租稅，農民忍受不住，只好拿起武器進行反抗。宣宗大中十三年（859），裘甫領導農民在浙東起義；懿宗咸通九年（868），屯戍桂州（今廣西桂林）的戍卒因久戍在外不得歸家，共同推舉龐勛領導起義。這兩次起義雖然很快就被鎮壓下去，但是此後不久，王仙芝、黃巢領導的農民大起義就爆發了。

僖宗乾符元年（874）年底，王仙芝帶領數千人在長垣（今河南長垣縣東北）起義。起義軍發佈文告，痛斥唐政府官吏貪污、賦稅繁重、賞罰不平，並且打出「天補平均大將軍」的旗幟。「天補平均大將軍」的意思是說，受天之命為大將軍來消滅人間的不平。農民紛紛響應，加入起義軍。875年夏天，黃巢率領數千人在山東冤句（yuān qú，在今山東曹縣北）起義，響應王仙芝。起義軍的勢力更加壯大，幾個月裏發展到幾萬人。起義軍從山東轉戰到河南、湖北、安徽一帶，到處打擊政府軍，受到各地農民的歡迎和支持。878年，王仙芝戰敗犧牲，起義軍由黃巢統一指揮。黃巢帶領起義軍在淮河流域活動了一個時期之後，為了在戰略上「避實擊虛」，於是橫渡長江，進入江西和浙江一帶；接着又在很短的時間裏，以驚人的毅力和速度，開闢了一條七百里長的山路，進入福建。第二年夏天，起義軍又攻下了廣州。

黃巢到達廣州後，一面休整，一面準備向北進攻。在出兵北征之前，黃巢以「義軍百萬都統」的名義發佈文告，宣佈要進攻長安，推翻唐朝的黑暗統治。廣明元年（880），黃巢的起義軍打到潼關，軍威極盛。長安城內的統治階級又慌又怕，百官分路逃竄躲藏，宦官田令孜倉皇地挾着皇帝逃往四川。當起義軍的先鋒進入長安時，唐金吾大將軍（負責京都治安的最高長官）張直方率領文武官數十人到霸上投降黃巢。起義軍「甲騎如流，輜重（指軍用器械糧草等）塞途，千里絡繹不絕」。人民夾道歡迎，起義軍對他們說：「黃王起兵，本來為的是百姓，不像李家那樣不愛你們，你們安居樂業好了，一點不用害怕。」起義軍一方面拿出財物贈給貧苦的人民，安撫百姓；另一方面對那些富豪、宗室和不肯投降的官吏，恨之切骨，抓到的全都殺掉，並且焚燬他們的房屋，剝奪他們的財產。黃巢在羣眾的擁戴下做了皇帝，國號大齊，任命百官，建立了一個新的政府。

黃巢領導的農民起義軍一直流動作戰，沒有建立鞏固的根據地。打進長安以後，又沒有徹底消滅唐政府的軍事力量。後來，唐政府收買了起義軍的叛徒，又勾結了沙陀人，對起義軍進行內外夾攻。起義軍抵擋不住，為了保存力量，退出長安。又經過一年多的戰鬥，起義軍最終失敗了。

（張習孔）

劉知幾　杜佑

劉知幾（661—721）是我國傑出的史學家。他鑽研過許多史書，閱讀過大量史料。710年，他寫成了一部在我國文化史上有巨大貢獻的歷史批評著作——《史通》。

在《史通》裏，劉知幾提出了進步的歷史觀，闡述了他關於編寫歷史書的見解和主張，並對過去的史書做出了總結性的分析和批判。

首先，劉知幾反對命定論的歷史觀，認為那種把歷史看作不是由人創造的而是由什麼天神來決定的觀點，是錯誤的。他正確地提出，歷史是人創造的，不能用命定或命運來解釋。他大膽地對《春秋》和《史記》中的命定論的傾向進行了批判。

其次，劉知幾反對復古主義的歷史觀，認為一切把古代社會描寫成為理想世界，想把歷史拉向後退、恢復古代社會制度的看法和想法，都是錯誤的。他列舉了很多材料，說明堯、舜時代並不是人類最美好的時代。有關堯、舜「盛世」的一些傳說，實際都是不可信的奇談。

最後，劉知幾反對曲解歷史，主張要以大膽批判的精神來寫

歷史，記事要直言不諱。他大膽地指出傳統說法的不可信，指明了《春秋》的許多缺點。

此外，劉知幾還主張在編寫歷史時，要參考大量史料，並且要辨明真假，採用真實的史料。用他的話來說，就是要做到「博採」「善擇」。他主張寫歷史的文字要樸素生動，並力求簡練。

總之，劉知幾揭露傳統的歷史觀的某些虛偽性，主張以實事求是的態度來對待歷史，這是進步的觀點。在一千二百多年前，他對歷史學能有這樣卓越的認識，是很可貴的。他這種主張，對開闊歷史學家的眼界，推動史學的發展，是有很大功勞的。

杜佑（735—812）在唐朝曾做過宰相，是著名的理財家。他是一個好學不倦的人，掌握了豐富的歷史史料。他以多年從政的經驗，結合歷代的史事來分析當時的政治，認為要挽救政府的危機，首要的事是安民，要安民就必須薄賦稅，要薄賦稅就必須節省開支，要節省開支就必須精選人才、裁減官吏。為了闡明這個論點，他用了三十年的時光，至德宗貞元十七年（801），寫成了《通典》這部有名的著作。

《通典》共二百卷，分為「食貨」「選舉」「職官」「禮」「樂」「兵」「刑」「州郡」「邊防」九門。這部書對上自古代、下至唐玄宗天寶末年的經濟財政制度、政治制度、典章文物制度、兵法、地理沿革、邊疆民族及外國的風土習俗，都做了系統的、追源溯本的敍述和考證。杜佑極其重視經濟財政措施，在「食貨典」的最後，他特別對這方面做了總括性的敍述。《通典》開創了歷史書的新體裁，它不但為我國制度史的編纂開了先例，而且保存了我國古代的大量文獻資料。

（曹增祥）

李白　杜甫

　　唐詩在我國古代詩歌發展史上，佔有崇高的地位。就現在所知，僅見於《全唐詩》一書中的詩人就有兩千三百多位，流傳到後世的詩篇近五萬首。在這樣大量的詩人羣中，還出現了像李白、杜甫這樣享有世界聲譽的大詩人。

　　李白（701—762），字太白，自號青蓮居士，生長於綿州彰明縣青蓮鄉（在今四川省綿陽市北二十多里）。他是一個有政治抱負的人，常以諸葛亮等人自比。他曾因別人的推薦受到唐玄宗的徵召，但唐玄宗召請他，只不過是希望他做一個歌功頌德的御用詩人，並沒有使他得到實現政治抱負的機會。他鄙視那種「摧眉折腰事權貴」的生活，因此經常遭到讒言和誹謗的打擊。李白在這樣的境況下，在長安生活了三年，就憤然離去了。他的一生有不少時光是在漫遊、漂泊中度過的，他的足跡遍佈了大半個中國。

　　李白的詩，自然、豪放、雄峻、壯美，具有真摯的感情和強烈的藝術魅力。他寫了許多描寫祖國山河壯麗的詩章。

　　　日照香爐生紫煙，遙看瀑布掛前川。
　　　飛流直下三千尺，疑是銀河落九天。

　　這是一首描寫廬山瀑布的名詩。大意講：太陽照着香爐峰，升起了一層紫色的雲霧。遠遠看見一道瀑布掛下來，從幾千尺的兩山之間飛流直下，就像天上的銀河把全部的水傾注下來一般。這是多麼豐富的想像力！把廬山瀑布比作從天上落下的銀河，既說明了瀑布的磅礴氣勢，也形容了瀑布的美麗姿態。

　　　黃河之水天上來，奔流到海不復回！
　　　黃河西來決崑崙，咆哮萬里觸龍門。

西嶽崢嶸何壯哉！黃河如絲天際來。

黃河落天走東海，萬里寫入胸懷間。

這些詩，是李白對黃河千古絕唱的讚歌。詩中只用了少量的字詞，就使這條波濤洶湧、曾經孕育過祖國古代文明的偉大河流，呈現在人們眼前，令人讀後深深感到祖國的偉大、可愛。

李白還有許多抒發自己對祖國的熱愛和對人民同情的光輝詩篇。他是親身遭逢過「安史之亂」的人，國家的殘破使他憂心如焚，他想起了晉朝祖逖「渡江擊楫」的史事，慷慨激昂地唱出了這樣的詩句：

過江誓流水，志在清中原。

他對安史之亂給人民帶來的禍害，提出了強烈的控訴：

白骨成丘山，蒼生竟何罪！

李白的詩，充滿了積極的浪漫主義色彩（當然，他有些詩有時也流露出一些消極、落後的情緒，不過這絕不是主導方面），對唐代和後代的詩歌都產生過巨大的影響。唐代的著名文人賀知章，驚賞李白的詩，把他比作天上下凡的「仙人」。因此，後世人便把李白稱為「詩仙」。

杜甫（712—770），字子美，生於河南鞏縣（今鞏義市）一個沒落的官僚家庭。

他在二十歲到二十九歲的十年裏，曾兩次到江浙、山東一帶進行長期的漫遊。這是他平生最快意的一個時期。這期間，他所寫的詩留傳下來的不多。描寫泰山景色的《望嶽》，是其中著名的一首。

744年，他在洛陽見到了李白。從此，這兩位詩人結下了親如兄弟般的友誼。

746年，杜甫懷着一顆追求功名的心，來到了當時的政治中心——長安。他在這裏生活了將近十年，經常處在飢寒窮困的威脅中。長

安的一切，統治階級的豪華生活，人民羣眾的深重苦難，使詩人不得不對現實有所認識。詩人的思想感情逐漸靠近了人民，詩人的筆觸開始從個人的憂憤感傷中伸向了廣闊的現實世界。

755 年冬天，他從長安出發到奉先縣（今陝西蒲城縣）去探望家屬。路上經過驪山，他不禁萬分感慨。這時，唐玄宗和楊貴妃正在驪山的華清宮過冬，盡情地歌舞歡樂，可是長安街頭和其他地方此刻不知有多少人受凍受餓，同樣是人，為什麼會有這樣大的區別呢？他剛走進家門，便聽見一片哭聲，原來他未滿周歲的幼兒剛剛餓死。鄰居都為之嗚咽，做父親的哪能不悲哀？他根據這次回家探親的所見、所聞與所感，寫了一首題為《自京赴奉先縣詠懷五百字》的詩。在詩裏，詩人寫出了這樣的名句：

> 朱門酒肉臭，路有凍死骨。

有錢人家酒肉堆得發臭，而窮人無衣無食，凍餓死去，這正是封建社會裏剝削階級和勞動人民兩種截然不同的生活的寫照。詩人的這兩句詩，揭示出了封建社會的本質。

詩人不只是想到個人的不幸，他還想到那些窮苦無歸、失業的老百姓，對他們懷着深厚的同情，把他們的痛苦當作自己的痛苦。在這同一首詩裏，他寫道：

> 窮年憂黎元（百姓），歎息腸內熱。

「安史之亂」發生後，杜甫個人的經歷發生了很大的變化。他飽嚐了逃亡的滋味，受盡了窮困的折磨，並且在戰亂中，還曾被一支軍隊俘虜過。後來，他雖然先後又做了兩年的小官，但不久即離開了官場，再次開始了漂泊流離的生活。759 年，是他一生中最艱困的一年，也是他的創作空前豐收的一年。他的代表傑作「三吏」（《新安吏》《石壕吏》《潼關吏》）與「三別」（《新婚別》《垂老別》《無

家別》），都是在這一年完成的。通過「三吏」「三別」這六首詩，他描繪了兇狠的官吏抓丁服役，逼得人民家破人亡、妻離子散的慘痛情景，揭露了統治階級的貪殘暴虐，代表人民呼喊出了長期積壓在心頭的深沉哀痛，同時也表達了自己對國家危難深刻憂慮的心情，他勸那些防關的武將不要在敵人面前臨陣脫逃，還勸那些新婚的青年暫時拋棄個人幸福，為了國家的安危趕快穿上軍裝，「勿為新婚念，努力事戎行」。這些詩，真實地反映了唐代由興盛走向衰落這一歷史轉折過程中的社會面貌，充滿了現實主義精神，把唐代詩歌在思想上的成就發展到了頂點。

760 年，杜甫經過千辛萬苦來到了四川成都，在朋友和親戚的幫助下，在成都浣花溪畔築起了一座草堂，暫時得到了一個棲身的處所。在這裏，他和許多農民做了朋友，和他們建立真實的感情。大約是第二年秋天，有一次颳大風，把他草堂頂上的茅草都給捲去了，風定後接着又下起雨來，牀頭屋漏沒有一塊乾處，杜甫一夜不能眠，他由自己的災難想到了天下流離失所的人們，寫下了一首動人的詩——《茅屋為秋風所破歌》。在這首詩裏，詩人唱道：

　　安得廣廈千萬間，大庇天下寒士俱歡顏，風雨不動安如山！嗚呼！何時眼前突兀見此屋，吾廬獨破受凍死亦足！

怎麼能得到千萬間寬廣的大廈，使天下的寒士在颳風下雨的日子，能住得安穩如山，個個歡歡喜喜！唉，我眼前什麼時候能出現這樣高聳的大廈，即使我個人的草堂獨破，我個人受凍而死，也很甘心！這就是杜甫的願望。這願望，表明了詩人開闊的胸懷和捨己為人的高貴品質。

從 760 年到 765 年，這五年的時間裏，杜甫在成都草堂實際只住了三年多，中間一度由於成都發生兵亂，他在外過了一年零九個月的流亡生活。765 年夏天，他離開了心愛的成都草堂。此後數年，他輾轉

流離到各地。最後，這位偉大的現實主義詩人，在飢餓、疾病、衰老的折磨下，在流離途中──湘江水上的一條小船裏，停止了呼吸。

杜甫的詩，自然、樸實、氣勢雄渾、絢麗含蓄，具有高度的思想性和藝術性，給後世的詩歌創作帶來了極為深遠的影響。歷代的人們，包括許多傑出的詩人在內，都把他的詩奉為學習的典範。人們都尊稱他為「詩聖」，對他表示永遠的紀念。

（易惠中）

白居易　元稹

在李白、杜甫之後的 8 世紀到 9 世紀期間，又出現了兩位著名詩人，就是元稹和白居易。由於他們兩人的文學主張完全一致，詩的風格又很接近，文學史上把他們兩人合在一起，稱作「元白」。

元稹（779—831）和白居易（772—846）認為，文學應該為政治服務，文學是一種社會鬥爭的工具和武器，應該有助於社會的進步和發展。白居易在他寫給元稹的信（《與元九書》）中提出：「文章合（應當）為時而著，歌詩合為事而作。」意思是說，文學必須反映時代，文學不能脫離政治。他們還強調詩歌的戰鬥作用，強調詩歌內容與形式的統一。白居易在同一封信裏說：「詩者，根情，苗言，華聲，實義。」「情」和「義」就是內容，而「苗」和「華」就是形式。白居易最能表現這個主張的詩是《秦中吟》十首和《新樂府》五十首。

比如，《秦中吟》中的《重賦》詩，描寫「兩稅法」實行以後，貪官污吏藉機加重了對人民的剝削，向人民逼稅，逼得「幼者形不蔽，老者體無溫」，可是官庫的繒帛和絲絮卻堆積如山。《買花》詩描寫京城的富貴人家爭買牡丹，他們根本沒有想到「一叢深色花，

十戶中人賦」。他的《新樂府》中的許多篇，也是有意諷刺和反映現實的作品。其中，著名的如《杜陵叟》，指斥在災荒年月裏「急斂暴徵」的官吏，簡直如同豺狼。在《賣炭翁》裏，詩人刻畫了一個「滿面塵灰煙火色，兩鬢蒼蒼十指黑」的老頭，穿着單衣冒着寒風，餓着肚子，駕着牛車在長安大街上賣炭，結果他的一千多斤重的一車炭竟被宦官用「半疋紅綃一丈綾」強買去了。

白居易的詩因為能夠揭露統治階級的黑暗，道出人民的痛苦，再加上文字平易淺近，老嫗能解，所以具有很大的感人力量。

元稹在文學理論上，和白居易的主張完全一致。他在做諫官時，和白居易一樣寫了很多諷喻詩。他非常推崇大詩人杜甫，在創作上有意識地繼承杜甫的現實主義傳統。元稹在詩中提出了許多深刻的社會問題，有揭露社會黑暗、諷刺橫徵暴斂、貪污強暴的，有反映人民疾苦、揭發階級矛盾的，有反對窮兵黷武的侵略戰爭以及刻畫商人投機取巧、唯利是圖的形象的，等等。他的《田家詞》反映了在藩鎮割據情況下，頻繁的戰爭給人民造成的苦難。《織婦詞》寫出了當時民間嚴重患苦的絲織貢賦：「蠶神女聖早成絲，今年絲稅抽徵早。」《估客樂》極其深刻地揭露了商人貪財求利的本質。在詩歌的藝術性上，元稹的某些作品，往往結構比較鬆弛，形象不夠鮮明，這一點是不能和白居易相比的。

（張習孔）

唐代著名書法家

唐代出現了很多書法家，其中著名的有歐陽詢、虞世南、褚遂良、顏真卿、柳公權等人。

歐陽詢（557—641），字信本，潭州臨湘（今湖南臨湘）人。他的字的特點是「骨氣勁峭，法度嚴整」，人們認為絕妙。代表作有《化度寺塔銘》等。不少人蒐集他的字跡，作為臨摹的範本。傳說高麗人很喜愛他的字跡，曾經有人專門來中國搜尋歐陽詢的字。

虞世南（558—638），字伯施，越州餘姚（今浙江餘姚）人。他的書法主要是吸取王羲之書法的優點，再加上自己的功力，而獨成一體。特點是用筆圓潤，寫的字結構疏朗，氣韻秀健。代表作有《孔子廟堂碑》。

褚遂良（596—658），字登善，杭州錢塘人，長於楷書、隸書。他曾經下過很大功夫摹擬王羲之的《蘭亭帖》（真本今已失傳）筆意，對歐陽詢、虞世南的書法，也有很深鑽研。他的字的特點是用筆方圓俱備，寫的字瘦勁秀潤，氣勢清遠。代表作有《三藏聖教序》等。唐太宗很愛好書法，收集王羲之的字帖甚多，但不能辨別真假，因而慨歎說：「自從虞世南死後，再沒有人能夠和我談論書法了。」魏徵聽到後，就把褚遂良推薦給唐太宗。唐太宗叫褚遂良鑒別所存的王羲之帖，真假立刻辨出。可見，褚遂良對於書法的研究是多麼精到。

顏真卿（709—785），字清臣，京兆萬年（今陝西臨潼西）人。他在我國書法史上佔有特別重要的地位。他的字從根本上改變了過去的風格面貌，其特點是把篆書的中鋒和隸書的側鋒結合起來，運用到楷書書法上。用筆勻而藏鋒，內剛勁而外溫潤，字的曲折處圓而有力。代表作有《顏氏家廟碑》《麻姑仙壇記》等。很多人寫字喜歡學顏真卿，南宋時陸游就說過，學字應該先從學顏入手，可見世人對顏字多麼重視。

柳公權（778—865），字誠懸。他的字汲取了歐、顏之長而自成一體。下筆斬釘截鐵、乾淨利落，寫的字謹嚴而又有開闊疏朗的神致。代表作有《玄祕塔碑》等。

（曹增祥）

唐代著名畫家

　　初唐時期，最有名的畫家是閻立德、閻立本弟兄。他們倆都擅長寫生和畫人物。閻立本畫過《秦府十八學士圖》和《凌煙閣功臣圖》，此外，還畫過《唐太宗御容圖》和《歷代帝王圖》。其中，《歷代帝王圖》至今尚留存。後人對他的畫評價很高。

　　盛唐時期的著名畫家有吳道玄（字道子）、李思訓（字建見）和王維（字摩詰）等。

　　吳道子年輕時繪畫就有盛名。他少年時期，曾向張旭、賀知章學過書法，學書沒有成就，後來才改學繪畫。他早期的作品行筆纖細，中年以後行筆磊落。他畫的人物、神鬼畫，都非常生動傳神。

　　吳道子除人物畫外，還擅長山水畫。據說，唐明皇（唐玄宗）在天寶年間（742—755），忽然思念起蜀道嘉陵江山水，就叫吳道子來畫。僅僅用了一天功夫，他就把嘉陵江三百里山水全部畫完，

［唐］張萱《搗練圖》

筆法灑脫秀拔，構成一種寫意派的風格。

李思訓是唐朝的宗室，是初唐、盛唐之際的人，開元（713—741）中曾做過右武衛大將軍，人們都稱他為「大李將軍」（李思訓的兒子李昭道也是畫家，人們稱之為「小李將軍」）。傳說天寶年間，他曾和吳道子一起被唐玄宗召到大同殿畫嘉陵江山水圖。吳道子只畫了一天就完成，而他卻畫了幾個月才畫好。兩個人所畫的都是真實景物，吳是用概括的畫法，從畫中只令人得到一個概念，而李畫具體細緻，風格屬於工筆類。據有關記載，李思訓死於開元八年（720）以前，故絕不可能在天寶年間作畫。傳說他和吳道子一起在大同殿畫嘉陵江山水，是不可靠的。但這個傳說反映了他們兩人畫風的不同，就這點來論，傳說的本身是有意義的。

吳道子畫的特點，在於有大膽革新的精神。他的畫運用了凹凸法，有立體感。他作畫，不但要求形似，而且要求神似，因此他拋棄了工筆的畫法，採用了疏筆的畫法。李思訓的畫是以大青綠鈎金線繪成，帶有富貴氣象。他的畫派是代表貴族的，這是他畫風的特色。

王維是一個詩人，也是一個畫家，詩畫都非常好。他的詩富有濃厚的畫意，叫人一讀起就能聯想出一幅美麗的畫面，如「大漠孤煙直，長河落日圓」「明月松間照，清泉石上流」等句，即是例子。

王維所畫的水墨山水畫，山色平遠，別有風致。他畫的《輞（wǎng）川圖》最有名。《輞川圖》中山谷錯綜，雲水飛動，筆調清新灑脫，妙趣橫生。王維所繪的畫，多從自然景物方面取材，他的畫題多是「雪景」「曉行」「捕魚」「雪渡」「村墟」等，充滿了抒情的田園恬淡和林谷幽深的情調。他的畫風和詩風是和諧一致的。他喜歡畫潑墨山水畫，這種畫在色彩上、風格上與內容都很和諧。看了他的畫，就像讀了一首清新俊逸的詩一樣。蘇軾說他「詩中有畫、畫中有詩」，實在是很中肯的。

盛唐（唐代興盛時期）、中唐（唐代中期）之際的重要畫家有張萱。他的仕女畫造詣很高。他畫的《搗練圖》和《虢國夫人遊春圖》，都有宋徽宗的摹本傳世。

稍晚於張萱的另一重要畫家周昉，也是盛唐、中唐之際的人。他的畫是張萱畫的發展，代表作有《簪花仕女圖》。他的畫的特點是設色濃豔而不俗，線條乾淨而有力。所畫的婦女，披的輕紗，叫人看了有薄如蟬翼、玲瓏剔透的感覺。

（曹增祥）

唐代著名的雕塑家、音樂家、舞蹈家

唐代的雕塑以人物像為主。洛陽的龍門石窟，今天還保留着不少唐代人物造像。西安的華塔寺也有不少唐代的石像。

唐朝最著名的塑像大師首推楊惠之。楊惠之是玄宗時人，曾跟

隨吳道子學過畫。他塑造的人像線條分明，輪廓清楚，儀態大方，栩栩如生。傳說他曾經塑造過一個藝人像，放在長安大街上，塑像臉朝裏，背對着行人，行人竟以為是真人，有的還跑了過去想和塑像講話。

音樂在唐代也很盛行。唐時音樂人才輩出，其中有中原內地的音樂家，也有來自新疆等邊區地方的音樂家。

在長安城裏居住的曹保一家人，都是彈琵琶的能手。不但曹保本人能彈一手幽雅動人的琵琶，他的兒子曹善才、孫子曹綱，也都以彈琵琶出名。他們教了很多徒弟，在長安很受人們歡迎。

從新疆來長安的著名音樂家有裴神符和白明達。裴神符是疏勒（今新疆疏勒一帶）人，貞觀年間（627—649）曾在長安充當樂工。他會彈奏各種樂器，尤以彈奏琵琶最出名。

白明達是龜茲（今新疆庫車）人，他擅長演奏龜茲樂器，唐高宗時，曾把他請到宮廷中表演過，他的技藝博得了大臣們的讚賞。

在唐朝的音樂家中，還有不少是善於吹觱篥（bì lì，龜茲樂器，近似嗩吶）和笛子的。有一個名叫安萬善的樂人，砍伐了南山的竹子做成觱篥，吹奏起來，各種音調並發，非常和諧。還有一個叫李謩（mó）的樂人，善於吹笛，他吹奏的《涼州曲》很出名。傳說他有一次吹《涼州曲》，曲終時，一位叫獨孤生的聽眾，跑來問他：「你吹的笛子真好聽，但聲調中夾雜有龜茲的音調，你一定有龜茲朋友吧？」李謩告訴他，他的師父就是龜茲人。在唐代，兄弟民族的音樂對漢族音樂的影響真是巨大啊！

長於舞蹈的人在唐代原來很多，但傳名至今的卻很少。有一個女舞蹈家名叫公孫大娘，舞得最出色，尤善於舞劍器。她跳起舞來，姿態非常優美，她的舞技高出古時一般表演的人。長安有錢人家在舉行宴會時，都少不了約她來舞蹈。杜甫在少年時就曾觀看過她的舞劍，認為她舞的劍非常美妙，給人印象十分深刻。在大曆年

間（766─779），他又觀看過一次公孫大娘的弟子李十二娘舞劍，很欣賞她的高妙技藝，經過詢問，才知道她的本領是從公孫大娘那裏學習來的。

（曹增祥）

孫 思 邈

孫思邈是隋唐時代傑出的醫學家，京兆華原（今陝西耀州）人，生於隋文帝開皇元年（581），死於唐高宗永淳元年（682），活了一百零二歲。他著有《千金要方》和《千金翼方》兩部有名的醫學巨著。在這兩部書中，他不但吸收採納了前人醫學著作的精華，同時，自己還有重要的發明，提出了不少新的醫學理論和醫病方法。

孫思邈特別注意發揚我國古代醫師行醫的優良傳統和作風。他強調指出：給病人治病，不可有貪求財物和顧慮聲名的雜念；不論晝夜寒暑、飢渴疲勞，都要一心一意地替病人診治病症。

孫思邈在醫藥學上的重大貢獻有以下幾方面：

首先，他在醫療營養不良的病症方面，總結並發展了前人的方法。人們都知道缺乏維生素 A 要患夜盲病，缺乏維生素 B 會引起腳氣病，缺乏碘質甲狀腺就要腫大，造成所謂的「大脖子病」。但是人們了解這些知識，只不過是近幾百年的事。歐洲人第一次論述腳氣病是在 1642 年。孫思邈由於善於總結人民羣眾的經驗，並有豐富的臨牀經驗，早在 7 世紀時，就說：患夜盲和腳氣病，是由於飲食中缺乏必要的營養，患大脖子病是由於長期飲用山區裏一種不好的

水造成的。對於夜盲病，他用富含維生素 A 的動物肝臟，如羊肝、牛肝、豬肝等去治療。對於腳氣病，他主張人們用穀白皮（椿樹皮）煮粥吃來預防，或用杏仁、防風、蜀椒給病人治病，這些都是含有維生素 B 的東西。治療大脖子病，他常用羊或鹿的甲狀腺作藥物，或用含碘質豐富的海藻、昆布（海帶）來醫療，效果十分顯著。當時孫思邈雖然還不懂得什麼是碘、維生素等這些物質，但他能採取正確的醫療方法，這是十分難能可貴的。

其次，他很注重疾病的預防工作和婦幼衛生。他主張人們應以防病保健為主，平時要注意衛生，不要隨地吐痰。要常勞動，但不要過分疲勞。要吃熟東西，吃時要細嚼緩咽，而且不能吃得過飽。睡眠時不要蒙被子，飯後要漱口，以保身體健康。這種以預防保健為主的醫學主張，是十分先進的。

他很重視婦女和小兒的疾病，主張把小孩病和婦女病分科。他在自己的著作中曾提出對孕婦的健康要注意，不要使她受驚，臨產時要使孕婦安靜，接生的人和家人都不應有憂愁驚慌的表現。嬰兒生下要立刻除去口中污物，剛出生的嬰兒如果不哭，要用蔥白輕輕敲打，或對口吹氣，或用溫水給他沐浴，直到哭出了聲為止。他主張要讓小孩時常曬太陽，吸收新鮮空氣。這些主張都很合乎科學原理。對於難產病、產後併發症，他也有獨到的醫療方法。

此外，孫思邈在醫治一些疑難重症方面，以及積累針灸治療經驗等方面，也有不少的貢獻。

由於孫思邈在醫藥學方面有傑出的貢獻，又富於救死扶傷的精神，所以他一直受到廣大人民的崇敬。後世人都尊稱他為「藥王」。直到今天，陝西耀州還有孫思邈的祠堂，祠裏有他和他父母的塑像。

（曹增祥）

隋唐兩宋

玄奘取經

玄奘，俗姓陳，河南緱（gōu）氏（今河南偃師）人。他在青年時，讀過很多佛經譯本，並且到過長安、成都等許多地方，向著名的法師問過道。但是他感到許多佛教的理論問題還不能很好地解決，於是決心出國到印度等地去遊學。

當時是唐太宗貞觀三年（629），唐朝和西突厥的關係還比較緊張，唐政府禁止人民從西北地區出境，玄奘一再申請到印度，都沒有得到批准。他志向堅決，就獨自一人西走。在過玉門關後經過大沙漠時，幾乎因缺水死去。到高昌時，高昌王麴（qū）文泰留他講經，想讓他住下去。他拒絕了，繼續往西走。他戰勝了沿途的高山峻嶺、飛沙走石、荒坡野林、毒蟲猛獸、暴客偵卒、關卡國界等困難、障礙和危險，穿過了現在我國的新疆、中亞地區、阿富汗、巴基斯坦，到達了印度。

當時印度最主要的佛教學術中心是那爛陀寺（今印度比哈爾邦伽雅城西北），玄奘在那裏跟隨廟中地位最高、學問最好的戒賢法師學習。此後，他繼續到各處遊歷求學。所有印度著名的學者，他幾乎都請教過。他的足跡幾乎踏遍了整個印度和巴基斯坦。有一次，他在曲女城（今印度北方邦雷利城）學術辯論大會上宣讀論文，進行論辯，這個大會有十八國的國王和無數的各派學者參加，大家都很佩服玄奘學問的精深。玄奘在印度和巴基斯坦不僅以自己的學說豐富了佛教哲理，同時也將我國人民的友誼和文化帶給了印度和巴基斯坦人民。他回國後，又把中國古代的重要哲學著作——老子的《道德經》翻譯成梵文（印度古文字），介紹給印度。

貞觀十七年（643），玄奘攜帶了他歷年尋訪所得的佛經、佛像等，離開印度回國。貞觀十九年（645）正月，玄奘回到長

安。從這年春天起，他便專心一意地開始進行佛經的翻譯工作。經過將近二十年的辛勤勞動，玄奘把梵文佛經七十五部（總計一千三百三十五卷）譯成了漢文。此外，玄奘的《大唐西域記》十二卷，還翔實地記載了當時唐朝國境以西的一些國家的歷史本末、風土人情、宗教信仰、地理位置、山脈河流、生產情況等。這部書成為研究這些地方和國家的古代歷史以及當時的中西交流的寶貴資料。

（張習孔）

敦煌藝術

在現在甘肅省敦煌市東南四十多里的地方，聳立着一座陡壁懸崖，崖壁上分三四層排列着像蜂窩一樣的洞窟。這就是舉世聞名的莫高窟，也叫千佛洞。

敦煌很早就是我國跟中亞、西亞文化交流的要地。大約從 4 世紀到 14 世紀的一千多年間，人們在這個長約三里的莫高窟開鑿了一千多個洞窟。現在完好保存的有四百八十多個，其中十分之七是隋唐五代時開鑿的。洞窟裏保存到現在的塑像有兩千多個。如果把那裏面的壁畫一一連接起來，長度可達五六十里。

敦煌莫高窟裏面的彩塑，最大的高達三十三米，和北京的前門樓高度一樣。這些巨大彩塑都是石胎泥塑的，在鑿窟時就把佛像的體形輪廓鑿出，然後在外面再加泥塑。一般小的彩塑則是用泥做胎的。

彩塑一般都是佛、菩薩、彌勒的塑像，也有力士的塑像。這些塑像栩栩如生，精神煥發，如第 194 窟裏的菩薩塑像，面龐圓潤，眼瞼低垂，嘴微微張開，露出嫵媚的微笑，與其說它是神像，不如

說是我國美麗婦女的造像。同窟的力士像，則昂頭張嘴，肌肉緊張，青筋暴露，活現出威嚴勇猛的性格。在這大量的塑像中，包羅有極為豐富多彩的藝術典型。有的塑像秀骨清神，有的豐肌腴頰，有的體態玲瓏，有的氣魄雄壯；所用的色彩也明暗不一，有的樸素，有的華麗。它們不但顯示出了我國古代彩塑匠師們的高度智慧和卓越的創造才能，同時也表現出了各時代的不同藝術風格。

莫高窟的壁畫，是先用泥摻雜碎麥草或麻筋塗平窟面，然後塗上一層薄石灰，再在上面着色繪製的。這些壁畫大多色彩絢爛，構圖宏偉，線條流暢，所畫的內容主要是佛教故事。

壁畫中有一部分是運用豐富的想像力來描繪西方極樂世界的（佛經說人死升天堂，天堂在西方，那裏是極樂世界）。畫面中的西方樂土是殿閣嵯峨、池水清麗的地方。那裏有釋迦牟尼佛端坐在中央的蓮花寶座上，環繞在他周圍的有許多羅漢、菩薩和護法。上面祥雲繚繞，並有「飛天」和神鳥翱翔上下。

敦煌壁畫《反彈琵琶圖》

壁畫中，還有相當一部分是各種姿勢的菩薩像。其中，唐代的菩薩像最為優美並且富於變化。

另外，有些壁畫根據佛經，繪出釋迦牟尼在他無數世以前捨身行善的故事。有些壁畫畫的是佛講經說法的故事。

壁畫中的許多「飛天」——美麗地飛在天空中的小菩薩，拖着輕軟的飄帶，在空中上下迴旋，神采奕奕，姿態動人，最為人們所喜愛。

敦煌的壁畫、彩塑和藻井（彩繪的窟頂），美妙瑰麗，是祖國優秀的藝術遺產，也是世界上最大、最著名的藝術寶藏之一。列強在舊日反動政府的縱容和包庇下，從莫高窟盜走了不少珍貴的壁畫、彩塑和藏在窟中的經卷。

（曹增祥）

五代十國

黃巢起義失敗後，唐政府名存實亡，許多新起的藩鎮互相攻伐，割地稱雄。當時盤踞在黃河流域的主要勢力有山西的李克用和河南的朱溫（全忠）。李克用是靠鎮壓農民軍壯大起自己力量的沙陀族首領，朱溫是農民起義軍的叛徒。904 年，朱全忠挾持唐朝皇帝到洛陽，操縱了中央政權。907 年，朱溫代唐稱帝，改國號為梁，史稱後梁。後梁以汴（今河南開封）為都城。歷時二百九十年的唐朝正式結束，從此開始了「五代十國」的歷史。

923 年，李克用的兒子李存勖（xù）在魏州稱帝，建國號叫唐，史稱後唐。不久，李存勖消滅了後梁，把都城遷到洛陽。

936 年，後唐的河東節度使石敬瑭借契丹（後改號為遼）兵滅掉後唐。石敬瑭被契丹統治者冊立為「大晉皇帝」，建立起後晉。從此，幽雲十六州（在今河北與山西北部）被割讓給契丹，那裏的漢族人民長期處於契丹貴族的統治之下。

石敬瑭對幽雲十六州土地和人民的出賣，並不能滿足契丹貴族無止境的貪慾。946 年，遼軍攻入後晉都城開封，活捉了後晉皇帝石重貴（石敬瑭之姪），河北地區完全為契丹貴族所佔領。契丹統治者派兵馬輪流到各處劫掠，稱之為「打草穀」。遼太宗耶律德光

在開封即位稱帝，並改穿漢人服裝，以麻痹漢族人民。北方人民對於契丹軍隊的殘暴行為，非常痛恨，到處組織義軍，起來反抗。耶律德光看見形勢不妙，在侵入中原後兩個月，就託名避暑，率軍北逃。後晉將領河東節度使劉知遠在太原建立政權，趁機領兵進入開封，宣佈自己為漢皇帝，史稱後漢。後漢政權建立僅僅四年，就被其部將郭威所滅。

郭威殺死後漢的皇帝（劉知遠養子），建國號周，史稱後周，仍都開封。

這就是北方先後建立的五個王朝——後梁、後唐、後晉、後漢、後周，歷史上稱為「五代」。五代統治的地區，僅是黃河流域一帶（有時也包括四川在內）。至於淮水以南至廣東的廣大地區，則先後為九個小國所分據。它們是：

一、前蜀：王建所建，在今四川。

二、後蜀：孟知祥所建，在今四川。

三、吳：楊行密所建，在今淮河以南和長江中下游兩岸地區。

四、南唐：吳的大臣李昪（biàn，徐知誥）奪取吳的政權自立為王。

五、吳越：錢鏐（liú）所建，在今太湖流域和浙江一帶。

六、閩：王潮、王審知兄弟所建，在今福建。

七、楚：馬殷所建，在今湖南。

八、荊南（南平）：高季興所建，在今湖北江陵一帶，是最小的一個政權。

九、南漢：劉隱所建，在今兩廣一帶。

除南方九國外，還有一個割據太原的北漢。北漢是郭威滅後漢的時候，河東節度使劉崇（後改名劉旻，「旻」音mín）建立的，在今山西一帶。

以上就是所謂的「十國」。

在五代十國時期，北方的梁、唐、晉、漢等朝長期進行割據戰爭，給人民帶來許多災難。除田賦外，統治者還野蠻地向農民徵收名目繁多的雜稅。農民的牛死了，政府出很少的錢硬把牛皮買來做軍用品，後來要了牛皮不給錢，最後還不管牛死沒死，也不管有沒有牛，都強迫農民出錢給政府，取名「牛皮錢」。農民有農具要納稅，過橋要納稅，吃鹽要納稅，不管喝酒不喝酒也要納稅。田賦每一斛（當時以十斗為一斛）要加收兩斗，叫作「雀鼠耗」，說是要補償糧食存入糧倉後被麻雀和老鼠吃掉而造成的損耗。地方官在他們管轄的地區內橫徵暴斂，方法更是多種多樣，如後晉歸德節度使趙在禮在宋州（今河南商丘）的行為很是殘暴，當他調職的時候，老百姓高興地說：「這回可拔去了眼中釘。」不久，他又調回來，便明目張膽地要宋州老百姓每人交納「拔釘錢」一千文。吳、越、楚、閩、南漢等國還有所謂「身丁錢」（人口稅），這也是以前所沒有的。

（張習孔）

周世宗柴榮

五代十國時期，各地割據勢力紛紛稱帝稱王，互相戰爭，契丹貴族不斷南侵，燒殺搶掠，人民受盡剝削和壓迫，生活非常痛苦。到了後周時期，社會情況有了改變。周太祖郭威即位後，進行了一些減輕人民痛苦的改革。戶口增加了，北方的經濟情況漸漸好轉。

954 年，郭威病死，柴榮（郭威的養子）繼位，他就是周世宗。在經過長期混戰以後，廣大的人民急切要求恢復社會經濟，結束分裂割據局面，解除契丹侵擾的威脅。在這樣的形勢下，柴榮採取了各種措施，整頓吏治，發展生產，並在穩定內部的基礎上，進行了

統一南北的工作。可從以下幾個方面來說明。

一、社會經濟方面：柴榮即位後，進一步減輕了對人民的剝削，把部分官田和全部無主荒田分給農民耕種，來恢復農業生產。他還下令裁減境內的寺院，把原有的三萬三千多所寺院，裁減成兩千多所，從寺院收回了不少田產，解放了不少勞動力。在抑制寺院勢力以後，他又下令把民間的佛像、銅器一齊收集起來，由政府付給一定代價，然後把這些佛像、銅器銷熔鑄錢。為了使農業增產，柴榮前後幾次下令興修水利工程，尤其是對黃河下游的各處決口，更加注意及時修補。長期淤塞的汴水，經過疏導以後，江淮的糧食貨物，都可以由這條水路集中運到京城開封。

二、政治軍事方面：柴榮在位期間，屢次下詔求賢，提倡節儉，停止地方上貢，嚴懲貪官污吏，調整州縣行政機構，裁並鄉村，整頓里甲，清查戶口。同時，他還進行了整頓軍隊的工作，嚴懲臨陣逃跑的將校，精選禁衛軍，整肅了軍紀，加強了中央的軍事力量。

三、統一戰爭方面：柴榮在內部局勢取得相對穩定的情況下，開始進行統一全國的事業。955 年，他派鳳翔節度使王景領兵進攻後蜀，連克秦（今甘肅天水）、成（今甘肅成縣）、階（今甘肅武都）等州。第二年，柴榮親自率軍攻打南唐，前後花了將近兩年半的時間，打到長江邊，迫近南唐的都城金陵（今南京）。958 年，取得南唐的江北十四州，在戰略上取得了絕對優勢。這時柴榮考慮到，要渡江南下，必須先解除北方遼的威脅。959 年，柴榮率大軍北伐。所過之地，遼的守將望風歸降。出師僅四十多天，就連下三關——益津（今河北霸州）、瓦橋（今河北雄縣）、淤口（今河北霸州東），並收取了瀛（今河北河間）、莫（今河北任丘）、易（今河北易縣）三州十七縣。正當後周軍隊繼續向北挺進，準備收取幽州（今北京市）之際，柴榮突然患病，全軍只得停止前進，退回開封。不久，柴榮就病死了。

柴榮雖然沒有能夠親身完成統一中國的大業，但在他在位的短

短五年多的時間裏，他能夠致力於革新政治、恢復生產、整頓軍隊等工作，使社會秩序得到安定，階級矛盾趨於緩和，國家實力得到增強。他在結束「五代十國」長期紛擾割據的社會局面、使中國重新走向統一的歷史進程中，是很有功績的。

（張習孔）

陳橋兵變

周世宗柴榮死後，他的兒子柴宗訓繼位。柴宗訓這時年方七歲，他的母親符太后掌管政權。

這時，殿前都點檢（皇帝親軍的最高長官）趙匡胤，看到後周孤兒寡婦當政，就暗地裏和其他禁軍將領石守信等結拜為十兄弟，陰謀奪取後周的政權。

柴宗訓即位的第二年（960）正月初一，當後周的君臣們正在大排筵宴、歡慶新年的時候，突然接到了緊急邊報，說北漢和遼合兵，大舉南犯。符太后和執政大臣們不辨真假，倉促派遣趙匡胤等率領禁軍前往抵禦。初三晚上，趙匡胤帶領大軍在陳橋驛（開封東北四十里）宿營。這天深夜，軍中一部分將官，在趙匡胤的弟弟趙匡義和謀士趙普的策劃鼓動下，發動兵變，聲言要擁立趙匡胤做皇帝。這時，趙匡胤假裝酒醉不醒。第二天天明，諸將直接擁進趙匡胤的寢所，把一件黃袍披在他的身上，都向他跪拜，高呼萬歲。

趙匡胤黃袍加身後，立即回師開封，廢掉了後周的皇帝，自己正式做了天子，改國號為宋，定都開封（稱為東京），歷史上稱為北宋。趙匡胤就是後世所稱的宋太祖。

（劉占文）

杯酒釋兵權

　　趙匡胤做了皇帝以後，首先考慮的是如何加強中央集權的問題。這是因為，從五代以來，武人跋扈專權，將士擁立主帥做皇帝的風氣很盛，如果不加強中央集權，新建立的政權就很難鞏固。事實上，宋政權建立不久，就先後有兩個節度使起兵叛亂。叛亂雖然很快就被平定，但是武將仍舊操縱着國家的軍事大權，這點正是讓趙匡胤寢食不安的大患。

　　為了加強中央的軍事實力，消滅可能叛變的地方武裝力量，趙匡胤採納了大臣趙普的建議，採取了一系列逐步削奪節度使軍權和財權的措施。

　　在集中軍權方面：建隆元年（960），趙匡胤命令各州長官把地方的精壯士兵選拔出來，送到京師，補作禁軍（禁軍是當時全國最主要、最精銳的軍隊）。同時，還創立「更戍法」。命令禁軍經常輪流到各地去守衛，表面上說是讓士兵「習勤苦，均勞逸」，實際上是利用這種辦法，以達到「兵不諳將，將不專兵」的目的。

　　建隆二年（961）秋天，某日，趙匡胤舉行宴會，邀請掌管禁軍的節度使石守信、王審琦等一塊兒喝酒。在大家酒興正酣的時候，趙匡胤屏退左右，對這些將領們說：「我若沒有你們的幫助，不會有今天。可是，做皇帝實在沒有做節度使快樂！」石守信等聽了，忙說：「陛下為什麼說這樣的話？現在天下已定，誰還敢有異心？」趙匡胤說：「哪個節度使不想做皇帝？就算你們不想，有一天部下逼着你們做，硬把黃袍加在你們身上，那時就不容你們不做了。」石守信等說：「我們斷不敢有這種夢想。」趙匡胤說：「人生不過幾十年，求富貴的人，不過是想多積金錢，好自己享樂，使子孫免於貧窮。你們何不交出兵權，到地方上去，多買些田地房產，為子孫長久打

算；你們也可以多蓄養歌兒舞女，盡情享受，以終天年！如果能夠這樣，我可以和你們結為姻親，君臣之間，兩無猜疑，豈不是好！」石守信等聽了趙匡胤的話，當然明白是什麼意思，第二天都自動告病，並請求朝廷解除自己的軍職。趙匡胤都一一批准。這就是歷史上所說的「杯酒釋兵權」。

趙匡胤在解除了石守信等人的兵權後，不再設置殿前都點檢和殿前副都點檢的兵職，而把禁軍交給「三衙」（殿前司、侍衛馬軍司、侍衛步軍司）統率，並且任命自己比較容易駕馭的人來做禁軍的將領。

這樣，宋中央政府就直接掌握了禁軍，中央集權就大大地加強了。

在集中政權方面：乾德元年（963），北宋政府命令各節度使所領的「支郡」都直屬中央政府，不再受節度使管轄。中央選派文臣去做各州縣的長官。同時，又在諸州設立通判，名義上是幫助地方官辦事，其實是監視地方官。凡是州內有關兵民、錢穀、賦役、獄訟等政令，如果沒有通判的簽署，就不生任何效力。這樣，北宋朝廷就可以利用地方官和通判之間的相互牽制，收到中央控制地方的實效。

在集中財權方面：北宋政府為了糾正唐末藩鎮割據以來地方財政收入全歸節度使支配的積弊，命令各州，今後稅收金帛財物，都要上繳中央，地方官只可以酌情留一部分作為地方經費開支。

北宋政府在施行了上述一系列加強中央集權的措施以後，嚴重地削弱了地方的武裝勢力，改變了唐末、五代以來地方藩鎮勢力強大，中央不能指揮調度的局面。這些措施，對於安定當時社會秩序、發展生產以及抵禦外侮來說，都是有好處的。

（張習孔）

楊 家 將

北宋建國以後，經過將近二十年的時間，到宋太宗（趙匡義）太平興國四年（979）滅掉北漢，最後才完成統一全國的事業。但是，被石敬瑭割讓給契丹貴族的幽、雲諸州，這時仍然沒有收復。

契丹族建立的遼政權，一直是北宋北邊最大的威脅。遼統治者經常派遣軍隊大規模南侵，燒殺搶掠，使中原一帶的生產遭到嚴重破壞。中原地區的人民，再接再厲，英勇不屈，長期和入侵的遼軍展開激烈的鬥爭。楊家將的故事，就是在這樣一個歷史背景下產生的。

楊家將中最主要的人物是楊業（又名楊繼業），他作戰英勇，當時人們給他一個很好的別號，叫作「楊無敵」。

雍熙三年（986），宋太宗下令分東、西、中三路出兵攻遼。潘美為西路主將，楊業為副將。在北伐中，楊業屢立戰功。出兵僅僅兩個月，就收復了雲（今山西大同）、應（今山西應縣）、寰（今山西馬邑）、朔（今山西朔州）四州。可是，曹彬率領的東路軍，在岐溝（今河北涿州西北）吃了敗仗。宋太宗下令新收復的四州官民撤退，由潘美、楊業掩護。

遼統治者看見宋軍後退，迅速集中了十萬精兵，乘勢攻進寰州。楊業對潘美說：「現在敵人的實力很強，應當暫避鋒銳，不能冒險進攻，最好還是按照朝廷的命令，迅速掩護老百姓撤退，以免遭受巨大損失。」可是潘美堅持要楊業出兵雁門，收復寰州。楊業無奈，只得率領本部人馬去和遼軍交戰。臨行前，他和潘美約好，預先把一千名弓弩手埋伏在陳家谷口（今山西朔州南）兩側，等他把遼軍引到谷口時，前後夾擊，予遼軍以殲滅性打擊。

楊業率領少數軍隊和遼軍從拂曉戰至黃昏，果然把遼兵引到了谷口。但是，這時潘美早已離開了陳家谷。楊業身陷重圍，仍然奮

不顧身，繼續與遼軍戰鬥。最後由於雙方兵力過於懸殊，宋軍傷亡很重，楊業的兒子楊延玉和七十三歲的老將王貴都壯烈犧牲，楊業本人身帶數十處重傷，不能行動，被遼軍俘虜。被俘後，他不吃不喝，不屈而死。

根據史書記載，楊業有七個兒子，除楊延玉外，在歷史上有事跡可考的是楊延昭，就是戲曲小說中的楊六郎。楊延昭在今河北一帶抗遼守邊二十多年。因為他智勇雙全，常常打勝仗，遼軍都很怕他。

楊六郎的兒子楊文廣，也是宋朝一位名將。他曾先後防守過陝西、河北等處，使西夏和契丹不敢大舉進攻。

有關楊家將的歷史記載雖然不多，但在戲曲傳說中，人們卻按照自己的想像和願望，豐富了楊家將的故事。《潘楊訟》《清官冊》等戲劇，就是這樣編演出來的。

（張習孔）

澶淵之盟

宋真宗景德元年（1004），遼政權的皇帝和他的母親蕭太后，趁秋高馬肥的時候，親率二十萬大軍，南下侵宋。

當遼軍南下，告急文書不斷傳到開封時，北宋君臣議論不一。大臣們有的主張遷都至金陵，有的主張避敵到成都。宰相寇準則堅決主張抵抗，並且要求宋真宗親自出征督戰。

南侵的遼軍，遭到了各地宋軍堅決抵抗。同年冬天，遼軍深入離開封以北不遠的澶（chán）州（今河南濮陽市）。怯懦動搖的宋真宗，在寇準和廣大軍民積極要求抗戰的壓力下，勉強親自出征；車騎剛到韋城（今河南滑縣東南），在主和派的慫恿下，他又想往南逃了。寇

準對宋真宗說：「現在敵人已經迫近國都，全國人心惶惶。陛下只可前進，不可後退。如果陛下的車子後退幾步，就會使前線受到影響。那時，敵人乘勢進攻，就是想保持江南半壁江山，也辦不到了。」

殿前都指揮使高瓊在旁，也說：「寇準說得對。願陛下趕快到澶州，臣等願以死報國，敵人並不難破。」宋真宗只好下令前進。

這時，孤軍深入的遼軍，到處受到宋軍和民兵的英勇反擊，他們的後方和軍事供應受到嚴重威脅。集結在澶州附近的宋軍逐漸增加到幾十萬，士氣非常旺盛。遼軍先鋒蕭撻凜窺察澶州地勢，被宋軍用伏弩射死，遼軍的瘋狂氣焰，受到了很大打擊。遼貴族估計到勝利已無希望，轉而向北宋議和。

宋真宗本來沒有抗敵決心，見到遼有意議和，自然求之不得。抗戰派代表寇準主張拒絕和議，乘勝進軍，宋真宗卻拒絕採納抗戰派的意見。主和派極力打擊寇準等，誣衊他們主張抵抗是別有企圖。在主和派的策劃下，北宋政府終於在景德元年十二月（1005年1月）和遼國達成和議，訂立「澶淵之盟」。和議規定，宋每年給遼絹二十萬疋，銀十萬兩。從此以後，宋朝政府年年向遼輸納銀、絹，使得人民又平添了一筆巨大的負擔。

（劉占文）

范 仲 淹

范仲淹（989—1052），字希文，吳縣（今江蘇蘇州）人，北宋時代的著名學者、政治家。「先天下之憂而憂，後天下之樂而樂」，這兩句至今仍被人們傳誦的名言，就出自他的《岳陽樓記》一文中。這兩句話，充分表明了范仲淹那種「以天下為己任」的開闊胸懷。

范仲淹在年輕的時候，由於家境貧寒，上不起學，一個人跑到一間僧舍中去讀書。他每天晚上，用糙米煮好一盆稀粥，等到第二天粥凝成了凍以後，就用刀劃成四塊，每天早晚各取兩塊來吃；沒有菜，就把用鹽水浸過的野菜莖，切成幾十段作為副食。

范仲淹二十三歲的時候，辭別母親到應天府（今河南商丘市）的一個鄉學裏去學習。在學舍中，他晝夜苦讀，從不浪費一分一秒。冬天夜裏，當讀書讀得疲倦時，他就用冷水洗一洗臉，讓頭腦清醒過來，然後再繼續讀下去，一直到深夜。一連好幾年，他從來沒有吃過飽飯，也沒有脫下衣服好好地睡一次舒服覺。他常常對別人說：「一個人如果不能讀書，立大志，即使能吃飽喝足，生活舒適，也沒有多大意義。」

在范仲淹的同學中，有一個是南京（當時的應天府）留守（管理、守衛京城的官）的兒子，他看見范仲淹每天吃兩頓稀粥充飢，很是感動，有一天回家把這件事告訴了自己的父親。他父親就叫他帶些酒肉飯菜去送給范仲淹。但是范仲淹並沒有吃，過了幾天，這些食物都放壞了。留守的兒子很奇怪，便去問范仲淹。范仲淹答謝說：「我並不是不感激令尊的厚意，只是因為我平常吃稀飯已經成為習慣，並不覺得苦；現在如果貪圖吃好的，將來怎麼能再吃苦呢？」

後來，范仲淹擔任過陝西經略副使。他在任期間，積極改革軍制，鞏固防務，對於防禦西夏的進攻，起了相當重大的作用。以後，他被調到中央，任參知政事，曾經向宋仁宗（1023—1063 在位）提出厚農桑、減徭役、修武備、擇長官等改革方案；但因遭到大官僚地主的反對，沒有實行。

范仲淹的詩、詞、散文，都寫得很好。《岳陽樓記》就是他描寫洞庭湖風光的一篇很著名的文章。他的著作有《范文正公集》。

（張習孔）

包　公

　　包拯（999—1062），字希仁，廬州合肥（今安徽合肥）人。他在做官期間，替負屈的老百姓伸冤，做了不少有利於人民的事情。他曾做過龍圖閣直學士，因此，人們又稱他為「包龍圖」。

　　嘉祐元年（1056），包拯升任開封知府。根據舊日的慣例，百姓告狀，不能把狀紙直接遞上公堂，須由衙役代轉。這樣，衙役就可以從中勒索，收受賄賂。包拯到任以後，下令廢除這項陋規，允許老百姓直接到公堂上辯理訴冤，受到開封老百姓的熱烈擁護。

　　有一年，開封惠民河漲水，京師受到嚴重威脅。經過調查，包拯找出漲水的原因，是由於當時京師有權勢的豪門，爭着在惠民河上修築園亭，影響了河道，以致年深月久，河水淤塞。為了全城人民的安全，包拯下令把惠民河上的建築全部拆毀，疏浚河道。因為這件事情，包拯得罪了不少權貴。有的權貴藉着包拯要他們呈驗地契的機會，偽改地契步數，包拯派人丈量屬實，上奏仁宗，請求依法處理。

　　包拯對那些殘害老百姓的貪官污吏，一向主張嚴厲懲辦。他做右諫議大夫時，三次上書皇帝，奏請罷免宣徽南院使張堯佐。兩個違法的三司使（理財的官）因為他的糾舉被撤掉。他竭力主張節省公私開支，堅決反對奢侈浪費。他個人的日常生活非常節儉，自己雖然已做到開封知府，可是衣服、器用、飲食都和剛做官時一樣。他曾經向仁宗皇帝建議：停止修建一切不急需的大工程，廢除所有正稅以外的苛捐雜稅。開封上清寺失火被焚，仁宗準備動工重建。包拯立即上奏諫阻，認為國庫不充，邊境未寧，不應當首先辦理這樣無關緊要的事情。包拯還常常反對仁宗任意賞賜大臣和內臣錢帛，反對臣僚們亂用公款、鋪張浪費，等等。

包拯這種不避權貴，甚至敢於對皇帝直諫的正直作風，在小說、戲曲中，經過人們的想像、發揮，被編成許多動人的故事。人們最熟悉的《鍘美案》《打龍袍》等劇，就是這樣產生出來的。至於有些舊小說、戲曲中，說他還到所謂「陰間」去審案，則是封建迷信的、完全虛構的。

包拯做官三十多年，一直以剛嚴的態度來執行封建國家的法紀，對於強宗豪族的專橫不法，按公處斷，絲毫不留情面，彈劾和壓制豪門貴族，深受人民的愛戴。

（張習孔）

王　安　石

北宋統治者設置了龐大的官僚機構，儘量吸收地主階級分子參加。官僚們除領取國家優厚的俸祿外，還享有減免賦稅、徭役的特權。職責不清，人員龐雜，這不僅大大削弱了行政的效率，而且嚴重地增加了國庫的開支。

北宋時期，除北方的遼不斷對宋侵擾外，西北党項族（羌族的一支）建立的西夏，也經常對宋進攻。在遼和西夏的威脅下，北宋政府不斷地擴充兵額。宋仁宗時期，軍隊的數目已經增加到一百二十五萬多人，養兵的費用佔了國家財政支出的很大一部分。

此外，加上統治階級的奢侈浪費，以及每年送給遼和西夏大批的絹帛和白銀，使北宋政府的財政陷入了極端困難的境地。北宋統治者為了擺脫危機，拚命地向農民榨取賦稅。據記載，仁宗時就已形成「凡百賦率，增至數倍」「下至果菜，亦皆加稅」的局面。

農民起義不斷爆發，統治階級恐慌起來。一些比較有遠見的

人，如范仲淹、歐陽修等，針對當時的局勢，先後提出了改革政治的主張。但是由於頑固派的反對，他們的主張都未能得到實行。宋神宗在位（1068—1085）時，北宋社會的危機更加嚴重。在這樣的情況下，宋神宗任用王安石做宰相，來實行變法。

王安石（1021—1086），字介甫，撫州臨川（今江西臨川）人，出身地主家庭。他早年在浙江做過地方官，很有政治才能。仁宗時，他上過萬言書，主張改革政治，沒有被採納。神宗熙寧二年（1069），他被任為參知政事，次年被任命為宰相，積極展開變法活動。王安石變法的目的，在於富國強兵，緩和階級矛盾。為了變法，他先在中央政府設立了一個機關——「制置三司條例司」，來制定新法的各項條例。

新法主要有下列幾項：

一、農田水利法——開墾荒地，興修水利，積極發展農業生產。五六年之內，興修了水利工程一萬多處，灌田三十六萬多頃。

二、方田均稅法——丈量土地，按土地的數量、肥瘠等情況徵收賦稅。實行方田均稅法後，前後丈量出地主官僚隱瞞的土地二百多萬頃，迫使豪強地主不能不繳納賦稅，並且不許他們將賦稅轉嫁給農民。這樣，既增加了國家賦稅的收入，也相對地減輕了農民的負擔。

三、均輸法——過去地方「上供」物品，都由各地分散購置，富商大賈往往趁機操縱物價，囤積居奇。均輸法改為由朝廷設「發運使」統一購置，一方面既免去了富商大賈從中操縱的弊端，另一方面也收到了「便轉輸，省勞費」的效果。

四、青苗法——每年青黃不接時，政府以較低的利息貸現款或實物給農民，收百分之二十的利息，叫作「青苗錢」。青苗法的實行，限制了高利貸者盤剝農民的行為。

五、免役法——北宋時差役繁重，服役人受苦不堪。免役法規

定：凡服役人戶按等第出「免役錢」，就可以不再充役；享受免役特權的官僚地主，也要按財產多少出「助役錢」；由國家用免役錢和助役錢僱人充役。實行免役法，減輕了人民服役的痛苦，同時也使大地主官僚的特權受到了一定的限制。

六、市易法——政府設「市易司」，平衡物價，小商販也可向市易司借貸資金或賒購貨物，年息二分。這樣就使大商人不能壟斷市場，並且增加了政府的收入。

七、保甲法——組織民戶，十家為一保，五十家為一大保，五百家為一都保。一家有壯丁兩人的，出一人為保丁。保丁在農閒時集中進行軍事訓練，平時擔任巡邏、放哨，維持地方治安，戰時保衛疆土。諸路（「路」是行政區域的名稱，當時全國分二十三路）保甲後來還代官府養馬，以備戰爭之用。保甲法的實施，加強了國防的力量。

由於新法觸及了大官僚、大地主、大商人的利益，變法一開始就遭到了以司馬光為首的守舊大臣們的反對。新法的實行，從熙寧二年（1069）到元豐八年（1085），前後共十七年。神宗死後，新法被完全推翻。

（劉占文）

梁山好漢

《水滸傳》是一部著名的長篇古典小說，它着重描寫了北宋末年農民反抗地主官僚的英勇鬥爭，塑造了一百零八條梁山好漢的形象。書中提到的英雄人物的名字，雖然不完全見於正史，但是書中敘述的這一鬥爭，在歷史上卻是有根據的。

　　北宋徽宗時（1101—1126），蔡京、王黼（fǔ）、童貫、梁師成、李彥、朱勔六人專擅朝政，結黨營私，賣官鬻（yù）爵，荼毒百姓，當時被人們稱為「六賊」。宋徽宗在蔡京等大官僚的慫恿下，大動土木，還在江南搜尋名花異石，用船運到京師（運送花石的船隊叫作「花石綱」）。在各地官府的大規模搜刮下，中等以下的人家，很多都因此破產。人民沒法生活，不斷起來反抗。

　　徽宗政和（1111—1117）年間，宋江等三十六人以梁山泊（在今山東梁山縣境內）為根據地，領導農民起義，反抗統治階級的暴政。宣和元年（1119），北宋政府採取欺騙辦法，下詔「招撫」起義軍，沒有達到目的。宋江等三十六人領導着起義隊伍，同幾萬官軍搏鬥，屢次把官軍打得大敗。宣和二年（1120）冬，起義軍的聲勢愈益壯大，他們轉戰於山東、河北、河南、安徽北部和江蘇北部一帶，嚴重地打擊了各地的官僚、地主。當宋江等領導的起義軍在北方活動時，方臘領導的起義軍在今浙江也展開了鬥爭。宋朝的官僚侯蒙向宋徽宗獻計，要朝廷「招撫」宋江，讓宋江去進攻方臘，陰謀使起義軍彼此殘殺。宋徽宗認為這是個好辦法，任命侯蒙為東平知府，去辦理這件事情。可是侯蒙沒等到任就死去，所以這次招撫詭計又沒有實現。宣和三年（1121），宋江進攻淮陽軍（今江蘇邳州市東），進入楚（今江蘇淮安）、海（今江蘇連雲港市）二州交界的地方。據史書說，宋江「轉掠十郡，官軍莫敢攖（yīng，觸犯）其鋒」。宋朝統治者慌忙命令海州知府張叔夜來對付起義軍。

　　張叔夜先以敢死隊一千人，埋伏在海州城附近，又以一部分壯卒隱伏在大海邊，接着派出輕兵一支向宋江等誘戰。等到宋江領軍前來時，伏兵趁機而起，四面合圍。在戰鬥中，宋江的副將被俘。起義軍死傷很重，宋江失敗，時間約在宣和三年（1121）夏秋之交。

（張習孔）

吟徴調宮商，竈十桐
松間疑有入松風
仰窺低審含情客
以聽無絃一弄中
　　　　昌京謹題

聽琴圖

宋徽宗趙佶所作《聽琴圖》

方臘起義

　　方臘，青溪（今浙江淳安縣）人，北宋末年的農民起義領袖。宣和二年（1120）冬，他在睦州（今浙江建德市）利用明教，動員、組織羣眾，領導農民起義。明教是一種民間宗教，北宋時，在我國東南一帶流行。教徒崇拜光明之神，提倡素食、戒酒，講究團結互助，主張平等。這些信條，反映了農民刻苦樸素的精神和反抗壓迫、要求平等的意志。

　　起義開始時，方臘向一千多個貧困不堪的農民，無情地揭露了北宋統治階級的殘暴荒淫、腐朽無能，號召農民武裝起來，進行鬥爭。他的講話，激發了受盡剝削壓迫的農民羣眾的強烈的階級仇恨。

　　起義爆發後，方臘自號「聖公」，建年號為「永樂」。起義軍砍伐了大量毛竹，削尖了作為武器；在一兩個月的時間裏，連破青溪、睦州、杭州等地。警報傳至開封，北宋政府非常驚惶。宋徽宗命令童貫等統率十五萬大軍，前往鎮壓。

　　第二年（1121）春，起義軍又連續攻佔婺（wù）州（今浙江金華）、衢州（今浙江衢州市）、處州（今浙江麗水）等地。童貫到東南後，採取軟硬兼施的辦法：一面下令把辦理「花石綱」的「蘇杭應奉局」撤銷，並且請求宋徽宗把主辦「花石綱」的朱勔父子免職，以緩和人民的鬥爭情緒；一面迅速調集軍隊，水陸並進，向起義軍大舉進攻。

　　起義軍在杭州和官軍展開激戰，方臘為了保存力量，從杭州撤退，回到根據地睦州。接着，雙方又在睦州附近的桐廬展開激戰，起義軍失敗。官軍加緊進攻睦州，堅守睦州的起義軍由於軍糧不足，武器缺乏，最後退守青溪的幫源洞和梓桐洞。童貫率軍進逼，重重圍困起義軍，斷絕起義軍的一切接濟。1121 年夏，方臘等起義

軍首領五十多人在苦鬥中被俘；起義軍七萬餘人，英勇戰鬥，糧盡援絕，全部壯烈犧牲。這年秋天，方臘在東京（開封）被宋統治者殺害。

方臘領導的農民起義，雖然遭到失敗，但起義軍堅持了將近一年，不屈不撓，鬥爭到底，給封建統治者以沉重的打擊。

（張習孔）

契　　丹

契丹族最初住在今內蒙古自治區東境遼河上游西喇木倫河（遼代稱為潢河），是一個遊牧兼漁獵的民族。4世紀中，遷往今河北省圍場縣北到內蒙古自治區克什克騰旗一帶。4世紀末，其中一部分仍返回西喇木倫河、老哈河的北面，分大賀氏等八部。八部各有首長，叫作「大人」，共推選一名「大人」為首領。從6世紀末年開始到10世紀初（隋到唐末），契丹社會隨着生產的發展，私有財產制逐步得到確立。大賀氏、遙輦氏、耶律氏等八部「大人」，不斷為爭奪八部首領的地位而鬥爭。

五代後梁太祖開平元年（907），耶律阿保機取代遙輦氏的地位，成為契丹各部的首領。從907年至916年，阿保機逐步地統一了契丹各部落。五代後，梁末帝貞明二年（916），阿保機正式稱帝（後世稱為遼太祖），建立了契丹政權。這個政權的建立，標誌着契丹族的社會歷史開始進入了一個新的階段。契丹族社會的經濟和文化，在契丹政權建立以後，更加有了發展。

契丹政權統治的範圍，在它最強盛時期，今天我國東北、內蒙古自治區、河北省北部及山西省的一部分，都包括在內。契丹全國

行政區，以五「京」轄五個「道」，即上京（今內蒙古林西縣）、東京（今遼寧遼陽縣）、中京（今河北平泉市）、南京（又名燕京，即今北京）、西京（今山西大同）以及同一名稱的「道」。每「道」下又分「府」「州」「縣」各級。

926年，耶律阿保機死，他的兒子耶律德光繼位（後世稱為遼太宗）。946年，契丹出兵攻滅後晉。滅後晉的次年，契丹政權改號為「遼」。耶律德光死後，遼統治階級內部矛盾加深，勢力日弱，但到11世紀初時，遼勢又復振，成為北宋北方最大的威脅。

11世紀末，居住在松花江流域一帶的女真族日益興盛起來。女真族長期受遼的壓迫和剝削。12世紀初，女真族建立金政權以後，起兵抗遼，屢次打敗遼兵。北宋政府採取聯金攻遼的政策，和金共同出兵攻遼。宋徽宗宣和七年（1125），遼為金攻滅。

遼的貴族耶律大石在遼亡後率領一部分人西遷，在今新疆及中亞一帶，建立了西遼國（又稱黑契丹）。

（程溯洛）

女　真

女真本是黑水靺鞨（mò hé，古族名）的後人。「女真」這個名稱是10世紀初才出現的。當時，女真受遼的壓迫和剝削，遼國統治者為了削弱女真族，把其中一小部分受漢族文化影響較深的人遷徙到遼陽以南，編入遼的戶籍，稱作「熟女真」；其餘大部分女真人則仍留居在粟末江（今松花江）之北及寧江州（今吉林扶餘市）之東，不入遼戶籍，稱作「生女真」。生女真散居在河流沿岸或山谷之中，過着遊牧狩獵的生活，尚處於原始氏族社會的階段。

大約 11 世紀初，生女真中的完顏部已定居於按出虎水（今阿什河），學會種植五穀，並且還能剌（kū，挖空）木為器，製造舟車，修建房屋。以後，生女真便以按出虎水的完顏部為核心，迅速發展起來。

　　11 世紀中期，完顏部酋長烏古乃兼併了周圍許多部落，形成了女真人的部落聯盟。這時，女真社會已有貧富不同和自由民與奴隸的區別，氏族制度正在崩潰瓦解。11 世紀末，烏古乃的兒子盈歌和孫子阿骨打進一步完成了女真各部的統一。女真族內部統一以後，女真的社會經濟更加有了發展，財富增加，兵源充裕，力量一天天壯大。1114 年，女真族在他們雄才大略的領袖阿骨打的率領下，起兵抗遼。軍隊所向，勢如破竹，遼軍節節潰退。第二年，阿骨打便正式建立女真政權，號為「金」（因按出虎水而得名，「按出虎」是女真話「金」的意思）。此後，金與漢族封建文化的接觸日益頻繁，它的社會性質也迅速地向封建社會轉化。北宋朝廷看見金的勢力日益增強，幾次派遣使者和金聯繫，相約夾攻遼。約定滅遼後，原被契丹侵佔的幽雲十六州由北宋收復，北宋則將原來每年送給遼的「歲幣」轉送給金。1125 年，遼在宋、金的聯合進攻下滅亡。但滅遼以後，金卻不肯歸還幽雲十六州，並且藉故向宋挑釁，興師南侵。

　　在金兵深入進擾的情況下，宋政府內部分成了抗戰、主和兩派。抗戰派以李綱、宗澤、种（chóng）師道等為代表，主和派以李邦彥、張邦昌等為代表。廣大的人民和士兵，堅決支持和擁護李綱等抗戰派，誓死抵抗金的進犯。但是，北宋的最高統治者——徽宗、欽宗兩位皇帝，卻一味只知苟且偷安，甘心情願向金妥協。

　　1126 年春，金兵進逼北宋首都開封，李綱等率領開封軍民堅決抵抗。各地人民紛紛自動組織起來，四處襲擊金兵，金兵北退。不久，李綱被主和派排擠出開封，种師道的實際兵權被解除。這年秋天，金兵再度南侵，主和派壓制人民的抗戰活動，只顧向金求和。

1127 年 1 月（欽宗靖康元年閏十一月），金兵侵佔開封。因為各地義軍紛紛起兵抗金，金兵在開封不敢久留，最後被迫退走。臨走時，將徽宗、欽宗及趙氏宗室、后妃、公主等一併俘虜北去，北宋政權滅亡。同年 6 月，欽宗的弟弟康王趙構在南京（應天府，即今河南商丘）即位，他就是宋高宗。從此宋政權開始南遷，歷史上稱為南宋（1127—1279）。

1153 年，金遷都燕京（今北京）。遷都以後，女真貴族迅速學會了歷朝漢人的統治經驗，大體仿照宋朝制度建立了一套剝削管理機構，同時還大量吸收漢族和契丹族中地主階級的代表人物加入金的統治集團。

女真貴族對他們統治下的各族人民，特別是對漢族人民，實行野蠻的民族壓迫政策，並且不斷大舉興兵南犯，因此激起了各地人民的激烈反抗。南宋統治區域的漢族人民，在抗戰派的岳飛、韓世忠等人的領導下，也展開了堅決的抗金鬥爭，給了金統治者沉重打擊。

蒙古族強大以後，金在蒙古族的鐵騎的進攻下開始衰落。1234年，金在南宋和蒙古的聯合進攻下滅亡。

（之明）

宋代臨安

宋高宗即位後，把國都遷移到臨安（今浙江杭州）。從此臨安作為南宋的首都有一百五十多年。

隨着宋高宗的南渡，皇室貴族和大小官僚也紛紛逃到南方。南宋統治者把臨安作為偏安一隅的「樂園」，把中原的失地和人民忘

得乾乾淨淨。

臨安在北宋時就是一個大都市，人口有四十多萬。南宋在這裏建都後，人口很快就增加到七八十萬（有的說有一百多萬），市面顯出了空前的繁榮。城內，有各種手工業作坊，如油作、木作、磚瓦作、玉作、翠作、腰帶作等，產品種類極多，質量也很好。特別是郊區鳳凰山下所燒的瓷器，精緻瑩澈，馳名全國。大街上，有賣金銀珠寶的商店，有賣彩帛布疋的商店，也有賣飲食的、賣鐵器的、賣雜貨的，各種店舖，應有盡有。並且還有許多官僚開設「長生店」（當舖），用高利貸來盤剝城市貧民。

值得注意的是，臨安的海運交通非常發達。宋政府在這裏設有市舶司，專門管理海舶出入登記，發給公據、公憑，徵收貨稅及收買舶貨等事。錢塘江口經常有裝載各種貨物的船隻往來出入。外國商人以珍寶、香料來換取中國的絲綢、瓷器和手工藝品。據說，那時和南宋通商的國家有五十多個。不難想見，到臨安來的外國商人一定不少。

南宋統治階級，一方面向金屈辱講和，來換取苟安局面；一方面加緊壓迫剝削勞動人民，來維持自己豪華享樂的生活。宋高宗在臨安城大修宮殿，在宮內修建假西湖，用金銀製成水禽和魚類放在湖裏觀賞。寧宗時，大臣韓侂冑（tuō zhòu）在臨安長橋南修蓋了華麗的樓台亭園。理宗時，大臣賈似道在西湖葛嶺修建了規模巨大的別墅——半閒堂。他們窮奢極欲，醉心淫樂，置國家於不顧。無怪詩人林昇憤慨地說：

山外青山樓外樓，西湖歌舞幾時休？
暖風熏得遊人醉，直把杭州作汴州！

（曹增祥）

八 字 軍

南宋政權在建立初期，一直處在漂泊移徙、動盪不定的情況下。為了取得人民對新政權的信任，宋高宗起用了堅持抗戰的李綱做宰相。李綱堅決反對議和，向宋高宗提出了施政的十項建議，積極準備北伐。李綱能夠看到當時北方人民抗金的偉大力量，主張聯合各地的義軍來夾擊金軍。為了收復中原，他派張所為河北招撫使、傅亮為河東經制使，分別在大名（今河北大名縣南）、陝州（今河南陝縣）設立招撫司，專門辦理招集義軍的工作。

女真統治者在滅遼以後，進一步對黃河南北各族勞動人民——特別是對漢族人民，加緊武裝掠奪和民族壓迫。黃河兩岸各地的人民，紛紛團結起來，展開自衛的戰爭。靠山的結為山寨，傍水的結為水寨，其中最著名的是太行山區的「八字軍」。

八字軍為了表示他們抗金的決心，每個人臉上都刺着「赤心報國」等八個字，所以人們稱他們為八字軍。八字軍的首領王彥，原來是宋朝的都統制，曾經隸屬於張所的部下。1127 年秋天，張所派王彥率領部將岳飛等部眾七千人渡過黃河，抗擊金兵，收復了新鄉。後來不幸被金兵包圍，八字軍部眾潰散，王彥便率領餘部退到太行山。從此，王彥便領導了八字軍。由於八字軍英勇頑強的鬥爭，各地的忠義民兵，如傅選、孟德、劉澤、焦文通等十九寨義軍，都自願接受王彥的領導。他們的聲勢不斷擴大，由七百餘人迅速發展到十萬餘人。他們在太行山上，建成綿亙數百里的山寨，尋找機會，邀擊金兵；等到金兵大舉進攻時，他們就「且戰且行」，轉移陣地。他們和金軍打了一百多次仗，給了金軍沉重的打擊。

有一次，金軍統帥命令他的部將們一起向八字軍進攻，這些部

將們都跪下哀告，說：「王都統（王彥）的營壘像鐵石一樣堅強，根本沒有辦法攻克，如果你一定要逼着我們去，就請你把我們處死吧，我們是沒有膽量去進攻的。」金軍統帥沒有辦法，只得改變策略，派遣騎兵去截斷義軍的糧道。王彥聽到了這一軍報，親自率領義軍在中途邀擊，大敗金軍。八字軍的聲勢從此更加盛大，成為金軍後方一支非常活躍的抗金力量。

（張習孔）

黃天蕩之役

宋高宗建炎三年（1129）春天，金軍大舉南侵，直逼揚州，宋高宗從揚州逃往江南。1130 年 1 月，南宋防守長江防線的杜充兵潰投降，金兵渡過長江，佔領了建康，攻陷了臨安。宋高宗逃到越州（今浙江紹興）、明州（今浙江寧波）、定海，最後被逼乘船逃到海上，在浙江沿海漂泊了三四個月。

當金兵南侵時，南宋的人民，紛紛奮起抵抗，到處襲擊敵人，截斷敵人的糧道。金兵統帥兀朮（wū zhú）感到自己留在江南的兵力太單薄，害怕腹背受敵，不得不於 1130 年春天從江南往北撤退。

當時，韓世忠正駐防在今上海松江一帶，他探知金兵有北撤的企圖，隨即帶領八千人馬移駐鎮江，在長江的金山（山在江中）一帶險要地方佈防，準備截江阻擊金兵。

金兀朮調動全部兵力，打算強渡長江。韓世忠和他的夫人梁氏指揮宋軍在鎮江附近的黃天蕩嚴密戒備，截斷金兵歸路。金軍到來

以後，宋軍奮勇殺敵，梁氏擂鼓助戰，士氣異常高漲。金兀朮無法渡江，被韓世忠的部隊嚴密地封鎖在黃天蕩。

金兀朮覺得渡江不得，戰又不利，派人來向韓世忠求和，表示願把掠奪的財物全數留下，希望宋軍讓他們渡江北歸，韓世忠不許。金兀朮無計可施，要求和韓世忠當面談判。韓世忠提出兩個條件：一是歸還金軍侵佔的全部土地；二是把擄去的宋朝皇帝徽宗、欽宗立刻送還。

金兀朮看到求和不成，於是在黃天蕩一帶搶劫了一千多條民船，準備趁黑夜突圍，結果遭到了宋軍的堅強反擊。金兵在黃天蕩被韓世忠軍阻截了四十八天，後來，金兵偷偷地開鑿了一條通往長江的大渠，在一個夜晚，駕着小船，一面縱火，一面放箭，在宋軍防守薄弱的地方突出重圍，倉皇逃去。

（張習孔）

《中興四將圖》，該圖反映了南宋抗金名將岳飛、張俊、韓世忠和劉光世。

岳　家　軍

　　宋代民族英雄岳飛（1103—1142）的抗金事跡，數百年來在人民心中留下了不可磨滅的印象。

　　1129 年至 1130 年，金兀朮率領大兵南下，長驅直入長江以南沿海地區，原想一舉消滅南宋政權，但是遭到了各地人民的英勇抵抗，受到了嚴重的打擊。岳飛率領的部隊，在廣德（今安徽東南）一帶，屢次挫敗金兵，取得很大勝利。1130 年，「岳家軍」在常州（今江蘇南部）一帶打了好幾次勝仗，金兵被迫退到鎮江以東地方。在各地人民的沉重打擊下，佔領建康（今江蘇南京）的金兵打算從靜安鎮（今江蘇江寧西北）渡江逃跑。岳飛探明敵人撤退的情況後，隨即率領部眾直趨靜安，在清水亭，又把金兵打得大敗，並且乘勝收復了建康城。

「岳家軍」轉戰各地，紀律嚴明，即使在糧草接濟不到的時候，也不侵犯民間一草一木。他們的口號是：「凍死不拆屋，餓死不鹵（劫奪）掠。」「岳家軍」對人民秋毫無犯，受到了廣大人民的熱烈擁護和愛戴。

「岳家軍」是南宋初年抗金的一面旗幟。在長期戰鬥中，他們在敵人面前，充分表現了有進無退的精神；即使敵兵常常使用排山倒海之力，也不能把他們的陣營稍稍動搖，因而在敵人軍營中對「岳家軍」也有了這樣的評語：「撼山易，撼岳家軍難！」

（張習孔）

郾城大捷

宋高宗紹興十年（1140）夏天，金兀朮再次興兵南侵，戰線東起淮河下游，西到陝西。南宋政府派岳飛帶兵到河南去抵抗。這時，在東路，南宋將領劉錡在順昌（今安徽阜陽市）大敗金兵主力；在西路，另一南宋將領吳璘，堅守扶風（今陝西扶風縣），金兵屢攻不下；北方的民兵，在金兵後方異常活躍。

岳飛北上以後，把大本營屯駐在郾城（今河南郾城）。在大舉進攻之前，岳飛一面派遣部將牛皋（gāo）、張憲等人，分路收復河南各地；一面又派遣義軍首領梁興等人重返太行山區，組織和領導河北地區的民兵，策應北上的軍隊。在很短的時期裏，宋軍先後收復了潁昌（今河南許昌）、鄭州、洛陽等地。宋軍的聲勢震動了中原。

金兀朮為了阻止岳飛的進攻，親率精銳的「鐵塔兵」和「拐子馬」一萬五千餘騎，從開封南下，向郾城反撲。「鐵塔兵」是兀朮的侍衛親軍，士兵「皆重鎧全裝」，看起來好像鐵塔一般。「拐子馬」

指的是左右翼騎兵。兀朮每次作戰，照例以「鐵塔兵」列在正面，「拐子馬」佈列兩側，一齊衝鋒。岳飛看見兀朮親自率兵來攻，於是命令自己的士兵，和敵人騎兵交戰時，各人都手持麻扎刀、大斧，上砍敵人，下砍馬腿。雙方自申時（指下午三點到五點）鏖（áo）戰到天色昏黑，金兵大敗而逃，「岳家軍」取得了輝煌的勝利。

郾城大捷，鼓舞了北方人民抗金的勇氣。中原地區的廣大人民，爭先恐後地給「岳家軍」運糧食，做嚮導，送情報。在人民的支持下，「岳家軍」乘勝攻下了朱仙鎮（在開封附近）。岳飛看到汴京快要收復，興奮地對戰士們說：「我們很快就要直搗敵人的老巢——黃龍府，到那時，為了慶祝勝利，我要同大家痛飲一場！」

（張習孔）

秦　檜

為了紀念宋代民族英雄岳飛，人們在杭州西湖風景秀麗的棲霞嶺南麓，特意營建了一座岳王墓；墓前，還有一對用生鐵鑄成的秦檜夫婦跪像。

秦檜是陷害岳飛的奸臣。北宋末年，金兵第一次南侵時，宋統治集團中的主和派主張與金謀和，秦檜自告奮勇當了求和「使者」。後來秦檜被金兵俘虜，他就和金貴族拉上了關係。1129年，金大將撻懶帶兵由山東向南侵犯，秦檜被派作他的軍事參謀，一同隨軍南下。金兵圍攻楚州（今江蘇淮安市）時，所發佈的勸說楚州軍民投降的文告，便是秦檜寫的。1130年，秦檜攜帶全家大小從金佔領區回到南宋。當時有很多正直的官員都紛紛議論，說秦檜是奸細；可是由於秦檜的賣國活動和宋高宗的投降意圖正相吻合，因此他得到

了宋高宗的信任，在回到南宋後的第二年就當上了宰相。

　　當岳飛在郾城大敗金兵取得決定性勝利時，秦檜認為這對自己的投降政策很不利，便急忙下令要岳飛迅速班師。岳飛拒絕執行這個命令，堅請進軍北伐。秦檜就下令先將其他各路軍撤退，然後以「孤軍不可久留」為藉口，迫令岳飛退兵。在這種情況下，岳飛不得不忍痛撤兵。他憤慨地高叫道：「十年之功，廢於一旦！所得諸郡，一朝全休！社稷江山，難以中興！乾坤世界，無由再復！」中原一帶的老百姓都攔住岳飛的馬痛哭留阻。岳飛拿出詔書給百姓看，說：「我不能違抗命令！……」

　　一年以後，岳飛遭到秦檜的誣陷，被逮捕下獄。紹興十一年十二月末（1142年1月），審理岳飛案件的官吏遵照秦檜的指示，硬誣陷岳飛有謀叛朝廷的罪名，將他毒死。岳飛臨死前，什麼話也沒有說，只在奸臣們事先擬好的「供狀」上寫了八個大字：「天日昭昭！天日昭昭！」他的部將張憲和長子岳雲同時被害。

　　在岳飛被害前不久，南宋統治者和金人訂立了屈辱的和約。和約規定：宋對金稱臣，並將東自淮河西到大散關（今陝西寶雞西南）以北的土地劃歸給金；每年宋給金二十五萬兩銀和二十五萬疋絹。

　　和議告成後，秦檜愈加專橫無忌。凡是主張抗金或同情岳飛的人，無不遭到他的陷害。有一個保衛商州十年之久，名叫邵隆的軍官，在州城割讓給金以後，常常祕密派兵化裝出外襲擊金兵。秦檜知道了以後，把他調到內地，用毒酒害死。岳飛的愛將牛臯年已六十一歲，秦檜還是對他放心不下，竟指使自己的黨羽利用宴會機會把他毒死。

　　紹興二十年（1150），有一個名叫施全的軍士，趁秦檜上朝的機會向他行刺，沒有刺中，施全被捕。秦檜親自審問，施全慷慨激昂地說：「全國人民都想殺金兵，只有你一個人偏偏不肯，所以我就要刺死你！」

（張習孔）

唐宋八大家

唐宋時代，在我國散文領域出現了一個嶄新局面，產生了許多有名的作家，其中最著名的有：唐代的韓愈、柳宗元，宋代的歐陽修、王安石、蘇洵、蘇軾、蘇轍、曾鞏，文學史上把他們合稱為「唐宋八大家」。

魏晉南北朝時，文風日益趨向綺靡華豔，文壇上佔統治地位的駢體文，只注重聲韻和諧、對偶整齊和辭藻的華麗，不注重內容。一些比較進步的文人，相繼起來反對這種浮豔的文風。到了唐代，韓愈等人更加大力從事「古文」（指先秦兩漢時候的散文）的宣傳和寫作。於是，古文的寫作，漸漸成為一種社會風尚。

韓愈（768—824），字退之，鄧州南陽（今河南南陽）人。他是古文運動的倡導者，也是我國歷史上著名的古文家。他提倡古文，反對駢文，要求文學有思想內容。他所寫的散文內容豐富，形式多樣，氣勢磅礴，說理透闢。在語言運用上，他善於創造性地使用古代詞語，推陳出新，句法靈活，有很強的表現力。尤其是他的雜文，短小精悍，感情充沛，對許多社會現象進行了大膽辛辣的諷刺。他的著作有《韓昌黎集》四十八卷。

柳宗元（773—819），字子厚，河東（今山西永濟）人。他是古文運動的積極支持者。他的寓言、諷刺散文和山水遊記，最富有創造性。他的文章充滿了強烈的愛憎感情。比如，在《黔之驢》一文中，他辛辣地諷刺了官僚社會中那些徒有其表、虛張聲勢之徒，其蠢如驢，他們恃寵而驕、得意忘形，結果遭到自取滅亡的下場。再如，在《捕蛇者說》一文中，他深刻地揭露了賦稅的毒勝過蛇毒，具體地描寫了人民在封建剝削下的無比痛苦。他的山水遊記，文字清新秀美，內容不僅僅是純客觀地描繪自然，而且也滲透着自

己痛苦的感受和對醜惡現實的不滿情懷。他這方面的代表作是《永州八記》。

歐陽修（1007—1072），字永叔，號醉翁，廬陵（今江西吉安）人。他的文章明暢簡潔，豐滿生動；無論寫人、寫事、寫景，都能以簡練的筆墨，渲染出十分濃郁的抒情氣氛。他的《醉翁亭記》《秋聲賦》等文，最能表現這種獨特的藝術風格。他還寫過許多結構謹嚴、語言明快的政論性文章，如《與高司諫書》《朋黨論》等。

王安石在宋神宗時，擔任過宰相。他不但是一位大政治家，也是一位大文學家，他的文章，以政治和學術的論說文居多。尤其是他的政論文，在唐宋八大家中，是最突出的。他的文章的特點是：結構謹嚴，論辯透闢，語言簡練有力，概括性強。例如，《上仁宗皇帝言事書》和《答司馬諫議書》等一類為變法服務的作品，不但表達了作者的進步思想，而且也顯示了作者在政論文方面的優異才能。

蘇軾（1037—1101），字子瞻，號東坡居士，四川眉山人。他和父親蘇洵、弟弟蘇轍，被合稱「三蘇」。蘇軾有多方面的文學才能，古文、詩、詞都寫得很好。由於他在政治上不得意，大部分時間被貶謫，有機會接觸人民的生活，因此寫出了許多具有一定現實內容的作品。他的筆記文《志林》，文字簡練，情趣生動，在藝術上具有很顯著的特色；他寫的亭台記，如《喜雨亭記》等文，筆觸輕鬆，明朗流暢。蘇洵和蘇轍在文學方面也有相當貢獻，但都不如蘇軾的成就大，這裏就不詳細介紹了。

曾鞏（1019—1083），字子固，江西南豐人。他的政治態度比較保守，曾在神宗面前批評過王安石；不過在文學見解上，卻和王安石很接近，也反對形式主義的文章。他的散文結構謹嚴，風格樸實，語言簡潔犀利，曾給後代以相當影響。他的著作有《元豐類稿》。

（張習孔）

宋初四大類書

　　類書，就是摘取羣書，分門別類編排而成的書籍。宋初編修的四部大型類書是《太平御覽》《太平廣記》《文苑英華》和《冊府元龜》。

　　《太平御覽》是太平興國二年（977）春，宋太宗命令大臣李昉等編撰的。到太平興國八年十二月（984年1月）完成，前後歷時近七年。這部書初名《太平總類》，書成後，宋太宗每天閱讀三卷，一年的功夫全部讀完，於是改名為《太平御覽》（簡稱《御覽》）。全書共分「天」「地」「州郡」「封建」「治道」「時序」「人事」「刑法」「服用」「疾病」「工藝」等五十五門，共一千卷，徵引古書多至一千六百九十種。

　　《太平廣記》專門收集自漢代至宋朝初年的野史、小說。因為成書於太平興國年間，又和《太平御覽》同時編纂，所以名為《太平廣記》。這部書也是李昉等人奉宋太宗的命令集體編纂的。從太平興國二年（977）春天開始，到第二年秋天完成，共五百卷，目錄十卷。全書按題材分為九十二大類，一百五十餘細目。《太平廣記》給了後世研究戲曲、小說史的人很大幫助。據記載，南宋時的「說話人」（就是後來的說書人），從小都得學習《太平廣記》；宋元時人編的話本、雜劇，就經常以《太平廣記》中的故事為題材；明清時人寫的小說、戲曲，也有很多取材於這部書。

　　《文苑英華》也是宋太宗時命令李昉等人編修的，這是一部詩文總集。南北朝時，梁昭明太子蕭統曾編選過《昭明文選》。《文苑英華》就是繼《昭明文選》以後，包括從梁到唐的另一部詩文彙編。這部書從太平興國七年（982）修起，到雍熙四年（987）修成，前後共費時五年。全書共一千卷，書中保存了大量古代詩文，為以後明代編成的《古詩紀》、清代編成的《全唐詩》《全唐文》等重要總

集所取材。南宋彭叔夏考訂了書中的錯亂重複，寫成《文苑英華辨證》十卷，可以作為使用這部大書時的參考。

《冊府元龜》共一千卷，約九百萬字。宋真宗景德二年（1005），下詔令王欽若、楊億等編修一部有關歷代君臣事跡的書。大中祥符六年（1013）書成，真宗親自題名為《冊府元龜》。

「冊府」意思是書冊的府庫，「元龜」就是大龜。按照古人迷信的說法，龜卜可以知未來，所以凡是可以作為借鑒的事，就稱為「龜鑒」。《冊府元龜》的意思就是：這書是一部古籍的彙編，可以作為君臣的鑒戒。

《冊府元龜》可以算一部大型的史料分類彙編，從上古到五代，按人事、人物，共分三十一部，一千一百零四門。書中對於唐、五代各朝史事，記載尤為詳備，不但可以校史，而且可以補史。

（張習孔）

《資治通鑒》

北宋司馬光（1019—1086）領導編撰的《資治通鑒》（簡稱《通鑒》），是我國著名的歷史書之一。全書二百九十四卷，另附目錄及考異各三十卷，上起戰國，下迄五代，所載史實曆一千三百六十二年。這書編修目的，從書名就可以知道：「資」是「為」，「治」是「統治」，「通」是「從古到今」，「鑒」是一面「鏡子」；合起來的意思就是，供給統治階級從中吸取統治人民、治理國家的經驗教訓。出於這個目的，所以這部書對於歷代「治亂興衰」的重大史實敍述得很詳細。

參加編撰這部書的人，除司馬光外，還有劉攽（bān）、劉恕、

范祖禹等人。劉攽擔任兩漢部分的撰寫任務，劉恕擔任魏、晉、南北朝部分的撰寫任務，范祖禹擔任唐、五代部分的撰寫任務，最後由司馬光總其成。司馬光的兒子司馬康擔任文字的校對工作。從英宗治平三年（1066）開始編寫，到神宗元豐七年（1084）修成，前後共歷時十九年。

在《通鑒》的編修過程中，司馬光付出了最大的勞動。據范祖禹說，司馬光每天很早起牀開始工作，一直到深夜才就寢。他每天修改的稿紙就有一丈多長，而且上邊沒有一個草字；等到《通鑒》修完，在洛陽存放的未用殘稿，就堆滿了兩間屋子。司馬光在他的進書表上說，「平生精力，盡於此書」，看來並不是虛語。

《資治通鑒》的編修共分兩個時期：從 1066 年至 1070 年在開封編撰，為一個時期。這五年中，編完了周、秦、漢、魏幾朝的歷史，共七十八卷。從 1071 年至 1084 年在洛陽編撰，為另一個時期。這十四年中，編完了晉至後周幾朝的歷史，共二百一十六卷。

《通鑒》這部書自宋朝以來就為歷史學者所推崇，並且有很多人模仿它，寫成同樣體裁的史書，如宋李燾的《續資治通鑒長編》、清畢沅的《續資治通鑒》等。

司馬光等人在編撰《通鑒》時，除取材「正史」外，還採用了「雜史」三百二十餘種。為了考辨異同真偽，一件事往往採用三四種書，要求做到求真求是。書中所記內容，大體平實可信。

《通鑒》一書在編寫上，按年代順序，排比史實（這種體裁叫作「編年體」），敍事簡明扼要，文字精練生動；不但可以作為歷史著作讀，而且也可以當作古典文學作品讀。

（張習孔）

《夢溪筆談》

《夢溪筆談》的作者為北宋時人沈括，他是錢塘（今浙江杭州）人，生於仁宗天聖九年（1031），死於哲宗紹聖二年（1095）。

沈括做過沭（shù）陽（今江蘇沭陽）縣的主簿（主管文書簿籍的官），在「昭文館」擔任過編校書籍的任務，也做過專門管理天文、曆法的工作。1075 年，他一度充當劃定宋、遼邊界的外交使者。後來，他做鄜（fū）延路經略安撫使，成為一方的軍政長官，在抵抗西夏入侵的鬥爭中，為國家立了很大功勞。

沈括在政治上一貫支持王安石的新法，因而遭到守舊官僚的痛恨。王安石罷相以後，那些頑固官僚們，不斷藉機攻擊、排擠沈括，使他對官場生活感到十分厭倦。1088 年，他到潤州（今江蘇鎮江）隱居。在這裏，他埋頭研究學術，專心從事《夢溪筆談》的著述。

《夢溪筆談》共二十六卷，另有《補筆談》三卷，《續筆談》一卷，是用筆記體裁寫的，總計六百零九條。這部書的價值可以歸納為下列幾點：

一、對自然科學方面的貢獻。沈括曾用三個月的時間，來觀測北極星的位置，並繪製了二百幅圖，結果證實北極星和北極相距三度多。他對虹的成因，做了科學的解釋，他認為虹是由於日光照射雨點發生折射現象產生的。他在曆法方面，主張取消閏月，定一年為十二個月，大月三十一天，小月三十天。這個辦法可以避免計算和安排閏月的麻煩。在《夢溪筆談》中，還記載了用木料製作立體模型地圖和用比例尺繪製天下郡縣圖的方法。在地質學方面，沈括發現太行山的崖壁上有許多蚌殼，因而提出了這一帶在古代可能是海岸的推理。

二、對歷史學方面的貢獻。《夢溪筆談》中有很多對於重要歷史事件的記載，可以補史書之不足。比如，有關宋代慶曆年間（1041－1048）畢昇發明活字印刷術的事實，書中就有很詳細的敍述。特別是對993年四川王小波、李順所領導的農民起義一事，記載尤為翔實。據該書講：王小波等起義失敗後，李順在民間隱藏了三十多年。這個記載和一般官書所說不同，它揭穿了官修史書上所稱李順被官兵捕獲的謊言。

三、對文學、藝術方面的貢獻。《夢溪筆談》內容豐富，包括有遺文舊典、小說家言，後人可以從中取得豐富的材料。書中還有專門討論音樂和美術的篇章，議論都很精闢，反映了作者的獨到見解。

《夢溪筆談》記錄了沈括的科學研究成果，它是我國古代一部很重要的學術著作。

（張習孔　曹增祥）

李　清　照

北宋末年，詞壇上出現了一位傑出的女詞人，她就是李清照。

李清照（1084－1155），號易安居士，歷城（今山東濟南）人。她的父親李格非，是學者兼散文作家；母親也長於寫文章。李清照自幼受家庭的教養，年輕時就有很高的文學修養。她的丈夫是太學生趙明誠，夫婦兩人都喜歡收藏金石書畫，他們合著的《金石錄》，對考古學有一定貢獻。

金兵南下，先後佔領了河北、山東一帶，李清照夫婦逃難到江南。在混亂的局勢中，趙明誠病死在建康。此後，李清照便一個人漂泊於台、越、衢、杭諸州（均在今浙江省），在顛沛流離的生活

中，度過了寂寞困苦的晚年。

李清照是個多才多藝的女作家，她的詩和文都寫得很好，尤其精於填詞。她的作品裏，描繪的形象很生動具體，富於感情，語言也很精練。她在南渡以前，過的是比較安逸寧靜的生活，這時她的詞的主要內容是描寫對愛情的要求和對自然的喜愛。在風格上，她的詞的特點是婉約清新。

南渡以後，李清照面對着苦難的現實遭遇，所填的詞感情極為沉痛，風格上也漸趨向蒼涼悽楚。例如，她的《聲聲慢》一詞，一開始就運用了「尋尋覓覓，冷冷清清，悽悽慘慘慼慼」七對疊字，來抒寫自己悲愁寂寞無法排遣的痛苦。末尾兩句「這次第，怎一個愁字了得？」更反映出作者愁緒的錯綜複雜。這種愁苦的情感，是由許多方面的原因造成的；它所包含的內容，不光是個人的不幸，而是帶有時代和社會的因素的。

李清照生平著作，據《宋史・藝文志》所載，有《易安居士文集》七卷，《易安詞》六卷，可惜這些集子後來都散佚了。現在還保存的《漱玉詞》是後人輯錄的，收有五十首左右的詞，僅僅是李清照作品的一小部分。

（張習孔）

辛棄疾　陸游

辛棄疾（1140—1207），字幼安，號稼軒，歷城人。他出生的年代正是北宋亡後的第十三年。他二十一歲時，組織了一支抗金的隊伍，第二年，他帶着這支隊伍參加了耿京領導的抗金義軍。後來耿京為叛徒所殺，辛棄疾親自率領五十多人襲入金軍營中，將叛徒

活捉，縛送到建康。他這種英勇的愛國行為，受到了廣大人民的熱烈讚揚。辛棄疾投歸南宋後，屢次向朝廷提出收復失土的主張，都未被接受。

他對南宋統治階級的庸弱表示憤慨，對淪陷在金貴族統治下的人民表示關懷；他時刻不忘失土的收復，希圖根本改變宋朝衰弱的處境。他把自己這種憤激、壯烈的感情，寫進了許多詞裏：

> 渡江天馬南來，幾人真是經綸手？長安父老，新亭風景，可憐依舊。

> 夜半狂歌悲風起，聽錚錚、陣馬簷間鐵。南共北，正分裂。

> 道男兒到死心如鐵，看試手，補天裂。

他責問南宋君臣，有幾個真正是治理國家的能手？他指出，國土淪喪，山川風景固然依舊，可是卻無人關心受難的北方父老。半夜風起，掛在屋簷下的「鐵馬」（薄鐵片，有風吹動，就相互碰擊出聲，人們用來測風）錚錚作響，不禁激發起一個具有愛國心腸的人的萬千感慨。美麗的山河，「南共北，正分裂」，難道可以允許這種現象長期存在下去嗎？「看試手，補天裂」，作者滿懷着雄心壯志，發出了多麼豪邁的聲音！

> 何處望神州？滿眼風光北固樓。千古興亡多少事？悠悠，不盡長江滾滾流。　年少萬兜鍪（móu，「兜鍪」為頭盔），坐斷（佔據）東南戰未休。天下英雄誰敵手？曹劉。生子當如孫仲謀。

這首詞藉古喻今，表達了作者晚年時對國事深刻關懷的悲憤心情。作者通過對孫權這樣一個奮發有為的歷史人物的思慕，間接地對南宋最高統治者那種屈辱妥協的行為進行了抨擊。

辛棄疾流傳下來的詞，共有六百多首。他的許多詞，在思想內

容上和藝術造詣上，都達到了很高的水平。

陸游（1125—1210），字務觀，號放翁，越州山陰（今浙江紹興）人。他比辛棄疾大十五歲，但比辛棄疾晚死三年。陸游留下了近萬首詩，全面深刻地反映了他所處的時代。他的很多詩篇，充滿了慷慨激昂的愛國感情，如「汴洛我舊都，燕趙我舊疆」「幅員萬里宋乾坤，五十一年仇未報」等類句子，在他的詩集裏，舉不勝舉。陸游痛恨殘暴的金貴族統治者，深刻同情處於苦難中的人民，熱切渴望宋朝已失國土的收復。在一首詩裏，他這樣寫道：

　　三萬里河東入海，五千仞（古時以八尺或七尺為一仞）嶽上摩天。遺民淚盡胡塵裏，南望王師又一年。

這詩的大意是：祖國的山河無比雄偉壯麗，在金貴族佔領的地區，人民正遭受着無盡的痛苦。可是南宋政府卻從來沒有收復失地的打算。人們年年「南望王師」，年年感到失望。

陸游為祖國歌唱了一生，直到臨死的前夕，他還念念不忘收復失地的事業，寫出了一首感人至深的《示兒》，詩道：

　　死去原知萬事空，但悲不見九州同。
　　王師北定中原日，家祭無忘告乃翁。

（張習孔）

宋朝四大書法家

我國的書法藝術，到宋朝有了很大發展。宋代書法家很多，其中最著名的是蘇軾、黃庭堅、米芾（fú）、蔡襄四人，他們被稱為宋代的「四大書法家」。

蘇軾不僅在文學上有很高成就，在書法方面也有很高成就。他的書法藝術風格的特點是瀟灑豐潤，豪放活潑。他長於行書，他的字受到唐代大書法家顏真卿和五代時書法家楊凝式書法的影響。他為了精研書法，曾下過苦功。他揣摩古人的筆意，推陳出新，突破了晉、唐以來書法的傳統，創造了自己獨特的風格。存世的蘇字真跡，有《黃州寒食詩帖》《赤壁賦》《祭黃幾道文》等。

　　黃庭堅（1045—1105），字魯直，號山谷道人，洪州分寧（今江西修水縣）人。他的楷書、行書、草書都好，風格雄健秀美。他學習晉代大書法家王羲之和唐代大書法家張旭的筆意，加以變化，自成一格。存世的黃字真跡，碑刻有《狄梁公碑》，墨跡有《松風閣詩》《王長者史詩老墓誌銘》《華嚴疏》等。

　　米芾（1051—1107），字元章，號海嶽外史。因為他長期住在湖北襄陽，所以人們又稱他「米襄陽」。他曾做過禮部員外郎的官，古時把禮部的郎官稱為「南宮舍人」，所以人們又稱他「米南宮」。他的行書、草書都自成一家。他對書法藝術的看法，主張在繼承傳統的基礎上發展創造，既不墨守成規，也不否定傳統。他認為書法貴乎天真自然，流露個性，反對矯揉造作，裝腔作態。米芾學習書法十分刻苦認真，據說他沒有一天不專心臨摹所藏的唐人真跡。他除了是一位大書法家外，還是一位名畫家，他慣用大小墨點，畫雲山雨樹。米芾的畫，人們稱之為「米家雲山」，是山水畫中的一個新流派。米芾的墨跡，存世的有《蜀素帖》《米芾二帖冊》《法書三種》等。

　　蔡襄（1012—1067），字君謨，福建仙遊人。他的書法學習唐顏真卿，兼取法晉人。他的草書參用「飛白法」，寫得非常精妙。所謂「飛白」，是寫出來的字筆畫中露出一絲一絲白道，像枯筆寫成的一樣。他傳世的真跡，碑刻有《萬安橋記》《畫錦堂記》，墨跡有《謝賜御書詩》等。

宋朝著名的畫家

　　繪畫到了宋朝，進入了一個新的發展階段。這時山水、花鳥畫由於比較正確地體現了現實主義的優良傳統，已經可以和人物畫分庭抗禮了。更重要的是，寫生畫和水墨畫受到了足夠的重視。至於繪畫的題材，也比過去更為廣闊得多。

　　宋朝開國便設有「翰林圖畫院」（封建帝王御用的繪畫機構），羅致了全國的畫家，按照他們才藝的高下，分別給以不同的職銜，這對專業畫家的培養起到一定的作用。翰林圖畫院的畫家，現在有名可考的有一百七十多人，其中著名的有李成、范寬、李唐、劉松年、馬遠和夏珪。此外，還有以畫人物著名的李公麟和擅長界畫（用界尺作線，畫成宮室樓台，謂之「界畫」）的張擇端等人。

　　李成（919—967），字咸熙，先世為唐宗室。他的山水畫，最初師法唐末畫家荊浩，後來加以發展變化，創出與荊浩不同的風格。他落筆簡練，墨法精微，能「掃千里於咫尺，寫萬趣於指下」。他的作品有宋代摹本《讀碑窠石圖》。

　　范寬（950—1032），名中正，字中立。畫山水初學荊浩、李成，後來感到「與其師人，不若師諸造化」（意思是說不如向真實的大自然學習），於是遷居終南山，對景造意，寫山真貌，自成一家。存世作品有《溪山行旅圖》《雪山蕭寺圖》等。

　　李唐（1066—1150），字晞古。他的畫風對整個畫院中的山水畫派，有很大影響。他的存世作品有《晉文公復國》《江山小景》《萬壑松風》《清溪漁隱》等圖。

　　劉松年（約1155—1218），南宋傑出畫家，錢塘人。他的山水畫，筆墨精嚴，設色妍麗，善於表現山明水秀的江南景色。存世作品有《四景山水》《溪亭客話》等。

宿雨清畿甸

朝陽麗帝城

豐年人樂業

隴上踏歌行

馬遠《踏歌圖》

隋唐兩宋

馬遠（約1140—約1225），原籍河中（今山西永濟市），生長於錢塘。他的山水、人物、花鳥畫，在宋畫院中負有盛名。他生長的時代是宋室南渡以後，所以他畫山水多作殘山剩水，具有深刻的含意，世人稱之為「馬一角」。他存世的作品有《踏歌圖》《水圖》等。

夏珪（生卒年不詳），字禹玉，錢塘人。他的山水畫，筆力遒（剛健、有力）勁，墨氣淋漓。構圖多突出近景一角，風格與馬遠相近，後人並稱「馬夏」。存世作品有《溪山清遠》《西湖柳艇》等。

以畫人物著名的李公麟（1049—1106），字伯時，號龍眠山人，舒州（今安徽舒城縣）人。他畫人物、佛像，廣取前人之長，發展了東晉畫家顧愷之、唐代畫家吳道子等各家的特長，運筆如雲行水流，自成風格。他畫的白描羅漢非常有名。「白描」是用墨勾線條，不着色，他是這種畫法的創始者。存世作品有《維摩演教圖》等。

開始重視現實習俗生活的描繪，打破過去畫家專畫歷史人物與貴族生活的局限，這是宋代繪畫的一個很大變化。北宋傑出畫家張擇端（生卒年不詳）的《清明上河圖》就是這種新題材的代表。張擇端選擇清明日汴京東門外一段繁盛地區的街景為題材來作畫。在畫中，可以看到汴河裏船隻往來、虹橋上車馬不絕、街道上店舖林立的景象。可貴的是，畫中突出了各業勞動人民各種勞動生活的場面。這幅畫至今還在北京故宮博物院中保存着，它是我國繪畫史上不朽的傑作。

（蔣震）

本編從元朝講到鴉片戰爭前夕，這是中國封建社會的衰落時期。元朝地域遼闊，卻歷時短暫。明清大一統，歷時五百多年，但這一階段中華文化逐漸衰落，封建制度喪失了創新的活力，步入遲暮。

第四編

元明清

（1840 年前）

元朝　忽必烈

　　13世紀初，蒙古族的領袖成吉思汗，統一了蒙古各部，在蒙古地區正式建立了政權，並且同東南的金朝、西南的西夏，展開了多年的戰爭。1227年，成吉思汗病死，他的兒子窩闊台繼為大汗。當時，南宋和金正處於南北對峙的局面。窩闊台即汗位後，繼續對金作戰，並且約南宋出兵夾攻金。1234年，金在蒙古軍和南宋軍聯合夾攻下滅亡，蒙古貴族統治了中國北部。

　　金亡後，南宋朝廷希圖收回黃河以南的土地，調兵進入開封，並從開封分兵進駐洛陽。宋軍剛進洛陽城，蒙古兵即南下向宋軍進攻。宋軍大敗，開封、洛陽得而再失。此後，蒙古統治者又從今青海一帶進攻四川。另外，還在今湖北及長江、淮河之間，向南宋發動全面的攻勢。

　　蒙古軍遭到了南宋軍民的堅決抵抗。南宋人民紛紛組織民兵，奮起保衞家鄉。南宋的孟珙（gǒng）、王堅等將領，依靠人民，在今湖北、四川一帶，長期堅持英勇的保衞戰。

　　1258年，蒙哥汗（成吉思汗之孫）親自率領軍隊攻入四川，企圖一舉滅宋。不料，第二年，蒙哥在圍攻合州（今四川合川）時負傷，死在軍中（一說為病死）。這時，蒙哥的弟弟忽必烈正圍攻鄂州（今湖北武昌）。南宋的奸臣、妥協派首領、宰相賈似道，統率各路大兵來鄂州援救，暗中卻派人向忽必烈求和，願意納貢稱臣，割讓北地，要求雙方以長江為界。忽必烈本來不想議和，後來知道蒙哥

已死，蒙古貴族內部有人要擁立別人做大汗，他為了爭奪汗位，就答應了賈似道的議和條件，匆匆撤圍北還。而賈似道卻向宋朝廷謊報軍情，聲稱前線得勝，已經把蒙古兵打退。南宋統治者依然過着荒淫腐化的生活，根本不做戰守的準備。

忽必烈回到開平（今內蒙古自治區多倫東南），廢除了由蒙古貴族會議選舉大汗的制度，1260 年自立為大汗。同時，他的弟弟阿里不哥也在別的地方即了汗位，並且聯合了一部分貴族和他作對。這樣，蒙古統治集團內部便爆發了長達四年之久的內訌。

忽必烈為了增強自己的力量，依靠、利用漢族地主武裝，起用一批漢族官僚，終於在爭奪大汗的鬥爭中，獲得了勝利。1264 年，他遷都燕京（今北京）。1271 年正式定國號為「元」，改稱燕京為大都。後世稱他為元世祖。

忽必烈在北方穩定了自己的統治，又經過了幾年的準備，便大舉進攻南宋。在元軍的進攻面前，南宋的軍隊一觸即潰，各地大小官僚多半望風迎降，只有姜才、李庭芝、張世傑、陸秀夫、文天祥等少數文武大臣，領導江南人民進行了誓死不屈的反抗鬥爭。1279 年，南宋滅亡，元統一了全中國。

忽必烈不僅是一位出色的軍事統帥，而且也是一位有魄力的政治改革家。在建立了元朝以後，他的政權承襲了宋、金以來中國封建政權組織的全部體制，並根據當時的需要加以變化、發展，對以後明、清兩代有相當影響。忽必烈廢除了蒙古族地方長官的世襲制度，整頓了地方豪強的混亂統治，對蒙古諸王在封地內的專擅行為，也進行了某些限制。此外，他還採取了一系列保護和恢復農業生產的政策，並先後組織人力開鑿了會通河（今山東東平縣至臨清市的運河）和通惠河（自大都至通州）。這些措施，對安定久經戰亂後的社會秩序和發展生產、繁榮經濟來說，起了一定的積極作用。

忽必烈統治時期，結束了 12 世紀以來宋、金對峙的局面，完成了全國的統一。

（之明）

文　天　祥

　　文天祥（1236—1283），盧陵（今江西吉安）人。在他少年時，南宋的政治已是非常腐敗，國家的局勢也一天比一天危急。文天祥從小就有救國的抱負。1256 年，他在參加進士考試的時候，就大膽地提出了改革政治的主張。1259 年，蒙古軍隊進攻鄂州。南宋的宦官董宋臣主張遷都逃避。文天祥就上書南宋皇帝，要求殺掉董宋臣，並且提出了禦敵的方案，但是沒有被採納。

　　忽必烈建立了元朝以後，派大軍攻打南宋。1275 年，元軍在安徽蕪湖大敗宋軍，順流東下，逼近南宋的京城臨安（今浙江杭州）。這時，文天祥正在贛州（今江西省內）做知州。為了挽救危局，他立即號召人民起來抵抗，並且拿出自己的全部家產，積極招募士兵，組成了一支軍隊。他領着這支義軍，趕去保衛臨安。可是腐朽的南宋政府正在準備投降，對文天祥的抗元活動，不但不支持，反而給了許多限制和打擊。

　　1276 年，元軍攻到臨安城郊。南宋政府不得已，任文天祥為右丞相，派他去元營談判。文天祥在元營中，不怕威嚇，當面指責元軍的主帥，要元軍退兵議和，結果被扣留。就在這時，南宋政府卻向元軍投降了。元軍進入臨安，俘虜了南宋的皇帝和許多王公大臣。

　　十多天以後，元軍把文天祥押解去大都。在途中，文天祥趁機逃走，經歷許多艱險，到了永嘉（今浙江溫州）。不久，張世傑、

陸秀夫在福州另立趙昰（shì）為皇帝，召文天祥前往。文天祥來到後，和張、陸同心協力，重新組織軍隊，繼續抗元。1277 年，他進軍江西，收復了好幾處州縣，後來被強勢的元軍打敗。但是，文天祥並不氣餒，他退到廣東，堅持抵抗。

1278 年，趙昰死去。張世傑、陸秀夫又立趙昺（bǐng）為皇帝，並且把政府遷到厓山（在廣東新會縣以南海中）。文天祥則領兵在廣東潮陽一帶駐守。不久，元將張弘範率領大軍攻入廣東。在一次戰鬥中，文天祥兵敗被俘。

文天祥被俘以後，張弘範押他一同到厓山，要他寫信去招降張世傑。文天祥堅決拒絕，並且寫了一首詩表明自己不屈的意志。詩的最末兩句是：「人生自古誰無死，留取丹心照汗青。」

1279 年春，張世傑、陸秀夫率領宋軍，在海上同元軍展開大戰，結果宋軍戰敗。為了不被敵人俘虜，陸秀夫揹起趙昺投海而死。張世傑召集殘軍繼續戰鬥，兵敗突圍，遇到颱風，坐船被巨浪打翻，他不幸落海犧牲。南宋至此滅亡。

1279 年冬，文天祥被押送到大都，關進了監牢。元朝統治者千方百計地對他進行威逼利誘，要他歸降。但是，他都堅決拒絕，毫不動搖。他在獄中寫下了許多光輝的詩篇，來表明自己寧死不屈的決心。其中最著名的，就是《正氣歌》。文天祥在這首詩中，引述了歷史上許多英雄人物的事跡，來證明正氣的不可屈辱，表示了對元朝統治者的蔑視。詩中每一字句，都包含了作者高貴的愛國感情，它深深地打動了人們的心弦。

1283 年，文天祥在大都柴市（今北京交道口南）從容就義。他死後，人們在他的衣帶裏，發現他預先寫好的讚文，最後幾句說道：「讀聖賢書，所學何事？而今而後，庶幾（將近、差不多）無愧！」這首讚文，充分表現了文天祥臨死不懼、視死如歸的精神。

（張習孔）

元　曲

　　元曲是我國文學發展史上一支鮮豔的花朵，它是元代新興的一種韻文文學，分散曲和雜劇兩類。散曲是一種由詩詞變化發展來的新詩體，雜劇是一種包括歌唱、音樂、舞蹈和完整故事情節的綜合性藝術。在元代短短的幾十年間，產生了大批優秀的作品，湧現出不少偉大的作家。在這些作家中，最著名的有關漢卿、王實甫、白樸和馬致遠。

　　關漢卿，大都人，是元代雜劇的奠基人。他一生共寫了六十多個劇本，可惜大部分都已經散佚。現在流傳下來的曲、白（對話）俱全的劇本有十二個，科（動作）白殘缺的有三個，只保存着單支曲詞的有兩個。這些劇本，題材廣泛，內容豐富，其中有的寫被壓迫婦女的冤屈，有的寫受迫害的人民與貪官惡吏的鬥爭，有的寫歷史上的英雄人物，有的寫社會上的公案故事。由於關漢卿長期和下層人民在一起，對人民的痛苦生活有比較深刻的了解，因此，在他的劇本中，充滿了對統治階級的仇恨和對受壓迫羣眾的同情。

　　《竇娥冤》是關漢卿雜劇的代表作品，也是現存的元代最好的雜劇之一。這個劇本描寫了在黑暗統治下含冤而死的竇娥的悲慘命運，塑造了一個反抗強暴、至死不屈的光輝的婦女形象。竇娥在被綁赴法場的路上，因為不甘於向命運低頭，大膽地向古代人所認為的世界的主宰——天和地，發出了斥責和呵罵：

　　　　天地也，做得個怕硬欺軟，卻原來也這般順水推船。地也，你不分好歹何為地？天也，你錯勘賢愚枉做天！

　　這是對暗無天日的封建統治秩序所表示的懷疑，也是對當時正義得不到伸張的現實社會所提出的控訴。作者通過劇中的主角——竇娥一生坎坷不平的遭遇，對封建社會的殘酷現實做了無情

的鞭撻，充分表明了作者的社會政治觀點，敢於揭露當時社會的黑暗。

《救風塵》是一齣優美動人的喜劇。在劇中，關漢卿描寫了機智、正直的趙盼兒，她用非常巧妙而合乎人情的計策，與花花公子周舍展開鬥爭，把自己的同伴妓女宋引章從災難中救了出來。

《單刀會》是關漢卿寫的一齣歷史劇，它描寫了三國時吳蜀兩國的一場政治鬥爭：吳大臣魯肅企圖從蜀大將關羽手中索取荊州，設宴邀請關羽，想用威脅的辦法達到目的。關羽毫無所懼，單刀赴會，凜然不屈。最終，魯肅的計謀落空。

一百年以前，《竇娥冤》就已被譯成法文，傳到了歐洲。在亞洲其他國家，包括日本，也曾大批地翻譯過關漢卿的作品。

王實甫也是大都人。他的代表作《西廂記》，在元代雜劇中有着很高的地位。劇中描寫了張生和崔鶯鶯的戀愛故事，歌頌了青年男女爭取戀愛自由、向封建禮教鬥爭的勝利，具有強烈的現實意義。

白樸，隩（ào）州（今山西河曲附近）人。《牆頭馬上》是他最出色的作品，也是元代雜劇中著名的四大愛情劇之一（另外三個著名的愛情劇是關漢卿的《拜月亭》、鄭光祖的《倩女離魂》和王實甫的《西廂記》）。劇中通過敍述一對青年男女的戀愛故事，盡力宣揚男女自由結合的合理性，表現了一種要求婚姻自主、反對封建禮教束縛的鬥爭精神。這個劇在思想性和藝術性上都很成功。

馬致遠，大都人。他的名著《漢宮秋》，是一部具有特殊藝術風格的歷史劇。它描寫的是漢元帝時宮女王昭君的故事。作者通過這個劇本，強烈地表達了他自己的反對當時元代蒙古貴族實行嚴重的民族壓迫政策的思想感情。《漢宮秋》所突出的這種主題思想，是帶有強烈的現實意義的，但這部作品的感傷情緒比較多。

元曲中的散曲，也叫「清曲」，包括「小令」「套數」兩部分。

「小令」和詞差不多，原是民間流行的小調。「套數」又叫「套曲」，是合一個宮調中的許多曲子而成的。元代散曲作家有作品流傳下來的約有兩百多人，在眾多的作品中也有不少傑出的篇章。

（張習孔）

郭　守　敬

　　郭守敬（1231—1316），字若思，順德邢台（今河北邢台）人。他在天文方面是個著名的儀器製造家和天象觀測家。他製作的儀器很多，著名的有自動報時的「七寶燈漏」，觀測恆星位置以定時刻的「星晷定時儀」「日月食儀」等近二十種。這些儀器，比起前代來，有許多獨創的地方，制法簡易，使用方便，精準度高。可惜其中大部分原作已經失傳。此外，他還建立了北京的司天台（天文台），並實測了各地的經緯度。

　　《授時曆》是郭守敬在曆法上的最大貢獻，它比過去的曆法有很大改進。它推算出一年的天數，比地球繞太陽一周的實際時間只相差二十六秒，和現行的公曆的一年的周期相同。《授時曆》從1281年起使用了四百年。它的開始使用，比現行公曆的確立還早三百年。

　　在水利事業方面，郭守敬的貢獻也很大。1291年春，他擔任元政府都水監的官職，領導整修大都至通州的運糧河。經過一年多的時間，運河修通，定名通惠河。原來北京至通州間運河的開鑿，是從金開始的，金開鑿這條運河的目的在於把由大運河運到通州的糧食繼續轉運到京師。元在北京建都後，金開鑿的運河已經荒廢，如何解決大都漕運的問題，被提上了日程。在這方面，郭守敬發揮了

卓越的才能。他根據自己勘測的結果，除了決定引用金曾經利用過的甕山泊（今北京頤和園昆明湖）和高梁河（今北京西郊紫竹院水）的水源以外，還引用昌平城東南鳳凰山山麓的白浮泉水和西山山麓的其他泉水，來解決水源不足的困難。經過精密的勘測，他設計了一條長達三十公里的河渠。這樣，漕糧船隻就可直接從通州駛入大都城的積水潭了。

在郭守敬的主持下，元政府還修復了黃河沿岸的許多主要的古代河渠，其中著名的有長達二百公里的唐來渠和長達一百二十五公里的漢延渠等。這些渠道的修復，對於當時西北地區農業生產的發展，起了重要的作用。

（張習孔）

黃 道 婆

黃道婆生於宋末元初，出生在一個貧苦的勞動人民家裏。據說她少年時給人家當童養媳，在黑暗的封建家庭裏，備受虐待和屈辱。後來她實在忍無可忍，不惜離鄉背井，一個人流浪到了海南島的崖州。當時崖州的棉紡織技術很出名，當地黎族婦女所織的布，上面有各種花紋，非常精巧。她在崖州居住的時候，虛心向黎族人民學習，掌握了棉紡織的全部操作方法。1295 年至 1296 年間，黃道婆懷念家鄉，便從海南島搭上一艘商船重返故鄉。

大約在東漢時代，棉花就從國外傳入我國雲南，居住在這個地區的少數民族哀牢人，那時便能生產出一種名叫「白迭花布」的紡織品。13 世紀中期以後，棉花逐漸由福建、廣東地區傳入長江流域。松江一帶的老百姓對於棉種的輸入，很是歡迎。棉紡織業在松

江一帶興起很快。不過，那時去籽和軋棉的方法，都非常原始，紡織的技術也不高，生產的效率很低，因此，廣大人民還不能普遍地穿着棉織品。要想適應社會日益增長的需要，改進紡織工具和提高紡織技術顯然是一個亟待解決的問題。就在這個時候，黃道婆帶着黎族人民的先進紡織技術回來了。她一回到烏泥涇，就把在崖州學來的技術傳授給家鄉的人民。她教會家鄉婦女們製造捍、彈、紡、織等工具。捍，就是攪車，又名軋車或踏車，應用簡單的機械原理，利用兩軸間相互輾軋，將棉籽從棉絮內部排擠出來，使軋棉的生產效率大為提高。彈，就是彈鬆棉花的椎弓。13世紀後期，江南地區彈棉使用的小型竹弓，僅有一尺四五寸，還要用手指來撥彈，弓身短小，彈力輕微，而且用線作弦，很不堅韌。黃道婆製造了四尺多長的大弓，弦用繩子，比起以前所用的線弦，彈力要大得多。紡，就是紡車。松江地區最初紡紗使用的是一個紡錠的手搖車，黃道婆將這種紡車加以革新，創製了一種可以同時紡三個紗錠的足踏紡車。使用這種紡車，速度快，產量多，生產效率高。織，就是織布機。在黃道婆回鄉以前，人們使用的是一種構造簡單、操作方法笨拙的投梭織機，生產效率不高。黃道婆對於織機改革的詳細情況，由於文獻材料不足，已經不得而知。據說她創製的提花織機，可以織出各種美麗的花布，這確實是很了不起的。

黃道婆回鄉以後，除了傳授棉織技術以外，還把崖州黎族人民織造提花被單的技術也帶了回來，傳授給烏泥涇鎮的婦女。一時間，「烏泥涇被」成為全國聞名的精細織品，受到各地人民的歡迎。據史書記載，那時烏泥涇人民依靠紡織為業的就有一千多家。此後，黃道婆所傳授的紡織技術，很快地又傳入上海及周邊地區，對於這些地區的棉紡織業，起了很大的推動作用。

（張習孔）

紅 巾 軍

元順帝時（1333—1368），社會階級矛盾和民族壓迫日益深刻，人民反抗元朝封建專制統治的鬥爭也越來越激烈。各地的起義前仆後繼，終於發展成為以「紅巾軍」為主力的大規模的農民戰爭。

元順帝至正十一年（1351），元政府以賈魯為總治河防使，徵發河南、河北等十三路民伕十五萬人及廬州（今安徽合肥）戍軍兩萬人，開掘黃河故道，整修黃河堤岸。在元朝官吏的鞭笞下，治河民伕日夜在泥淖地帶辛苦工作。政府發給民伕少得可憐的一點工糧，又被治河官吏層層剋扣，民伕們怨聲載道，羣情沸騰。白蓮教（一種祕密宗教組織）首領韓山童、劉福通等，便利用這個有利時機，以白蓮教組織羣眾，在民伕中積極活動，宣傳「明王出世」的思想，並散佈童謠說：「石人一隻眼，挑動黃河天下反。」同時暗地裏製造了一個獨眼的石人，埋在治河民伕集中勞動的黃陵崗（今河南蘭考縣東北）。一天，治河民伕們在這裏挖出了這個石人，大家都驚詫不已，彼此輾轉相告，沒有多長時間，就傳遍了整個工地。

劉福通等看到起義時機已經成熟，便在河北永年聚集了三千人，殺白馬黑牛宣誓，編成起義軍，擁立韓山童為明王，宣佈起義。參加起義的人都用紅巾包頭，作為標誌。人們把他們稱作「紅巾軍」。

但是，起義佈置得不夠周密，元政府事先得到消息，派兵鎮壓，韓山童被捕犧牲，這次起義沒有成功。後來，劉福通等逃往潁州（今安徽阜陽），正式舉起反元的大旗，繼續帶領「紅巾軍」猛烈打擊元軍，攻下潁州，佔領河南南部許多州縣。全國各地農民到處響應「紅巾軍」，「紅巾軍」在短期內很快地發展到了十多萬人。

（張習孔）

朱 元 璋

　　朱元璋（1328—1398），濠州（今安徽鳳陽）人，出身於貧農家庭，幼年時給地主家放過牛。他十七歲時，安徽北部發生嚴重的災荒，瘟疫流行，他的父母和大哥都先後染上瘟疫死去。朱元璋孤苦無依，沒法生活，不得已到皇覺寺當了和尚。不到兩個月，寺裏的住持因為荒年沒有吃的，把徒弟們都遣散了。朱元璋無處存身，只好去做遊方僧，討飯度日。

　　不久，朱元璋又回到了皇覺寺。全國反元農民大起義爆發後，元兵認為寺廟裏容易隱藏起義軍，放火燒了皇覺寺。朱元璋在生活逼迫、處境危險和友人的勸說下，參加了農民起義軍。1352年，他投奔到「紅巾軍」領袖郭子興部下，當了一名親兵。

　　朱元璋參加起義軍後，由於作戰勇敢，吃苦耐勞，善於團結部眾，很得郭子興賞識，也深為同伴們欽佩和愛戴，因此逐漸成為農民起義軍中的領袖。

　　1355年，郭子興病死，他的部眾全歸朱元璋統率。第二年，朱元璋率領水陸大軍攻下集慶（今南京），將集慶改名為應天。集慶是元在東南一帶軍事和政治的重要據點。集慶的攻佔，對於進軍攻佔整個江南地區有着重大的戰略意義。在這以後的數年裏，朱元璋擊潰了江南元軍的主力，先後攻佔了現在江蘇、安徽南部和浙江的大部地區。他常常告誡部下說：「毋焚掠，毋殺戮。」他的軍隊紀律嚴明，所到之處受到人民的歡迎和擁護。

　　朱元璋攻下徽州的時候，召見了儒生朱升。朱升建議說：「高築牆，廣積糧，緩稱王。」朱元璋採納了這個意見。從此，他便在江南有計劃地網羅地主階級知識分子，用禮聘、威逼、軟硬兼施的手段，羅致了宋濂、劉基（伯溫）和葉琛等人。這些人引經據典，用

孔孟儒家學說幫助朱元璋
來策劃建立政權。

朱元璋像

朱元璋攻下江蘇、浙江、安徽廣大地區以後，又集中兵力先後打敗了割據一方的陳友諒和張士誠，並及時而正確地決定了北伐進軍的重大策略。1367 年，他命徐達、常遇春率兵二十五萬分路北伐。1368 年，在北伐進軍的勝利聲中，朱元璋即皇帝位，國號明，年號洪武，定都南京，正式建立了漢族封建政權。朱元璋就是後世所稱的明太祖。這年 9 月，元順帝從大都逃走，徐達等人率領大軍進入大都（後來明朝把大都改名叫北平），元朝滅亡。

朱元璋順應了當時全國人民反元運動的歷史趨勢，他一方面依靠反元人民大起義的羣眾力量，一方面取得漢族地主階級的極力支持，成為當時反元鬥爭最後勝利的組織者和領導者。

（徐健竹）

中央集權的君主專制制度的加強

朱元璋做皇帝後，為了鞏固他的統治，採取了一系列的措施來加強中央集權的君主專制制度。

他首先從地方制度的改革開始。在元代的行省制度下，行中

書省的長官代表中央政府執行行政、軍事和監察事務,職權太重,中央難以控制。朱元璋即位後不久,明令改行中書省為承宣佈政使司,設左右布政使各一人。他們的職權範圍只限於民政和財政司法行政另設提刑按察使司來管理軍事則由都指揮使司掌管,合稱為「三司」。這樣,民政、司法、軍政三者分別獨立,直接由朝廷指揮,就易於控制了。這一改革,大大消除了地方勢力割據的可能性,加強了中央對地方的控制,使全國政權的統一與集中又前進了一步。

政機關大都督府分為中、左、右、前、後五軍都督府,各設左右都督一人,歌權僅限於掌管軍籍、軍政,不直接統帶軍隊。遇有戰事,由皇帝任命統帥。統率衛所兵出征(明朝軍隊組織分作「衛」「所」兩級,大體上以五千六百人為一「衛」,下分五個「千戶所」,每一「千戶所」為一千一百二十人)。戰事結束,統帥把印交還,兵仍歸衛所。軍隊的調遣權歸兵部,統帥的任命和總指揮權歸皇帝,深刻地表明瞭皇帝對軍事力量控制權力的加強。監察機關方面,將御史台改為都察院。長官是左右都御史,下面設置許多監察御史,直接對皇帝負責,監察糾劾中央和地方官吏的行動。

明朝中央政治機構改革的主要精神,是使行政、軍事、監察三者分別獨立而又互相鉗制。在這樣的統治機構中,六部、府、院都直接隸屬於皇帝,皇權高到極點,造成中國歷史上皇權絕對專制的局面。

為了鞏固皇權,朱元璋還先後分封他的兒子為王。他認為只有兒子最可靠,把軍權託付給他們,讓他們出外鎮守重要的地區。諸王在封地建立王府,設置官屬,地位很高,雖然不能干涉民政,但是手裏掌握了軍權。王府設親王護衛指揮使司,有護衛甲士,少的三千人,多的一萬九千人。除自身的護衛甲士外,諸王在緊急時也可以調遣守鎮兵。這樣,諸王就成為地方守軍的監視人,是皇帝在地方上的軍權代表。

另外，朱元璋為了加強封建專制政權，還採用殺戮功臣、設立錦衣衛等精務機構的辦法來提高皇權。

明初中央集權的專制政治，在澄清元朝末年的社會紊亂局面、恢復社會經濟、加強國防力量等方面，起了積極的作用。但是，這種君主絕對專制的政治，也起了堵塞臣下言路等消極作用。加強中央集權的君主專制的政治，實質上就是加強對勞動人民的壓迫。到了明代後期，這個封建專制的政權，就越來越暴露出了它的腐朽性和反動性。

（徐健侍）

明初生產的恢復和發展

明朝初年，為了恢復和發展社會生產，採取了下列措施一、移民墾荒，把大批農民從人多地少的地方遷移到人少地多的地方去。當時淮河流域和黃河下游地區，遭受戰爭的破壞最嚴重，勞動力最缺乏，因此，明政府就有計畫地向這些地方移民。例如，1370年（洪武三年），遷移蘇州、松江、嘉興、湖州、杭州等地無地農民四千多戶到鳳陽種田。第二年又把沙漠遺民（蒙古人）三萬多戶遷移到北平附近各州縣屯墾。後來，又遷移江南農民十四萬戶到鳳陽遷移山西澤州、潞州無地農民到彰德、臨清、歸德等地。對墾荒的移民，明政府在經濟上給以種種優待，一般都由政府供給耕牛、農具、種子、食糧和路費。開墾期間，免三年租稅，並確定荒地開墾成熟地後，便算是自己的產業，超過定額多開墾的，永不收田租。

二、組織兵士屯田，命令軍隊自己解決軍餉問題。邊地駐軍，十分之三守城，十分之七種地內地駐軍，十分之二守城，十分之八

種地。這樣，不但解決了軍隊的給養問題，還大大節省了國家的開支，也相對地減輕了人民的負擔。

三、興修水利。1368年（洪武元年），修築和州（今安徽和縣）銅城堰閘。1372年，修治廣西興安縣的靈渠。1373年，開上海胡家港，以通海船。1376年，修四川都江堰。經過二十多年的建設，全國共開堰四萬多處，修治河道四千多處，陂渠堤岸五千多處。這些水利工程的興修，對於減少自然災害，恢復和發展農業生產起了很大的作用。

四、重視經濟作物的增產。朱元璋在做皇帝的前兩年（1366年），就規定凡有田五畝到十畝的，必須種桑、棉、麻各半畝，有田十畝以上的，加倍種植，不種的要交納重稅。1368年，明政府大力獎勵植棉，把棉花的種植推廣國全國，從此棉布才成為人們普遍製作服裝的材料。

［明］沈度《榜葛剌進麒麟圖》，該圖反映了明初番邦進貢的情況

五、減輕賦稅和徭役。明朝初年，戶口和土地的實際情況跟簿籍上的記錄不符合。有的土地在簿籍上沒有記錄，逃避了國家的賦稅。在簿籍上有記錄的土地，也因為所登記的面積和負擔輕重不一，很不公平。為了清查土地和戶口，保證國家田賦的收入和徭役的供應，明政府普遍丈量土

地，調查戶口，並制定了《賦役黃冊》（戶口清冊）和《魚鱗圖冊》（耕地清冊）。這一措施使全國的土地和人口比較準確地登記下來，豪強地主隱瞞的土地被清查出來了，政府的收入大大增加了，農民的負擔也相對地減輕了。

六、扶植工商業。規定「匠戶」（元時把各種工匠編制起來，另立戶籍，稱為「匠戶」）服工役分「住坐」和「輪班」兩種。「住坐」是住在北平或南京的，每月上工十天，不去上工的納銀六錢。「輪班」是分班輪流到都城服役，三年一次，每次一月。工匠不服役的時候，可以自由支配時間，製成的手工業品可以在市場上出售。這樣，原來沒有人身自由的工匠得到了部分的解放，成為半自由的手工業者。這就刺激了手工業工人的生產積極性，促進了手工業的發展。明朝政府對商業採取輕稅政策，商稅減為三十分之一，軍民娶嫁喪葬之物，舟車絲布之類都不徵稅。

朱元璋接受了元末農民起義的教訓，對人民採取讓步政策，實行了上述一系列恢復和發展社會生產的措施。在廣大人民的辛勤勞動下，明初社會的生產事業，迅速地得到了恢復和發展。

（徐健竹）

靖難之變

朱元璋即皇帝位後，叫他的許多兒子學習兵事，分封他們到全國各地去做藩王。除了將長子朱標立為太子以外，其餘的兒子分封為秦、晉、燕、周等王。開始分封的時候，雖然不讓他們干涉政治，可是後來在與蒙古貴族殘餘勢力鬥爭的過程中，邊境幾個藩王的兵權逐漸壯大了起來，以致發生了爭權奪位的現象。「靖難之變」

就是明朝皇室內部的一次爭奪皇位的鬥爭。

朱元璋死後，太子朱標的兒子朱允炆以皇太孫的身份繼承皇帝位（朱標早在朱元璋死之前就已死去）。朱允炆以建文為年號，歷史上稱他為建文帝。建文帝即位後，感到各藩王都是他的叔父，又都擁有重兵，對自己的威脅很大，於是採用齊泰、黃子澄等人的建議，開始實行削藩政策。他首先頒佈親王不得節制文武官員的禁令；接着把周王朱橚（sù）、岷王朱楩（pián）廢為庶人，把代王朱桂囚禁在大同，齊王朱榑（fù）囚禁在南京，並逼迫湘王朱柏自殺。這樣，在不到一年的時間裏，便一連削廢了五個藩王。當削藩威脅到了強大的藩王——燕王朱棣（dì）時，皇室內部的矛盾便由暗地的鈎心鬥角變成了公開的武裝鬥爭。

建文元年（1399）秋天，朱棣指責當時掌握朝廷大權的齊泰和黃子澄為奸臣，從北平起兵反抗中央政府。他稱自己的兵為「靖難軍」，意思是說皇帝受到奸臣的包圍，遭遇大難，他是出兵來解難的。建文帝聽說朱棣起兵反抗，先後派耿炳文和李景隆率兵北伐，結果都被燕王打得大敗。

第二年，燕王軍從山東南下，被建文軍盛庸、鐵鉉等部阻擊，兩軍在山東及中原一帶展開了拉鋸戰。

第三年，燕王在夾河（在今安徽碭山縣）打敗了盛庸軍，並把勢力推進到淮河流域，準備和建文帝的軍隊決戰。

1402年，燕王攻下揚州。進而從揚州渡過長江，進逼南京。谷王朱橞（huì）和李景隆開金川門迎降，燕王佔領南京，建文帝不知下落。燕王用武力奪得了皇位，改年號為永樂。朱棣就是後世所稱的明成祖。

這一歷時三年的皇位爭奪戰爭，因為是在「靖難」的名義下進行的，所以歷史上稱為「靖難之變」。

（徐健竹）

遷都北京

明朝初年，退居漠北的蒙古貴族不甘心失敗，隨時都在準備南下反攻，企圖恢復舊日的統治。朱元璋為了加強北方的防禦力量，封他的第四個兒子朱棣為燕王，鎮守北平。同時，還封了其他兒子為藩王，鎮守在長城線上，和北平互相呼應。因此，北平成了當時的政治中心和軍事重鎮。

燕王通過「靖難之變」奪得皇帝的位置後，為了鞏固自己的統治地位，也採取了削藩政策。削藩的結果是解除了各藩王的兵權，各藩王有的遷徙了封地，有的廢除了封號。這樣做，固然使君主集權的封建國家得到了進一步的鞏固，可是另一方面，卻出現了一個新的問題。原來擔負北方邊防任務的各藩王都被撤銷了，北方的邊防也就變得十分空虛。而這時，蒙古貴族的騎兵時時入侵，對明的北方邊境造成了嚴重的威脅。在這種情況下，明成祖決定把都城遷到北平，採取以攻為守的政策，來加強北方的防禦力量。

永樂元年（1403），明成祖把北平改名為北京。從第二年起，開始大規模營建北京。他派大臣到四川、湖廣（包括今湖南、湖北）、江西、浙江、山西等地，去採伐粗大的木材，開鑿巨大的白石，作為建築材料。各種木材、白石、磚瓦、顏料以及金銀、黃銅等物料，紛紛被運到北京。大批具有各種建築技能的優秀工匠和上百萬的民工，也從各地被徵集來，參加勞役。

經過千百萬人的辛勤勞動，到永樂十八年（1420），宮殿的主要部分和城牆完工了。就在這一年，明政府遷都北京並詔告全國。

（徐健竹）

土木之變

「土木之變」是指正統十四年（1449）明英宗在土木堡（在今河北懷來縣境內）被瓦剌軍俘虜的一次事件。

瓦剌是蒙古族的一支。15 世紀中期，瓦剌控制了整個蒙古高原，瓦剌的首領也先，經常率領騎兵騷擾明的邊境，掠奪人口和財物。

1449 年秋，瓦剌分兵四路向明進攻，也先親率主力進攻大同。明軍在大同北面的貓兒莊被瓦剌軍打得大敗。

瓦剌攻入的消息報到北京，專權的太監王振因為家在蔚州（今河北蔚縣），靠近大同，恐怕家鄉被瓦剌軍佔領，便竭力唆使英宗在沒有應戰準備的情況下，親自率軍阻擊。兵部尚書鄺埜（kuàng yě）、兵部侍郎于謙等，都不同意王振的主張，竭力勸阻。但英宗受了王振的慫恿，不聽大家的勸阻，他命令他的弟弟郕（chéng）王朱祁鈺留守北京。鄺埜隨從率軍阻擊，于謙代理兵部事務。他限令兩天內把出兵的事情準備齊全。隨後，英宗和王振率領五十萬大軍倉促從北京出發。

8 月中旬，大軍到大同，遇上狂風暴雨，兵士又冷又餓，夜間自相驚擾，軍中一片混亂。這時，明軍在北邊各戰場上到處失利。大同鎮守太監郭敬祕密地把各地慘敗的消息告訴王振。王振驚惶失措，趕快退兵。明軍退到宣府（今河北宣化），被瓦剌軍追上，大敗。這月末，明軍退到離懷來西南只有二十多里的土木堡，為等候王振的一千多輛輜重車，沒有進城，英宗等人夜間就留駐在土木堡。第二天，瓦剌軍追到，包圍了土木堡。土木堡地勢很高，挖井兩丈多深仍不能得到水，南邊十里多路以外有一條河，也被瓦剌軍控制了。明軍被圍兩天，人馬得不到水喝，處境萬分危急。9 月 1

日，瓦剌軍假裝退走，並派人來講和。王振不知是計，一面派人議和，一面下令移營到河邊去。正在明軍陣勢移動的時候，瓦剌騎兵突然從四面八方衝殺過來。明軍兵士亂跑，秩序大亂，自相踐踏。結果英宗被俘，隨行的大臣死了幾百人；五十萬大軍死傷一半，騾馬損失二十多萬頭，盔甲、器械、輜重全被瓦剌軍奪去。護衛將軍樊忠用鐵錘打死禍首王振，最後他自己也在突圍苦鬥中犧牲。

（徐健竹）

于　　謙

　　明英宗在土木堡戰敗被俘的消息傳到北京，明朝統治集團亂成一團。這時北京城裏只剩下不到十萬老弱殘兵，而且十個人中就有九個沒有盔甲武器。

　　英宗的弟弟郕王朱祁鈺奉太后諭監國（代皇帝管理國事），召集文武大臣商議國家大計。大臣們都束手無策，有的甚而公開主張逃跑。兵部侍郎于謙（1398—1457）主張堅決抵抗。他挺身而出，憤怒地斥責那些打算逃跑的人。他向郕王提出誓死保衛北京的建議，他的建議得到了一部分大臣的支持，並為郕王和皇太后所採納。不久，于謙升任兵部尚書，他勇敢地擔負起了保衛京師的重任。

　　1449 年 9 月下旬，朱祁鈺即位做了皇帝，年號景泰，以第二年（1450）為景泰元年。他就是歷史上所稱的明景帝。

　　為了加強京師的防務，于謙下令調集各地軍士來守衛北京，並派人分頭到各地去招募民兵。他一方面加緊訓練軍隊，嚴飭紀律；另一方面命令各地的工匠日夜趕造盔甲武器，號召人民獻納穀草，充實軍備。在人民的熱烈支持下，北京的防禦力量大大地加強，守

城的軍隊很快就增加到了二十二萬人。

瓦剌見明朝另立了新皇帝，沒有屈服講和的意思，又大舉進攻。也先挾持着明英宗，攻破紫荊關（在河北易縣西八十里），直撲北京城。

在這緊要關頭，于謙召集各將領討論對策。都督石亨主張退守城內，堅壁清野，避開敵人的鋒芒，于謙則主張出城迎戰。他把兵部的事情交給兵部侍郎吳寧代理，自己親自率領軍隊佈陣在德勝門外，準備迎擊瓦剌的主力軍。他激勵兵士們說：「大片國土已經喪失，京城也被敵人包圍，這是我們的恥辱，全體將士都應該不怕犧牲，替國家報仇雪恥！」將士們很受鼓舞，士氣十分旺盛。

10月27日，瓦剌軍逼近北京。于謙派高禮、毛福壽在彰義門（今廣安門）外土城北迎戰，殺死瓦剌軍幾百人。當天夜間又偷襲瓦剌軍營，取得勝利。

10月29日，瓦剌軍又進攻德勝門。于謙派石亨率領一部分精兵，埋伏在城外民房裏，又派一小隊騎兵去挑戰，假裝失敗，誘敵深入。瓦剌軍不知是計，一氣兒攻到城邊。于謙命令神機營用火器轟擊，副總兵范廣率兵衝殺過來，石亨的伏兵也殺了出來，前後夾攻，瓦剌軍大敗，也先的弟弟孛羅被火炮打死。瓦剌軍又進攻西直門，都督孫鏜在城上守軍炮火的幫助下，奮勇抵擋，石亨的援軍適時趕到，瓦剌軍一看形勢不妙，狼狽地逃走了。

10月30日，于謙派副總兵武興、都督王敬率領軍隊到彰義門外和瓦剌軍作戰，把瓦剌軍殺得大敗。這時有個監軍太監想要爭功，領着幾百騎兵搶先衝過去，結果把自己的隊伍給衝亂了。瓦剌軍趁機反撲上來，武興不幸中了流矢，壯烈犧牲。瓦剌軍跟着攻到土城邊。彰義門外的老百姓爬上屋頂，用磚頭石塊向瓦剌軍投擲，吶喊助威，聲震天地。正在這時，于謙派來了援兵。瓦剌軍看到援軍旗幟，不敢再戰，倉皇逃走。

經過五天激烈的戰鬥，瓦剌軍死傷慘重，士氣低落。前面是堅固的北京城，後面到處受到民兵的襲擊，又聽說各地明軍的援兵就要到來，也先恐歸路被截斷，只好帶着英宗和殘兵敗將偷偷地向紫荊關方向逃去。

當瓦剌軍狼狼逃跑時，于謙命令石亨帶兵連夜追擊，取得大勝。范廣、孫鏜等在追擊時，奪回被擄的老百姓一萬多人和牲畜無數。

（徐健竹）

戚 繼 光

元朝的時候，日本政府和元政府禁止兩國的人民互相通商往來。明朝初期，明政府與日本建立了貿易關係。後來，日本的一些在國內混戰中失敗的武士，勾結日本浪人和走私商人，帶着貨物和武器，一方面走私，另一方面不斷搶掠中國沿海地區的居民。這些進行走私活動與在沿海搶劫的日本浪人和走私商人，明朝人叫他們「倭寇」。

嘉靖二年（1523），有兩批日本商人在寧波發生了武裝衝突。他們焚掠寧波、紹興一帶，綁走了明朝的官吏，於是明政府廢除了寧波、泉州兩個市舶司，停止了對日本的貿易。

但是，日本的浪人和走私商人仍不斷來福建、浙江沿海一帶走私劫掠，並且和中國地方的大官僚、大地主勾結，甚至中國的奸商也參加了倭寇的海盜活動。這樣，倭寇之患便越來越厲害。

嘉靖三十二年（1553），倭寇大規模地登陸侵擾，到處劫奪財物，屠殺人民，擄掠人口。我國東南沿海的人民遭受到了很大的災難。1555 年，明政府調戚繼光到浙江駐防。

戚繼光（1528—1587），山東東牟（今山東萊蕪）人，武藝出

眾，治軍嚴明。他到任以後，看到當地官軍腐敗，就親自到義烏招募了三千多人，主要是礦伕和農民，經過兩個多月的訓練，編成一支新軍。隨後他又在台州等地招募漁戶，編成水軍。戚繼光的軍隊紀律嚴明，對百姓秋毫無犯，人們稱之為「戚家軍」。根據江南的特殊地理情況，戚繼光還創造了一種適合在多水湖澤地帶作戰的陣法——「鴛鴦陣」。這種陣法以十二人為一作戰單位，長短兵器相互配合，指揮靈活，常在戰鬥中取勝。

1561 年，將近兩萬的倭寇焚掠浙江台州。戚繼光率領大軍在台州附近和倭寇一連打了一個多月的仗，在當地人民的協助下，使侵犯台州的倭寇遭到殲滅性的打擊。

台州大捷後，戚繼光升任都指揮使，負起更大的海防責任。他又增募義烏民兵三千人，使「戚家軍」的精銳部隊增加到六千人。

1562 年，倭寇又大舉侵入福建，到處燒殺搶掠。戚繼光奉命率領精兵從浙江到福建，他身先士卒，到福建第一仗就收復了被倭寇侵佔達三年之久的橫嶼。接着，他乘勝進軍，攻克了牛田、興化（今莆田市），搗毀了倭寇的巢穴，取得了很大的勝利。援閩的戰鬥告一段落，戚繼光班師回浙江。

戚繼光離開福建不久，又新來了大批倭寇，搶掠福建沿海各縣，攻佔了興化城、平海衞（在莆田）等地。明政府命令俞大猷擔任總兵官，戚繼光為副總兵官，讓他們兩人火速開往前線。

嘉靖四十二年（1563），戚繼光從浙江率領新補充的「戚家軍」一萬多人，趕到福建和俞大猷會師，把敵人打得大敗，收復了平海衞和興化城。戚繼光因功升為總兵官。1564 年，「戚家軍」又大敗倭寇於仙遊城下，給被圍五十天的仙遊城解了圍。殘餘的倭寇紛紛逃跑，福建的倭寇全被驅逐。1565—1566 年，戚繼光又配合俞大猷肅清了廣東的倭寇。東南沿海的倭患至此完全解除。

（徐健竹）

澳門被佔

15 世紀的時候，歐洲許多國家為了向海外尋找殖民地，都獎勵航海事業，葡萄牙是其中的一個。明弘治十一年（1498），葡萄牙人達‧伽馬率領葡萄牙武裝商隊繞過非洲南端的好望角，到達印度西南海岸的古里。不久，強佔了果阿，將之作為在東方經營商業和政治活動的根據地。接着，葡萄牙又用武力強佔了當時東方國際貿易的中心馬六甲（在馬來西亞半島西南）。明正德六年（1511），葡萄牙的武裝商隊闖進了中國廣東東莞的屯門島。不久，他們又派使臣到北京要求通商，但遭到了明朝政府的拒絕。此後，他們的武裝商隊賴在屯門島不走，在那裏幹着搶劫商人、掠賣人口的罪惡勾當。嘉靖元年（1522），葡萄牙海盜商人到廣東新會西草灣地方搶掠，遭到中國軍隊的迎頭痛擊，被趕下海去。他們離開屯門島後，轉到福建、浙江沿海一帶，勾結倭寇進行搶劫，又被明軍擊潰，隨後又逃回廣東，盤踞在浪白港。

葡萄牙商人千方百計想在中國沿海找到一個據點，以便對中國進行海盜式的通商活動。嘉靖三十二年（1553），他們藉口在海上遇到大風浪，浸濕了船上的貨物，請求明地方官借廣東的澳門海灘讓他們晾曬貨物。他們使用卑劣手段，用行賄的辦法得到了廣東海道副使汪柏的許可。就這樣，他們在澳門搭起帳篷住了下來。過了幾年，他們又通過行賄的方法騙取了正式居住的權利。之後，他們更得寸進尺，一步一步地建造了房屋和市街，還修築了城牆和炮台，並且擅自設置官吏，居然把澳門視為己有。這是澳門被葡萄牙殖民主義者騙佔的開始。萬曆元年（1573），葡萄牙商人以向明朝政府交納地租的辦法訛取了澳門的租借權。起初，澳門的行政、司法、收稅等權，還仍然歸廣東地方政府掌握。到後來，這幾種主權

便逐漸被侵奪。清光緒十三年（1887），清政府被迫簽訂《中葡條約》，承認葡萄牙佔領澳門。澳門就是這樣被葡萄牙殖民主義者騙佔的。

（徐健竹）

東　林　黨

明朝後期，宦官把持朝政，對人民進行瘋狂的掠奪，同時也嚴重地損害了地主階級地方勢力的利益。江南地主中有很多人兼營商業和手工業，或者和工商業有聯繫。神宗萬曆年間，礦監、稅監的貪婪劫掠，嚴重地侵犯了他們的特權，這就使江南地主集團與宦官集團之間的矛盾尖銳起來。江南地主階級以及代表他們的官僚士大夫為了維護自身的特權，結合起來，反對宦官集團的專橫跋扈。明末「東林黨」和「閹黨」的鬥爭，就是這種統治階級內部矛盾的反映。

萬曆二十二年（1594），吏部郎中（官名）顧憲成被革職以後，回到自己的家鄉無錫（今江蘇無錫），在東林書院講學。遠近許多地方被排擠因而閒住在家的官吏都來聽講，學舍幾乎容納不下。他們聚在一起，一方面聽講論學，另一方面議論朝政，批評當政的人物。在朝廷裏的一些比較正派的官員，也和他們互通聲氣。東林書院成了當時輿論的中心。這些人便被稱為「東林黨」。

東林黨反對宦官獨攬朝政，顛倒是非，迫害善良；反對礦監、稅監的瘋狂掠奪；反對苛重的賦稅和徭役。把持朝政的宦官集團當然不會滿意他們，就對他們進行各種打擊迫害。

天啟元年（1621），朱由校（明熹宗）做了皇帝以後，明朝政

治腐敗、黑暗達到極點。宦官魏忠賢與熹宗的乳母客氏狼狽為奸，無惡不作。他掌握了政府官吏的任免權，從中央到地方，都安插了他的爪牙。朝中一些大臣都投靠在他門下，有的甚而認他為義父、乾爺。閹黨大官僚崔呈秀等號稱「五虎」，此外還有所謂「十狗」「十孩兒」「四十孫」等，他們相互庇護，結為死黨。

閹黨為了排除異己，進一步加強了錦衣衛、東廠等特務組織。魏忠賢自己掌管東廠，他的乾兒子田爾耕等掌管錦衣衛。他們把東林黨人的名字編成《東林點將錄》《同志錄》等黑名單，根據這個名單，有計劃地對東林黨人進行迫害和屠殺。

天啟四年（1624），東林黨的著名首領左副都御史楊漣向皇帝上書彈劾魏忠賢二十四大罪。不久，楊漣、左光斗、周順昌、黃尊素等東林黨領袖先後被捕下獄，受酷刑死去。其他東林黨人，有的被殺害，有的被放逐，有的被監禁。許多非東林黨人，但反對閹黨的人士，也都遭到排斥、免職和殺戮。魏忠賢又下令毀掉全國一切書院，企圖以剿滅東林黨的名義來摧殘所有反對閹黨的人士。

魏忠賢等閹黨迫害東林黨後，氣焰更高，不僅專制朝政，而且誣殺守邊大將，冒圖軍功。魏忠賢的乾兒義孫、遠近親戚，都做了大官。他自稱為「上公」，閹黨官僚稱他為「九千歲」，有的竟稱他為「九千九百歲」，向他獻媚，爭先恐後給他建立生祠，供他的像。建立一個生祠，要用掉老百姓幾萬兩、幾十萬兩白銀。地方官每年春秋要到魏忠賢生祠祭祀，凡是不建祠或入祠不拜的都要被殺。

魏忠賢的專權暴虐，使人民遭受到嚴重的禍害，民憤越來越大。熹宗死後，朱由檢做了皇帝（崇禎皇帝），殺了魏忠賢和閹黨的重要人物。但閹黨的殘餘勢力仍舊存在，與東林黨的鬥爭也仍舊沒有停止。

（徐健竹）

《永樂大典》

永樂元年（1403），明成祖為了整理歷代文獻典籍，命令解縉（jìn）編修一部類書。解縉接受任務後，第二年就編成了一部《文獻大成》。成祖嫌這部書編得太簡略，永樂三年（1405），又加派姚廣孝協同解縉，選儒士曾棨（qǐ）等二十九人重修，並動員大批善於寫字的文人擔當書寫任務。當時直接或間接參加編修工作的有兩千多人。皇家藏書處文淵閣所收藏的各種書籍是這次編修的基本資料。另外，明政府又派人到各地徵購各類古今圖書七八千種。負責編修的人把這些書依照《洪武正韻》韻目，整部整篇或整段地按韻編次。永樂六年（1408）冬，全書編成，共兩萬兩千九百三十七卷（其中有凡例、目錄六十卷），一萬一千零九十五冊（明清以來對卷數、冊數記載均不一），定名為《永樂大典》。

《永樂大典》是在南京編成的，後來明成祖遷都北京，這部大書也隨之被運到北京。該書自編成後，只有精寫本，沒有刻版印刷。嘉靖四十一年（1562），皇宮失火，《永樂大典》差一點被燒掉。為防萬一，明世宗命令禮部選儒士程道南等另抄寫《永樂大典》正副本兩部。穆宗隆慶元年（1567），正副本抄寫完成。自此以後，《永樂大典》就有了三部：第一部是永樂原本，第二部是嘉靖正本，第三部是嘉靖副本。原本存放南京，正本存北京文淵閣，副本存北京皇史宬（chéng）。後來，南京原本盡毀。清初，正本被移放乾清宮，副本被移放翰林院，缺失二千四百多卷。清嘉慶二年（1797），乾清宮失火，正本全毀。藏翰林院之副本，以後又陸續有遺失。清光緒二十六年（1900），八國聯軍侵佔北京，《永樂大典》遭受浩劫，劫後所存，僅三百餘冊。這些被搶掠去的《永樂大典》，現都分藏在帝國主義國家的公、私圖書館。

《永樂大典》在我國學術史上佔有很高地位，它輯錄古書，直抄原文，保存了今已散缺或已失傳的許多重要資料，對研究我國古代文化遺產具有極高的參考價值。

中華人民共和國成立後，經過北京圖書館的努力蒐集，現在藏在該館的《永樂大典》共有二百一十五冊。連同該館從國外各國圖書館徵集到的一部分複製本（照片和顯微膠捲），合計七百一十四卷。

（徐健竹）

李　時　珍

李時珍（1518—1593），字東璧，蘄（qí）州（今湖北蘄春縣）人，是明朝中期偉大的醫學家和藥物學家。他的父親是當時的名醫，很喜歡研究藥物。李時珍童年時，常常跟着父親到山中去採藥，從小就培養了研究藥物的興趣。他幼年體弱多病，深刻體會到生病的痛苦，從而堅定了學醫的決心。從二十歲起，他就跟着父親學醫了。

李時珍診病和用藥都十分仔細，他參考前人的藥書時，常常能發現書中有不少缺點，於是立志要把舊有的藥書加以整理，寫成一部完備的藥物學著作——《本草綱目》。

為了寫這部書，他花了很大的精力來閱讀前人有關醫學的著作。在近三十年的時間裏，他研讀了八百多種書。除了鑽研醫藥書外，他還閱讀了許多歷史書、詩文、小說、筆記以及像《芍藥譜》（劉貢父著）、《海棠譜》（沈立著）、《菊譜》（范成大著）、《竹譜》（戴凱之著）等一類的書籍。從這些書籍裏，他收集了有關醫藥的材料，並利用這些材料來考證各種藥物的名實。不僅如此，他還很重視實地調查。他走遍了自己家鄉的山野，還到過江西、安徽、江蘇

一帶的許多地方，考察了各地特產的藥物，採集了許多有價值的標本。他走了上萬里的路，訪問了千百個老農、漁民、樵伕和獵人，虛心地向他們請教，從他們的口中知道了很多有關藥物學的寶貴知識，打聽出了很多醫病的有效祕法和單方。李時珍經過這樣長時期的刻苦學習，為編寫《本草綱目》打下了深厚基礎。

萬曆六年（1578），李時珍六十一歲，《本草綱目》這部書終於寫成了。這部書從嘉靖三十一年（1552）開始編著，中間經過了三次大的修改（小的修改直到他死一直未斷），前後一共用了二十七年的時間。

《本草綱目》共五十二卷，記載了一千八百多種藥物（比過去增加了三百七十四種），分成十六部，六十二類。對各種藥物做了科學的分類，訂出系統的綱目，改正和補充前人關於藥物記載的錯誤和不足，這是《本草綱目》在藥物學上的一個重大貢獻。書裏對每種藥物，都寫出它的名稱、別名、形態、產地、氣味、性質、功用和採製過程，並且還附錄了許多醫方，使人看了異常清楚。為使讀者更易明白，作者還把一些形狀複雜的藥物繪成圖畫，全書的插圖就有一千多幅。《本草綱目》一書，不但在我國古代藥物學史上佔有極其崇高的地位，而且在世界植物形態分類學史上，也佔有極其崇高的地位。

（徐健竹）

潘　季　馴

明代治理黃河專家潘季馴（1521—1595），字時良，烏程（今浙江湖州）人。他從四十四歲時起，到七十三歲退休時止，前後四

次受命治理黃河，為治理黃河工程工作了二十多年。

根據歷史記載，黃河下游在三千多年中，氾濫和決口一千五百多次，重要的改道二十六次，其中大的改道有九次。黃河氾濫時，中原一帶，常常是千里澤國，無數村莊和城市被淹沒，給人民生命財產造成極嚴重的損失。治理黃河，自古以來就是我國勞動人民跟水患進行鬥爭的重大事情。

嘉靖四十四年（1565），潘季馴奉命治理黃河。他到達黃河沿岸以後，親自視察河道，訪問河堤附近的農民，邀請有經驗的治河民伕談話，仔細研究治河的辦法。他還閱讀前人有關治河的各種文獻和著作，拿它們跟當前的情況進行參證、比較。這樣，他逐漸摸清、掌握了黃河水患的規律，從而制定出了一套治河的原則和方法。他四次治理黃河，都取得了卓越的成績。

潘季馴治河的原則是：「挽水歸漕，築堤束水，以水攻沙」。這意思就是說，修築堅固的堤岸，約束河身，藉着奔騰的水流沖走泥沙，刷深河漕，避免淤積。他根據黃河水流泥沙過多的特點，認為必須維持河道的整一，不要讓它分流；兩岸河堤的距離不要太寬，要緊緊地約束住河身。因為河道一寬，水勢就緩，泥沙就會淤塞河牀，河水就容易氾濫成災。相反的，如果河道不太寬，水流很猛，就能沖刷淤泥，刷深河牀，洪水就不易漫出。

潘季馴一生的治河經驗，都總結在《河防一覽》這部書裏，如怎樣築堤，怎樣保護堤防等，都有詳細的說明。書裏還繪製了詳細的黃河全圖，標明治河的地形和水勢。每個險要的河段，都畫出了堤防和巡守的「舖」。「舖」是供巡防人員駐守和休息用的一種草屋。「舖」的旁邊豎起高竿，白天掛旗，晚上掛燈。有了緊急情況，巡防人員就敲鑼告警，附近農民就可以趕去搶救。

（徐健竹）

徐　光　啟

徐光啟（1562—1633），字子先，上海人，是我國明朝末年一位偉大的科學家，著有《農政全書》六十卷。

《農政全書》是一部有關農業科學的巨著。全書分「農本」「田制」「農事」「水利」「農器」「樹藝」「蠶桑」「蠶桑廣類」「種植」「牧養」「製造」和「荒政」十二章，總共五十多萬字。這部書的價值可以從下列幾方面來說明。

一、它彙集了歷代有關農業的各類著作，起到了總結我國古代農業科學遺產的作用。書中引用各種農業著述約一百三十種，引用時，有的有刪節，有的有補充，有的則為批判性的選輯。

二、它記錄了古代和當代農民們寶貴的生產經驗。徐光啟常常深入農村，訪問老農，有好的經驗便記下來，編入他的書中。例如，在「木棉篇」中，他根據農民的生產經驗，詳細記述了棉花的種植方法和紡織方法；在「除蝗疏」中，他根據老農提供的材料，記錄了蝗蟲生長的過程。

三、它介紹了製造各種農具和修建水利工程的方法。書中詳細地記述了各種農具的制法，並且附有精細的插圖。在談水利的這一章裏，不僅介紹了我國西北水利、東南水利的情況，而且還介紹了外國的水利建設方法。

四、它記敍了著者本人對農業研究的心得和試驗的成果。例如，在「樹藝」「蠶桑」「蠶桑廣類」等章裏，就記錄有著者自己種植烏桕（jiù）樹和桑麻的經驗。

五、它介紹並提倡了有關國計民生的農作物。例如，茶葉在當時國際市場上異常暢銷，「茶葉篇」中就詳加介紹了茶葉的採摘、收藏、製造、飲用等方法。又如，甘薯（紅薯）剛從外國傳來不久，

書中指出它有十幾個優點，畝產量大，色白味甜，營養豐富，種植容易，可以釀酒，切片曬乾可作為糧食和餅餌等，因此大力提倡種植。

《農政全書》總結了祖國勞動人民在農業生產技術上的豐富經驗，保存了大量有價值的農業科學資料，同時還反映了我國十六七世紀農業生產所達到的水平。它是我國現存研究古代農業生產發展史的一部重要參考書籍。

（徐健竹）

明朝著名畫家

明朝初年，著名的畫家是戴進。明朝中期，沈周、文徵明、唐寅和仇英，稱為「明朝四大家」。明朝末年，著名的畫家是董其昌和陳洪綬。

戴進（1389 — 1462），字文進，號靜庵，錢塘人，南宋畫院山水畫的繼承者。所畫山水畫，取景用筆，千變萬化。他臨仿古人的畫，能叫行家也難分辨真假。他畫的人像也很出色。據說，有一次他去南京，僱了一個挑伕挑行李，走在人多的地方，兩人被擠分散了。他到處找不到挑伕，沒有辦法，便畫了那個挑伕的樣子，拿着畫像到處向人打聽，結果挑伕終於被找到了。

沈周（1427 — 1509），字啟南，號石田，長洲（明時屬蘇州府）人。他的山水畫汲取了唐宋著名畫家的長處，加以融會變化，自成一家。他用筆很有勁，筆墨豪放，沉着雄渾。他畫的花卉和人物也很有神采。

　　文徵明（1470—1559），字徵仲，也是長洲人，擅長畫山水。他是沈周的學生。他的畫當時全國聞名，很受人們歡迎。各地求他作畫的人很多，但是有錢有勢的人卻很難請動他，他尤其不肯給藩王、太監和外國人作畫。

　　唐寅（1470—1523），字子畏，又字伯虎，吳縣（明時亦屬蘇州府）人。他畫山水畫最初向周臣學習，同時鑽研宋元著名畫家的畫法，汲取各家的長處，自成一家，成就超過了他的老師。他畫的水墨花鳥，活潑俊俏；人物仕女，生動嫵媚，不落舊套。他在「明朝四大家」中享有最大的聲名。

　　仇英（1494—1552），字實父，號十洲，太倉（明時屬蘇州府）人，油漆工匠出身的傑出畫家，也是周臣的學生。他臨摹的唐宋名畫，可以亂真。當時的人很稱讚他的畫，說他的畫「獨步江南二十年」。

　　董其昌（1555—1636），字元宰，華亭（今上海松江）人。他是大書法家，也是大畫家。他的字初學米芾，後來融合唐宋各著名書法家的優點，自成一派。他的山水畫集宋元諸家之長，下筆瀟灑生動，清潤明秀，具有獨特的風格。

　　陳洪綬（1599—1652），字章侯，號老蓮，諸暨（明時屬浙江紹興府）人。他在幼年時，就顯示出繪畫的才能，得到畫家藍瑛的賞識。後來，藍瑛收他為徒弟。他的花鳥山水畫，構圖新奇，色彩濃麗，富於裝飾情趣。他的人物畫最精彩，造型誇張，線條細緻，着重思想感情的刻畫。他畫過《水滸英雄》《西廂記》的插圖。畫過《歸去來圖》，勸他的朋友周亮工學習晉人陶淵明「不為五斗米折腰」的精神，不要去做清朝的官。這些都表明了他的政治立場和見解。他的畫風對後世的影響很大。

（徐健竹）

松溪訪隱君莫
過橋去日暮攜
枕驚群鵪噪
高樹南
晉昌唐寅

唐寅《松溪訪隱圖》

李 自 成

明朝末年，大量土地集中在以皇帝為首的大貴族、大官僚、大地主的手裏。到處是皇帝的「皇莊」和貴族官僚們的「莊田」，失去土地的農民越來越多。有的農民失去了土地，還要照舊交納田賦。有的地主勾結官吏，把自己的田賦暗地裏分攤在農民頭上。

萬曆末年，明政府為了跟東北新起的建州女真作戰，把全部戰爭費用完全加在農民身上，向農民加派「遼餉」。農民本來就窮困到極點，在沒有「遼餉」時，一年所獲已是一半納糧，一半餬口；加派「遼餉」以後，連餬口也難以做到了。崇禎時，明政府甚而將鎮壓農民起義的軍費也加派在農民頭上，又增添所謂的「剿餉」和「練餉」，使得農民的負擔更加沉重。據記載，天啟末年至崇禎初年，陝西北部發生災荒，農民「爭採山間蓬草而食」，蓬草採盡後「則剝樹皮而食」，樹皮剝光後「則又掘其山中石塊而食」。

天啟七年（1627），陝西北部飢餓的農民紛紛起義，揭開了明末農民大起義的序幕。

起義初期，戰爭主要在陝西北部和中部進行。崇禎四年（1631）以後，起義軍轉移到山西，組成三十六營，勢力漸漸壯大起來。後來，他們在河南、陝西、四川、湖北四省邊界地區流動作戰，屢次挫敗官軍。經過五六年的苦鬥，起義軍裏鍛煉出了高迎祥、張獻忠、李自成等幾位著名的農民軍領袖。

李自成（1606—1645），陝西米脂縣人，幼年時給地主牧過羊，二十多歲時當過驛卒和邊兵。崇禎二年（1629），他參加了起義軍，之後在闖王高迎祥部下做了闖將。

1635 年，高迎祥等十三家七十二營的首領，在河南滎陽開會，商量反抗官軍圍攻的辦法。大家採納了李自成提出的「宜分兵定所

向」的作戰計劃，把軍隊分作四路：北路、西路、南路以防禦為主，東路積極進攻；另一部分軍隊往來策應。李自成提出的作戰計劃，不但增強了大家鬥爭的信念，更重要的是表明了起義軍首領們已經懂得聯合起來作戰的必要，改變了過去分散作戰的方法。這次大會把明末農民戰爭推到了一個新的階段。

1636 年，高迎祥在陝西戰死，李自成繼承了闖王的名號。他帶領起義軍轉戰四川、河南等地。當地的飢民紛紛參加起義軍，李自成的隊伍很快擴充到了幾十萬人。在農民革命急劇發展的形勢下，李岩、牛金星等地主階級知識分子也參加了李闖王的隊伍。

起義軍針對當時土地高度集中和賦役極端嚴重的情況，提出了「均田」「免賦」的鬥爭口號。起義軍打到哪裏，就宣佈哪裏「三年免徵」或「五年不徵」「平買平賣，蠲（juān）免錢糧」，還到處宣傳「迎闖王，不納糧」。起義軍受到了廣大人民的熱烈擁護和支持，這是李自成迅速取得勝利的主要原因。

1641 年，起義軍攻破洛陽，殺死河南人民最痛恨的福王常洵，並且把王府中收藏的從民間搜刮來的金、銀、糧米散給飢民。在此後一兩年裏，李自成領導的起義軍在河南連續大敗官軍主力，佔領了今河南全省和湖北省的大部地區，人數壯大到百萬左右。

1644 年春，李自成在陝西西安正式建立政權（在取西安前，已在今湖北襄陽初步建立了政權），建國號大順，改元永昌，擴大了在襄陽時的政權組織。接着，起義軍發動了對明朝封建統治的最後衝擊。起義軍迅速佔領太原、大同、宣府、居庸關（今屬北京市），直逼北京。1644 年 4 月，李自成領導的起義軍攻破北京城，崇禎皇帝在景山自殺，明廷終於被推翻。李自成進入北京城，殺掉了一批人民痛恨的明朝貴族和官僚，釋放了關在監獄中的囚犯。

但起義軍進入北京後，李自成以下的一些領導者，被這巨大的勝利衝昏了頭腦。他們滋長了驕傲輕敵的情緒，自以為天下大勢已

定，失去了應有的警惕。劉宗敏等將領在財貨聲色的誘惑下，甚至腐化墮落起來，醉心於享樂。廣大的士兵在他們的影響下，也有不少人產生了太平麻痹和享樂腐化的思想。這樣，就大大地削弱了起義軍的戰鬥力量，影響了人民對起義軍的熱情支持。至於丞相牛金星之流，原是混進起義軍內的投機分子，他們這時不但縱情享樂，而且為了擴張自己的權勢，更陰險地在起義軍內進行了謀害、破壞的活動，引起了起義軍內部的嚴重分裂。

而後，山海關的明守將吳三桂降清，引清兵入關，攻打李自成。在清軍和吳三桂軍隊的夾攻下，李自成的軍隊失敗了。為了保存力量，李自成從北京撤退到西安，後來又從西安轉戰到湖北。1645年，李自成在湖北通山縣九宮山，在地主武裝的襲擊下犧牲了。

（徐健竹）

張　獻　忠

張獻忠（1606—1646），陝西延安人，出身貧苦，做過捕快，也當過兵。崇禎三年（1630），他聚集陝西米脂十八寨的農民起義，自稱「八大王」。「滎陽大會」後，他和高迎祥、李自成等部擔當東征的任務。他們以疾風掃落葉的聲勢，在短時間內，打下了明朝的發祥地——鳳陽，燒燬了明朝皇帝的祖陵。後來，張獻忠和高迎祥、李自成兵分兩路，高、李等率兵進攻陝西；張獻忠則率兵南下攻入安徽，轉戰於湖北、陝西等省。高迎祥犧牲後，張獻忠所部在起義軍中勢力最為強大。1638年，農民革命暫時處於低潮，他以「受撫」為名，在湖北穀城一帶休養兵力。次年，再度起義。明朝政府

派楊嗣昌督師向張獻忠進攻。1640 年，張獻忠突破楊嗣昌的包圍，進入四川，並在軍事上以流動作戰的戰術爭得了主動。1641 年，張獻忠由川東順流東下，由四川到湖北，攻佔襄陽，殺掉了襄王朱翊銘。楊嗣昌兵敗後，憂懼自殺，張獻忠勢力大振。1643 年，張獻忠率領起義軍攻破武昌，稱大西王。第二年，又攻入四川，佔領重慶，攻破成都。這年冬天，他在成都即皇帝位，國號大西，改元大順。

1646 年，清政府派肅親王豪格和吳三桂軍配合當地地主武裝，猛攻張獻忠。張獻忠失敗，率部北走，在西充鳳凰山被清軍射傷犧牲。

（朱仲玉）

努爾哈赤

明朝初年，住在祖國東北地區的女真族（滿族的祖先），分為許多部落。各部落的女真奴隸主為了掠奪奴隸和財物，經常發動對其他部落的掠奪戰爭，弄得人民不得安身，在這樣的情況下，女真人都渴望有一個統一的和平局面。

努爾哈赤就是適應了當時的社會要求而崛起於赫圖阿拉（今遼寧新賓老城）的一位部落首領。他領導部眾戰勝了各自分立的各個奴隸主集團，建立了一個統一的政權。直到今天，在東北的滿族老人中間還流傳着許多有關「老汗王」的故事。「老汗王」就是滿族人對努爾哈赤的稱呼。

努爾哈赤姓愛新覺羅，史書上稱清太祖，出身於建州部女真奴隸主家庭，祖輩多次受明朝的封號。他幼年喪母，受繼母虐待，

努爾哈赤

十九歲時與家庭分居，自己過獨立生活。他曾到過漢人地區，受漢族文化影響較深，據說他通曉漢語漢文。

1583 年（明萬曆十一年），努爾哈赤團結內部，聚眾起兵，開始了統一女真各部的戰爭。他以赫圖阿拉為根據地，出奇制勝，逐步兼併周圍的部落。從 1583 年到 1588 年的五年之間，他逐步兼併了周圍的蘇克素護河、渾河、王甲、董鄂、哲陳等部。

1587 年，當戰爭還在進行的時候，努爾哈赤於費阿拉（新賓舊老城）建築王城，並且實施了一些必要的政治、經濟措施，如定朝政、立刑法、發展農業生產，等等。這一切，都為迅速統一女真各部奠定了基礎。

1592 年，努爾啥赤擊敗以葉赫為首的九部聯軍的進攻，隨後就進行了兼併長白山、扈倫和東海諸部的鬥爭。從 1589 年到 1594 年，他先後兼併了長白山的鴨綠江部、珠啥哩部和訥殷部。從 1593 年到 1619 年又次第兼併了扈倫的哈達、輝發、烏拉與最大的葉赫諸部。至此，他基本上完成了女真族內部的統一。至於東海諸部，直到努爾哈赤的兒子皇太極時才完全被兼併。在女真各部統一的過程中，努爾哈赤創立了八旗制度（正黃、鑲黃、正白、鑲白、正紅、鑲紅、正藍、鑲藍八旗），凡滿族成員都被編入旗，平時生產，戰時出征。1599 年，他創製了滿文。這些措施對於進行兼併戰爭、鞏

固政權和發展文化都是必要的。

1616 年，努爾哈赤於赫圖阿拉即汗位，建立金政權（1636 年皇太極改金為清）。金的建立，對於滿族經濟文化的發展，起了很大的推動作用。

（趙展）

吳 三 桂

1644 年，當李自成的農民軍打進北京的時候，明朝駐在山海關一帶防禦清兵的總兵官吳三桂，手頭還有一部分兵力。李自成進入北京的消息傳到了山海關，在起義軍強大的軍事壓力下，吳三桂為了保全自己的財產和地位，原本打算到北京來歸順李自成，但是，過了不久，他聽說農民軍要殺貪官、要鬥土豪，而且他自己存在北京的家產也被查封；同時他還聽說，各地的舊明勢力都在躍躍欲動，正在積極組織力量，準備向闖軍反撲。在這樣的情況下，吳三桂的氣焰又復高漲起來，公開宣稱要與闖軍作對到底。

當然，吳三桂心裏很清楚，光靠他自己這點力量，是無論如何不堪闖軍一擊的。所以，當闖軍乘勝向山海關推進時，他便向住在關外的滿洲八旗——他所負責防禦的敵人屈膝投降，共同向闖軍進攻。

李自成親自率領二十萬大軍在山海關附近一片石地方討伐吳三桂。兩軍擺開陣勢，激烈戰鬥。戰爭剛開始，天氣忽然大變，狂風驟起，飛沙滿天，士兵們一個個睜不開眼；正當這時，滿洲的精銳騎兵，從吳三桂軍背後衝出來，直撲農民軍。李自成大驚，農民軍陣勢動搖，大敗。李自成急忙下令收兵，向北京退卻。就這樣，清

軍便在吳三桂的引導下，長驅直入，打進了山海關。

李自成退回北京後，匆匆即皇帝位於武英殿，第二天，便放棄北京率眾西走。清軍隨即進入北京城。

滿族貴族一經佔領北京，隨即在政治上和軍事上採取了一系列緊急措施。在政治上，為了拉攏漢族地主階級，下令禮葬崇禎皇帝，大量任用明朝舊文武官員；另外，為了緩和人民的反抗情緒，還宣佈廢除明末以來的一些苛派和「三餉」（指「遼餉」「剿餉」和「練餉」）。在軍事上，一方面派遣吳三桂等繼續追擊農民軍；另一方面另派大軍南下，分別佔領黃河流域和長江流域的廣大土地。

這年初冬，滿族皇帝福臨，在滿漢貴族大臣們的擁戴下，即位為全中國的皇帝。這就是順治皇帝。

福臨這時還很年幼，國政由他的叔父攝政王多爾袞代理。順治在位十八年，十八年中全國的反抗鬥爭，此起彼伏，始終沒有停止。直到他的兒子康熙皇帝時，全國才重歸於統一。

（朱仲玉）

史　可　法

北京的明朝中央政權在農民起義軍打擊下滅亡以後，整個明朝政權尚未終結，一些大臣把崇禎皇帝的兄弟福王朱由崧捧出來，在南京當了皇帝（弘光皇帝），建立了南明政權。當時，清兵已經入關，李自成的農民起義軍已經退出北京，因此南明政權面臨的敵人已經不是農民起義軍，而是來勢洶洶的清軍。弘光皇帝是一個貪淫酗酒的草包，他周圍的一些大臣，如馬士英、阮大鋮等人，也多是些專為個人功名富貴打算的奸臣。他們在大敵當前的重要關頭，不

僅沒有積極抵抗，反而把堅決主張抗戰的史可法排擠出朝廷，叫他到長江以北的揚州去督師。

史可法（1602—1645），字憲之，號道鄰，祖籍北直隸順天府大興縣（今北京市大興區）。後遷居河南開封府祥符縣（今河南開封），一般都稱他為河南祥符人。他為人誠懇、正直，辦事認真，是弘光朝的兵部尚書兼大學士。弘光皇帝叫他到揚州去，他雖然明知前途困難重重，然而為了團結抗敵，他還是接受了這個任務。他到了揚州以後，將揚州與南京之間的防禦力量進行了一番整頓，並且他還調解了諸將之間不和的關係。許多抗清志士聽說史可法在揚州督師，都非常高興，紛紛地投效到他軍中來。

1644 年 12 月，清軍從山東南下，佔領了江蘇的宿遷。史可法立即率領軍隊進行反攻，收復了宿遷。第二年，清軍第二次發動進攻，一路從山東南下佔領宿遷，另一路從河南南下逼近徐州。徐州守將總兵李成棟聞清兵打來，棄城逃走，清軍輕易地佔領了徐州。不久，李成棟投降清軍，為清軍做前導，向南進攻，局勢迅速惡化。

正在這時候，半壁江山都行將不保的弘光小朝廷內卻發生了嚴重的內訌。武昌守將左良玉以「清君側」討伐奸臣馬、阮為名，對南京發動了軍事進攻。弘光朝廷異常驚恐，忙下令調史可法回南京，防禦左良玉兵。後來雖然因為左良玉在途中病死，這場內戰沒有被引起來；可是，就在此期間，清軍卻乘着弘光朝廷的內訌，攻破了盱眙，而且繼續往東進攻，乘勢佔領了淮安和泗州，逼近了揚州。史可法聞訊，冒着大雨，連夜趕回揚州，匆匆忙忙地佈置防務。

1645 年 5 月，清軍圍攻揚州。史可法率眾拒守，屢次打退清軍，清軍統帥豫王多鐸前後數次寫信給史可法，勸他投降。史可法嚴正地拒絕，每次接到信，都不啟封，立刻燒掉。清兵用大炮攻城，城牆被打壞很多缺口，每被打壞一處，史可法便命令部下用沙袋堵塞一處，再接再厲、鬥志昂揚。戰鬥日夜進行，敵軍四處雲

集，城中危險萬分。史可法知道揚州已經很難保，便預先給自己的母親、妻子寫好訣別書，交代後事，自己下定決心準備城陷殉難。5月20日，清軍發動總攻擊，他們先用大炮轟破西北角城牆，然後衝進城來。史可法看到城被攻破，便拔刀自殺。他的部下上前把他抱住，簇擁着他逃出城去。半路上，遇見一隊清兵，結果他們被俘虜了。清兵把史可法解去見清軍統帥多鐸。

多鐸見到史可法後，再一次勸他投降。史可法嚴詞厲色地說：「吾頭可斷，身不可屈，願速死。」最後，史可法被殺害。

清兵佔領揚州後，大肆屠殺，全城遍地屍橫。那時，正是夏天，史可法的遺骸已經無法辨認。揚州的人民，找不到他的屍體，便把他的衣冠埋葬在揚州城外梅花嶺，後來還修了祠堂，來永遠紀念他。

（朱仲玉）

江陰人民抗清鬥爭

1645 年，清軍從北方大舉南下時，下了一道嚴厲的剃髮令，限令在清軍所到之處，人民必須在十天內剃去頭髮，並且規定：「留頭不留髮，留髮不留頭」，不許有絲毫考慮的餘地。

把全部頭髮盤束在頭頂上，這是以前漢族人的裝束；剃去周圍的頭髮，把中間留下的頭髮編成辮子，垂在背後，這是當時滿族人的習慣。這道命令遭到了當時漢族人民的強烈反抗。1645 年江陰人民的抗清鬥爭，就是由此而引起的。

當時，史可法已經在揚州殉難，南明弘光朝的都城南京已經失守。7 月中旬，清朝派來的知縣方亨到江陰上任。他一到任就貼出佈

告，要嚴格地執行剃髮令。江陰人民非常憤慨，他們撕掉佈告，於7月22日開始起義。起義的人員擁戴典史（官名，比知縣低，掌管全縣治安的事）陳明遇為領袖，修築起堅固的防禦工事，決心抗清到底。

江陰起義後，清政府立即派兵前來鎮壓。全縣人民奮勇抵抗，在城郊多次打敗清軍。全城軍民，有錢出錢，有力出力，堅強團結，死守不二。為了更好地打擊敵人，陳明遇派人把前任典史閻應元從城外請進城來，一同協力防守。

閻應元是個武秀才出身的猛將，他進城時，江陰已經完全處在清軍的包圍之中，但是他絲毫也不畏懼。他和陳明遇通力合作，徹底清查全城戶口和庫存物資，清除內奸、組織民兵，做好了長期抵抗的準備。

8月底，清軍大隊人馬開到江陰城外，發動了一次大規模的攻勢。閻應元和陳明遇指揮士兵英勇奮戰，打退了攻城的清軍，並且打死了清軍的主將。9月裏，他們又主動出擊，消滅了許多敵人。

清軍久攻江陰不下，就採取誘降辦法。投降清軍的將軍劉良佐老着臉皮，在城外要求和閻應元答話，想勸說他投降。閻應元聲色俱厲地斥責劉良佐，說：「有降將軍，無降典史！」粉碎了敵人的勸降計劃。在農曆中秋節這天晚上，閻應元為了讓士兵們歡度佳節，特地舉行了祝捷晚會，跟戰士們一起在城樓上飲酒唱歌，表示寧死不屈的決心。

清軍看到城內堅守不屈，沒有投降的意思，又調來了大批精銳的攻城部隊。10月10日，清軍趁下着大雨，用大炮轟破城牆的東北角，打進城來。在激烈的巷戰中，陳明遇壯烈地犧牲了。閻應元殺傷了許多敵人後，投水自殺，沒有成功；後來被敵人俘虜，關在一個廟裏，第二天也壯烈犧牲了。全江陰的人民，除一小部分突圍以外，其餘都在巷戰中英勇犧牲或在城破後慘遭殺害。

（朱仲玉）

元明清（1840年前）

275

鄭　成　功

　　鄭成功（1624—1662）原名鄭森，字大木，福建南安人。他是明朝末年福建總兵官鄭芝龍的兒子。當福王在南京建立弘光政權時，鄭成功二十一歲，正在南京讀書。弘光政權垮台後，鄭成功回到福建。這時，唐王朱聿（yù）鍵在福州即皇帝位，建立隆武政權。鄭成功朝見了朱聿鍵，提出了富國強兵、抵抗清軍的主張。朱聿鍵很喜歡鄭成功，就認他做本家，賜他姓朱。

　　1646年秋，清軍攻陷浙江，接着大舉進攻福建。掌握隆武朝政大權的鄭芝龍準備投降清朝，故意撤掉仙霞關的守軍。清軍長驅直入，在汀州（今福建長汀）俘虜朱聿鍵，隆武政權滅亡。鄭芝龍投降清朝後，鄭成功和父親決裂，在廈門鼓浪嶼起兵反抗清朝。

　　鄭成功率領部隊在福建、浙江、江蘇一帶和清軍打了許多次仗，取得了很大的勝利。為了長遠之計，他決定渡海到台灣去，以台灣作為抗清的根據地。

　　台灣自古以來就是中國的領土。1624年，荷蘭侵略者乘着明朝國勢衰落的時機，出兵侵佔了台灣，在台灣建立了殖民統治。鄭成功向台灣進軍前，寫信給荷蘭侵略軍頭子，指出台灣是中國的國土，中國有權收回，叫他趕快率領侵略軍撤出台灣。荷蘭侵略軍的頭子非常害怕，派翻譯何廷斌來和鄭成功講條件。何廷斌是一個具有愛國思想的人，他把荷蘭侵略軍的情況報告鄭成功，還向鄭成功呈獻了一幅詳細的台灣地圖。台灣人民聽說鄭成功要收復台灣，都感到非常興奮，紛紛渡海來投奔鄭成功，願意為收復台灣出力。

　　1661年4月，鄭成功率領戰士二萬五千人、戰船百艘，在台灣鹿耳門一帶登陸。登陸後，跟荷蘭侵略軍展開了激烈的戰鬥。由於鄭成功的指揮有方，士兵們的英勇作戰和台灣人民的積極支援，荷蘭侵略軍戰敗了，侵略軍的頭子被迫向鄭成功呈遞了投降書。1662

年，最後一批荷蘭侵略軍被逐出台灣，台灣終於回到了祖國的懷抱。

鄭成功收復台灣後，建立政府、制定法律、開墾荒地、發展生產、努力建設。他還親自到當地高山族居住的地區進行訪問，派人製造了大批鐵製農具，在高山族人民中推廣使用。經過漢族和高山族人民的共同努力，台灣的各種生產事業有了突飛猛進的發展。

不幸，鄭成功在收復台灣後不久就病逝了，這時他才只有三十九歲。他的死，引起了人民的哀痛，人民將會永遠紀念這位從殖民主義者手中收復祖國神聖領土──台灣的民族英雄。

（朱仲玉）

康熙皇帝

康熙皇帝姓愛新覺羅，名玄燁，是清入關以後的第二個皇帝。他從 1662 年開始，到 1722 年去世止，共做了六十一年的皇帝。

康熙統治期間，中國是當時世界上一個繁盛、統一的封建強國。

康熙皇帝最重要的貢獻，是平定了「三藩」叛亂，解決了準噶爾問題，收降了鄭氏力量，使中國重新歸於統一。

所謂「三藩」，是指平西王吳三桂、平南王尚可喜、靖南王耿仲明。吳、尚、耿三人本來都是明朝的將領，後來都投降了清朝，接受了清朝王位的封爵。他們在自己的勢力強大起來以後，不肯服從清朝的統一政令，企圖在南方一帶造成封建割據。

1673 年，吳三桂發動叛變，尚可喜的兒子尚之信和耿仲明的孫子耿精忠起兵響應。康熙皇帝採取堅決手段，調動各方面的人力物力，出兵平亂，對叛軍採取猛烈攻勢。最後，清朝終於把「三藩」平定，鞏固了南部疆域。

準噶爾是衛拉特蒙古的一支。當時，以噶爾丹為首的準噶爾部，進行了破壞統一的活動。康熙皇帝親自率兵粉碎了這些製造分裂的陰謀活動，進一步鞏固了國家的統一。

鄭成功和他率領的將士，在 1662 年驅走荷蘭殖民者，收復了我國的神聖領土台灣。這是我國歷史上反抗外國侵略勢力的一個偉大勝利。鄭成功在收復台灣後不久去世。康熙皇帝於 1683 年降服了鄭成功的孫子鄭克塽，使得台灣重新成為中國中央政府直接管轄下的一個行政區域。

康熙皇帝在政治、經濟、文化上還實施了一連串有利於社會生產發展的措施。他為了鞏固自己的封建統治，在廣大人民反抗鬥爭的壓力下，廢止了清入關之初霸佔農民土地的「圈田令」。他下令興修水利、獎勵墾殖、減免賦稅、節省開支、提倡節約。因此，康熙時農業生產有了恢復和發展，社會的經濟也日益繁榮。

在文化上，他派人編修《明史》《古今圖書集成》《康熙字典》等書，此外還大力提倡自然科學、繪製《皇輿全覽圖》等。

康熙皇帝在軍事、政治、經濟、文化上所做的上述一些工作，都在一定程度上有利於中國社會的發展，後世稱他是一位傑出的政治家。

（朱仲玉）

達賴喇嘛　班禪額爾德尼

達賴喇嘛和班禪額爾德尼是西藏喇嘛教黃教教派的兩位最大活佛。

黃教是 15 世紀初藏族喇嘛宗喀巴（1357—1419）創立的一個喇嘛教派。到 16 世紀中葉時，黃教的勢力已經有了很大的發展。當時，黃

教最大的寺廟拉薩哲蚌寺的講經法台是索南嘉措（1543—1588）。

明萬曆七年（1579），被明朝封為順義王的蒙古土默特部首領俺答汗，從青海寫給索南嘉措一封信，邀請他去講經說法。索南嘉措接受了這個邀請，前往青海，向俺答汗宣傳了黃教的教義。1580年，俺答汗加給索南嘉措一個尊號——聖識一切瓦齊爾達賴喇嘛（「瓦齊爾」，梵語「金剛」的意思；「達賴」，蒙語「大海」的意思；「喇嘛」，藏語「上人」的意思），以表示對索南嘉措的敬重，這就是達賴喇嘛名號的開始。後來，索南嘉措的母寺哲蚌寺的上層喇嘛，又追認宗喀巴的門徒根敦主巴為第一世達賴喇嘛，根敦主巴的門徒根敦嘉措為第二世達賴喇嘛，索南嘉措是根敦嘉措法位的繼承人，是第三世達賴喇嘛。從第三世達賴喇嘛開始，歷世達賴喇嘛都以哲蚌寺為母寺。

17世紀中葉，黃教寺廟集團和信奉黃教的青海蒙古和碩特部首領固始汗，歸附了尚未進關的清皇室，緊接着，第五世達賴喇嘛阿旺羅桑嘉措又憑藉固始汗的兵力，掌握了西藏地方政權。清順治九年（1652），第五世達賴喇嘛應順治皇帝的邀請，來到北京，受到清朝隆重的款待。第二年，五世達賴返回西藏，臨行前，清朝賜給他金冊、金印，封他為「西天大善自在佛所領天下釋教普通瓦赤喇怛喇達賴喇嘛」。從此以後，達賴喇嘛的政教地位和職權，才被正式確定了下來，而且此後歷世達賴喇嘛，都必須經過中央政權的冊封，成為一項制度。

第五世達賴喇嘛的師父是日喀則扎什倫布寺的講經法台羅桑‧卻吉堅贊。羅桑‧卻吉堅贊是一位佛學知識淵博的高僧，被人尊稱為「班禪」（「大學者」的意思）。當固始汗幫助黃教寺廟集團取得西藏地方政權以後，固始汗又贈給班禪羅桑‧卻吉堅贊以「班禪博克多」（「博克多」是蒙語「聖者」的意思）的名號。班禪死後，扎什倫布寺的上層喇嘛把他定為第四世班禪，同時又向上追認了三世。第一世班禪是宗喀巴的門徒克主傑。自第四世班禪起，歷世班

禪都以扎什倫布寺為母寺。

清康熙五十二年（1713），第五世班禪羅桑意希來到北京，康熙皇帝封他為「班禪額爾德尼」（「額爾德尼」，是蒙古化的梵語，「珍寶」的意思），賜給他金冊、金印，確定了他的政教地位和職權，也規定了此後歷世班禪額爾德尼都必經中央政權冊封的制度。

（王輔仁）

文　字　獄

清朝初期，在各地人民進行反抗滿族貴族統治鬥爭的同時，一些地主階級出身的知識分子，曾經通過著書立說的方法來進行反抗鬥爭。清政府為了徹底消滅這種反清思想，便大興「文字獄」。「文字獄」是指詩文著作中某些內容觸犯了清政府的所謂禁忌，被清政府用為犯罪的罪證，藉此來對反抗滿族貴族統治的知識分子進行屠殺的一種暴行。

康熙時最大的一次「文字獄」是康熙二年（1663）的莊廷鑨之獄。莊廷鑨得到了明朝朱國楨編寫的一部《明史》未完成稿，很高興，便集合一些人把它編寫完畢，由他自己署名刻印出版。這部書對於明朝後期漢滿統治階級的鬥爭寫得很具體，並且把清軍入關以後這一段時間的歷史不算作清史，而卻以南明為正統，叫作南明史，這就觸犯了清政府的忌諱。清政府下令將莊氏家族以及為該書作序的人、參加校閱的人、刻印的人、賣書的人、買書的人，一併處死，總共殺了好幾百人。事發時莊廷鑨已死，清政府還把他的屍首從墳墓裏掘出來戮屍。

康熙朝除莊廷鑨之獄以外，還有戴名世之獄也非常著名。戴名

世是明朝遺老，他著的《南山集》中載有南明永曆皇帝（1646—
1661 在兩廣、雲、貴一帶建立過政權）的事跡，並且還採入了方孝
標所著《滇黔紀聞》一書中有關明末清初的史實，結果清政府藉此
興大獄。戴名世被殺，戴、方兩家的男女老少都被充軍。

　　雍正朝「文字獄」中最大的一次是雍正七年（1729）的呂留良、
曾靜之獄。呂留良是明朝遺老，他拒絕清政府的徵聘，削髮為僧，著
書宣揚反清思想。曾靜讀了他的著作以後，派學生張熙去見川陝總督
岳鍾琪，勸他舉兵反清。岳鍾琪表面上假裝答應，引誘他們說出全部
計劃，然後向清政府告密。清政府把早已死去的呂留良從棺中挖出戮
屍；把他的兒子呂毅中、再傳弟子沈在寬處死，呂家的人被滅族。對
於曾靜和張熙兩人，則假造口供，說他們已改過自新；雍正皇帝還利
用假「供詞」作《大義覺迷錄》一書，欺騙當時和後代的人。

（朱仲玉）

馬戛爾尼率團來華

　　從 17 世紀 40 年代到 18 世紀六七十年代，英國在經過資產階級
革命和工業革命之後，成為當時世界上最大的資本主義強國。掌握
了政權的英國資產階級，在 18 世紀中葉，就已經把勢力伸入到了印
度，而且還想以印度為基地，進一步把它的侵略魔爪伸入到中國。
1793 年（乾隆五十八年），英國派馬戛爾尼為使節，率領代表團來
到中國，其目的就是想給他們以後的侵略活動開闢一條道路。

　　馬戛爾尼到中國後，代表英國向清政府遞交了國書，並提出了
要求，打算和中國進行所謂通商的談判。他提的要求主要有：①准
許英商在舟山、寧波、天津等港口通商；②請求給予舟山附近的小

馬戛爾尼

島一處，作為貯存貨物的場所；③要求給予廣東省城附近的小地方一處，以便英國商人居住，或者准許寄住澳門的英國商人自由出入；④英國派遣公使駐紮北京；⑤廢除澳門、廣州間的通行稅等等。可以看出，英國侵略者的態度是十分狂妄的，它從一開始正式同中國打交道起就無理地提出了領土主權的要求，想把中國變成為它的殖民地。

清政府站在維護大清封建國家領土主權完整的立場，嚴正地拒絕了馬戛爾尼代表英國政府所提出的要求。

馬戛爾尼抱着極大的奢望想來打開中國的大門，結果卻沒能達到目的。他不敢在北京久留，只好抱着一肚子怨氣悻悻然回國。

這一次，由馬戛爾尼率領的英國代表團的來華，是英國政府和中國政府正式發生外交接觸的開始。這次，英國殖民者的侵略企圖雖未實現，但這並不等於說，從此它就放棄了侵略中國的陰謀。

（朱仲玉）

嘉慶年間的祕密結社

清朝嘉慶年間（1796-1820），領導人民起義的祕密結社組織有白魂教、天理教、天地會、哥老會等。

在這些民間祕密結社組織領導的各地人民起義當中，以白蓮教徒領導的起義和天理教徒領導的起義給予清朝統治者的打擊最為沉重。白蓮教徒聶傑人、張正謨、劉之協、姚之富等領導的起義發生在嘉慶元年（1796年）。起義從湖北的荊州、襄陽、鄖（yun）陽等地開始發動，迅速絕發展到河南、四川、陝西、甘肅等省。起義軍打着「官逼民反」的旗號，在鬼時期內獲得了很大的發展，沉重地打擊了清朝的封建統治。清朝政府調動大批軍隊，並利用地方豪紳的團練武裝配合進攻，經過九年之久，清政府才把這次起義鎮壓下去。

天理教徒林清、李文成領導的起義發生在嘉慶十八年（1813年）。起先，林清、李文成等於嘉慶十七年（1812年）春天在河南滑縣舉行祕密會議，準備於次年10月8日（農曆九月十五日）午時在河南、河北兩省同時發動起義。林清還祕密地和宮廷內的太監取得了聯繫，打算等嘉慶皇帝離開京師到外地去遊樂圍獵時，乘機襲取北京。但是，由於李文成這一路人馬在預定起義日期以前暴露了目標，被滑縣地方官發覺，李文成被捕入獄。河南義軍被迫在9月30日提前起義，攻佔滑縣，救出李文成，和官軍展開了英勇的鬥爭。清軍調大隊人馬圍攻起義軍，起義軍苦戰三個多月後失敗。

在河北方面，林清沒有獲知李文成提前起義的消息，他仍舊按照預定的日期行動。10月8日，林清派天理教徒二百多人進入北京內城。午時，進入內城的教徒和太監內外夾攻，打破紫禁城的西華門，攻至養心門。由於遭到了皇次子（即後來的道光皇帝）及諸大臣所率軍隊的頑強抵抗，起義軍沒能把養心門攻破，只好轉攻隆宗門，結果被清軍打敗了。大部分起義軍在戰鬥中英勇犧牲，林清也被清政府逮捕殺害。這次起義的規模雖不大，然而由於它發生在皇帝直接控制下的京城裏，並且起義軍差一點就打進了皇宮，因此在心理上對於清政府的打擊是十分沉重的。

（朱仲玉）

《四庫全書》

《四庫全書》是清朝乾隆年間由國家編修的一部歷代著作總集。

這部書的編修工作，從乾隆三十九年（1774）開始（實際上前一兩年就在籌備），至 1782 年完成。先後參加工作的共有三百六十多人。具體編修的過程是：先下詔廣收遺書，命各省採訪進呈歷代著作，然後進行校訂工作，分門別類編纂抄錄，收藏於國家藏書庫內。在編修過程中，如發現書中具有反清思想或不利於清政府統治的內容，就予以全部或部分銷毀，或者篡改其中的字句。

《四庫全書》收錄的書籍共三千四百七十種，計七萬九千零一十八卷。未加收錄而保存書目的書，共六千八百一十九種。它基本上把我國歷代的主要著作都網羅進去了。全書分「經（經書）」「史（史書）」「子（諸子書）」「集（文集）」四部（故名《四庫全書》），四部之下又分為許多類別。如「史部」之下分為「正史類」「編年類」「紀事本末類」「別史類」「雜史類」「詔令奏議類」「傳記類」「史鈔類」「載記類」「時令類」「地理類」「職官類」「政書類」「目錄類」「史評類」十五類。每類之中，基本上以時代先後順序為標準進行排列（其中帝王的作品排在最前面），這樣，查閱起來十分方便。

《四庫全書》編修完成以後，並沒有刻版付印，只抄寫了四部正本，分別收藏在北京的文淵閣（故宮內）、文源閣（圓明園內）和瀋陽的文溯閣、承德的文津閣等幾個國家藏書庫中。後來又抄寫了三部副本，分別收藏在揚州的文匯閣、鎮江的文宗閣、杭州的文瀾閣。這七部書，現在有的已經全部被毀，有的也已部分被毀。如收藏於文宗閣的，在鴉片戰爭時期被毀；收藏於文源閣的，在第二次鴉片戰爭時期被毀；收藏於文匯閣、文瀾閣的，在太平天國革命時散佚；收藏於文溯閣的，在「九一八」事變後一度被日寇掠去以致部分散佚；收藏於文淵閣的，在北京解放前夕被國民黨劫往台灣。

在編修《四庫全書》的同時，為了查閱方便起見，還編有《四庫全書總目提要》和《四庫全書簡明目錄》各一種。

（朱仲玉）

《三國演義》《水滸傳》《西遊記》《聊齋志異》《紅樓夢》

《三國演義》的作者是元末明初時人羅貫中，《水滸傳》的作者是大約與羅貫中同時的施耐庵，《西遊記》的作者是明朝人吳承恩，《聊齋志異》的作者是清朝人蒲松齡（1640—1715），《紅樓夢》的作者是清朝人曹雪芹（約1715—約1763）。

《三國演義》描寫的是東漢以後魏、蜀、吳三國興亡的一段歷史。它以劉備、關羽、張飛三人桃園結義作為故事的開端，以晉朝滅掉吳國結束三國分立局面作為故事的終結，深刻而生動地描繪了三國時代尖銳複雜的軍事鬥爭和政治鬥爭。書中通過對魏、蜀、吳三國之間種種矛盾的刻畫，揭露了統治階級貪得無厭和殘暴虛偽的本質。作者用他的筆精心地塑造了曹操、孔明（諸葛亮）、張飛等許多性格鮮明的典型形象。在作者筆下，曹操是封建社會裏統治階級中陰險奸黠者的代表，孔明是聰明、智慧的化身，張飛是疾惡如仇、愛憎分明、性情莽撞的英雄。作者把書中的人物寫得栩栩如生，使讀者看了以後，如見其人、如聞其聲。

《水滸傳》寫的是宋朝時候農民起義的故事。它描寫了林沖、魯智深、武松、李逵、宋江等人如何在封建統治階級的壓迫下被逼上梁山的情況。它歌頌了農民階級跟地主階級進行堅決鬥爭的大無畏精神。書中不僅對於朝廷裏的暴君奸臣進行了嚴厲的批判，並且

對於直接壓在人民頭上的地主惡霸也予以無情的唾罵。這部書在很大程度上鼓舞了被壓迫人民反抗黑暗統治的熱情。「三打祝家莊」就是書裏描寫梁山泊的農民英雄和地主惡霸展開武裝鬥爭的一個著名片斷。

《西遊記》寫的是唐僧取經的故事。唐僧、孫悟空、豬八戒、沙和尚師徒四人，歷盡千辛萬苦，到西天去取經，最後終於戰勝了險惡的自然環境和一切妖魔鬼怪，勝利地把經取回。書中的孫悟空是人民智慧與力量的化身，他大鬧天宮、大鬧地獄，把神鬼世界的權力和秩序打得粉碎，充分地反映了人民蔑視封建統治權力的情緒。

《聊齋志異》是一部短篇小說集。它通過許多花妖狐魅的故事，從多方面反映了當時社會的現實生活。它暴露了貪官污吏、土豪劣紳的貪殘暴虐，辛辣地批判了科舉制度的腐朽，揭露了社會騙子手的欺詐行為，也歌頌了反抗舊禮教的男女之間的真摯愛情。

《紅樓夢》寫的是賈寶玉、林黛玉、薛寶釵之間的愛情悲劇。賈寶玉是一個鄙視功名富貴、具有反抗舊禮教精神的貴族公子。林黛玉是一個敢於向傳統勢力挑戰、熱烈追求真實愛情的女孩子。薛寶釵則是一個封建主義的忠誠信奉者。賈寶玉和林黛玉彼此相愛，然而封建惡勢力卻不讓他們結合。最後，林黛玉在久病中憂鬱地死去。薛寶釵雖然獲得了和賈寶玉結為夫婦的勝利，可是卻沒有贏得賈寶玉真正的愛情，反而成為封建社會另一種類型的犧牲品。《紅樓夢》所描寫的愛情是一種以反對封建主義（不僅是反對封建包辦婚姻）為其思想內容的愛情，它通過賈寶玉、林黛玉戀愛的種種波折和貴族賈家由盛而衰的變化過程，深刻地揭露和譴責了中國封建社會的各種黑暗和罪惡。它是我國古典小說中最偉大的一部現實主義作品。

（朱仲玉）

洪昇　孔尚任

清初出現了許多戲曲家，其中著名的有洪昇和孔尚任。

洪昇（1645—1704），字昉思，號稗畦，錢塘（今浙江杭州）人。他的代表作是《長生殿》。《長生殿》取材於歷史故事，以唐玄宗和楊貴妃兩人的愛情為中心，比較全面地反映了唐朝「安史之亂」前後的社會情況。它描寫了唐朝由盛而衰的過程，描寫了當時的宮廷生活和官吏的貪暴，描寫了內憂外患交迫下人民生活的痛苦，也描寫了正義凜然的愛國人物。作品的相當一部分篇幅具有浪漫主義的色彩，但在主要情節上則是現實主義的。

孔尚任（1648—1718），字季重，號東塘，兗州曲阜（今山東曲阜）人。與洪昇齊名，世稱南洪北孔。他的代表作是《桃花扇》。《桃花扇》通過李香君、侯朝宗悲歡離合的愛情故事，反映了南明弘光朝的社會現實和統治階級內部的派系鬥爭，揭示了南明政權滅亡的原因。劇中人李香君是明末南京秦淮河邊一個著名的歌妓，侯朝宗是與弘光朝的當權派馬士英、阮大鋮等奸臣處於對立地位的著名文人。奸臣的陷害，拆散了侯、李兩人。侯朝宗被迫逃亡江北投奔史可法幕下，李香君在奸臣的威逼下堅貞不屈，誓死不再嫁。

孔尚任通過生花的妙筆，把侯、李的愛情生活和國家興亡的命運緊密地結合了起來，從表面上看描寫的是兒女情長，而在實際上寫的卻是亡國悲劇。不論在思想性上還是藝術性上，《桃花扇》都是一部富有現實主義色彩的傑出作品。

（朱仲玉）

元明清（1840 年前）

287

本編講的是中國古代的政治制度、經濟生產、文化藝術、生活習俗等。在中華民族的漫長歷史進程中，我們的祖先創造了令我們引以為傲的高度發達的物質文明和精神藝術。

第五編

古代風物

我國有文字記載的歷史　正式紀年

　　我國有文字記載的歷史是從夏朝開始的。根據晉朝太康二年（281）在汲郡（今河南衞輝一帶）戰國魏墓中發現的《竹書紀年》一書的記載推算，夏朝大約創立於公元前 21 世紀或稍前一些，距離現在已有四千年光景。也就是說，我國有文字記載的歷史已經有四千年之久了。

　　從夏朝創立開始，到西周厲王時止，雖然有可靠的歷史記載做根據，能推算出帝王的世系和大約的年代，但這些年代都不是十分可靠的，因為當初並沒有正式的紀年可以查考。周厲王以後，周朝有十三年沒有王，由周公、召公兩人攝政，攝政開始的第一年稱為共和元年（公元前 841），這是我國歷史上有正式紀年的開始。

　　從周朝周公、召公攝政的共和元年起，到西漢武帝即位的前一年止，中國歷史上雖然有了正式的紀年，但是還沒有帝王的年號。漢武帝即位後，把開始的第一年定為建元元年（公元前 140），「建元」就是我國歷史上的第一個帝王年號。從此，我國歷史上除朝代以外，還有了帝王的年號。帝王的年號少則一個，多則數個、十數個，沒有一定的準則。從漢武帝建元元年起，歷代帝王都各有年號，從來沒有中斷過。直到 1911 年，孫中山領導的辛亥革命推翻清朝的統治，結束了君主專制的制度以後，帝王年號才被廢止。1912年被定為中華民國元年。但是，這個紀年法和世界上大多數國家採用公元的紀年法也不一致。中華人民共和國成立後，根據中國人民

政治協商會議第一屆全體會議的決議，決定採用公元紀年法紀年，從此，中國的紀年就和世界大多數國家通用的紀年完全一致了。

（朱仲玉）

我國歷史上的朝代

從有文字記載的夏朝開始，我國歷史上經歷了夏、商、周、秦、漢、晉、隋、唐、宋、元、明、清等主要朝代。

夏朝的起迄年代沒有可靠的文字記載，無法知道它確切的年代。根據有關資料來推算夏朝的世系，知道它傳了十七個王，大約的年代是在公元前 2100 年前後到公元前 1760 年前後，一共存在了四百多年。

商朝的起迄年代至今也尚未明確，只知道它傳了三十一個王，大約年代是公元前 1760 年前後到公元前 1120 年前後，一共存在了六百多年。

周朝分為好幾個階段。開始一段叫西周，從公元前 1120 年前後起，到公元前 771 年止，存在了約三百五十年。接下來的是東周，從公元前 770 年起，到公元前 249 年止，連頭帶尾共存在了五百二十二年。從東周的第一個國王平王遷都洛邑（公元前 770）開始，到威烈王二十三年（公元前 403）為止，諸侯稱霸，稱為春秋時代，春秋時代長三百六十多年；從威烈王二十三年起，到秦始皇統一中國（公元前 221）止，七國爭雄，稱為戰國時代（戰國最後的二十八年東周已經滅亡），戰國時代長一百八十多年（春秋、戰國的起止年代，算法不一）。

秦朝從公元前 221 年統一中國起，到公元前 207 年滅亡止，只

傳了二代，連頭帶尾共十五年。

漢朝的前期稱西漢，從公元前 206 年起（劉邦做皇帝是在公元前 202 年，從公元前 206 年到前 202 年為楚漢相爭時期），到公元 8 年止，共存在了二百一十四年。8 年，王莽稱帝，改國號為「新」。23 年，「新」滅亡。淮陽王劉玄在位三年（23—25）。漢朝的後期稱東漢，從 25 年起，到 220 年止，共一百九十六年。

東漢以後、西晉統一以前，我國歷史上出現了分裂局面。魏、蜀、吳三國鼎立，歷史上稱為三國時代。三國時代自 220 年曹丕稱帝起，到 280 年東吳滅亡止，共六十一年。

晉朝也分西晉、東晉兩個階段。西晉從 265 年司馬炎取代曹魏起，到 316 年，共五十二年。東晉從 317 年到 420 年，全長一百零四年。

從東晉滅亡到隋統一，這一段時期，歷史上叫作南北朝時代，南北朝時代長一百七十年。

隋朝從 589 年統一中國算起（隋的建立為 581 年），到 618 年止，全長三十年。

唐朝從 618 年起，到 907 年止，全長二百九十年。

唐朝以後，我國歷史上又出現了分裂局面，這個分裂時期歷史上叫作五代十國時期。五代十國時期從 907 年唐滅亡算起到 979 年宋統一全國（宋的建立為 960 年）止，共七十三年。

宋朝也分為兩個階段，前一個階段稱北宋，從 960 年到 1127 年，共一百六十八年。後一個階段稱南宋，從 1127 年到 1279 年，共一百五十三年。

元朝從 1279 年滅南宋起，到 1368 年止，全長九十年。

明朝從 1368 年起，到 1644 年止，全長二百七十七年。

清朝從 1644 年入關算起，到 1911 年辛亥革命時被推翻止，全長二百六十八年。

（朱仲玉）

我國的民族

　　我們偉大的祖國是一個以漢族為主體的統一的多民族國家。除漢族以外，還有 55 個少數民族。少數民族人口共約 1.25 億，佔全國總人口的 8.89%（2020 年人口普查數據）。

　　我國各少數民族都具有悠久的歷史和豐富的文化。就拿百萬以上人口的少數民族來說，在我國各種史書、方志上很早就記載着有關這些民族的生產、生活和風俗習慣等情況。我國歷史上的元朝，就是以忽必烈為首的蒙古貴族在 13 世紀建立的。回族（又稱回回）是 13 世紀以來遷入我國的部分中亞人、波斯人、阿拉伯人和 7 世紀以來少數久居我國的波斯人、阿拉伯人與漢族、維吾爾族、蒙古族等族人在長期相處的過程中發展而成的一個民族。藏族在漢文的古文獻中稱為吐蕃、西蕃、烏斯藏、唐古特、圖伯特等。公元前 3 世紀至公元後 3 世紀，漢文史書上曾提到丁令（丁零、丁靈），4 世紀到 6 世紀曾提到鐵勒（敕勒、赤勒），這都是說的維吾爾族的遠祖。從北魏到隋代稱為烏護（烏紇）、韋紇（袁紇），唐宋時稱為回紇、回鶻，元明時稱為畏兀兒，都是維吾爾一詞的不同音譯。古代稱居住在洞庭湖附近和沅江流域一帶的居民為武陵蠻（五溪蠻），苗族就是他們的後裔。古代史籍記載的邛（qióng）都夷、滇、勞浸、靡莫和昆明都與彝族的源流有關，叟、爨（cuàn）、烏蠻和部分地區的白蠻是彝族的組成部分；直到元明以來，羅羅這個名稱才逐漸普遍起來，並開始成為彝族的泛稱。春秋時代的越人與今天壯族、傣族等族的源流有密切的關係，史籍上曾有陸梁、西甌、駱越、烏滸、俚以及僚、俍（liáng）、依、沙等不同稱謂，便都是泛指壯族而言。布依族是由古代百越中的駱越一支發展起來的，《元史·地理志》裏第一次出現了仲家的名稱，就是布依族的祖先。朝鮮族是自 19 世紀

中葉開始先後從朝鮮遷入我國東北的。遠在周、秦時代，居住在東北松花江、牡丹江等流域的肅慎人，以及後來史書上所稱的挹（yì）婁人、勿吉人、靺鞨（mò hé）人和 10 世紀後所稱的女真人的一部分，都是滿族的祖先。

（施聯朱）

首都北京

北京在歷史上正式成為首都，是從金政權貞元元年（1153）開始的。當時北京稱燕京，金在此定都後，改稱中都。

今天北京廣安門內外大街，就是自東而西橫貫金中都城的一條幹路。中都的內城，位於今廣安門以南，是金皇宮所在的地方。金亡後，元朝仍以這裏為都城。由於金的中都城長期遭受戰爭破壞，殘毀不堪，因此元朝的開國皇帝忽必烈在此定都後，索性放棄中都的舊城址，在它東北的曠野上另外興建了一座新的都城，命名為大都。大都城的建築工程主要分宮殿、城池、運河三部分。初期主要是宮殿的建築，然後以宮城及其東西兩面的太廟和社稷壇為基點，配建王府、官署，興建街坊，最後開通大都的水路交通動脈——通惠河，使大都和大運河直接聯繫起來。經過全國無數勞動人民二十幾年的辛勤努力，一座規模宏大的新的大都城終於落成。新的大都城基本上為今天的北京城奠定了最初的基礎。

1368 年，朱元璋在南京做了皇帝，建立了明朝。這一年秋天，明軍攻入大都，改稱大都為北平。明成祖時，為了適應國內新的政治形勢，決定把都城從南京遷到北平，改稱北平為北京，並大規模營建北京。明朝北京城的修建工程，從成祖永樂二年（1404）開始，

1946 年的天安門城樓前

至永樂十八年（1420）完成，前後共費時十七年。就在北京營建工程完成的這一年，明成祖正式下令遷都。嘉靖三十二年（1553）為了便於防守的關係，明政府又給北京加築部分外城。

明亡後，繼明之後的清朝，仍舊以北京為都城。

（穆淑燕）

六大名都

西安、洛陽、開封、北京、南京、杭州，是我國歷史上的六大名都。關於北京，已在前一題中專門講過。這裏，分別談談其他幾個名都。

西安地處陝西關中平原渭水之濱，是我國古代文明的發祥地之一。公元前 11 世紀，周文王在今西安附近戶縣東建立豐京，文王的兒子武王又在今西安市長安區西南建立鎬（hào）京。武王滅殷以

後，建立了周朝，鎬京成為周的國都，這是西安附近第一次出現全國性的政治中心城市。歷史上把建都鎬京的周稱為西周。

公元前 202 年，西漢建立。漢於渭水南岸營建國都，取名叫長安（漢時長安在今陝西省西安市長安區西北）。西漢建立的二百年間，是長安的繁盛時期。這時，長安不僅是全國的政治、文化中心，而且是交通西域的樞紐。此後，前趙、前秦、後秦、西魏、北周，都以長安做過國都。

隋、唐兩代，也都以長安為國都（隋在 583 年遷都大興，仍在長安附近）。但隋、唐時的長安已不是漢長安舊城，其規模比漢長安城大得多。這個時期，特別是在唐代，長安是我國乃至全世界最大、最文明的一個城市。

洛陽位於河南省洛河北岸。周武王的兒子成王即位後，為了加強對東方殷遺民的統治，派周公旦在洛水之北營建洛邑，叫作東都。公元前 770 年，周平王把都城從鎬京遷到洛邑。從此，歷史上把遷都洛邑後的周稱為東周。戰國時洛邑被改稱洛陽。東周是以洛陽為都城的第一個朝代。東周以後在洛陽建都的，有東漢、曹魏、西晉、北魏（北魏初都平城，孝文帝時始遷都洛陽）。隋、唐時期，雖然政治中心在長安，但隋、唐的皇帝如隋煬帝、唐太宗、唐高宗、武則天等都經常居住在洛陽。五代十國時，後唐也在洛陽建過都。

黃河中游南岸的開封，早在戰國時期，就是魏國的都城，當時叫作大梁（戰國時，魏的都城最初在安邑，魏惠王時始遷都大梁）。大梁在隋、唐時稱為汴州。唐朝末年，朱溫廢掉唐朝皇帝，建立後梁，定都汴州，升汴州為開封府。後晉、後漢、後周也都在這裏建都，把汴州稱作東京。960 年，趙匡胤發動兵變，建立宋朝（史稱北宋），仍定都開封（宋亦稱開封為東京）。北宋以開封為都城，達一百六十八年之久，這是開封的極盛時代。金滅北宋，稱開封為汴

京，後又改稱南京，也曾一度定都於此。

山川雄偉的南京城，是我國最大的文化古都之一。三國時期，南京是東吳的國都，加上以後的東晉、宋、齊、梁、陳共六個朝代，都以南京為都城，所以南京被稱為六朝古都。南京在東吳時叫作建業，從東晉到陳，稱為建康。後來南唐也以它做過國都，改稱江寧府。明朝初年，朱元璋定都南京，明成祖時遷都北京。太平天國革命時期，起義軍攻下南京後，定都於此，改稱天京。1927年，北伐軍攻克南京，以南京為首都，在南京成立中華民國國民政府。1949年4月，人民解放軍橫渡長江，解放南京，成立南京市人民政府。1952年歸為江蘇省，並成為江蘇省的省會。

景色如畫的浙江杭州城，是聞名中外的遊覽勝地，也是我國歷史上的著名古都。杭州曾做過五代十國時期吳越的都城。南宋時，杭州又成為南宋的首都。南宋稱杭州為臨安府。

（黎虎）

天干　地支

天干就是甲、乙、丙、丁、戊、己、庚、辛、壬、癸。地支就是子、丑、寅、卯、辰、巳、午、未、申、酉、戌、亥。用天干、地支記載年、月、日，是我國人民長期以來的一種傳統習慣，它的起源很早。根據地下發掘出來的商朝甲骨文，我們知道，那時已經有了用干支記日的辦法。商朝距今三千多年，也就是說，用干支記日的辦法，至少在三千年前就已經採用了。至於用干支記月、記年，則比較晚些。現在可以考查出來的干支紀年，是西周的共和元年（公元前841），那一年是庚申年。

　　用干支記載年、月、日的方法，是把天干和地支搭配起來，如甲子、乙丑、丙寅、丁卯、戊辰、己巳、庚午、辛未、壬申、癸酉。因為天干只有十個，而地支卻有十二個，所以當搭配到癸酉年時，天干又得從頭輪起，即搭配成為甲戌、乙亥。同樣的道理，十二個地支全輪完以後，也得從頭輪起。這樣從頭到尾周而復始地輪流，當天干輪完六遍的時候，地支正好輪完五遍；其年數整整是六十年，稱為一個甲子或稱一個花甲。因此，凡六十歲的老人或六十歲以上的老人，我們可以稱他們為「花甲老人」或「年過花甲」的老人。

　　大約從西漢初年起，民間習慣上又把地支和十二生肖聯繫起來。它們之間的關係按順序排列是：子鼠、丑牛、寅虎、卯兔、辰龍、巳蛇、午馬、未羊、申猴、酉雞、戌狗、亥豬。凡是在子年出生的人，無論是甲子或丙子，還是戊子、庚子或壬子，他的生肖都是鼠；在丑年出生的人，無論是乙丑或丁丑，還是己丑、辛丑或癸丑，他的生肖都是牛。別的生肖也依此類推。

　　用天干地支記載年、月、日，在我國歷史上曾起過一定的作用，它為我們考查歷史上的年代帶來了很大的方便，因為從西周共和元年以來，許多重要的歷史文獻古籍，記載時間都是採用這個辦法，而且歷久相沿，從未間斷過。

（朱仲玉）

我國歷史上的土地制度

　　世界上各個民族，在它們各自的歷史上都經歷過一個以公有制為基礎的原始公社的階段。在這個階段，土地屬於公社所有。公社

的成員共同耕種着他們的土地，也就共同享受他們共同勞動所取得的果實。

中國各族人民在歷史上也都經過了這個階段。就漢族說，大約傳說中的黃帝、唐堯、虞舜時代就屬於這個階段，這時期的土地屬於公社所有。最初，可能是公社裏很多人都在一大片土地上進行耕種；其後，氏族公社裏有了家庭，公社的土地就被劃分成一塊一塊平均大小一樣的小塊，分給各個家庭去耕種，但土地仍是屬於公社共同所有。秋收以後，土地仍恢復為一大片，明年耕種時再分。

土地制度的第一個變化，是由公社公有制變為國王（天子）、貴族所有制。國王、貴族是由氏族公社時期各氏族部落的大小酋長發展來的。這些人原來是由氏族部落成員選舉出來管理氏族部落的公職事務的，隨着貧富的分化和階級的分化，這些大大小小的酋長們就把氏族公社的公有財產——其中最主要的是土地——竊據為己有，成為自己的私有財產。於是，他們也就變成了一羣氏族貴族。氏族公社破壞，國家出現，他們就成為國王、貴族階級。

漢族歷史上何時從公社土地所有制進入國王、貴族土地所有制，現在還不十分清楚，但可以肯定的是西周、春秋時期，土地是屬於國王（周天子、各國諸侯）、貴族（卿、大夫）所有的。周天子、各國諸侯、卿、大夫等組成貴族階級，他們都是土地所有者。直接耕種土地的農民，主要的是以前的公社成員，他們仍然依照傳統的習慣耕種着按期分配來的每家大小平均的一塊（一般是方塊）土地。天子、諸侯可以把土地賜給他的卿、大夫，卿、大夫也可以把土地轉給其他人，但耕種土地的農民卻沒有權力轉讓他們耕種着的土地。不過這些農民都是按照古老的傳統習慣來耕種他們分來的那塊土地的，貴族們似乎也不能趕他們離開這塊耕種的土地。同時，這時期還沒有土地買賣。

土地制度的第二次變化，是在春秋戰國之際，這次變化是由周天

子、諸侯、貴族土地所有制變為一般地主或農民小生產者所有的土地私有制。歷史上有名的商鞅變法，就是這次土地制度變化的標誌。

通過這次變化，一向按照傳統習慣取得一塊土地耕種的小生產者——農民，擺脫了傳統習慣的束縛，取得了對其所耕種土地的更大支配權。他們有了可以出賣這塊土地的權力，即史書上所說的「民得買賣」。但在這種土地私有制度下真正取得好處的卻不是農民，而是地主階級。地主階級以政治的力量、經濟的力量吞併農民的土地，使得絕大部分農民只有很少的土地，甚至陷於破產的境地。

從商鞅變法開始的這種土地私有制，在舊中國一直持續了幾千年。在這期間，儘管耕種土地的農民就其身份而言，有時是自由民、奴隸，有時是農奴、佃戶、僱農，但他們總是受地主的剝削壓迫。全國絕大部分的土地掌握在地主階級手裏。

除地主階級中的一般地主、貴族、官僚掌握的私有土地以外，歷代統治者的國家政府或皇帝，還直接掌握一部分土地。這種土地在數量上，有時候也很大。各時期的國家政府或皇帝以不同的形式來管理、使用這部分土地。

在兩漢時期，這種土地被稱為「公田」，直接為皇帝所有。這部分土地數量很大，除大量耕地以外，全國的山嶺、未開墾的草田，也都歸皇帝所有。「公田」由皇帝「假」（租）給農民耕種。

魏晉南北朝到隋唐時期，國家政府掌握的土地更多，它們通過各種方式把土地分給農民耕種，並且用非經濟的強制力量把農民束縛在土地上，不許他們隨便遷移。

唐中葉以後，國家政府或皇帝仍保有大量的土地。他們一般都採用和當時一般地主經營土地方法差不多的形式來經營、管理這些土地。

這就是中華人民共和國成立以前幾千年來漢族歷史上土地制度發展變化的大體輪廓。最初階段，土地屬於氏族公社公有；西周、

春秋時期，土地屬於周天子及各國諸侯和卿、大夫貴族階級所私有；商鞅變法以後，土地可以買賣，土地私有制進一步確立，但歷代國家政府或皇帝仍然保有大量土地。

（何茲全）

我國歷史上的賦稅制度

戰國時的孟子曾說過夏、商、周三代的賦稅制度是：「夏後氏五十而貢，殷人七十而助，周人百畝而徹。」據傳統的解說，五十、七十和百畝一樣，指的是畝數。「貢」，有一定的數量規定，無論五十畝每年的收成如何，都要交這一定的數給國家。「助」是助耕公田。七十畝的收成全歸個人，但要抽出一部分時間去耕種國家的田，公田的收穫全歸國家。「徹」是將百畝的收穫交納出十分之一給國家。「貢」和「助」也大約是什一（十分之一）。

孟子的話可能反映了一部分事實。從遠古以來，原始公社就有一種老習慣，它把土地劃成平均大小相等的塊分給公社成員去耕種，公社成員把收穫的一部分，譬如說十分之一，交給公社做公用開支。進入階級社會，有了國家以後，剝削階級的國家可能就把這種老習慣繼承下來，把原來公社的收入變成國家對農民的賦稅。中國歷史何時由原始公社進入階級社會，目前還不十分清楚，因此，至少夏代的「貢」，是否是賦稅，還很難說。

春秋戰國之際，土地私有制進一步確立。隨着這種變化，賦稅制度也跟着變化。田畝的租稅分裂為田租和田稅。田租是農民向地主交納的地租，田稅是土地所有者向國家交納的賦稅。

戰國時期，七國分立，賦稅制度發展變化情況相當複雜，難以

細說。到兩漢時期，定型為一種租賦徭役制度。「租」是田稅（當時仍稱田租），戰國時是十分之一，兩漢時一般是三十稅一。「賦」是人頭稅，有「算賦」，有「口賦」，成年人出「算賦」，小孩出「口賦」。徭役包括兵役和力役。兵役在兵制題目下再談，這裏只說力役。漢代人民，從二十一歲到五十六歲，每人每年要向政府出一個月的役，稱作「更」。不能「踐更」（出役）的，要出錢，稱作「更賦」。

兩漢的租賦徭役制到魏晉南北朝和隋時，變為「戶調制」。戶調制是賦稅以戶為單位，按戶來徵收的制度。戶調徵收的是布、帛、絲、麻。曹魏時，田租還在戶調之外，是按畝徵收的。晉以後，田租也合併在戶調之內，都按戶徵收。以北魏孝文帝時的賦稅為例：這時的均田戶，一夫一婦（一個小家庭）每年向國家要交戶調帛一疋，粟二石。另外，隨鄉土所出，還要交些絲、麻等物。戶調之外，自然少不了還有力役負擔。

魏晉南北朝和隋的戶調制度，唐初小有變動，出現了「租庸調制」。租庸調制基本上和戶調制相同，不同的地方在於：①戶調制是以戶為徵收單位，租庸調改為以丁為徵收單位。②戶調制時期，農民除交布帛絲麻和租物之外，還要出力役。租庸調制規定，力役可以折收「庸」。「庸」是實物，役一日折絹布三尺。

以戶為徵收單位的戶調制和以丁為徵收單位的租庸調制都是以均田制為基礎的。有了均田，才能假定農民每家耕地大小差不多，來按戶或丁徵稅。

唐中葉均田制破壞，租庸調制不能適應客觀情況了，「兩稅法」出而代替租庸調。這是賦稅制度的一大變化。

兩稅法的施行是在唐德宗建中元年（780）。兩稅法的內容是戶稅和地稅，按每家資產多少來徵收戶稅。按田畝多少徵收地稅。每年的稅，分夏秋兩季徵收。夏輸不過六月（陰曆，下同），秋輸不

過十一月。徵收的稅以錢為主。租庸調制正式被取消。

租庸調到兩稅法的主要變化在什麼地方呢？一個變化是：在租庸調制度下，丁無論貧富，田無論多少，都是按丁出租庸調。而兩稅法則資產多、田畝多的出租稅多，資產少、田畝少的就出租稅少。另一個變化是：租庸調是收實物，兩稅主要收錢。

從唐到宋，兩稅中依戶徵收的資產稅逐漸分化出商稅、間架（房屋）稅，於是所謂資產也就逐漸集中於土地，所保留的僅是夏秋兩徵的形式，兩稅也就蛻變成為二稅。二稅一半收錢，一半收穀物。

賦稅制度的又一次大變化，是在明朝後葉，即神宗萬曆九年（1581）。這一年，明朝政府實行了「一條鞭」新稅法。「鞭」是「編」的意思。一條鞭法，就是把當時政府所徵收的各種租稅，以及按丁徵收的勞役，統統編（歸併）為一條，按地畝來徵收。一概徵收銀。

一條鞭法實施一百三十多年後，到了清朝康熙、雍正年間（1711—1729左右）又出現「攤丁入畝」的稅制改革。在階級社會中，賦稅制度一直在隨着時代的發展而不停地變化。在實行兩稅法的時候，租庸調裏所包括的勞役本來都歸併到兩稅裏去了的，但是不久，除兩稅之外，又有了丁役。一條鞭法實行後，本來是所有的稅目都並而為一了的，之所以稱作一條鞭也就是這個意思。但是併入一條鞭的丁銀，不久又分離出來，因此到清初又來了個「攤丁入畝」。

賦稅是統治者對人民的剝削，賦稅制度的變化，也反映了歷史發展的進步。變化中的進步，有兩點可以指出：一是課稅單位從戶、丁、地，逐漸集中到地；二是賦稅形態由勞役、實物、貨幣，逐漸集中到貨幣。它反映了人身依附關係的逐步減輕。

（何茲全）

我國古代兵役制

我國古代的兵制，可以從周代講起。商以前，大約還是部落兵，氏族部落成員都有當兵的義務。

周代的兵，基本上仍然是部落兵，只有周族的貴族、自由民（除奴隸以外的居民）才有當兵的權利和義務。周時是車戰，車是戰鬥的核心。看《左傳》的記載，我們知道春秋時期，各諸侯國出兵，還是以「乘」為單位來計算軍力大小的，比如說「七百乘」「五百乘」等，意思就是指七百輛戰車、五百輛戰車。國越大越強，車數越多。

周族以外被周征服的各族人，大約還不服兵役，他們沒有當兵的權利。

戰國時期，兵制起了變化。戰國以前，只見有用馬拉車、拉東西的記載，還沒有看見有關人騎馬的記載。戰國時，趙武靈王胡服騎射，學會了匈奴人騎馬打仗的技術，從此漢人歷史上才開始有了騎兵。同時由於這時士兵的來源擴大，以前不服兵役的人，現在也服兵役了，步兵的地位顯得日漸重要起來。由於騎兵的出現、步兵的增多，那種呆笨的車戰方法逐漸被淘汰。騎兵、步兵逐漸成為主要的兵種。春秋時期，兩國交戰，出車多不過數百乘，若是超過千乘以上，那就要算很大的戰爭了；可是到戰國時，參戰雙方動不動一來就是步騎幾萬人，甚至幾十萬人，這是以車戰為主的春秋時代的人很難想像的。這個事實，反映了春秋戰國時代作戰方法的巨大變革。

經過戰國時期的醞釀和發展，到秦漢統一國家時期，便出現了全國規模的「徵兵制」。

就漢代來說，年滿二十一歲到五十六歲的男子，每人一生都要服兩年的兵役。一年在地方上，一年在京師或者在邊疆。漢代守衛

輜車（漢代畫像磚拓片）

京師的兵，稱為「南北軍」；「南軍」守衛宮廷，「北軍」守衛京城。地方兵有「樓船」（水兵，多在江南）、「材官」（步兵，多在關東，即函谷關以東）和「騎士」（騎兵，多在北方邊郡）的分別。漢代的兵役，不分貴賤，只要是編入戶口冊籍的人，都要負擔。

魏晉時期出現了「世兵制」。

「世兵」就是世代為兵，父親是兵，兒子就一定做兵。這種世兵制，一直延續到南北朝時期。這時期，兵民是分離的。民有民的戶籍，民戶歸郡縣管理；兵有兵籍，兵家稱作「士家」「軍戶」，士家、軍戶受軍府管理。兵的身份是低的，必須經過放免，才能取得普通人的身份。

南北朝後期，在北朝又出現了「府兵制」。

北魏拓跋氏是鮮卑人，統一北中國時，還處在氏族部落向階級社會過渡的階段。拓跋部落聯盟的成員，都有當兵的義務。北朝前期，北方的漢人一般不服兵役，只有拓跋鮮卑的部落兵。

北朝後期，北方分裂為東魏、西魏。西魏地居關中，地方經

濟比較落後，人口比較少，力量較弱。西魏執掌政權的宇文泰一方面吸收漢人為兵，另一方面仍採取鮮卑人的部落兵形式，創置了府兵制。

從創置（西魏時）到破壞（唐中葉），府兵制前後維持了二百多年的時間。但這制度並不是一成不變的。在西魏北周時，府兵制的部落形式很明顯，有六個「柱國」率領全部軍隊，「柱國」就好像部落的酋長，其部下都得改從「柱國」之姓。府兵不屬於郡縣管轄，和民籍是分開的；他們只管打仗，不負擔其他賦稅的義務。唐時，全國置有六百多個府，關中即佔二百六十多個。設府的地方，人民有當府兵的義務；不設府的地方，人民不服兵役。

到唐中葉以後，募兵制逐漸成為主要的兵制形式。

作為其他兵制的補充，在戰國時期就出現了募兵制。漢武帝時期、東漢時期、南北朝時期，都有過募兵。募兵成為主要的兵制，是在唐中葉以後。特別是宋朝時候，統治者把招兵看成緩和階級矛盾的妙法，養兵數目不斷增加，宋仁宗時候，有兵一百二十多萬人，其中禁軍（中央軍）就有八十多萬人。

募兵是兵民分離的純粹職業兵。

到了明朝，又有「衞所制」。軍隊組織有「衞」「所」兩級。一衞兵士有五千六百人，衞有指揮使。衞下有千戶所，千戶所下有百戶所。小據點設所，大據點設衞。初設衞、所時，兵士來源，除明初現有的軍隊以外，以後主要是從人民中抽調來的。明朝衞、所的軍人是世襲的，兵士有特殊的社會身份，稱作「軍戶」。軍戶一般都參加屯田，軍隊的給養就由屯田來解決。衞所制有些像世兵制，又有些像府兵制。

清初的兵制是「八旗」兵。最初，一「旗」就是一個部落，八旗就是滿族的部落聯盟。八旗兵就是滿族的部落兵。八旗制是清太祖努爾哈赤時逐步建立起來的。八旗的基層組織是「牛錄」，一牛

錄為三百人。牛錄之上有「甲喇」，甲喇之上有「固山」，固山即「旗」。牛錄、甲喇、固山之長稱「額真」，實即各級的大小酋長。隨着滿族的階級分化，部落進入國家，八旗兵也就成為王公貴族的兵了。

清軍入關後又有「綠營兵」，綠營兵是以漢人為基礎組成的軍隊。

（何茲全）

世卿政治　官僚政治

在西周和春秋時期，政治上最高的統治者是周王，以下有各國諸侯，再下便是卿、大夫。他們之中人數最多的是卿、大夫階層。卿、大夫有世代傳襲的固定封土——「采邑」，又有固定的政治權力；他們在自己的「采邑」內聚族而居，可以築城、設置軍隊，有家臣管理政事；他們還憑藉着貴族的身份，世世代代地做官或執掌國政。這樣的情況就叫世卿政治。

官僚政治是伴隨着封建專制的中央集權國家的興起而出現的，它發生於戰國，形成於秦，在秦以後兩千多年的封建社會裏，一直在繼續不斷地發展與加強。我們從世卿政治與官僚政治的比較中，可以清楚地看出官僚政治主要具有兩個特點：

第一，世卿政治下的卿、大夫都是貴族世襲的，不是貴族出身的人是不能做卿、大夫的。官僚政治下負實際行政責任的大小官吏，一般是不世襲的，也不一定是貴族，都由皇帝任命或由皇帝任命的官吏指派，皇帝對官吏可以隨時任用、罷免和調遷。當然被任用的人都是地主貴族階級出身的人或他們的知識分子，勞動人民出

身的人很少有可能被任命當官的。

第二，官僚政治是用俸祿來代替世卿政治的「采邑」的，也就是說，依照官吏的地位和職務給予他們定量的穀物或貨幣，不再封給他們以「采邑」。

世卿政治表示國君權力的分裂，官僚政治顯示皇帝權力的加強。皇帝對人民的統治，是一定要通過官僚系統來進行的。

（楊釗）

從秦漢到明清的中央官制

秦是中國歷史上第一個統一的專制主義中央集權的國家，確定了皇帝至高無上的權力，並建立了比較嚴密的官制。就中央官制來說，秦置丞相、太尉、御史大夫等官職。丞相協助皇帝處理國家大政；太尉掌軍事；御史大夫一方面負責管理皇帝的祕書工作，另一方面負責監察百官。此外還有「九卿」，職掌的大多是皇帝宮廷的私務。

西漢初年基本上仿照秦制。自漢武帝時起，皇帝常常通過內廷管理文書的「尚書署」親自裁決政務，這就使丞相和御史大夫的職權逐漸縮減。隨後，尚書署改為尚書台，成為皇帝的機要祕書處。原來的丞相、御史大夫、太尉逐漸改名為大司徒、大司空、大司馬，合稱「三公」。原御史大夫的屬官「中丞」保留下來專司監察，以後稱為「御史台」，中國歷史上專職的監察機構，從此正式建立起來。到了東漢，正式發號施令的是尚書台，長官稱尚書僕射（yè）。三公的權力更為削弱，只能辦一些例行公事了。

東漢末，曹操為了掌握大權，自任丞相，並一度恢復御史大夫

等官職。曹丕稱帝後，感到東漢的尚書台權力太大，另設中書省，首長稱為中書監、中書令，掌管機要，起草和發佈詔令，逐漸成為事實上的宰相府。至於尚書台，則已成為執行機構，事務日益繁忙，開始分曹（分職治事的官署為「曹」）治事，設侍郎、郎中等官，綜理各曹工作。這時，「三公」基本上成了功勛大臣的虛銜。

晉代將漢代的侍中寺改為門下省，作為皇帝的侍從、顧問機構，長官為侍中。侍中在秦漢時侍從皇帝左右，出入宮廷，應對顧問，並常代表皇帝與公卿辯論朝政，地位雖不高，因能接近皇帝，故顯得很重要。到南北朝時，凡屬重要政令，皇帝每每徵取侍中的意見，這就使門下省也開始成為參與國家大政的部門了。

隋唐時期，中書省、門下省、尚書省（南北朝時由尚書台改稱）同為國家最高政務機構，分別負責決策、審議和執行國家政務，三省長官中書令、侍中、尚書令同列宰相地位。與此同時，原尚書省諸曹正式確定為吏、戶、禮、兵、刑、工六部，部下有司。部的首長稱尚書，副首長稱侍郎；各司正、副負責人稱郎中、員外郎。

隋唐三省六部制的確立，是秦漢以來封建國家中央官制不斷變化的結果。其組織較完整，分工較明確，可以看作是封建社會已經發展成熟階段的一個標誌。

從隋唐至明清，六部制大體相沿，但是原來分立的三省到唐太宗以後卻逐漸起了變化。由於唐太宗未做皇帝前曾當過尚書令，他做皇帝後，這個職務就空着不再授人。尚書省的長官，就只設左、右僕射；但不久左、右僕射成了聽令執行的官員，不能再參決大政了。唐高宗時，常用別的官員以「同中書門下平章事」或「同中書門下三品」的名義參與朝政，執行宰相職務，中書令、侍中就不常設了。執行宰相職務的官員們常在「政事堂」商討和辦理國政。政事堂初設在門下省，後移中書省，改稱「中書門下」。這樣，政事堂就成了實際上的宰相府。五代除沿用唐制以外，又有樞密院（管

理軍事機密、邊防、軍馬等事務）參與大政，首長稱樞密使或知樞密院事。北宋以中書門下省為政事堂，簡稱中書，和樞密院分掌政務、軍事，號稱「二府」。元代中樞大政統一於中書省，首長為中書令，往往以太子充任，其次為左右丞相，下統諸部。此外，又在地方設行中書省為中書省的派出機構。因此，元代中書省的職權很重，至於樞密院，則大體上與宋相似。

明初廢中書省，不設丞相，由皇帝直接處理國政，指揮六部。皇帝專制一切，由翰林院等機關選調幾個官員，加以殿閣大學士的名義備顧問，辦文墨。成祖時，選派大學士入午門內的文淵閣辦公，參與機務，稱為「內閣」。不過他們官位並不高，權勢也還小。仁宗以後，內閣專任批答奏章，草擬詔令，品級漸高，權力漸增，極易假藉皇帝的專制威力行事，號為「輔臣」，實際權勢竟比歷代的宰相還大。

清初仍然設置內閣，有三殿（保和、文華、武英）、三閣（體仁、文淵、東閣）大學士，但國家大政的決策機構是由滿族最高貴族組成的「議政王大臣會議」，內閣職權低落。到了雍正年間，又另設置軍機處，由滿漢大臣任軍機大臣，其下為軍機處行走、學習行

明代官員畫像

走等。軍機處設於內廷，秉承皇帝意旨處理軍國要務、官員任免和重要奏章。發佈命令時，直接用軍機大臣名義發出，稱為「廷寄」。各地奏章也由軍機處直達皇帝，不再經由內閣，於是內閣只辦例行公事，內閣大學士也變得有點類似位尊而不重要的「三公」了。軍機大臣由於親近皇帝，綜攬一切，名實俱重，是中國歷史上封建專制集權中央官制的最高發展。

（陳繼瑙）

從秦漢到明清的地方官制

中國歷史上專制主義中央集權封建國家的地方官制，也基本上是從秦朝統一後奠定下來的。

秦劃分全國為三十六郡（後增至四十餘郡），郡轄若干縣，是二級制。郡置「守」，是行政長官；置「尉」，掌軍事；置「監御史」（簡稱「監」），掌監察。大縣置「令」，小縣置「長」，為行政長官；縣有「尉」，掌治安；有「丞」，輔佐縣令或縣長管理倉儲、刑獄和文書。郡、縣的行政長官都由皇帝直接任免，體現了專制主義中央集權的精神。

漢初承秦制，只改郡守為太守，郡尉為都尉。諸侯王國，官制略如中央。漢武帝為了加強中央對地方的控制，將全國劃分為十三州（又稱為部），每州設一刺史，奉皇帝詔巡察郡、國。到了漢成帝時，曾改刺史為州牧，以後或者仍然叫作刺史，或者再改稱為州牧。但這時刺史或州牧只是監察官，官階低於郡守；州（部）也是監察區，不是行政區。東漢末年，改刺史為州牧，居郡守之上，掌握一州的軍政大權，形同最高地方政權。

魏晉南北朝時期，地方政權基本上劃分為州、郡、縣三級。州的長官或稱州牧或稱刺史，主民政；縣的長官一律改稱為令。那時，有些外州刺史往往被加上「使持節都督某州軍事」或「假持節都督某州軍事」的頭銜，並加號「將軍」，權勢很大。

隋取消郡，只存州縣。隋末改州為郡，唐又改郡為州，都是兩級制。唐又置十個監察區叫「道」，每道派高級京官一人，先後稱黜陟使、按察使、採訪處置使等，掌監察州、縣官吏事，有權罷免或提升地方官吏。此外，隋唐時還合若干州為一軍區，長官在隋稱總管，在唐稱都督。後來唐在邊境軍區置節度使，都帶京官和御史大夫銜，集數州以至十餘州的軍政、民政、財政和監察諸權於一身，權勢很大。「安史之亂」後，節度使勢力擴大，割據獨立，世稱為「藩鎮」。

宋代削藩鎮，集權中央，節度使成為空銜，因地置不同名稱的州、府、軍、監，都有屬縣，仍然是二級制。州縣政務都由中央另派京官帶原銜出任，稱「知某州軍州事」（「州」指民政，「軍」指地方軍隊）、「知某縣事」，簡稱「知州」「知縣」。宋在兩級行政機構外，又設立稱為「路」的監察區。路有都轉運使，負責監察吏治和收納地方上繳中央的賦稅；有提點刑獄，稽考一路的民刑案件；有提舉司，長官稱「提舉某路常平公事」，管倉儲和茶鹽專賣；此外有經略安撫使或安撫使，掌一路的地方軍事，按例都以當路的知州或知府充任，實為一路的軍政長官。宋代一路設官分職很多，目的主要是為了分散權力，避免地方割據。

元代設州和縣。州上有「道」，一種道是掌軍政民政的宣慰使司，一種道是掌稽查司法的肅政廉訪司，基本上可以看作一級行政機構。道之上有行中書省，作為中央中書省的派出機構，權力很大。這樣，元代的地方官制就形成省、道、州、縣四級制。

明初改行中書省為承宣佈政使司（習慣上仍稱為「省」），長官

為布政使，掌民政和財政。此外，省級地方官署有提刑按察使司、都指揮使司，分掌刑獄和軍事，與承宣佈政使司合稱「三司」。下有府或直隸州，長官為知府或知州；再下為縣或州（散州），長官為知縣或知州。這就正式形成地方政權的省、府（或直隸州）、縣（或散州）三級制。省府之間有「道」，道員由布政使僚屬參政、參議分理各道錢穀的稱「分守道」；由按察使的佐官副使、僉（qiān）事分理各道司法事務的稱「分巡道」，是一種監察性的小區。

明代由中央派監察御史到地方執行監察職權，稱「巡按某處監察御史」，簡稱「巡按」。後來有「巡撫」。巡區有的為一省，有的為幾省的邊區，使原來的布政使和提刑按察使幾乎成為屬員。再後來，為了軍事目的，地方上又有總督的設立，往往加銜兵部尚書或兵部侍郎以及都御史等名號。自從有了總督，巡撫又漸成為副手，有些地方甚至不設巡撫了。

清代的府州縣制與明略同。清在一些情況特殊的地方，主要是少數民族聚居地區，設「廳」。廳的行政級和州相似，有直隸廳和散廳，但直隸廳很少轄有屬縣。府以上的道依然保留，並成為一級行政機構，道員也成為專設實官。省級則由總督或巡撫綜理軍民要政，成為固定的「封疆大吏」；布政使名義仍然保留，但已成為總督或巡撫的屬員，專管稅收、民政，稱為藩台；按察使管司法，稱為臬台。巡撫轄一省，總督轄一省或二三省。這就構成省、道、府（直隸州、直隸廳）、縣（散州、散廳）的四級地方官制，甚至有五級的趨勢了。

總的說來，秦漢至明清地方官制的郡（州）縣二級變動不大。地方最高政權的名稱、組織、職掌等，則歷代很不相同，這是中央集權和地方分權矛盾的具體表現。

（陳繼瑸）

古代選拔制度

　　在我國歷史上，剝削階級的國家選拔官吏，是從戰國時期開始的；春秋以前，是貴族世卿政治，做卿、大夫的都是世襲的貴族。

　　戰國時，世卿政治逐漸遭到破壞；也就是說，貴族照例做卿、大夫的世襲制度，逐漸被打破。這個變化是這樣來的：由於社會經濟的發展，國家政治機構和行政區域的擴大，也由於貴族們的養尊處優漸漸失去管理政治的能力，貴族卿、大夫的職務逐漸由他們手下的陪臣來執行，地方行政也多由他們的家臣來擔任。封建統治階級為了調解他們的內部矛盾，更好地加強他們對勞動人民的統治，就逐漸打破了各級官吏的世襲制度，而採用選拔制度。商鞅在秦國的變法中把這個變化比較徹底地固定了下來。從此，中央政府和地方政府的官吏，都由國王從他認為有才能的人中選拔、任用。

　　秦朝以後，國家選拔官吏的辦法，各時代不同，大體上可以分為三個時期：

　　一、兩漢時期。這時期國家選拔官吏的辦法，主要的是「察舉」和「徵辟」。在皇帝的命令下，中央政府的大官和地方政府的長官，都可以把他們認為有才能、有品德的人推薦給政府。這些被推薦的人，依他們的才能、品德，有「孝悌」「力田」「秀才」「賢良」「方正」等名稱。後來地方推舉漸漸制度化，各郡依照人口多少按比例推舉不同數目的人，有一定規定。這種推舉人才的辦法，稱為「察舉」。「除察舉」之外，皇帝和中央公卿大臣還可以特別「徵」「辟」有特殊名望和才能的人來做官。由皇帝提名的稱為「徵」，由公卿大臣提名的稱為「辟」。這種選拔人才的辦法，稱為「徵辟」。

　　從漢武帝起，國家設有專門研究儒家經典的博士官，博士官都有弟子，博士弟子經過考試及格，也可以做官。

另外，官吏子弟，可以依靠父親的功勳，蔭庇為「郎」（官名）；富家子弟，還可以用錢補官。

二、魏晉南北朝時期。這時期國家選拔官吏的辦法，是所謂「九品中正」制。「中正」是官名，州郡設有大中正，縣有小中正。做這些大小中正的都是各地方在中央政府做大官的人。「九品」是區分被評選人的等級，共分上中下三等，上上、上中、上下、中上、中中、中下、下上、下中、下下九級，故稱「九品」。根據中正官的品評，來作為任用官吏的標準，這種制度在歷史上就被稱為「九品中正」制。這些大小中正們，定期把本地的人加上評語，評定等級，推薦給政府。魏晉南北朝時期，世家豪族在政治上、社會上都有很大的勢力。在政府做官的多是世家豪族，做各地大小中正的也都是世家豪族，他們所推薦的人，能夠被列為上品的自然也都是世家豪族。在晉時，已經出現了這樣一句流行話，「上品無寒門，下品無勢族」。所以，這時期「九品中正」制只起了為世家豪族階層服務和鞏固世家豪族政治地位的作用，實際上並不能選拔真正的人才參與政事。

三、隋唐至明清時期。這時期國家選拔官吏的辦法，主要的是科舉制。科舉制是隋朝時候創立的，唐初制度更加完備。唐代取人有三種：主要的是「鄉貢」，由州縣保送，所以唐代科舉也稱「貢舉」。除鄉貢之外，還有「生徒」和「制舉」。生徒是由學校保送的，制舉是皇帝特開制科考試以選拔「非常之才」的。參加貢舉的士子，先向州縣報名，州縣檢查合格後，由州貢於中央，稱為「貢士」或「舉人」。到京後，要分科考試。唐代以「明經」「進士」兩科考的人最多。進士考試嚴格，武則天以後，特別重文詞，所以科舉中又以考進士為榮。

科舉制代替「九品中正」制，是由於階級鬥爭和社會發展的結果。門閥世族衰落，非貴族出身的新興地主階層興起，豪門世族在

政治上獨佔優勢的地位已經動搖，「九品中正」制也跟着倒台。在這種情況下，靠考試成績、不靠門第的科舉制度才應時而起。「九品中正」制是以門第取人，取人的大權掌握在大小中正手裏，科舉制是以學業取人，取人的大權掌握在皇帝手裏。隋唐統一全國，中央政府的權力在不斷擴大、發展，科舉制就是適應中央集權的需要而產生的。這種制度一直實行到清朝末年，才為新式學堂所代替。

科舉制度一方面是統治者選拔官吏的一種途徑，另一方面也是封建專制政府牢籠知識分子使他們變成書獃子的一種手段。科舉的辦法越往後越繁瑣，到明清時，規定考試要用所謂「八股文」，考生只能按一定規格來寫文章，不准有絲毫發揮自己意見的餘地，以致一切聰明才能均被束縛。唐太宗有一句話最足以說明科舉制的這種作用：有一次唐太宗在宮門樓上，看見新進士們正低頭哈腰、小心規矩地排着隊走出來，便高興忘形地說：「天下英雄盡入吾彀（gòu）中矣！（天下英雄盡入我的圈套了！）」

（何茲全）

科舉制度

我國古代科舉制度開始於隋朝。隋文帝開皇七年（587），設立「秀才科」，叫各州每年選送三人，其中考取優秀的為秀才；隋煬帝時又建立「進士科」。這就是我國科舉考試的開端。唐朝考試科目增加，有「秀才」「明經」「進士」「俊士」「明法」「明字」「明算」等科（以後其他科目僅存空名，只有「進士科」成為科舉制度的唯一科目）；考試方法有「帖經」（只露出經書內容的某行，把上下文默填出來）、口試、詩賦等（其中詩文較重要，這和唐代詩歌

盛行有關係）。武則天考閱武藝，又開始了武舉。宋朝實行彌封卷；
王安石時，停止詩賦，改考經義，叫考生各選《易》《詩》《書》《周
禮》《禮記》一經，兼論《論語》《孟子》。元朝規定，「四書」以朱
熹的章句集註為主，從此考生答卷時就不能隨便發揮了。到了明清
時代，對考生的束縛更為嚴緊，命題專用「五經」「四書」的內容，
答卷必須用古人的語氣說話，連文章的寫法也有一定的規格，字數
也有一定的限制，這就是所謂「八股文」。

科舉制度從隋開始，中間經過不斷的發展、變化，到清光緒
三十一年（1905）廢止，在我國歷史上共實行了一千三百多年。

明清兩代，參加科舉考試的人，有秀才、舉人、進士、狀元、
榜眼、探花、翰林等稱呼，根據對這些稱呼的了解，可以幫助我們
更清楚地認識這時期科舉制度的大致輪廓。

原來，明清時代的科舉考試分為「院試」「鄉試」和「會試」「殿
試」等幾級。

院試以前，還要經過兩道考試：即由知縣主持的「縣試」和由
知府主持的「府試」。縣試及格的考府試，府試及格的才有資格參
加上一級的院試。

院試由清政府中央任命的提督學政（簡稱「學政」、俗稱「學
台」）主持，分「歲試」和「科試」兩種。歲試的目的是考試「童生」
（一般通例，凡應考者均稱「童生」）的學業，又稱「歲考」。童生
經院試考試及格，即取得入學資格（俗稱「進學」），稱為「附學生
員」（俗稱「秀才」）。科試的目的是在選送已入學的優等士子參加
鄉試，又稱「科考」。院試在府城或直隸州的治所舉行。

比院試高一級的考試叫鄉試。鄉試在南京、北京和各省城舉
行。鄉試三年一考，在子、午、卯、酉年（也有因皇帝生日、登極
等慶典加試的，叫「恩科」），叫作「大比之年」。考期在農曆八月，
故又稱「秋闈（wéi，『闈』是考場的意思）」。鄉試的主持者稱「主

考」，主考有正有副，正副主考都由皇帝任命。鄉試錄取的叫「舉人」，俗稱「孝廉」。鄉試考第一的叫作「解元」。

比鄉試再高一級的考試叫會試，在鄉試的次年（丑、未、辰、戌年）春天（初定為陰曆二月，後改為三月）舉行，故又稱「春闈」。考試地點在北京，由禮部主持，也稱「禮闈」。參加會試的是各省的舉人，考中的叫「貢士」（考第一的稱「會元」）。貢士再經過複試（一般不會有落第的），就可參加殿試。

殿試（也叫「廷試」）是在會試後由皇帝親自主持的一次考試。考期定在農曆四月，在太和殿舉行，考一場。殿試成績分三甲：一甲取三人，賜進士及第，第一名叫「狀元」（也叫「殿元」），第二名叫「榜眼」，第三名叫「探花」，合稱「三鼎甲」。二甲取若干人，賜進士出身，其中第一名叫「傳臚（lú）」。三甲取若干人，賜同進士出身。舉人經過會試及殿試及格的都叫「進士」。讀書人考到進士就算考到了頭。

殿試揭曉時，在太和殿唱名，同時在長安街張掛榜文三天，「榜」用黃裱紙製成，稱金榜。唱名後，一甲三人出午門（其餘的進士由別門出宮），插花披紅，在鼓樂儀仗和彩旗護擁下，騎馬遊街，然後回到住所。第二天，皇帝賜給新進士宴席，俗稱「瓊林宴」。黃梅戲《女駙馬》裏有一段唱詞說：「我也曾赴過瓊林宴，我也曾打馬御街前……」指的就是這些。

為了授給新進士官職，殿試後，還有一次「朝考」，按朝考的成績，結合殿試及複試的名次，然後由皇帝決定分別授予何種官職。一甲三名在殿試後立即授官，狀元授翰林院修撰，榜眼、探花授翰林院編修。二甲、三甲經朝考後，有的做翰林院的庶吉士，有的做主事、中書等京官，有的做知州、知縣等地方官。凡進士經過朝考授予庶吉士官的，均稱「翰林」。

（王克駿）

《南闈放榜圖》

三教　九流

　　「三教」的說法起自三國時代，它指的是儒、釋、道三種教派。

　　本來，以孔子為創始人，後來又經孟子加以發揚的儒家學說，只是一種學術流派，並不是一種宗教。不過，從漢朝時候起，崇尚儒家的人，為了抬高孔子的地位，把儒家學說渲染得像宗教一樣，並且在祭孔的大典中，大量地加入了宗教的儀式，因此，到了三國時代，就有人把儒家學派當作一種宗教來看待了。

　　釋教是指釋迦牟尼創設的佛教。佛教起源於印度，大約在漢朝時候傳入中國。到三國時，信仰的人已經相當多，人們便把它和產

生在中國的儒教、道教相提並論，成為儒、釋、道三教。

道教是東漢時候創立的一種宗教，最初稱「太平青領道」。其中有一派叫作五斗米教（天師道），創始人是張道陵（道教中所稱的張天師）；另一派叫作太平道，可能也是太平青領道的一派，創始人就是領導東漢末年黃巾起義的張角。信道教的人講究煉丹修道，尋找長生不死之法，這是和佛教的出世思想最大的不同點。道教的教義原來並不含有反抗封建統治者的意圖，但是道教的組織卻常被農民階級利用來作為聯絡羣眾發動起義的工具。在唐朝，由於統治階級的提倡，道教曾盛極一時。

「九流」的名稱要比「三教」的名稱出現得早些，在《漢書·藝文志》裏，就已經有了這個名詞。它指的是春秋戰國時代互相爭鳴的儒、墨、道、名、法、雜、農、陰陽、縱橫九種學術流派。

儒、墨、道、名、法、陰陽六家，《諸子百家》一題中已經介紹過，不再重複。這裏我們只簡略談談雜、農、縱橫三家。

雜家的代表人物是戰國末年的秦相呂不韋。呂不韋門下有賓客三千，他集中眾賓客的智慧，在秦王嬴政（就是統一六國的秦始皇）即位八年後編出了一部有名的大書——《呂氏春秋》，分「十二紀」「八覽」「六論」，合共一百六十篇，二十餘萬字。這部書兼收並蓄了流行的各派學說，加以融會貫通，自成一家之言。大體上講，對於儒家和道家主要是採取儘量攝取的態度，對於墨家和法家則主要是採取批判的態度。它主張遵守儒家修身、齊家、治國、平天下的理論，重視道家的養身之道，反對墨家的「非樂」「非攻」和法家的嚴刑峻罰。它宣傳統一的思想，鼓吹儒家的「禪讓」之說。

農家的代表人物是戰國時期的楚國人許行。《呂氏春秋》卷第二十六中有《上農》《任地》《辯土》諸篇，也可看作是農家學說的一部分。農家學派講究農業生產技術，對於總結我國古代的農業經驗，曾有過一定的貢獻。

縱橫家的代表人物有蘇秦和張儀。他們講究縱橫捭闔（bǎi hé，分化或拉攏）的手段，或者輔助各國君主聯強攻弱，或者輔助各國君主抑強扶弱。為了統治階級的利益，他們的策略可以隨時根據形勢的變化而隨時改變。他們都是戰國時代著名的外交活動家。在《戰國策》一書裏，收錄了不少縱橫家游說各國的說詞；這些說詞，反映了這一學派在當時的活躍情況。

（朱仲玉）

我國古代主要的農作物

我們的祖先很早就已開始種植各種作物。甲骨文中有禾、黍、稷、稻等字，後來在先秦古籍中又有了「五穀」「百穀」等說法。

所謂「五穀」「百穀」等究竟指的是哪些作物？這是一個一直沒有解決的問題。前人對此有過種種不同說法，直到今天，還沒有得出一致的結論。

今天我們能看到的、最古的記載有關農業的書，是戰國時代的著作《呂氏春秋》，其中講到了禾、黍、稻、麻、菽（shū，豆類）、麥。這是先秦時期我國人民種植的幾種最主要的作物。漢代的《氾（fàn）勝之書》以及北魏賈思勰的《齊民要術》裏面所講到的各種作物，主要的仍然是這六種。從古代農書中的具體描寫可以斷定，禾就是現代人平常所說的「穀子」（粟），它的粒實叫「小米」。那時，穀子是黃河流域廣大人民的主要食糧；黍是釀酒的主要原料；麥和稻是供給貴族們食用的；豆類對缺少肉食的廣大人民來說，是極好的副食品；麻則是一般人衣着的主要原料。由此看來，這六種作物之所以能成為我國古代種植對象的主體，絕不是偶然的。

穀原是各種穀類的統稱，它的品種很多。先秦時期，稷被視為穀物的代表，它和象徵土地的「社」合起來稱為「社稷」，成為國家的代稱。稷在今天北方許多地區俗稱為「穈（méi）子」，在西北和長城內外一帶種植特別普遍；這種作物能耐旱保收，生長期較短是它的優點。據《齊民要術》上說，當時一般人把稷認作穀子，那可能是由於當時（南北朝時）長城以北的人大量移居中原，仍然保持了種稷的習慣；而黃河流域的人民長期過着朝不保夕的生活，也樂於跟着種植這種比較保收、早收的作物，因此便籠統地把稷叫成了穀子。不過稷的食用價值究竟抵不上穀子，故後來種植穀子的人比種植稷的人還是要多得多。至於黍，單產本不是很高，作為經常性主食又不大適宜，又由於以後做酒的原料品種增多了，它的種植面積也就相對地減小了。清朝吳其濬（jùn）在他的《植物名實圖考》裏面說，「大凡北方之穀，種粱者什七，種黍者什二，種穄（jì）者什或不得一焉。」「粱」就是穀子，「穄」就是稷（穈子）；這裏說的這三種作物的播種比例，的確是很長時期內北方的基本情況。

稻在古代也有好多種，古書上也有種種不同的名稱。水稻的栽培是離不開水的，隨着我國人民對江南的開發，三國以後，在水源充足的長江流域及其以南的地區，水稻的種植得到了飛速發展。水稻本是高產作物，再加上一年兩熟以至三熟，所以它受到了廣大農民的歡迎，成了南方人民的主要食糧。大約自五代以後，水稻的生產在全國所佔的地位，逐漸超過了穀子而躍居首位。此點只要從歷代漕（cáo，利用水道轉運糧食）糧北運的發展情況就可看出。宋朝以後，長江流域幾乎成為唯一提供漕糧的地區，就是很好的證明。而所謂漕糧，指的也幾乎完全就是稻米。「蘇湖熟，天下足」或「湖廣熟，天下足」這一類諺語，便是這樣流行起來的。就全國範圍而言，種植水稻的地區同時也就是農業最發達的地區，這樣說絲毫也沒有誇大的地方。

古人把大麥叫作「牟」，小麥叫作「來」。後者種得更多，尤其是冬小麥，古書上稱為「宿麥」，一直是受到重視的。麥的產區主要在北方，播種面積比不上穀子。長城內外一帶因為氣候關係，向來只種春小麥。西北和西南山區的人多栽種「青稞」，那是一種春性裸大麥品種。

豆類作物的品種也非常多，主要是供人食用。農民們把豆類製成各種副食品，其中最普通的一種是豆腐。

我國雖然很早就知道了養蠶繅絲，但是廣大人民穿着的原料最初主要還是麻。直到元明時期，棉花的種植逐漸推廣，才代替了麻的地位。只有苧（zhù）麻，因為是織造夏布的重要原料，所以在南方種得還不少。

現在北方農民仍然喜歡種高粱，這種作物在古代叫作「蜀黍」或「蜀秫（shú）」，南方人叫它「蘆穄」。它的種植開始得比較晚，《齊民要術》裏面所說的「秫」，似乎並不是指它。普遍種植高粱大約是在唐代以後。這種作物不擇地，不太需要施肥，抗旱、抗澇的能力較強，特別是它的高大的植株不但可以作為薪柴，而且又可充作農村的建築材料和製造各種用具的原料，秫米還可釀酒，因為這個緣故，它能成為一般農家常年生產計劃中幾乎不可缺少的栽培對象。

玉蜀黍是 16 世紀中葉從國外引種進來的，當時沒有受到重視，大約最初只種在瘠薄的田裏或山坡上，沒有能顯示出它的高產優點來。過了大約兩個世紀，到了清代中期，才開始被推廣起來。從那時起，它就成為乾旱地區最主要的種植對象之一，在一定程度上奪取了穀子的播種地域。

我國古代原來也有芋、山藥等薯類作物，只是都不佔重要位置。甘薯是在明朝末期從海外傳進來的，比玉蜀黍還要晚些。

（王毓瑚）

四大發明

我國古代的「四大發明」是造紙術、印刷術、指南針和火藥。

紙出現以前，人們記事時，就把文字刻寫在龜甲、獸骨或竹片、木板上，可是這些東西太笨重，既不便於閱讀，更不便於攜帶。後來就有人把文字寫在絲帛上，但是絲帛價錢太高，一般人用不起。為了解決這些困難，勞動人民終於發明了書寫文字最方便的材料——紙。提到紙，過去有許多人認為是東漢時蔡倫發明的，其實，在西漢年間就已經有了麻紙和絮紙。麻紙是用麻類纖維製造的，1957 年考古工作者在西安灞橋西漢前期的墳墓裏發現了這種紙的殘片，這可算是世界上現存最早的紙了。絮紙是用製作絲綿時的副產品絲絮製造的，製造絲綿的時候，先把煮過的蠶繭放到竹蓆上，浸到水裏去，然後把蠶繭搗爛，其中完整的部分拿出來就是絲綿，破碎的部分，則緊緊地黏在竹蓆上，形成一層薄片，把它曬乾，取下來就可以在上面寫字，人們把這種薄片叫作絮紙。不過這兩種紙的產量都很少，還是不能滿足人們的需要。東漢和帝時，曾經領導工匠們為皇帝製造過各種器械的蔡倫，總結了前人造紙的經驗，在 105 年，以樹皮、麻頭、破布、漁網為原料造紙。這些原料都容易找到，價錢也很低廉，造紙過程比以前更為簡便，能夠大量生產。蔡倫所創造的造紙方法得到了普遍推廣。後來人們又進一步用竹子、蘆葦、稻草、木材等植物的纖維製造出各式各樣的紙，來滿足各種不同的需要。紙的發明和改進，為文化的發展創造了有利條件。

印刷術還沒有發明的時候，書籍都是人們一個字、一個字抄寫的。抄書不僅速度慢，而且容易出錯，為了克服這些缺點，在唐朝前期，人們根據拓碑和印章的道理，創造了「雕版印刷」的方法：先在木板上刻出反體字，然後在上面塗墨，再把紙鋪在上面輕輕按

壓，這樣木板上的字就印在紙上了。目前我們發現的最早的雕版印刷品是唐朝咸通九年（868）刻印的一卷《金剛經》，這卷《金剛經》長達一丈六尺，上面不僅有字，而且有圖，刻印得非常精美。這說明，到唐朝後期，我國雕版印刷的技術已經達到很純熟的程度了。雕版印刷比抄書要快得多，可是如果要印一部字數很多的書，仍然要花費很多時間，使用很多材料才能刻出一套板，而且只能印一種書，再印別的書還得重新刻板。北宋仁宗時候（1023－1063），富有創造精神的畢昇，經過苦心鑽研，發明了一種新的印刷方法──「活字印刷術」。他用很細的黏土，做成許多方形小泥塊，曬乾以後，在每個小泥塊上刻上一個反體字，然後用火燒硬，這就是「活字」。印書的時候，根據書籍內容的需要，把活字一行一行地排列起來，用蠟和竹松等東西，把排好的活字牢牢地黏在鐵板上，這就做成了「活字版」，這個活字版就同雕版一樣，可以用來印書了。印刷完畢，再把活字拆開保存起來，以備下次再排印其他書籍的時候使用。活字印刷術的推行，大大地節省了用在刻板上的時間和材

雕版印刷

古代風物
。

料，提高了書籍的生產速度。後來，活字的材料逐步改進，由泥活字發展到木活字、銅活字，近代又通行鉛活字。印刷術的發明和改進，推動了文化的傳播。

指南針是利用磁石的指極性製成的。據古書記載，我國人民在戰國時代就發現了磁石的指極性，並且把天然磁石琢磨成勺狀的「司南」，放在特製的「地盤」上，使它自由轉動，用勺把來指示南方。這可以算是世界上最早的指南儀器。但是，天然磁石容易喪失磁性，勺狀的司南指示方向也不夠準確。北宋時候，有人發明了人工磁鐵，它和磁石一樣具有指極的性能。最初，人們把人工磁鐵片做成魚的形狀，使它漂在水面，魚頭就會自動地向着南方；後來又經過許多人的不斷改進，把磁鐵片做成針的樣子，在它的中腰頂上一根小針，使它能夠靈活地旋轉，以便測定南北，這就成了指南針。指南針發明以後，被利用在航海上，促進了海上交通的發展。宋朝的航船東到朝鮮、日本，南到南洋各地，並且與西亞、東亞許多國家建立了密切的貿易關係，這是與指南針的發明和使用分不開的。

在唐朝初年，我國人民就發明了火藥。古時候，有些人到深山裏去，打算利用各種礦物和植物配合起來燒煉「仙丹」和金銀，這些人被稱為「煉丹家」。煉丹家在製藥過程中發現：按照一定比例配合起來的硫磺、硝石和木炭，具有容易燃燒和容易爆炸的性質，燒煉時稍不小心，就會發生強烈的爆炸，發生熊熊的大火。因此，人們把這種容易着火的藥，叫作「火藥」。火藥就這樣被人製造出來了。唐朝末年，軍事家開始把火藥運用在戰爭中。宋朝時候，火藥的製造有了進一步發展，火藥的威力更加增強。

中國古代的「四大發明」，都先後傳入歐洲和世界各地，對世界文化的發展起到了積極作用。

（宋生）

弓箭　弩

在我國古籍記載裏，認為弓箭是在傳說中的黃帝時代發明的。其實這一發明比黃帝時代要久遠得多，至少在中石器時期我們的祖先就已經開始使用弓箭了。

在我國各地發現的新石器時代的各個文化遺址中，都發現了各種各樣製工精緻的箭鏃（zú，箭頭），而且數量也很多。這些箭鏃有用石材磨製的，有用獸骨或蚌殼磨成的。

箭鏃的形式不一：有扁平柳葉形的，有三棱尖錐形的，也有四棱形的，有的鏃尾帶鋌（dìng，箭頭裝入箭桿的部分），有的具有雙翼。另外，在代表北方草原地區的細石器文化遺址中，還有一些極為精緻的小石鏃，一般長不過兩厘米左右，都是用質地堅硬、色澤優美的石髓、瑪瑙、碧玉等矽（xī）石類石材製成，顏色有紅、黃、灰褐、綠、乳白等多種，還有半透明的，顯得非常漂亮。以上這些發現，證明了新石器時代弓箭的運用已極為普遍。

弓箭的發明和使用，有很大的意義：它使狩獵的效果大為增加，給食物的獲得，帶來了一定的保證。

弓箭是一種利用彈力由弓、弦和箭組合而成的較複雜工具。拉開弓弦，使弓彎曲變形，把所施加的力儲存進去；再放開弓弦，給弓以恢復原狀的機會，於是它就把儲存的力放了出去，這樣便產生了動能。利用這一動能，就能把扣在弦上的箭彈射到距離很遠的地方。因此，有人認為弓箭的使用，是人類懂得利用通過機械儲存起來的能量的第一個事例。

到了商代，我們的祖先已經知道大量使用青銅箭鏃，這種箭鏃常是一種有脊帶雙翼的形式。以後，銅鏃逐漸改進，殺傷力更強了。到戰國時，銅鏃的種類雖然很多，最主要的則是一種圓脊三翼的形式，三刃都很鋒利，往往在鏃尾帶有長鋌。戰國末期，鐵兵器

出現，但因鏃的體積小，不容易鍛造，所以還是大量使用青銅鏃，不過箭鋌改為鐵鑄。漢代以後，鐵鏃的使用才日益廣泛。到南北朝以後，就再也看不到用銅來做箭鏃了。

造弓，很講究取材，既要堅韌，又要有彈力。據《考工記》記載，有七種材料可以做良弓，以柘（zhè）樹木做的弓為上品，其次是檍（yì）木、壓（yǎn）桑木、橘木等。後來做弓多用樺木，《武經總要》裏就有「黃樺弓」「白樺弓」等名目。

弩（nǔ）的原理和弓相同，只是力量更強，發射更遠。我國大約在戰國時，就已經發明了弩。

弩在發射時，是先把弦張在扳機上，射時扣壓扳機，弦發箭出；這樣弦在扳機上可以有一定時間，能夠從容瞄準，射得更準。還有，弓只能用一個人兩膀的拉力，弩則可以用腳蹬等辦法，儲入更多的彈力，不但射得很遠，而且力量也很大，甚至還可以同時射出數目較多的箭。

根據考古發現的材料，得知漢代邊境防守用的兵器中，以弓、弩為主，尤以弩的使用更為普遍。當時最常用的叫「具弩」，射力有八種不同的強度，其中以六石弩最常見，大約可射二百六十米，約合半華里。

到了宋代，又使用一種威力強大的「神臂弓」，實際也是一種弩。在曾公亮《武經總要》裏記錄了一些威力極大的「牀子弩」，有「雙弓牀弩」「小合蟬弩」「三弓牀弩」等。這種「牀弩」，是用幾張弓組合起來用絞車拉弦的，每一弩要用五人、七人到十餘人拉。最強大的「三弓牀弩」，又名「八牛弩」，要用七十人到上百人才能張開；所用的箭，是木杆鐵羽，和槍一樣粗大。在攻城時，用這種箭按高低依次射入城牆上，進攻的戰士可以踏着露出的箭桿爬上城去，故又稱之為「踏橛（jué）箭」。這種弩又可以在弦上安鐵斗，斗內放幾十枝箭。這樣絞發一次，就可以射中幾十個敵人，威力很大。

（楊泓）

養蠶繅絲

養蠶繅絲是我們祖先的偉大創造之一。

歷來，人們都把養蠶繅絲的發明歸功於傳說中的黃帝的妃子嫘（léi）祖。歷代相傳，說她曾經勸導人們種桑、養蠶，教會人們繅絲、織帛和製作衣裳。後來人們感激她，奉她為「先蠶」。實際上，養蠶繅絲和歷史上其他許多重大發明一樣，是千千萬萬勞動人民智慧的結晶，單靠一個人的力量是不能完成的。

1926 年，考古工作者在山西夏縣西陰村新石器時代遺址中，發現了半個繭殼。據研究，這個繭殼埋藏在坑的底部，那裏的土色沒有受擾的痕跡，不會是後來放入的；繭殼的斷面極其平直，不像是自然破損，顯然是經過人工割裂的。由此可見，我們祖先至少在四千多年以前，就懂得採集蠶繭來抽絲了。不過，那時究竟是利用野蠶繭抽絲還是利用家蠶繭抽絲？現在一時還難以做出肯定的結論。

在殷商時候的甲骨文裏，已有「桑」「蠶」「絲」「帛」等字。特別值得提出的是，其中還有一塊把「桑」「蠶」二字合刻在一起的甲骨片；「桑」字的字形好像用手摘桑葉的樣子，「蠶」字的字形好像蟲蠕動的形狀。桑、蠶緊密地聯繫在一起，這表明，採桑是為了養蠶。這時，野蠶已變成家蠶，應該是無疑問的了。

隨着養蠶繅絲技術的進步，我們祖先利用蠶絲製造出了各式各樣的絲織品。現在能看到的最古老的絲織品，是中華人民共和國成立後在殷墟武官村大墓和大司空村大墓發掘出來的殷商絹帛和它的殘跡。這塊絹帛雖然經過長期埋藏已經褪了色，但是它那細緻勻稱的紋理，卻顯示了當時絲織技術的一定水平。

周朝時，桑樹的種植非常普遍。《詩經》中有很多篇章都提到桑，如《魏風》的《十畝之間》篇寫道（本書所引《詩經》的白話

翻譯，都是根據余冠英的《詩經選譯》）：

> 一塊桑地十畝大，
> 採桑人兒都息下。
> 走啊，和你同回家。
> 桑樹連桑十畝外，
> 採桑人兒閒下來。
> 走啊，和你在一塊。

有十畝大的桑田，許多人在一起採桑，說明蠶絲業在這個時期有了很大的發展。

另外，與絲織業有密切關係的染絲業，也在這時相應地發展起來。《詩經·豳（bīn）風·七月》篇說：

> 七月裏伯勞（一種鳥名）還在唱，
> 八月裏績麻更要忙。
> 染出絲來有黑也有黃，
> 朱紅色兒更漂亮，
> 得給那公子做衣裳。

春秋戰國時代，沿海和長江中下游地區，都出產絲織品。齊國的「齊紈（wán）」和魯國的「魯縞（gǎo）」，尤為著名。「齊紈」「魯縞」精細、輕薄，譽滿全國，行銷各地，很受歡迎。

漢朝時，絲織品有錦、繡、綾、羅、綺（qǐ）、紗等很多類別。根據文獻的記載和發現的實物來看，有些絲織品上還織有各種鳥獸、植物以及自然天象的花紋和多種多樣的幾何形圖案。有的上面除了花紋以外，還織有「延年益壽」「長樂明光」等表示吉祥的文字。當時，漢政府在臨淄還設立有專門的組織，集中了很多織工，來為皇室製作各種名貴的絲織品。

繅絲（漢代畫像磚拓片）

絲織品一向是帝王、貴族們的主要衣着原料，歷代統治者為了滿足自己的貪慾，都非常重視蠶絲的生產。戰國時，孟子曾勸說梁惠王獎勵農民種桑。據《呂氏春秋》卷第二十六《上農》篇記載，古代后妃們每年都要舉行種桑、養蠶的儀式，以表示提倡蠶桑。秦漢以後，歷代統治者也都採取獎勵桑蠶的辦法。

養蠶繅絲業起源於我國，傳播於世界，它和我國古代四大發明一樣，也是中國人民對世界人類文明的重大貢獻之一。

（易惠中　宋生）

六　畜

六畜是指豬、馬、牛、羊、雞、犬。原來這些都是野生動物，由於人們的長期飼養才逐漸成為家畜。

考古學家根據黃河中下游地區新石器時代遺址中出土的動物骨骼判斷：「仰韶文化」時期，人們已經馴化了豬和犬；稍後的「龍

山文化」時期，人們又馴化了馬、牛、羊、雞。通過對殷商甲骨文的研究，我們知道，最遲在三千多年前，這六種動物就已完全成為家畜。殷商時，奴隸餵養這些動物，除了滿足奴隸主對毛皮和食用的需要以外，還用來作為奴隸主祭祀的祭品和殉葬的用品。商代奴隸主用來殉葬的牲畜數量是很大的，有時一次便多達三四百頭，顯然，這樣大的數目，如果光靠臨時獵取是很難辦到的。甲骨文中，有「牢」「庠（xiáng）」「家」等字，字的寫法很像牛、羊、豕住在屋裏的樣子，說明當時已有了牛棚、羊欄、豬圈等專門飼養家畜的地方。西周時，農業逐漸發達起來，但是畜牧業仍佔相當重要的地位。據《楚辭·天問》篇記載，連周族的首領周文王，也曾披過簑衣，拿過鞭子，做過牧人。《詩經·小雅·無羊》篇，有人認為是周宣王時的作品，它生動地描寫了當時畜牧業的情況：

> 誰說你家羊兒少，
> 一羣就是三百條。
> 誰說你家沒有牛，
> 七尺黃牛九十頭。
> 你的羊兒都來了，
> 羊兒犄角挨犄角。
> 你的牛兒都來了，
> 牛兒都把耳朵搖。

春秋戰國時，販賣家畜也成了唯利是圖的商人們發財致富的途徑之一。春秋末期棄官經商的大商人陶朱公（范蠡）曾說：「子欲速富，當畜五牸（zì）。」「五牸」就是牛、馬、豬、羊、驢五種家畜的母畜。

在畜牧業發展的過程中，勞動人民積累了豐富的經驗，出現了很多養牲畜的專家。如春秋時秦國的伯樂，就以相馬出名。據

說他能根據馬的體形、外貌，一眼望去，就能評定出牠的好壞。有這樣一個故事：有一次，伯樂遇見一匹馬拖着一輛鹽車上高坡，累得汗流滿身，仍拖不上去；誰也不認為這是一匹好馬，可是伯樂卻斷定這是一匹千里馬。在他看來，這匹馬之所以連一輛鹽車都拖不動，不能怪馬不好，應該怪牠的主人對牠使用不當、愛護不夠。千里馬的特長是善於馳走，拖鹽車用不着跑得很快。假使好好地餵養牠，愛惜牠，使牠身強體壯，用牠來供騎乘，一定能發揮牠善於馳走的優點。後來事實果然證明，這是一匹千里馬。這個故事，一直被後世傳為美談；後世人常把有才能的人比作千里馬，把善於發現人才的人比作伯樂，比喻的根源就是由此而來的。漢朝時，養羊能手卜式，和伯樂一樣，也是一個常被後人稱道的人物。據說他養羊十餘年，羊羣由一百多隻繁殖到千餘隻，隻隻羊肥胖健壯。

飼養六畜與生產有密切的關係。其中尤以豬與人們生產、生活的關係更為密切。春秋戰國以來，人們對於豬糞肥的肥效作用，評價極高。豬糞肥一直是我國農村主要的肥料之一。豬早熟易肥，因而是人們的主要肉食對象之一。戰國時，孟子說過「一家人能養五隻母雞、兩頭母豬，老人們吃肉就不會發愁」這樣的話，可見自古以來，在農村養豬就是受到極大重視的。馬能負重，挽力強，役用價值很高，所以以前被列為六畜之首。起初，人們用牠拉車；後來，被用來騎乘，牠在古代交通中佔有很重要的地位。牛，力量大，耐力強，是農村中普遍飼養的役畜。大約自殷商時起，牠就被用來拉犁耕地。春秋時期，鐵犁的應用，大大提高了牛耕的作用。漢武帝時，趙過改進了農具和耕作技術，大力推廣牛耕，使牛耕的方法傳播到邊疆地區。從此，牛便成為我國古代農村中最重要的役畜。羊、犬、雞也是古代農村中喜歡飼養的家畜。

（宋生　易惠中）

船　　舶

　　船舶的出現在我國是極久遠以前的事情。

　　最少在距今三千多年前的殷代，我們祖先就已經用船隻裝運財貨到遠地進行貿易。在一件當時的青銅饕餮（傳說中的惡獸名）紋鼎裏，有個銘文，形象如同一個人前後都挑着貝站在一隻船上，船後面還有一隻手持槳划船，正是一個生動有力的證明。

　　春秋戰國時代，沿海的齊、燕、吳、越等國，都造船航海。齊景公曾乘船到海上遊玩，過了六個月還不想回家。公元前 485 年，吳國的徐承領兵由海上進攻齊國，說明當時沿海的航路一定非常通暢。不過那時船的樣子，我們還不十分清楚。河南汲縣山彪鎮戰國墓葬出土的「水陸攻戰紋銅鑒」上有乘船作戰的圖案，大致可以看出戰國時的小船樣子，船頭和船尾都向上起翹，船內立着三四個佩劍的戰士，雙手握槳划船前進，圖形十分生動。

　　近年來，我國考古工作者發現了不少兩漢時期的船舶模型。長沙西漢墓裏發現的一隻木船，首尾微翹，船底呈弧形，上有三間艙房，兩側裝有舷（xián）板，船上備有十六隻長棹和一隻刀形的舵。廣州是當時有名的港口，在這裏發現的船舶模型更多，其中有一隻木船，看樣子規模雖不大，只有四槳一舵和兩間艙廬，可是有趣的是船上安放了五個木俑，做出操槳握舵駕船前進的姿態，為我們研究這一時期的船舶交通提供了非常形象的材料。另一隻東漢陶船，製作更精緻，上面設有拱券頂的前艙和幾間有起脊屋頂的座艙，船後還有一間望樓。船尾安有舵，船頭設有錨。這樣的大船，是可以出海的。看來這時的造船技術，較西漢時又前進了一步。

　　在古代，有的戰船的規模很大。漢武帝時，已能建造十丈多高的樓船。西晉初年，王濬建造巨大的戰艦，能載兩千多戰士，艦上設有樓櫓、木城。隋朝的楊素，建造過名叫「五牙」的大艦，上有

五層樓，共高一百多尺，船上前後左右都安裝着撞擊敵船用的「拍竿」，每根拍竿都有五十尺長。

專供統治階級享樂的遊艇，建造得華麗異常。漢成帝時，用沙棠木造船，並在船頭上裝飾着雲母，號稱「雲舟」。晉代大畫家顧愷之畫的《洛神賦圖》裏，有一隻兩層樓閣的大船，相當精美。隋煬帝巡遊江都，建造了好幾千隻船。據《大業雜記》記載，最大的龍舟高四十五尺，闊五十尺，長二百尺，有艙房四層，上一層有正殿、內殿、東西朝堂和寬闊的走廊；中間兩層共有一百六十個房間，都裝飾得金碧輝煌。此外，又有皇后乘坐的「翔螭（chī，古代傳說中一種沒有角的龍）舟」，宮妃乘坐的「浮景舟」等，也都十分華美。船接着船，沿途排列了二百餘里。

除了用帆、槳的船外，晉朝的祖沖之發明了一種「千里船」，在試航時，日行數百里，可能就是一種用轉輪激水前進的「車船」。唐代的李皋，在洪州（今江西南昌）就造過有兩個踏輪的戰艦。這種車船，在宋代有了進一步發展，活躍於洞庭湖裏的楊麼起義軍，就擁有許多精良的車船：小的四輪，大的十輪，最大的達到二十二輪。船上有兩重或三重的樓，裝有十多丈長的巨大拍竿，可以乘載上千人。

隋唐時代，專供漕運和經商的內河航船，一般載重量達到八九千石左右，甚至還有更大的。據《國史補》記載，唐大曆、貞元年間（766—804），最大的俞大娘航船，養生、送死、婚嫁等事，都可在船上舉行，操駕的船工就有好幾百人之多。

最後，談一談古代的海船。據現有材料，可以肯定，至少在 5 世紀時，中國的商船便已經航行在東南亞一帶，並且開闢了中國和阿拉伯之間的航線，同時可能已經遠航到非洲了。唐宋以後，遠洋航行更是日漸頻繁，中國的商船一直活躍在太平洋、印度洋的廣大海面上。

根據北宋徐兢的記載，當時出洋的客舟長十餘丈，深三丈，闊兩丈五尺，能裝載二千斛粟。船上主要的艙房有一丈多高；船底呈尖劈狀，便於破浪行駛。航行時主要靠風力，船上有兩根大桅杆，大檣（qiáng）高十丈，頭檣高八丈。風正向時，張佈帆五十幅；風向稍偏，則利用左右翼的「利篷帆」；大檣頂上還有十幅小帆，名叫「野狐帆」，在風息時使用。船上又安有十個櫓，以備進出港口或無風時使用。船上有正舵，還有副舵。每隻船上用的水手，約需六十人。我國古代四大發明之一的指南針，這時也已應用於航海；船的首尾上都放有水上浮針，天氣陰暗時就用它來定南北方向。宋宣和元年（1119）朱彧（yù）寫的《萍洲可談》裏，也談到了當時廣州一些海船使用指南針的情形。

（楊泓）

瓷　　器

瓷器是我國古代的偉大發明之一，它是從陶器演變來的，由無釉陶、釉陶，以至於發展為成功的瓷器，是有極其悠久的歷史的。

「瓷」字在文獻上，最早見於晉朝呂忱著的《字林》。嗣後在潘岳的《笙賦》中，更出現了「縹（piǎo）瓷」這樣的名詞。所謂「縹瓷」，就是淡青色的釉瓷。又晉人杜育的《荈（chuǎn）賦》中有「器擇陶棟，出自東甌」的話，東甌就是現在的浙江溫州，是當時燒造瓷器的地方。不過嚴格來說，這一時期還只能算是瓷器的過渡階段。到了唐代，才能說是真正燒造、使用了瓷器。

我國瓷器的發展是以「青瓷」為主流的，下面我們試從考古發掘的材料以及傳世的實物，略述它的起源和發展過程。

代表「仰韶文化」的彩陶，胎質堅細，器上有用赭、墨、紅、白等顏色塗繪成的多樣幾何形圖案花紋。1955 年陝西西安半坡村出土的彩陶，上面還繪有魚、鹿等花紋。代表「龍山文化」的黑陶，胎質細膩，器壁很薄，表裏黑色，光亮有如塗漆。

1953 年考古工作者在河南鄭州二里岡發現了商代的釉陶器和一些碎片，它的骨胎堅硬，大部分是灰白色，類似「高嶺土」，只因加入了石英，所以器表不甚平整。器物上的釉色呈青綠色或青黃色，釉水雖薄，可是卻和胎骨結合緊密，燒製溫度都在 1000 度以上。這種釉陶器，既可以說是瓷器的雛形，也可以說是瓷器的祖先。當然，如果要拿它和後世成熟時期的瓷器相比，那還是相差很遠的。

1954 年，考古工作者在陝西長安斗門鎮、河南洛陽塔灣和江蘇丹徒煙墩山等處，都發現了西周時期的釉陶器；尤其是 1959 年在安徽屯溪市（今黃山市）出土的釉陶器數量更多，器形也多種多樣。西周釉陶的胎骨和釉色，一般與鄭州二里岡的商代釉陶器差不多，但是有它的特點。

在浙江紹興一帶，近幾十年來出土了大批戰國時期的釉陶器，釉色黃綠而透明，器形大都模仿銅器。

1923 年在河南信陽播鼓台發現了東漢永元十一年（99）的古墓，出土了六件帶有青灰、青綠透明釉色的壺、洗、碗、杯等接近瓷質的器物。1954 年河南洛陽東漢墓內出土一件四系罐，淺青綠釉，胎堅而火候很高。這幾件器物，可以說是原始青瓷。

魏晉、南北朝時期，青瓷燒造的技巧，已有顯著的進步。1954 年在南京市趙士岡發現了三國時吳國赤烏十四年（251）的青瓷虎子（盛溺器）。1958 年在南京市北京路又發現了吳國甘露元年（265）款的青瓷熊燈，同時出土的還有一對青瓷臥羊，無論是在釉色上還是造型上，都相當的精美。1953 年在江蘇宜興周處（死於晉元康九年，公元 299）墓內發現一批青瓷，內有一件熏爐，上部鏤空，頂

有一立鳳紐，在造型方面達到了很高的水平。1956年在湖北武昌發掘的齊永明三年（485）墓內，出土一件蓮花蓋尊，釉色潤澤勻整，造型也很美。以上這些青瓷，其燒造地區雖然不同，但都屬於南方青瓷系統。

1948年解放戰爭時期，在河北景縣十八亂塚，發掘了北朝豪門世家的封氏墓羣，出土了不少瓷器，多數都屬於青瓷。其中以雕鑲仰、複蓮大尊為代表品，釉色青綠，堆積釉厚處，明亮如玻璃，在造型釉色方面，都不同於南方青瓷。

從唐朝以至五代，越窯（浙江紹興、餘姚古稱越州，在這裏燒製青瓷的窯，名為「越窯」）青瓷，達到了登峰造極的地步。燒製之精，圖案之美，數量之大，都大大超越了前代。當時越窯青瓷，不只遍及全國，而且傳播到日本、印度、波斯以及埃及等國。

宋代時越窯雖然衰落下去，但卻出現了不少新窯，其中著名的如：龍泉窯（在浙江龍泉市）、哥窯（也在龍泉市），這是屬於南方系統的。屬於北方系統的則有官窯（這裏所說的是指北宋官窯，北宋官窯據文獻記載，說是在汴京燒造，不過至今在開封一帶尚未發現窯址）、耀州窯（在今陝西銅川）、汝窯（在今河南汝州市）。特別是汝窯產的瓷器，釉色勻淨，青色含粉，一般被公認是青瓷中最成功的產品。鈞窯（在今河南禹州市）也屬於北方青瓷系統，其燒製年代可能在北宋末，而盛極於金，是青瓷中最突出的一個品種：它不只是單純的一色青釉，有的還呈現出鮮豔的紅斑，有的通體還呈現出潤澤燦爛的玫瑰紫色。

白釉瓷器，在隋代已大量生產；到了唐代，更加精良。北方邢窯（在今河北內丘縣）的出品，是唐代白瓷中的典型。宋代的定窯（在今河北曲陽縣）白瓷，在裝飾花紋上有印花、劃花、錐花等多種。明代永樂時在景德鎮燒製的半脫胎暗花甜白瓷器，精巧絕倫，達到了極高水平。

青花和彩瓷，在宋代已漸露頭角；到明代，則逐漸達到成熟。永樂、宣德時期的青花瓷，成化時期的五彩、斗彩器，都可說是空前之作。清代康熙、雍正年間，又發明了粉彩，色調的深淺濃淡，可以運用自如，能在瓷器上繪製極為生動的各種題材的畫面。往後又發明了琺瑯彩，使器物上的畫面更加絢麗鮮艷，把我國的造瓷工藝進一步推到了古代的最高水平。

青花瓷

（楊宗榮）

磚　瓦

古代建築開始使用磚瓦，是人們物質生活上的一大進步。當遠古社會發展到原始社會末期的時候，燒造陶器的技術雖然有所提高，但人們的住處仍舊是半露地面、半入土中的茅草房子。歷史上傳說夏禹所住的房子還是「茅茨（cí，指用茅或葦蓋的屋頂）」，到了夏桀才有「瓦室」。

根據考古發掘的資料，知道瓦比磚出現的時間要早。近年在陝西岐山和西安的西周時期遺址中，都發現了板瓦。其製法是製成圓筒形的陶坯，然後剖開筒坯，入窯燒造。四剖為板瓦，對剖為筒瓦。古人稱剖瓦為「削」，削開後謂之「瓦解」。可見造瓦是從製陶手工業分化、發展出來的。

河北省易縣、山東省臨淄、河南省洛陽等地的戰國遺址中，曾有大量古瓦出土。有些筒瓦的前端，還帶有半圓形的「瓦當」，「瓦當」上凸印着獸紋、鳥紋、雲紋等圖案。易縣燕國下都遺址出土過一種大瓦，瓦身外面帶有黼黻（fǔ fú）紋裝飾，黼黻紋是古代絲織物的花紋，把這種紋飾用在瓦身，仿佛在瓦面上鋪開了一疋錦緞。

西周時期使用在屋頂上的板瓦，可能只有一層仰瓦。到了戰國時期，才出現了覆在兩行仰瓦之間的筒瓦。至於又長又寬的黼黻紋大瓦，推測它不是用在屋頂上，而是覆在牆頭上的，我們可以把它叫作「護牆瓦」。由於古代貴族們宮室住宅的圍牆都是板築的土牆，牆頂要有遮雨的設備，否則土牆容易坍毀，因而把一塊一塊的大瓦覆在牆頭，連接起來，不但可以遮風避雨，而且還可增加牆壁上面的裝飾。護牆瓦上有時還可嵌置一排山形的帶有獸紋的陶欄杆，這也可從易縣燕國下都遺址出土的實物中得到證明。今天，帶有欄杆的牆垣不多了，但護牆瓦的設置，在北京故宮的許多牆頭上還可看到。

「瓦當」是屋簷前面筒瓦的瓦頭，筒瓦有了瓦頭，可以防止風雨侵蝕屋簷。秦代以前的「瓦當」多為半圓形，秦代以後，由半圓形演變為圓形，並出現了一些帶有吉祥語句如「延年益壽」「長生無極」和雲紋、神獸紋等圖案的「瓦當」。

唐宋以後，陶瓦被廣泛使用，有些宮殿寺廟建築，還用各色琉璃瓦覆頂，充分地體現了中國建築藝術的特色。

磚的出現，也是和燒陶分不開的。各地出土的最早的陶磚，有方形磚、曲形磚和空心磚。它們都是戰國時期的遺物。

最早的方形磚，和今天瓷磚的用法有些相似。在室內多用鋪墁地面或包鑲屋壁四周的下部。鋪地磚多素面無花紋，包鑲屋壁的磚多帶有幾何紋圖案。曲形磚長約 100 厘米，從一端看去很像曲尺的形狀，是專為包鑲建築台階用的。每一個土階的上面、前面用一塊曲形磚覆蓋嚴密，對加固土階，作用很大。有些曲形磚的上面和前

面，還有三角紋和山紋的圖案。空心磚多作長方形扁平狀，中空，長 100~150 厘米，表面有鳥獸、紡織物等紋飾。古人常用空心磚代替石塊，砌成墓室，埋葬死者。我們把這種古墓叫「空心磚墓」。有的建築物也把空心磚代替階石使用。

由於早期陶磚的用法是包鑲牆壁或台階，所以古人稱之為甓（pì，令甓或令壁）。

「磚」字出現較晚，東漢應劭的《風俗通義》中有「甃（zhòu，井壁），聚磚修井也」的記載。西晉時期的磚文上才見到「磚」字，如 1953 年江蘇省宜興西晉時期周處墓出土的陶磚，上面有「元康七年九月二十日陽羨所造，周前將軍磚」的字樣。當然，這一時期，「甓」字有人還在使用，如「陶侃運甓」的故事（指陶侃運磚鍛煉身體的事），就是一例。

從隋唐起，舉凡墓磚、倉磚、塔磚等，都自名為磚，「甓」字漸漸不為人所知了。

（史樹青）

漆　器

漆是漆樹上分泌的一種液體，是製造漆器的主要原料。這種液體，初呈乳灰色，接觸空氣以後，起氧化作用，表面逐漸變成栗殼色，乾固以後，成黑褐色。漆本身具有高度的黏合性和防止水濕的效能。

我國用漆作為塗料，最早的文獻記載，見於《韓非子‧十過篇》。據《周禮》的記載，周代民間產漆，須向國家繳納四分之一的賦稅。《史記》還記載莊子曾做過漆園吏，可見戰國時期國家管理

漆園的生產，還設有專官。

漆器的出現，與木器的防腐有密切關係。考古工作者在發掘河南安陽商代貴族墓的時候，常常發現漆器的殘痕。1950年中國科學院考古研究所在安陽武官村發現了很多雕花木器的朱漆印痕，木器雖已腐朽無存，但印在土上的朱漆花紋，還很鮮豔。中華人民共和國成立前，在安陽的西北崗，也發現過同樣印在泥土上的殘漆痕，從當時出土的情況來看，可能是漆鼓等物。商代還出現了青銅器鑲嵌松綠石的技術，松綠石就是用漆液黏附在青銅器上面的。

1958年，湖北蘄春毛家咀出土一件西周早期的漆杯，在黑色和棕色的漆底上，繪有紅彩；紋飾可分四組，每組都由雲雷紋或回紋構成帶狀，第二組中還繪有圓渦紋，每組紋飾之間都用紅色彩線間隔，製作十分精美。

周代貴族的車馬飾物、兵甲弓矢，都用漆塗飾。在河南浚縣的周墓中，曾發現過西周時期的這類漆器。《春秋穀梁傳》中莊公二十二年有「丹桓公楹（yíng，柱子）」的記載，這是當時貴族們用丹漆（朱漆）漆飾楹柱的例證。

19世紀中葉，河南信陽、湖南長沙等地，都發現了大量春秋、戰國時期的漆家具、生活用具、樂器、兵器附件等，種類繁多，紋飾工細，充分地說明了那時漆器手工藝的高度成就。這些漆器對戰國以後漆器的製作和繪畫藝術等方面的發展，有極大的啟迪和推動作用。

我國是世界上發現漆料和製作漆器最早的國家。我們的祖先，在勞動生產中，很早就知道利用漆樹的汁液；古代的兗州和豫州，都是有名的產漆的地方。從《史記·貨殖列傳》所記載的「陳夏千畝漆，與千戶侯等」一類漢代諺語中，可以知道漆樹的經濟價值自古就是很大的。現在我國產漆的地區如湖北、四川、雲南、貴州、湖南、江西、浙江、安徽、河南、陝西等省，年產量都很豐富。

（史樹青）

煤　石油

煤和石油是現代重要的熱力來源和工業原料，我國人民把它們應用到生活上和生產上，已經有了很久遠的歷史。

煤在古代叫「石涅」。我國最早的地理著作之一《山海經》，就明確地記載着「女牀之山」「女幾之山」都出產石涅。《山海經》的著作年代，目前還沒有定論，一般人認為可能是在戰國時候寫成的，到秦漢時候又做了增補。《山海經》的內容，雖然很多採自民間的地理傳說，帶有比較濃厚的神話色彩，但是它仍然在一定程度上反映了當時的情況，給我們了解古代的山川形勢、物產分佈和風俗習慣提供了不少有用的材料。據學者考證，「女幾之山」在今天四川雙流縣附近。由此可見，大約在戰國時候，至晚在秦漢時候，我國就發現了煤。

由於煤的顏色黝黑，人們曾經把它當作墨，用來寫字。明朝學者陶宗儀在《輟耕錄》一書中曾指出，古人「以石磨汁」而書，這種「石」就是煤。煤在古代又叫「石墨」（不是近代製鉛筆用的石墨），直到東漢末年，這種用來寫字的「石墨」，才逐漸被人造墨所代替。

人們很早就知道煤是可以燃燒的物質，並且很早就把它當作燃料來使用。1958 年，河南鞏義市鐵生溝的羣眾在當地發現了一處西漢末年的冶鐵遺址，在出土的實物中，最引人注意的是冶鐵燃料中，有煤塊和用煤末摻合黏土、石英製成的煤餅。考古學家們認為：煤用於冶煉比用於日常生活要晚一些，使用煤餅又要比使用煤塊晚一些；而鐵生溝冶鐵遺址不僅把煤用於冶煉，並且還知道製成煤餅，這說明在西漢末年以前，我國人民用煤做燃料，已經有了很長的時間。

東漢末年，煤的使用有了進一步發展。據記載，曹操在鄴縣（今河北臨漳縣西）修築了規模巨大的銅雀台、金虎台和冰井台三處別墅。其中冰井台有房屋一百四十間，台上有冰室，冰室內有井，井深十五丈，井裏儲藏着數十萬斤煤。這段材料告訴我們，煤在那時候已經被大量使用了。

煤和木炭的顏色、用途相同，因此人們又把煤稱為「石炭」。據宋朝學者莊季裕在《雞肋篇》中記載，北宋時，石炭代替木柴，已經成了汴都（河南開封）居民不可缺少的燃料。

石油在西漢時就被我國人民發現了。據《漢書‧地理志》記載：上郡高奴縣的洧（wěi）水，像油一樣，可以燃燒。上郡高奴縣就是今天陝西延長縣一帶，洧水是當地的一條河流。可能是由於地層壓力的影響，埋藏地下的石油從地底湧出來，浮在洧水面上，看起來就像油一樣。既然水面是石油，這種水當然可以燃燒。

在魏晉南北朝的時候，我國人民又在今天甘肅西部地方發現了石油。著名地理學家酈道元在《水經注》一書裏指出：延壽南山出一種泉水，像煮的肉汁一樣，燃燒起來非常明亮。延壽縣在今天甘肅玉門市東南，這種「泉水」就是石油。《水經注》又指出：用這種「泉水」「膏車」效果很好。所謂「膏車」，就是用它來做車軸的滑潤劑。

唐朝李吉甫編著的《元和郡縣志》裏，記載了一個有趣的故事：北朝周武帝宣政年間（578），有一次突厥兵圍攻酒泉，北周軍隊用石油去焚燒敵人的進攻器械，突厥兵不懂得石油的特點，急忙潑水營救，結果石油過水後燃燒得更加猛烈，突厥兵大敗。

隋唐以後，人們不僅知道可以用石油來點燈，而且還知道可以用它的煙來製墨。宋朝人沈括在《夢溪筆談》一書中說，用這類油煙所做的墨，黑光如漆，比松煙墨還要好。

（宋生）

釀　酒

　　我國人民究竟什麼時候開始掌握釀酒技術這個問題，各種古書記載，說法很不統一。有的說遠在黃帝時代，有的說遠在堯、舜、禹時代——特別是禹時造酒的說法，比較普遍。《孟子》書中有「禹惡旨酒（美酒）」這樣的句子；《呂氏春秋・勿躬篇》中有「儀狄作酒」這樣的話，儀狄相傳就是和禹同時的人；尤其在《戰國策》一書中，把「禹惡旨酒」和「儀狄作酒」兩件事，說得更加形象、具體。《戰國策》說：「昔者，帝女令儀狄作酒而美，進之禹。禹飲而甘之。曰：『後世必有以酒亡其國者』，遂疏儀狄，而絕旨酒。」黃帝、堯、舜、禹都是遠古傳說中的人物，具體離今多少年，不得而知。上述史實，其可信程度如何，當然值得研究。不過，這些傳說可以說明，我國人民開始掌握釀酒技術為時必定很早。

　　在商朝甲骨文中，有不少關於商王用鬯（chàng）祭祀祖先的材料；鬯就是一種用黑小米釀成的香酒。《詩經》裏有痛罵殷商貴族荒暴酗酒的篇章；《書經》裏有周公告誡子孫不要學殷王亂喝酒的記載；在出土的殷代文物中，有很多爵、斝（jiǎ）、尊、卣（yǒu）、觚（gū）等青銅酒器。這一切，都可以作為這時期釀酒技術有了長足進步的佐證。

　　周朝設有「酒正」「漿人」「大酋」等專管釀造的酒官。同時在《周禮》書中，出現了「清酒」這樣的名詞。據學者研究，遠古時期的人吃酒是「連酒糟一塊兒吃的」；所謂「清酒」，大概是把糟粕除掉了的酒漿。這些事實，可以作為周朝時釀酒技術有了進一步發展的間接說明。

　　到春秋戰國時，酒在各種祭祀、會盟、慶祝凱旋、接待使者等場合中，已經成了必不可少的東西。我們只要翻開《左傳》《國語》《國策》《楚辭》等一類著作，就可以清楚地看到這一點。這時，酒

的釀造在數量上和技術上都有了很大的發展。

秦漢以後，釀酒已逐漸成為中國封建社會的重要手工業之一。據《漢書·武帝本紀》記載，天漢三年（前98），漢政府曾一度下令把酒劃做國家的專賣物資之一，禁止民間私自釀造和買賣。這個措施，反映了酒的生產已成為當時國家的一項重要財政收入，在經濟上業已佔據很重要的地位。

酒是由碳水化合物經過發酵作用而成的。澱粉雖是最常見的碳水化合物，但卻不能與酵母菌直接起作用，它必須經過水解作用變成麥芽糖或葡萄糖之後，才能發酵造酒。我們的祖先，在很遠很遠的古代，就發明了一種酒麴；用酒麴造酒，可以將澱粉的糖化和酒化兩個步驟結合起來，同時進行。這在釀酒技術上，是一項極重要的發明。秦漢以來，我國的製麴技術，已有了很高的成就。大約在宋朝的時候，我國人民在發酵工藝方面又作出了重大的貢獻，這就是紅麴的發明。紅麴可以製豆腐乳，做紅酒，還可以作為烹調食物的調味品和食品的染色劑。製紅麴是很不容易的，因為紅麴是由一種高溫菌——「紅米霉」的作用產生的，而這種「紅米霉」的繁殖很慢，它在自然界裏很容易被繁殖迅速的其他霉類所壓倒；所以紅麴的發明，可以說是我國古代人民的一種天才創造。

酒麴的種類增多，酒的品種也隨之增多。我國有不少馳名國外的名酒，如紹興黃酒、貴州茅台酒、山西汾酒、四川大麴酒等。下面我們簡略談談這幾種名酒的歷史。

紹興黃酒是浙江紹興的特產，它的種類很多，「攤飯酒」是其中的代表。「攤飯酒」一般稱為「花雕」，含酒精在百分之十到十三。紹興酒的歷史據有人推測，可以上溯到戰國時代。不過，可靠的說法還是公元6世紀初。梁元帝蕭繹在他所著的《金樓子》一書中，曾敍述自己年輕時一面讀書一面喝山陰甜酒的故事。那時的山陰就是現在的紹興。

茅台酒、汾酒、大麯酒都是經過加熱蒸餾而得出的蒸餾酒，一般統稱為燒酒，或叫白乾酒。燒酒的酒精含量一般都在百分之六十以上。我國燒酒釀造的歷史的確切年代，由於目前資料不足，一時還很難考證。據研究化學史的學者講，四川燒酒的出現，最晚可能在唐朝。其根據是唐朝詩人白居易和雍陶的詩裏都提到了「燒酒」這樣的字句。如白居易詩「荔枝新熟雞冠色，燒酒初聞琥珀香」，雍陶詩「自到成都燒酒熟，不思身更入長安」等句便是。白居易這兩句詩，是從他的四川忠州《荔枝樓對酒》詩裏摘出來的，詩中所反映的情況，當然指的是四川。雍陶這兩句詩，說的地點已經指明是成都，大麯酒的產地在瀘州，瀘州離成都並不太遠。由此可見，遠在唐朝的時候，在今四川地方，就能釀造像大麯酒那樣的燒酒了。貴州的茅台酒可能是吸取四川燒酒的經驗而發展起來的，它的歷史比大麯酒應該晚不了多少。山西汾陽杏花村出產的汾酒，根據當地的傳說，其歷史之悠久，也可以上溯到唐朝。

（傅學卿）

糖

在先秦古書上，沒有「糖」這個字，只有「糖」的同義字或近義字，如餳（xíng）、飴（yí）、餹（táng）等。雖然名字不同，實際上指的就是「糖」字。我們現在吃的糖，主要包括麥芽糖、蜂蜜和蔗糖等幾種。

麥芽糖是最容易製造的一種糖。植物種子（如大麥），在發芽過程中，會產生糖化酵素，這種糖化酵素，會把澱粉水解變成麥芽糖，稍微加工，即可食用。所以，它的產生歷史最早，而且直到今

天，在廣大的農村，還被普遍地製造。常見的「關東糖」「糖稀」「軟飴」「硬飴」「皂糖」等，都屬於麥芽糖。根據學者研究，麥芽糖的歷史，可遠推到三千年前的周朝。在《詩經》中，就提到了「飴」字。漢朝時，糖的製造，在質量上和製作技術上都達到了一定的水平。東漢的大學者鄭玄註解《詩經·周頌》裏「簫管備舉」一句中的「簫」字，說是「如今賣餳者所吹也」。說明餳的製造和食用，在東漢年間就已經很普遍，以致有小販挑着它吹着簫沿街叫賣了。不過，關於製糖的方法，在當時的古籍裏還沒有記載。直到 5 世紀北魏賈思勰的《齊民要術》一書中，才較為詳細地描述了這種糖的製造方法；考證起來，和現今土法製造麥芽糖的方法大同小異。

蜂蜜在古時候有各種各樣的名字，如「石蜜」「土蜜」「木蜜」「石飴」「巖蜜」等。這是因為古時候人們看見蜂房造在石頭上、土洞裏、樹木上而誤以為蜂蜜也會各有不同，所以才叫出了不同的名稱。蜂蜜是天然產物，不須人工製造。很早以前，人們就知道採集蜂蜜來食用。據學者研究，春秋末期，諸侯之間，就有把蜂蜜作為禮品來贈送的。《楚辭·招魂》中，有「蜜餌」這個名詞，「蜜餌」就是用蜂蜜和米粉做成的麵糰。可見我國人民早在春秋戰國時代，就已經知道利用蜂蜜了。用蜂蜜浸漬的食物是我國的特產，大約在三國時期就已經有了，因為在《三國志》的《孫亮傳》裏，有「蜜漬梅」的記載。古時的蜂蜜，都是由野生蜜蜂採集的，故產量有限，只有當人工養蜂盛行之後，蜂蜜的產量才大大增加。人工養蜂，有人研究，可能開始於晉朝。

蔗糖是最主要的食用糖，在現代化的糖業生產中，佔據極重要的地位。我國南方各省，由於雨水充足，很適宜種植甘蔗。近千年來，甘蔗一直是我國南方重要的農作物之一。我國的甘蔗，種類很多，一般說來可分為三種：竹蔗、蚋蔗和紅蔗。竹蔗和蚋蔗多用來製造白糖、冰糖和紅糖；紅蔗因產量有限，雖含糖量較大，但一般

不用於製糖，多用來生吃。我國種植甘蔗的歷史，由來已久，可能在戰國時代即已開始。《楚辭·招魂》裏，有「有柘（zhè）漿些」的句子，這裏的「柘漿」，指的就是甘蔗汁。在「楚辭」裏，「柘」字同於「蔗」字。至於用甘蔗做原料來製糖的開始年代和發展歷史，古書記載多不一致，後世的看法也頗不統一。有人認為起源於漢朝，有人則認為開始於唐朝。化學史學者綜合研究了蔗糖的發展史，認為：大約在東漢末年，我國南方的一些地方，已能製造蔗糖，只是技術水平還不高，質量還不夠好。到了唐朝，因學習了外國的製糖方法，提高了技術，蔗糖的生產才有了發展，才能製造出較純的白砂糖和冰糖，由此看來，我國的蔗糖製造，既有自己的發明創造，也吸取了外來的技術經驗。

（傅學卿）

茶

在我國，茶作為一種普遍飲料，比起酒來要晚得多。

先秦古籍，沒有「茶」字，只有「荼」（tú）字。「荼」是一種苦菜，也當「茶」字用。《爾雅·釋木》篇說：「檟（jiǎ），苦荼」。「檟」指的就是茶。有的古書講，西漢以前，就已有《爾雅》這部書；還有的古書講，孔子在世，也見過《爾雅》。根據這些線索推測，可知我國人民對於茶的認識，為時甚早。

認真講，有關飲茶的可靠記載，當在西漢時。司馬相如的《凡將篇》中有「荈（chuǎn）詫」二字，「荈詫」就是茶。王褒的《僮約》中提到了「武都（今甘肅隴南市武都區）買（當作賣）茶」的事，而武都就是當時中國最早的茶市場之一。

《三國志·韋曜傳》中有個故事：吳國皇帝孫皓每宴臣下，要強迫人喝酒，不管能喝不能喝，都以七升為限。韋曜的酒量不過二升，過此不能多飲；他每次參加宴會，孫皓特別寬免他，密賜給他茶，允許他以茶代酒。茶既然能作為酒的代替品，說明三國時飲茶已不是什麼稀罕的事。

魏晉南北朝時，一些皇親貴族、地主官僚、士大夫知識分子和高級僧侶等，都嗜好飲茶，有的甚至嗜之成癖。東晉權臣桓溫，招待賓客，不多備酒菜，主要用茶果。與桓溫同時的謝安，往訪吳興太守陸納，主人不預備酒食，只設置茶果款客。南朝和尚曇濟道人，在八公山煮茶敬奉新安王子鸞和豫章王子尚；子尚飲後讚不絕口，認為味美無比，有如甘露。隨着飲茶風氣的盛行，這時期，反映茶的有關文學作品，也應時而興。晉杜育寫的《荈賦》和南朝文學家鮑照妹令暉寫的《香茗賦》，就是詠茶的佳作。

唐朝時，飲茶風習，更為普遍。封演的《封氏聞見記》，比較生動地記載了這方面的情況。據該書講：「人自懷挾，到處煮飲，從此轉相仿傚，遂成風俗……城市多開店舖，煎茶賣之，不問道俗，投錢取飲。其茶自江、淮而來，舟車相繼，所在山積（意思說茶堆得像山一樣高）。」城市多開賣茶的店舖，說明茶的消耗量增加，可以間接說明茶的生產和貿易的發達。這時，全國產茶的地區，包括今湖北、湖南、浙江、江蘇、江西、安徽、福建、廣東、四川、貴州等省。江西的浮梁就是著名的茶的集散中心之一。德宗貞元九年（793），唐政府接受張滂的建議，徵收茶稅，每年收入四十萬貫。茶之有稅，從此開始。這時期，反映在文學作品中有關茶的詩文，比前更多，並且還出現了像陸羽《茶經》這樣重要的專著。《茶經》是我國古代茶史上一部很重要的作品，它比較全面系統地論述了從上古到唐這一階段中國人民飲茶的歷史、製茶的方法和產茶的地區，對後世許多有關論茶的著作有相當大的影響。據《太平御

覽》記載，陸羽從宋朝時起，就被人們尊之為茶神。宋代人蔡君謨（又名蔡襄），是一位茶鑒賞專家，著有《茶錄》一書。他對於茶，具有豐富的學識，品茶的能力很高。據說有一年，福建建安能仁寺的和尚送給他一些精品茶，名叫「石巖白」，是寺裏自產的珍品。過了一年多以後，蔡襄回到京師開封，去拜訪朋友王禹玉；王禹玉用上好的茶招待他，他端着碗還沒有喝，只用鼻子聞了聞，就說：「這茶極像能仁寺的『石巖白』，你是怎麼得到的？」主人聽後，大加佩服，果然這茶也是能仁寺的和尚送的。在宋代，名茶的品類很多，有「蜜雲龍」「喬（yù）雲龍」「龍團」「勝雪」「玉液長春」「龍苑報春」「萬春銀葉」等多種名稱，大約不下數十品。名茶種類的繁多，在一定程度上反映了製茶技術的進步。

元、明、清諸朝，飲茶的人，範圍比前越發廣泛。

元曲《玉壺春》中有這樣的話：「早晨起來七件事，柴、米、油、鹽、醬、醋、茶。」把茶和柴米油鹽等相提並論。元朝人喝茶，是直接用焙乾的茶葉煎煮的，這一點與唐宋時人喝茶不同。唐宋時人是先把茶葉碾成細末，再和上油膏或雜以米粉、薯蕷（yù）之類，然後製成茶團、茶餅，飲用時再弄碎煎煮。顯然，這樣製作不僅很費功夫，而且會大大損害茶葉的原有香味。用茶葉代替茶團、茶餅，表明製茶技術水平有了進一步的提高。

古代男女結婚，以茶為禮；明清兩代，承襲古制，女方接受男方的訂婚聘禮，還叫作「吃茶」。邊疆許多兄弟民族也有嗜茶的習慣，宋朝政府為了用茶交換他們的馬匹，特設有專門的機構──提舉茶馬司，來管理這項工作。明清時，仍繼續這種茶馬的交易。通過這種交易，加強並發展了漢族和各兄弟民族之間經濟、文化的關係。由此看來，茶，在這時期，不僅是人們日常生活飲料，而且是締結兩姓婚約和溝通民族和好的珍貴媒介。

（謝承仁　易惠中　傅學卿）

漢　字

　　古時候，有人認為漢字是黃帝的史官倉頡創造的，所以長期流傳着「倉頡造字」的說法，這種傳說是不可靠的。文字是人們用以記錄語言的符號和交流思想的工具，它只有通過廣大羣眾的長期社會實踐才能產生，單憑一個人的才能智慧是創造不了的。倉頡這個人，可能只是古代整理文字的一個代表人物。

　　文字產生以前，我們祖先曾經用圖畫來幫助記事，後來，這種圖畫越畫越簡單，就逐漸地脫離了具體事物的描繪，變成一種抽象的符號——象形文字了。象形文字就是最原始的文字。

　　我國最古老的漢字是商、周時代刻在龜甲、獸骨上的「甲骨文」和鑄在鐘、鼎等青銅器上的「鐘鼎文」（又叫作「金文」），其中有很多字就是象形文字。象形文字筆畫複雜，不便於書寫，在兩千七百多年前周宣王的時候，太史籀（zhòu）對甲骨文和鐘鼎文進行了一次整齊劃一的工作，製定了「大篆」。這種字體後來通行於秦國。保存到現在的「石鼓文」（刻在十面像鼓一樣的石頭上的文字），就是秦國所使用的「大篆」。

　　春秋戰國時候，諸侯割據，政權分裂，漢字的寫法很不一致。秦滅六國以後，為便於政令的推行，在李斯的主持下，簡化了秦國的大篆，廢除了各國的異體字，漢字得到統一，人們把這種統一後的漢字叫作「小篆」。秦始皇曾用這種字體在很多地方刻石碑宣揚自己的「威德」，像「泰山刻石」和「琅琊（láng yá）台刻石」，就是秦朝的遺物。

　　漢字經過周秦的兩次改革，有了比較固定的寫法，奠定了今天方塊字的基礎。

　　小篆的筆勢是圓轉的，書寫起來比較麻煩，所以秦朝時候一般人寫字多使用平直的畫筆，這樣一來，又形成了一種新字體，程邈適應

[秦]李斯小篆－會稽刻石

人們的需要，把這種字體加以整理，就成為「隸書」。隸書到漢朝時候，經過文人的加工，增添了筆畫的波捺，就顯得工整又美觀了。漢靈帝熹平年間（172—177），有人用這種字體把《尚書》《詩經》等書刻在四十多塊石碑上，供人們抄寫校對，成為有名的「熹平石經」。

為了提高寫字的速度，在漢朝又出現了「草書」和「行書」。草書的筆畫是連在一起的，往往隨着每個字的體勢一筆寫成，一般人難以辨認。行書的筆畫比較靈活自然，結構清晰，容易認識，應用很廣。東漢時，張芝以草書聞名；東晉時，王羲之的行書達到了我國書法藝術的高峰，他們對後世的影響都很大。

今天我們普遍使用的楷書，也是在漢代產生的。楷書的字體端正，筆畫清楚，有「正書」「真書」之稱。唐、宋至清，歷代統治者都把楷書規定為抄寫官府文書和科舉文章的正式字體，並且大加提倡，因之書法名家輩出，如唐朝的顏真卿、柳公權，宋朝的蘇軾、米芾和元朝的趙孟頫（fǔ）等人，在楷書藝術上都有很多創造。

印刷術發明以後，刻印書籍也多使用楷書。經過長期演變到明末清初逐漸出現了一種橫輕豎重的方塊字，可算是楷書的變體。由於它是從宋代刻書字體發展來的，所以人們稱它為「宋體字」。

我國推行的簡化漢字是漢字發展史上的一次重大改革。

（宋生）

少數民族文字

在我國多民族的大家庭裏，除了漢族創製的漢字以外，在其他兄弟民族中，也有一些民族在很早以前就創製了自己的文字。在這些文字中，比較突出的有契丹族的契丹文，女真族的女真文，党項

族的西夏文，突厥族的突厥文，回紇族的回紇文，藏族的藏文，蒙古族的蒙文和八思巴文，滿族的滿文等。

契丹文有大小字的區別。傳說大字創於遼太祖阿保機，而由他的從姪耶律魯和突呂不古二人贊襄作成。小字是阿保機的弟弟迭剌所製。現在已發現的有一千餘字（重文不在內），但能認識的僅只數十字而已。契丹字大體上是採取漢字部首或者偏旁製成。書法上分篆書、正書、行書三種。這種文字一直應用到金初。

女真人本無文字，金政權建立之初還使用契丹文，以後才創造了自己的文字。女真文也分大小字。大字是金太宗命完顏希尹參照契丹文，根據漢字偏旁製成。小字是金熙宗時，即 1138 年時所創製。它在《女真譯語》等書中有專門記錄。這種文字直到元明各朝還在被一些地方使用。

西夏文按照史書的記載，是由西夏的建立者元昊所創製，以後又由野利仁榮加以改進而成。西夏文創製時，參照了漢字的構造，也是由部首與偏旁合成的，這種文字在 14 世紀中期還在某些地區被人應用。

突厥文的創作及早期的情況，還待研究。就目前所知，突厥文是一種拼音文字，字母一般為三十六個，有基本元音四個，輔音三十二個。

回紇文是一種拼音文字，計有字母三十餘個，元音不多，而且多在應用中被省略，故不易辨別。用這種文字寫成的紙卷、碑刻，在新疆出土很多，今天它和突厥文一樣，只有少數專家才認得。

藏文產生於 7 世紀，也是一種拼音文字，共有三十個字母和四個元音符號。書寫有楷書及草書兩種。它的字義和文法，到 11 世紀後逐漸完善起來，它一直被藏族所應用。

蒙古族建國以前沒有文字，在與畏兀兒接觸後，始用畏兀兒字母（回紇文字母）拼寫自己的語言。忽必烈時，又命喇嘛八思巴依

據藏文製成「蒙古新字」，即八思巴文。計有四十二個字母，包括元音十個，輔音三十二個，但學習與應用都較難。1307年喇嘛八合失又依據畏兀兒字母加以改進，這就基本上形成了今天使用的蒙古文。

滿族興起之初，曾一度借用蒙文，後在明萬曆二十七年（1599），由額爾德尼、噶蓋等，參照蒙古文製成了一種滿族文字。一般稱它為「無圈點文字」或舊滿文。清太宗時，又經達海改進，便成為「有圈點文字」，即新滿文。滿文是一種拼音文字，有元音六個，輔音十八個。

今天保存的用這些文字做的記錄，是研究我國古代各族人民的生產、生活以及民族間友好往來的重要史料。

（王恆傑）

文房四寶

「文房四寶」是指筆、墨、紙、硯。

毛筆的起源，很難考證。從前曾廣泛流傳「蒙恬造筆」的說法，許多人認為筆是秦國的大將蒙恬創造的。這種說法很不可靠。據專家研究，新石器時代彩陶上的花紋就是用毛筆描繪的，殷商時候甲骨上的文字，也有用毛筆書寫的痕跡。在古代文獻資料中，如《詩經・靜女》篇中就有「貽我彤管」的句子，有人認為「彤管」就是一種紅管的毛筆。更重要的是實物的發現，1954年，考古工作者在湖南長沙左家公山的戰國墓穴中，挖掘出一套寫字工具，其中就有一支用上好兔箭毛製成的毛筆。可見，在秦以前，毛筆已經出現了，所謂「蒙恬造筆」，可能只是改進了毛筆的製造方法。秦以後，毛筆的使用日益廣泛，毛筆的製造也愈加精良。三國的韋誕、

唐朝的鐵頭、北宋的諸葛高，都是製筆的能手。據《清一統志》記載：元代湖州筆工馮應科、陸文寶精於製筆，他們的製筆技術世代相傳，不斷發展，「湖筆」的稱號聞名全國。至於湖筆究竟起源於何時，說法不一，有人認為是在元代，也有人認為是在南北朝時創始的。如果後一種說法可靠的話，那麼湖筆的歷史至今便已有一千多年了。

墨的產生，由來已久。東漢和帝時曾做過蘭台令史的李尤認為：墨、硯這兩件東西與文字同始於黃帝時代。可是這種說法缺乏事實根據，難以令人相信。據《莊子》一書記載：宋元君養了許多有名無實的畫師，有一次宋元君召他們作畫，這些人突然遇到考驗，焦急萬分，一個個擠眉眨眼，不知所措，只是在那裏裝模作樣地「舐筆和墨」。這個故事表明，戰國時候已經有墨，該是無疑問的了。古代製墨的原料和方法非常簡單，據說就是採取天然的礦物「石墨」稍稍加工而成。至於用松煙、油煙、漆煙和膠製成的墨，那是後來才出現的。三國時著名的書法家皇象談到墨時，有「多膠黝黑」的話，而製筆能手韋誕所做的墨也很出名，有「一點似漆」的稱譽，可見墨的質量在三國時已經達到很高水平了。五代時，墨的製造獲得進一步發展。據明朝陶宗儀的《輟耕錄》記載：北方墨工奚廷珪和他的父親奚超南遷，見到歙州地方松樹很多，就定居下來製墨。由於他們不斷地鑽研、改進，所製的墨使用起來光澤如漆，受到南唐後主李煜的重視，奚超父子被封為墨官，並賜姓「李」。宋朝時，歙州改名徽州，製墨家潘谷所做的墨尤為精妙，「徽墨」這個名稱也就開始流傳下來了。

紙是我國古代的四大發明之一。從文獻資料和出土文物看，西漢時代我國已經有了麻紙和絮紙。到了東漢中葉，蔡倫總結前人造紙的經驗，改進了造紙方法，紙的質量顯著提高。東漢末年，左伯在這個基礎上又有了新的創造，所做的紙更為精良，得到「妍

妙輝光」的讚語。後來，造紙手工業在全國普遍發展起來，造紙技術不斷提高，用以造紙的原料也愈來愈多，據宋朝蘇易簡的《文房四譜》記載：四川用麻、福建用嫩竹、北方用桑皮、浙江用麥稻稈、江蘇用繭、湖北用楮（chǔ），能做出各式各樣的紙，適應不同的需要。最適合於書寫、繪畫的要算是「宣紙」了。宣紙產於涇縣，涇縣唐代屬宣州管轄。傳說，蔡倫死後，他的弟子孔丹由於懷念師傅，很想造一種特別好的紙為師傅畫像作紀念，但沒有合適的原料，願望始終不能實現。後來，他看見倒在山溪裏的檀樹，因年深日久，被水浸泡得發白，受到很大啟發，於是想到利用檀樹皮作紙，經過了多年的試驗，終於獲得成功。宣紙潔白、細密、柔韌，我國保存到現在的許多古代文獻、書畫很多就是用宣紙抄寫、繪製的。

硯是研墨的工具。據《文房四譜》引伍緝之的《從征記》說，魯國孔子廟中有一石硯，製作古樸，是孔子生前所用的東西。由此可見，秦以前已經有硯了。漢朝時，硯的製作達到了很高的水平。1956年，考古工作者在安徽太和縣漢墓中發現了一些圓形石硯，其中就有一副硯製作得非常精美。整副的硯分蓋、底兩部分，硯蓋外面隆起的提樑，雕出兩條通體帶鱗互相纏繞的長身獸；硯底鼎立的三足，刻着三組熊狀的花紋；硯身披有各種美麗的紋飾。這不僅是一隻合用的文房用品，而且還是一件很珍貴的藝術品。魏晉南北朝時候，製硯的材料非常廣泛，除了一般的石硯以外，還有豪華的銀硯和特製的銅硯、鐵硯。到唐代，硯的種類更多，尤其是用漢未央宮瓦和魏銅雀台瓦製成的瓦硯，以及用絳州（今山西新絳）汾河泥燒製的澄泥硯，特別名貴。宋朝時，石硯普遍流行起來，在各種石硯中，以端州（今廣東肇慶市端州區）地方出產的「端硯」最為人稱道。端硯在唐代已有製造，到宋朝始聞名全國。它的石質溫潤細膩，色澤凝重，紋彩典雅，一向被書畫家們視為珍寶。古代有許多

珍愛端硯的故事，至今傳為佳話。據記載，宋代大書法家米芾有一次到宮中為宋徽宗寫一御屏；寫完，徽宗看了讚歎不已，米芾乘機請求徽宗將剛才用過的端硯賜給他，徽宗答應以後，他急忙把端硯揣在懷裏，弄得滿身墨汁淋漓，引得徽宗大笑不止。

（宋生　易惠中）

書

　　我國最古的書，是春秋戰國時代廣泛流傳的簡策和版牘。簡策是用竹片寫的書，版牘是用木板寫的書。「簡」是指一種寫字用的竹片，其長度有二尺四寸、一尺二寸、八寸等幾種。把許多「簡」編在一起叫作「策」，「策」也可以寫成「冊」。今天我們說書一冊、上冊、下冊的「冊」字，就是這樣來的。

　　「版」是指寫字用的木板，「牘」是指已經寫了字的木板。版牘一般是用來寫短文章的，往往一塊版牘就是一篇文章。這是它和簡策不同的地方。不過，在沒有竹子的地方，也有用木板做成簡策的。

　　簡策和版牘上的字是用毛筆寫上去的，寫錯了就用刀子削去。古書上說，孔子在編定《春秋》時，「筆則筆，削則削」，意思就是說，該加的就用毛筆加上去，該刪的就用刀子把它削掉。可以想見，古時寫一本書要比我們今天寫一本書困難得多。

　　比簡策和版牘稍晚一點的書是帛書，就是在用絲織成的帛上寫的書。在帛上寫書，可以按照文章的長短隨時剪斷，捲成一束。今天我們說書一卷、上卷、下卷的「卷」字，就是這樣來的。

　　東漢時，造紙術經過蔡倫的改進以後，用紙做成的書就大量出現了。不過，當時印刷術還沒有發明，一切書籍都還是手抄本。如

果誰想要唸書，還得先從人家那裏把書借來，抄寫後才有書唸。這樣不僅很費時間，而且很容易抄錯。可見古人唸一本書，在物質條件上，比起我們今天來，不知要困難多少。

大約在唐朝中期，或者說在 9 世紀前半期，雕版印刷術發明後，用雕版印刷的書就出現了。現在已經發現的我國第一本印刷的書，就是在前面講到的唐懿宗咸通九年（868）印刷的《金剛經》。但是，這本最早印刷的書——《金剛經》，現在已經不在國內，陳列到外國（英國）的博物館中去了。

（朱仲玉）

報　　紙

我國最早的報紙應該算唐朝時候的「邸報」。不過這是一種屬於政府公報性質的報紙，當然和現在的報紙性質還不完全相同。在《全唐詩話》中有這樣一段故事：有個叫作韓翃（hóng）的人，住在家裏沒有工作，有一天半夜，忽然有人來敲門賀喜，說他已經被委任為郎中的官了。韓翃感到很愕然，說：「你搞錯了，沒有這回事。」那人堅持道：「沒有錯，我明明看見『邸報』上有你的名字。」這裏所說的「邸報」，可以說就是一種報紙。

韓翃是唐朝代宗大曆年間（766—779）的一個著名詩人，由此看來，我國早在一千二百年前就已經有了報紙。

另外還有一個有關「邸報」的記載，比《全唐詩話》中提到的更早，這就是《孫樵集》中所說的「開元邸報」。孫樵是唐朝後期人，有一次，他找到了一些「邸報」，「邸報」中所記載的事情，都不是他生活着的那個時代的事情，據他考證，那是唐玄宗開元年間

（713—741）的事情。據此，我國最早的報紙出現的年代就又比大曆年間提前了四五十年。

（朱仲玉）

鍋　灶

四五十萬年以前，生活在北京西南周口店的「中國猿人」，就已經掌握了火；猿人洞中那常年不熄滅的火堆，就是最原始的爐灶。當然，當時還沒有什麼鍋子。

到了距現在四千多年以前的新石器時代，才出現了具有特定用途的「鍋」和「灶」。因為當時人類已經能製造各種適用的石製工具，發明了燒造陶器的技術，學會了養牲畜、種莊稼……隨着生產的發展，人類食物的品種日漸豐富，這樣就促進了炊事用具的發展，各種各樣的「鍋」「灶」便逐漸地完善起來。

近幾年來，我國考古工作者發現了不少新石器時代的房屋遺址，屋子中間幾乎都在地上挖有灶坑。下面我們舉幾個例子：在陝西西安半坡村，幾乎掘出了「仰韶文化」的整個村落；在村落的房子裏，多半是在中間正對着門道的地方挖掘灶坑，做成一個淺淺的瓢形。在陝西西部寶雞北首嶺的「仰韶文化」遺址裏，也發現過同樣的房子，房子裏也有同樣設備的灶坑。再如河南陝縣廟底溝掘出的「仰韶文化」遺址裏的房子，也是對着門道設置灶坑──為一種圓形的豎穴，深到一米左右。從全國各地的考古發現來看，當時差不多都把灶坑的位置安排在房屋的中心，這大約是既要利用灶坑中的火炊煮，又要利用它來取暖和照明的緣故。

在這樣原始的灶坑上做飯、燒水，如果要用鍋子就必須支架子

或者把它吊起來，否則那是很不方便的。所以當時人們用的「鍋」很特別，下面帶着三條腿，這樣放在灶坑上，才穩固；就是不放在灶坑上，只要在「鍋」下面燒上柴火，也可以烹煮食物。這些三足「鍋」的種類很多，其中一種叫鬲（lì），它下面的三隻腿是中空的，像三條尖口袋，煮東西時把東西倒進去，火在三條袋足的中間燒，裏面的東西很快就可以被煮好。另一種是「鼎」，是一種盆子或罐子樣的東西，下面帶着三條實心的腿，可以算是一隻自己帶有鍋架子的「鍋」。以上兩種是古代人最常用的器物。鬲多用來煮飯，鼎大概常常用來煮肉、燒菜。現在做飯時蒸東西用籠屜，那時候用一種「甑（zèng）」，是一個底部穿有許多孔的大盆子，把它放在鬲或鼎上用來蒸飯的；後來乾脆把甑和鬲接合起來製成一個完整的器皿，叫作「甗」（yǎn），是專門蒸東西用的自帶蒸鍋的「籠屜」。

這時候所使用的各種「鍋」，都是用土燒成的陶器。由於所用陶土的質料和燒製時火候不一，有的呈紅色，有的呈黃色，也有的呈灰色或黑色，等等。為了使燒製時陶胎內的水分容易逸去而避免產生裂紋，在製造陶胎時往往攙入許多砂，有時也用蚌殼末、雲母屑等，在考古學上稱這樣的陶器叫「夾砂陶器」，它和現代的「砂鍋」差不多。到了青銅時代，一部分「鍋」雖然改鑄成銅質的了，但陶製的仍舊很流行；直到鐵器廣泛使用以後，這些陶質的「鍋子」才漸漸銷形滅跡。大約在漢代，一般人家普遍使用現在這樣高的爐灶，鬲、鼎等炊事用具不需要再帶上很長的足，於是便被改變成為沒有足的鍋了。

在新石器時代，除了固定挖在地上的灶坑外，還有一種用陶土燒成的輕便小爐灶，使用起來很方便。在廟底溝的「仰韶文化」遺物中，就有一種夾砂紅陶的灶。灶身像一個大的平底盆子，前面開着一個梯形的火門，灶下還有三個短足。灶口上部接近邊沿的內壁上，有三個凸瘤，正好承接着放在灶上的扁陶釜（鍋）。如果灶腔裏燒上火，釜裏就可以燒水或烹煮東西了。

（楊泓）

家　具

在原始社會裏，人們過着最簡單的生活，當然談不到使用家具。當時人們休息是坐在地上或睡在地上的，因為地上很硬很潮，坐時睡時總要鋪墊一些東西，比如植物的枝葉啦，或是獸皮啦，等等。當發明了編織技術以後，也自然會鋪墊蓆子。這種「蓆」，如果也可以算做家具的話，就是室內最古老的家具。在我國古代，很長時間保持着席地坐臥的習俗，一直到漢代，蓆還是最常用的家具，人們在日常生活中仍還離不開它。那時一般的蓆是蒲草織的，好一些的加上絹帛的邊緣，更貴重的還有用絲織的「繡茵」。

最早出現的家具還有牀。殷代的甲骨文裏，就有「牀」字的形象。1957 年在河南信陽發掘的戰國時期的楚墓裏，有不少雕飾精美的漆、木家具——牀、几、案等，這是我國現存的年代較早的一組木製家具實物。出土的木牀長 2.18 米，寬 1.39 米，四周圍有欄杆，下面有六個足。牀很矮，牀足才高 19 厘米。到漢代，牀還是比較矮的。在漢代的畫像石和壁畫裏，常常有坐在牀上的人物畫像，有的牀就是一個矮平台，有的下面有四足，它的用途和蓆一樣廣泛。

牀上往往要張掛帳子，帳子的形制，一般多做成複斗形狀。古詩《孔雀東南飛》中所說的「紅羅複斗帳，四角垂香囊」的句子，指的就是這種形制的帳子。至於宮廷貴族們所用的帳子，自然就更加講究，裝飾也更為華美，帳頂往往飾有金蓮，四角裝有金龍口啣的彩色穗子。

席地而坐或坐在矮牀上，如要飲食或書寫，就臨時放置案、几。案的形狀，就像一個大托盤，下面有足。有作圓形的，下面有三足；有作長方形的，下面有四足。講究的案是漆案，四角有銅飾。案一般都不太大，很輕，也不太高，一般不過 20 厘米。几是狹長形的，下面兩端裝足，在坐累了時可以倚伏在上面休息，稱為「憑几」。晉代以後，流行一種憑几，几面作圓曲形，下面有三個獸蹄

狀的足,形式古樸、大方。

裝藏東西,一般用箱子,也有立櫃。河南陝縣的東漢墓裏,出土了一件綠釉陶櫃模型,是方形的,下面有四足,上面有可以開啟的櫃門。

至於在室內作隔斷的,除了帷幔外,還有屏風,這種屏風多安設在牀的後面和兩側。另外還有一種「步障」,用布帛製成,也作隔斷用。

魏晉以後,家具有了變化。這時,由於一般建築物加高了,所以室內的陳設也相應地加高。例如,晉代大畫家顧愷之畫的《女史箴圖》中,牀的高度就和現代的差不多。另外,一些少數民族的用具也傳入中原地區,例如在漢朝末年,北方少數民族的「胡牀」傳了進來,而且逐漸廣泛流行。這種「胡牀」,大約就是以後的「交椅」一類的東西,可能就是椅子的前身。

最晚到唐代,出現了真正的椅子。1955 年在西安發現了唐玄宗的寵臣高力士之兄高元珪的墳墓,墓室正壁上的人畫像就是坐在椅子上的。敦煌的唐代壁畫裏,也畫有椅子。看來這時椅子的樣式結構還很古拙,都是仿傚建築中大木作手法。同時由敦煌的唐代壁畫和傳世的唐代繪畫裏,可以看到當時已使用了桌子,有簡單的長方形板桌,也有製作精緻的長桌。除了桌、椅外,也還有方凳等物。

桌椅一出現,人們逐漸改變了席地坐臥的方式,改為坐椅子、凳子了,這樣也就引起了許多日常生活用具的變化,也引起了生活習俗方面的變革。從五代時南唐顧閎中繪的《韓熙載夜宴圖》中,可以看到當時的家具已很齊備,有椅子、鼓凳、桌子、矮几、大牀、屏風等。但是這些家具還不像現在的家具那樣,放置在室內一定的位置,而是用時放置,用畢即撤除。

到宋代,桌椅家具才普遍地使用起來。在河北鉅鹿縣宋城遺址中,掘出過北宋末年徽宗崇寧年間(1102—1106)的木製桌椅,

［宋］劉松年《攆茶圖》，該圖展示了桌椅家具已普及至人們日常生活中

這是很珍貴的發現，是我國現有的罕見的宋代實用木製家具。從宋代的繪畫及墓葬裏的壁畫和殉葬的家具模型來看，這時家具的品種已經顯著增多，除桌、椅以外，還有牀、凳、屏風、高几、櫃、衣架、巾架、曲足盆架、鏡台等；並且在製作上也有了不少變化，上面還出現了華美的雕花飾件。

（楊泓）

跪　　拜

在京劇中，老百姓見官得跪着，小官見大官得跪着，大官見皇帝也得跪着，跪之不足，有時還得拜上幾拜，好像人們長着膝蓋就是為着跪、拜似的，為什麼會有這種禮節呢？

　　根據古書的記載，我們知道，原來戲台上的跪、拜，確實反映了古代人們的禮節。例如，清末大學士瞿鴻禨（jī）的日記裏，就記載着清朝的官員們和皇帝、皇太后談話的時候，都一溜子跪在地上，他們大多數人都年紀大了，聽覺不好，跪在後邊的聽不清楚皇帝說的什麼，就只好推推前邊跪的人，問到底說的是什麼。有的筆記還記着這些年老的大官，怕跪久了支持不住，特地在褲子中間加襯一些東西，名為護膝。而且，不只是宮廷、官府如此，民間也是這樣的，如蔡邕（yōng）《飲馬長城窟行》：「長跪讀素書，書上竟何如？」古詩：「上山採蘼蕪，下山逢故夫。長跪問故夫，新人復何如？」《後漢書·梁鴻傳》說，孟光嫁給梁鴻，帶了許多嫁妝，過門七天，梁鴻不跟她說話，孟光就跪在牀下請罪。《孔雀東南飛》：「府吏長跪答，伏維啟阿母。」可見婦女對男子、兒子對母親也是有長跪的禮節的。

　　這到底是什麼緣故呢？原來古代人是席地而坐的，那時候沒有椅子、桌子之類的家具，不管人們在社會上地位的高低，都只能在地上鋪一條蓆子，坐在地上。例如漢文帝和賈誼談話，談到夜半，談得很投機，文帝不覺前蓆，坐得靠近賈誼一些，聽取他的意見。至於三國時代管寧和華歆因為志趣不同，割蓆絕交，更是膾炙人口的故事。正因為人們日常生活，學習也罷，工作也罷，都是坐在地上的，所以跪、拜就成為表示禮節的方式了。宋朝朱熹對坐、跪、拜之間的關係，有很好的說明。他說：

　　古人坐着的時候，兩膝着地，腳掌朝上，身子坐在腳掌上。要和人打招呼——肅拜，就拱兩手到地；頓首呢，就把頭頓於手上；稽首則不用手，而以頭着地，這些禮節都是因為跪坐着而表示恭敬。至於跪和坐又有小小不同處：跪是膝着地，伸腰及股。坐呢？膝着地，以臀着腳掌。跪有危義，坐則稍安。

　　從朱子的這段話來看，宋朝人已經弄不清跪、坐、拜的由來

了，所以朱熹得作這番考證。

有人不免提出疑問，人們都坐在地上，又怎麼能工作和吃飯呢？這也不必擔心，古人想出了辦法，製造了一種小几，放在蓆上，可用以寫字、吃飯。梁鴻吃飯的時候，孟光一切準備好了，舉案齊眉，把案舉高到齊眉毛，以表示在封建社會的男尊女卑制度下，妻子對丈夫的尊敬，這個案是很小很輕的，要不然，像今天一般桌子那樣大小，孟光就非是個大力士不可。

因為古代人們都是坐在地上的，所以就得講清潔衛生，要不然，一地的灰塵，成天坐着，弄得很髒，成何體統？

到了漢朝後期，北方少數民族的一種家具——胡牀，傳進來了，行軍時使用非常方便，曹操就曾坐在胡牀上指揮過作戰。後來從胡牀一變而為家庭使用的椅子，椅子高了，就得有較高的桌子，從此人們就離開了蓆子，不再席地而坐，改為坐椅子、凳子了。

人們的生活環境發生了很大的變化，但是，在席地而坐的時候所產生的反映封建等級制度和上下尊卑的禮節——跪和拜卻仍舊習慣性地繼承下來，並且從此坐和跪拜分了家，跪和拜失去了和生活方式的任何聯繫，單純地成為表示敬意和等級差別的禮節了。

（吳晗）

穿衣打扮

商朝人多穿齊膝短衣，紮着褲腳。衣着材料除麻、葛外，已有十分細緻的紬（同「綢」字）子。奴隸主貴族的衣服上，多織繡花紋，連腰帶、衣領和袖口，也有花紋。貴族男子常戴帽子，有一種平頂式帽，到春秋戰國還流行；漢代的「平巾幘（zé）」，就是從

它發展而來的。婦女多梳頂心髻，橫貫一支圓骨簪；有的還在頭頂兩旁斜插兩支頂端帶小鳥形的玉簪。大姑娘梳辮子，小孩子則梳兩個小丫角兒。男女貴族身上都佩玉，玉被琢成各種小動物形象，最常見的一種為玉魚。奴隸只能穿本色粗麻布或粗毛布衣服，光頭無髮，有的頭上包巾子，纏得高高的，和現代西南苗族人一樣。

到西周，統治階級穿衣服，日益講究寬大。周天子坐朝、敬天、辦婚喪大事，衣服各不相同；由於迷信，出行還得按季節、定方向穿不同顏色的服裝，配上相宜顏色的車馬。穿皮毛也分等級，不能隨便。獵戶打得的珍貴的狐、獺（tǎ）、貂、鼠都得全部上繳，不能私下使用，也不許出賣。一般平民，年老的在名義上雖可穿紬衣，其實何嘗穿得起？也只能和奴隸一樣穿粗麻布或粗毛布短衣，極窮的只好穿草編的牛衣——即冬天蓋到牛身上的草編蓑衣！

春秋戰國時代，貴族的生活越加奢侈，穿的衣服更加華麗，佩的玉也越發精緻。劍是這個時期的新兵器，貴族為了自衛並表示闊氣，經常還得有一把鑲金嵌玉的寶劍，掛在腰間皮帶上。皮帶頭有用銅或骨、玉做成的帶鉤絆住，講究的帶鉤必用銀鑲金嵌玉做成，而且式樣很多。男子成年必戴冠。貴族的冠高高上聳，有的又和倒覆的杯子相似（古代的杯子式樣多是橢圓形）。年輕婦女梳辮子，梳法多種多樣。有的婦女喜戴圓圈帽，而且還在頰邊點一簇胭脂點（聚成三角形），眉毛畫得濃濃的。女孩梳兩條大辮子，向兩邊分開；穿的衣長度齊膝，下沿摺成荷葉邊。貴族男子流行八字鬍，兩角微微上翹。武士則喜留大毛鬍子。舞人無論男女，衣袖都極長。打獵人由於經常在叢林草澤中活動，衣褲特別緊小。

歷史上所說的「趙武靈王胡服騎射」，所謂「胡服」，究竟是什麼樣子？根據現存有關材料推斷，「胡服」的特徵約有四點：①衣長齊膝，袖子很小；②腰間束有附帶鉤的皮帶，可鬆可緊；③頭上戴一頂用毛氈或皮革做的尖尖帽，和餛飩差不多（後來人把它叫「渾

脫帽」，到唐代還一度流行）；④腳上穿着短統皮靴。因為這樣裝束，騎在馬上作戰特別方便。

秦漢大一統局面出現後，衣服的式樣也比較統一起來。統治者戴的冠，前樑高聳，向後傾斜，中空如橋；樑分一樑、三樑、五樑幾種，上面另加金玉裝飾，表示爵位等級。凡是有官爵的人，無分男女，還得把一條丈多長的絲條（按品級顏色各不相同），摺疊起來掛在右腰邊，名叫「組綬（shòu）」。貴族男子這時已改佩環刀，普通男子頭戴巾、幘。巾子多用來包裹頭髮，幘則如平頂帽，上加個「人」字形帽樑（不加帽樑就叫「平巾幘」）。漢代婦女已不再點三角形胭脂，但卻常用黛（青黑色的顏料）石畫眉毛；髻子向後梳成銀錠式，向上梳的多加假髮。年輕姑娘依舊梳辮子，也有鬆鬆綰（wǎn，盤繞起來打成結、扣）成一把，末後結成一小團，成個倒三角形的。這時期，最貴的衣服是白狐裘，春秋戰國時就已價值千金。最貴的衣料是錦繡，上面有各種山雲鳥獸花紋，比普通紬子貴二十倍。西北生產的細毛織物和西南生產的木棉布、細麻布，價格也和錦繡差不多，一定要賣二兩金子。當然，這些材料只有貴族用得起，一般勞動人民是連做夢也不敢想的。

魏晉以來，男子流行戴小冠，上下通行。「組綬」此時已名存實亡，玉佩制度也漸次失傳。貴族身邊的佩劍已改用木製，留個形式而已。紅紫錦繡雖然依舊代表富貴，但統治階級多喜歡穿淺素色衣服。帝王有時也戴白紗帽，一般官僚士大夫，多喜用白巾子裹頭。在東晉貴族統治下的南方，普通衣料是用麻、葛，有的地方用「蕉布」「竹子布」「藤布」；高級的衣料是絲麻混合織物「紫絲布」和「花練」（shū）。在諸羌胡族貴族統治下的北方，統治者還是喜歡穿紅着綠，先是短衣加披風，到北魏時改為寬袍大袖，唯帽子另做一紗籠套上，名叫「漆紗籠冠」。至於普通老百姓，無論南北，都是一樣，始終穿短衣——不過北方人穿上衣有翻領的，穿褲子有在膝下紮帶

子的。這種裝束，直到唐代還通行於西北。特別是翻領上衣，幾乎成了唐代長安婦女最時髦的服裝式樣。

　　唐朝的服色，以柘黃為最高貴，紅紫為上，藍綠較次，黑褐最低，白無地位。由於名臣馬周的建議和閻立本的設計，唐朝恢復了帝王的冕服，並制定了官服制度。官服除用不同顏色區分等級外，還用各種鳥啣各種花的圖案來表示不同的官階。通常服裝，則為黑紗襆（fú）頭，圓領小袖衣；紅皮帶（帶頭有等級之分），烏皮六合靴。襆頭後邊兩條帶子變化很多，或下垂，或上舉，或斜聳一旁，或交叉在後，起初為梭子式，繼而又為腰圓式……從五代起，這兩條翅子始平直分向兩邊，宋代在這個基礎上加以改進，便成了紗帽的定型樣式。不當權的地主階級及所謂隱逸、野老，多穿合領寬邊衣，一般稱為「直掇」。平民或僕役多戴尖氈帽，穿麻練鞋，且多

唐代周昉《簪花仕女圖》

把衣服撩起一角紮在腰間。婦女騎馬出行，必戴「帷帽」，帽形如斗笠，前垂一片網簾（中唐以後此帽即少用）。女子的衣裙早期瘦而長，裙繫在胸上；髮髻向上高聳，髮間插些小梳子，多的有五六把；面部化妝多在眉心貼個星點，眉旁各畫一彎月牙。這時，中原一帶的婦女喜着西域裝，穿翻領小袖上衣，條紋褲，軟錦蠻靴；有些婦女還喜梳蠻鬟椎髻，嘴唇塗上烏膏，着吐蕃裝束。這時期，流行一種半袖短外褂，叫作「半臂」，清代的馬褂和背心，都是由它發展而來的。

趙匡胤「黃袍加身」，做了宋朝的開國皇帝，重定衣服制度，衣帶的等級就有二十八種之多。黃袍成了帝王的專用品，其他任何人都不許穿，穿了就算犯罪。規定的官服，有各種不同花色。每遇大朝會或重要節日，王公大臣們必須按照各自的品級，穿上各種錦

袍。皇帝身邊的御林軍，也分穿不同花紋的染織繡衣。宮廷內更加奢侈，衣服、椅披、椅墊，都繡滿花紋，甚至綴上珍珠。皇后的鳳冠大大的，上面滿是珠寶，並且還有用金銀絲盤成整出王母獻壽的故事的，等於把一台戲搬到了頭上。貴族婦女的髮髻和花冠，都以「大」為時髦，髮上插的白角梳子有大到一尺二寸的。貴族婦女的便服流行瘦長，一種罩在裙子外面類似現代小袖對襟褂子式的大衣甚流行。衣着的配色，打破了唐代以紅紫、藍綠為主色的習慣，採用了各種間色，粉紫、黝紫、蔥白、銀灰、沉香色等，配合使用，色調顯得十分鮮明；衣着的花紋，也由比較呆板的唐式圖案改成了寫生的折枝花樣。男子官服仍是大袖寬袍，紗帽的兩翅平直向兩旁分升，這時已成定型。便服還是小袖圓領如唐式，但腳下多改穿絲鞋。退休在野的官僚，多穿「直掇」式衫子，戴方整高巾（又名「東坡巾」或「高士巾」，明代還流行）。棉布已逐漸增多，南方還有黃草布，受人重視。公差、僕役，多戴曲翅襆頭，衣服還相當長，常撩起一角紮在腰帶間。農民、手工業者、船伕，衣服越來越短，真正成了短衣漢子。

契丹、党項、女真族先後建立了遼、西夏、金政權，他們的生活習慣保留了濃厚的遊牧民族的特色，在穿戴上和漢人不大相同。契丹、女真男子，一般多穿過膝小袖衣，長筒靴子，佩豹皮弓囊。契丹人有的披髮垂肩。女真人則多剃去頂髮，留髮一圈結成兩個小辮子，下垂耳後。党項男子多穿團花錦袍，戴氈帽，腰間束唐式帶子，上掛小刀、小火石等用物。女真婦女衣小袖左衽（衣襟）長衫，繫一絲帶，腰身小而下擺寬；戴尖頂錦帽，腦後垂兩根帶子。党項婦女多穿繡花翻領長袍。後來，由於遼、金統治者採用了宋代服制，所以契丹、女真族的裝束和漢族的裝束區別日益減少。紬緞也多是南方織的。

元朝的官服用龍蟒緞衣，等級的區別在龍爪的多少，爪分三、

四、五不等，有法律規定，不許亂用。明清兩代還依舊這樣。在元代，便服還採用唐宋式樣。一般人家居，衣多敞領露胸；出門則戴盔式摺邊帽或四楞帽，帽子用細藤編成。蒙古族男子多把頂髮當額下垂一小綹，如個小桃子式，餘髮分編成兩個大辮，繞成兩個大環，垂在耳後。貴族婦女必戴姑姑冠；冠用青紅絨錦做成，上綴珠玉，高約一尺，向前上聳，和直頸鵝頭相似。平民婦女或奴婢，多頭梳頂心髻，身穿黑褐色粗布、絹合領左衽袍子。長江上游已大量種植棉花，織成棉布。

明代，皇帝穿龍袍。大臣穿繡有「蟒」「斗牛」「飛魚」等花紋的袍服，各按品級，不得隨便。一般官服多為本色雲緞，前胸後背各綴一塊彩繡「補子」（官品不同，「補子」的彩繡也不同）。有品級的大官腰帶間垂一長長絲條，下面懸個四寸長象牙牌，作為入宮憑證。冬天上朝，必戴皮毛暖耳。普通衣服式樣還多繼承宋、元遺制，變化不大。這時結衣還用帶子，不用紐釦。男子頭上戴的巾，有一種像一塊瓦式，名「純陽巾」，明太祖定名為「四方平定巾」，讀書人多戴它；另有一種帽子，用六片材料拼成，取名「六合一統帽」（喻意全國統一），小商販和市民多戴它。婦女平時在家，常戴遮眉勒條；冬天有事出門，則戴「昭君套」式的皮風帽。女子有穿長背心的，這種背心樣式和兵士的罩甲相近，故又叫「比甲」或「馬甲」。

清代的服裝打扮，不同於明代。明朝的男子一律蓄髮綰髻，衣着講究寬大，大體衣寬四尺，袖寬二尺，穿大統襪、淺面鞋；而清代的男子，則剃髮垂辮（剃去周圍的頭髮，把頂髮編成辮子垂在背後），箭衣馬蹄袖，深鞋緊襪。清代官員服用石青玄青緞子、寧綢、紗，做外褂，前後開衩，胸、背各綴「補子」（比明代的「補子」小一些）一方（只有親王、郡王才能用圓形），上繡各種禽獸花紋，文官繡鳥，武官繡獸，隨品級各有不同：一品文官繡仙鶴，武官繡

麒麟；二品文官繡錦雞，武官繡獅子；三品文官繡孔雀，武官繡豹子；四品文官繡雲雀，武官繡老虎；五品文官繡白鷴（xián），武官繡熊……一般人戴的帽子有素冠、氊帽、便帽等幾種。便帽即小帽，六瓣合縫，上綴一帽疙瘩，俗名西瓜皮帽。官員的禮帽分「暖帽」（冬天戴）、「涼帽」（夏天戴）兩種，上面都有「頂子」，隨着品級不同所戴的「頂子」顏色和質料也不同：一品官為紅寶石頂，二品官為紅珊瑚頂，三品官為亮藍寶石頂，四品官為暗藍寶石頂，五品官為亮白水晶頂……帽後都拖着一把孔雀翎，普通的無花紋，高級官僚的孔雀翎上才有「眼」，分一眼、二眼、三眼，眼多表示尊貴。只有親王或對統治階級特別有功勳的大臣才被賞戴三眼花翎。平民婦女服裝，康熙、雍正時，時興小袖、小雲肩，還近明式；乾隆以後，袖口日寬，有的竟肥大到一尺多，衣服漸變寬變短。到晚清，城市婦女才不穿裙，但上衣的領子轉高到一寸以上。男子服式，袖管、腰身日益窄小，所謂京樣衫子，把一身裹得極緊，加上高領子、琵琶襟子、寬邊大花坎肩，頭戴瓜皮小帽，手拿一根京八寸小煙管，算是當時的時髦打扮。一般地主、商人和城市裏有錢的市民，很多就是這樣的裝束。

（沈文）

音　樂

商代的樂器現在出土的已經很多，有磬、鐘、鼓、鐸、鈴、塤（xūn）等，大概都是商代後期的遺物。其中最大、最完整的一件是1950年在河南安陽殷墟武官村大墓出土的大石磬，質地細膩，上面刻着精美的虎形。商代已有「編磬」「編鐘」——把音高不同的磬或

鐘分別編排在一起。河南輝縣出土的陶塤能發十一個不同的音。甲骨文中有「龠（yuè）」字，就字形看（指甲骨文字形，下同），像原始的「排簫」；又有「樂」（樂）字，就字形看，像木架上張着絲弦，因此有人認為它原來就是一種樂器。可以推斷，商代的音樂已經相當發達，而且還有了一定的樂律知識。

在商代，已經有了職業樂人（其中大部分是奴隸身份）。這種樂人，世世代代從事音樂工作，他們吸收和總結勞動人民在音樂活動方面的知識和經驗，對於音樂藝術的提高，起了很大作用。人們在長期的音樂實踐中探索到一些規律，因而導致音樂理論的形成；有了音樂理論，便更促進了音樂的發展。

音樂來自民間，是人民的辛勤勞動和無窮智慧，孕育出音樂的精英華彩。社會不斷地發展，人民生活不斷地發生變化，新的音樂也就不斷地湧現出來。

第一次大規模地蒐集整理民間音樂開始於西周時期，到春秋時期告一段落。當時經過選擇整理的一部分歌詞，流傳到今天，稱為《詩經》。《詩經》中的作品，一部分是貴族的樂歌，大部分是各地的民歌。民歌中有砍伐檀樹的勞動者在詛咒不勞而獲的貴族，逃亡的人把統治者比作貪得無厭的大老鼠，從這裏，我們聽到了被壓迫者反抗的號角聲。

西周時期已經有「十二律」和「五聲」的知識。「十二律」相當於西洋音樂的音名，代表十二個不同的標準音高。「五聲」指宮、商、角、徵（zhǐ）、羽，代表音階，相當於西洋音樂的唱名。「五聲」之外，加上「變徵」「變宮」，稱為「七聲」。

戰國時代，楚國的音樂興盛起來。詩人屈原蒐集民歌進行加工，並以民歌為基礎，創作新的詩篇，充滿了熱愛祖國和人民的熱情。

楚國的音樂到西漢初年，仍然流行，當時稱為「楚聲」。漢武

帝設立了一個音樂管理機構——樂府，廣泛地蒐集各地的民歌，加以整理。樂府曲大體上可以分為兩類，即「鼓吹曲」和「相和歌」。「鼓吹曲」是軍隊、儀仗隊和隆重的典禮上所用的音樂，「相和歌」是一般的流行歌曲。東漢繼續蒐集整理民間音樂，現在流傳下來的漢樂府詩大部分是東漢的作品。

三國曹魏時期，「相和歌」中的三調發展起來，「瑟調以角為主，清調以商為主，平調以宮為主」。三調之中，「清調以商為主」，舉「清商」以代表三調，所以稱為「清商三調」。魏國設置「清商署」，掌管流行的樂舞。西晉繼承了曹魏的音樂，音樂官署中也有「清商署」。魏晉「清商署」雖然由「清商三調」得名，但所演奏的音樂不會只限於「清商三調」，也必然吸收了當時的民歌，這些民歌大都出於北方各地區。

西晉滅亡後，晉元帝南渡，建立東晉政權。以「清商三調」為主的北方音樂，隨着東晉政權到了江南，對南方的音樂必然有所影響。東晉之後，南方歷宋、齊、梁、陳四朝，統稱為南朝，國都都設在建康（今南京）。南朝的「新聲」大體上包括「江南吳歌」和「荊楚西曲」兩大類。前者是今江蘇一帶的民歌，後者是今湖南、湖北一帶的民歌（因為這一帶在建康的西方，所以稱為「西曲」）。

晉室南渡後的北方，「清商三調」等樂曲仍然流行於民間。北魏蒐集漢、魏以來的「相和歌」「清商三調」，南朝的「吳歌」和「西曲」，以及雜舞曲等，統稱為「清商樂」。「清商樂」或稱「清樂」，成為漢代以來中原及南方各地傳統音樂的總名稱。這個時期，北方的音樂仍然是以漢族音樂為基本，由於時代的進展、民族的遷徙雜居，西域音樂陸續地傳進來，正在醞釀一種融合各種因素的新音樂。所謂西域音樂，是指我國西部少數民族和中亞等地的音樂而言。

隋朝繼承了南朝和北朝的文化。隋文帝時，由於準備整理音樂，曾引起對於音樂問題的一場爭論。參加爭論的大致分為三派：

一、顏之推、蘇夔（kuí）、何妥等排斥西域音樂，主張完全採用中原舊樂。二、鄭譯主張採用龜（qiū）茲（今新疆庫車）琵琶七調的樂律，傾向西域音樂。三、萬寶常主張以中原音樂為基本而吸收西域音樂。萬寶常的老師是祖珽（tǐng），祖珽在北齊，他的父親祖瑩在北魏，都整理過音樂。祖珽說祖瑩整理音樂的原則是「華戎兼採」。這次爭論繼續了好幾年。歷史證明，音樂的發展走的是「華戎兼採」的道路。

隋文帝設置「七部樂」，隋煬帝改為「九部樂」；「七部樂」或「九部樂」都是宮廷宴會時表演的節目。

唐代沿用隋代「九部樂」。到唐太宗貞觀十四年（640）改為「十部樂」。其後，宮廷宴會又改用「坐部伎（通「技」，技藝）」和「立部伎」。「坐部伎」在堂上坐着演奏，「立部伎」在堂下站着演奏，節目都是融合各民族、各地區的音樂因素而創造的大型樂舞。唐玄宗開元二年（714），設立內、外教坊。教坊是為封建統治階級享樂而設置的，但也是蒐集樂舞並安置訓練樂工的地方，同時也是傳播樂舞的地方。當時著名的歌唱家李龜年和舞蹈家公孫大娘都是教坊的成員。

唐代的樂曲大體上可以分為兩類：一般的樂曲稱為「雜曲子」，具有一定規模的、結構複雜的大型樂曲稱為「大曲」。樂人往往選擇整齊的五言或七言詩配在樂曲裏唱，詩人為樂曲作的歌詞也都是五七言詩（個別樂曲也有六言歌詞）；但後來也有人逐漸試驗着依照樂曲的節拍而填寫歌詞，句子或長或短，當時稱為「曲詞」或「曲子詞」，這就是「詞」體的開端。詞體中雖然還保存着一部分齊言詩的形式，但畢竟佔少數。

北宋在音樂史上顯示出一個新階段：唐代以前，蒐集整理音樂的工作掌握在官府手裏；從北宋起，民間藝人的音樂和戲劇活動日漸加強，而官府管理音樂的力量日漸削弱。汴京（開封）的民間藝

人已經有了固定的表演地方，叫作「瓦子」。瓦子裏又分各種戲場，叫作「勾欄」。瓦子成了公共娛樂場合，非常熱鬧。南宋的首都臨安（杭州）已有許多民間藝人團體，稱為「社」，如「緋雲社」「遏雲社」等。規模大的社擁有三百多人。兩宋時代，填詞唱詞成了時代的風尚。在南宋偏安江南的時候，金統治下的北方廣大地區，一方面繼承了一部分北宋音樂，另一方面又產生了許多新的民間樂曲。

北宋出現了「雜劇」和「諸宮調」。用大曲的曲調演唱故事，逐漸形成雜劇。採用許多宮調不同的樂曲，分為若干組（每組宮調相同），來演唱故事，這種音樂形式稱諸宮調。諸宮調運用起來極為靈活，而且聽眾也不會感覺單調，比用大曲又進了一步。南宋初年，宋雜劇及諸宮調和今浙江溫州一帶的民間歌曲相結合，演變成「溫州雜劇」，也稱「南戲」或「戲文」。金代董解元著的《西廂記》就是諸宮調體的代表作。

元代，北方民族又有遷徙流動，外國人遷入中國的也很多，因此中國音樂又增添了新的成份。宋金以來流傳在北方的宋雜劇及諸宮調和北方的民間歌曲相結合，演變成「北劇」，即元雜劇。除了雜劇之外，還湧現了許多新民歌，歷史上稱為「散曲」。散曲包括「小令」和「套數」兩類。小令即隻曲，套數由同一宮調的若干隻曲組合而成。當時由於戲劇盛行，許多樂曲和舞蹈都被吸收在戲劇裏，音樂和戲劇分不開。此後在城市裏，單獨演奏樂曲或表演舞蹈的機會就相對地減少了，這種情況到了明清時代更為顯著。

明代，各地區由民間歌舞發展而成的地方戲也都興盛起來。這時不但劇種多，而且戲劇——特別是南戲的規模也達到成熟階段。宋元南戲流傳到江西弋（yì）陽一帶，和當地的民間樂曲結合，產生了「弋陽腔」；南戲流傳到江蘇崑山一帶，和當地的樂曲結合，產生了「崑山腔」（崑曲）。明末清初，弋陽腔和崑曲最為盛行。

明神宗萬曆二十四年（1596），朱載堉（yù）發明了「十二平

均律」，比德國人魏克邁斯特的同樣發明，約早一百年。萬曆二十八年（1600）意大利人利瑪竇來中國傳教，帶來了「七十二弦琴」（鋼琴），並寫成《西琴曲意》八章，但這時歐洲音樂對中國沒有產生什麼影響。

清代乾隆中期（18世紀中葉）以後，崑曲漸衰，而所謂「亂彈」者代之而興。「亂彈」即指京腔、秦腔、弋陽腔、梆子腔、羅羅腔、二黃腔等，這些腔調裏集中了不少優秀的民間樂曲。明清兩代的樂譜保留下來的很多，而且有許多樂曲依然流傳在民間。

清代宮廷宴樂中除了主要的樂舞之外，還先後吸收了邊疆地區和鄰國的樂舞八種：「瓦爾喀樂」（吉林東部女真族中的一個部落），「朝鮮樂」，「蒙古樂」，「回部樂」（新疆），「番子樂」（西藏），「廓爾喀樂」（尼泊爾），「緬甸樂」，「安南樂」（越南）。

從鴉片戰爭以來，我們的民族文化——包括音樂在內，受到了嚴重摧殘。中華人民共和國成立以後，由於國家的重視，它才被大規模地發掘整理，重新估價。傳統音樂也得到了繼承和發展，推陳出新。

（陰法魯）

舞　　蹈

我國舞蹈的起源，就考古發掘的材料推斷，當不後於新石器時代。

據史書上講，夏朝時，祀神之舞，已很發達。

殷墟出土的實物證明，在商朝，舞蹈已有樂器伴奏。考古工作者在殷墟土層中曾發現過印在泥土上的漆鼓花紋，說明殷代已經

有了鼓。古語說「鼓之舞之」，鼓是一種舞蹈伴奏樂器，由於鼓的存在，可以推知舞的存在。在殷墟發現的大石磬，也是舞蹈伴奏樂器。《尚書》上說，「擊石拊（fǔ，擊、拍）石，百獸率舞」，這兩句話描寫的是古代人在狩獵之後，模仿百獸的動作，隨着敲擊的石磬節拍而起舞的一種情景。大概原始的「擬獸舞」，就是這樣產生的。

到周代，有了「文舞」和「武舞」的區別。文舞和武舞的起源，都與人類的勞動生活有關。文舞手執羽（鳥羽之類）旄（máo，牛尾之類），是表演漁獵時代原始人類獵得獵物後抒發愉快心情的一種舞蹈；武舞是表演原始社會的人類與野獸做鬥爭或與敵人做鬥爭前的準備動作以及獲勝後如何表示歡樂的一種舞蹈。這種舞，最看重步伐一致。「鬥獸舞」也是武舞的一種，在周朝的銅器獵壺上，在漢朝的石刻畫中，還可以看到以這種鬥獸為題材的藝術形象。

古代舞蹈，到漢朝有了很大發展。漢武帝時，漢政府設有專門收集整理音樂歌舞的總機構──樂府。模仿獸類的擬獸舞，漢代仍然流行，東漢人張衡的《西京賦》中就有關於這種舞蹈的描寫。漢代常見的舞蹈，有「長袖舞」「折腰舞」「槃舞」「巾舞」等多種。

長袖舞和折腰舞在秦以前就已經有了。河南洛陽金村戰國古墓中曾出土過雕刻一對長袖舞女的玉佩。安徽壽縣戰國楚墓中也發現過相類的玉製舞女。在湖南長沙的楚國墓裏，曾發掘出一具上面繪有樂舞的漆奩（lián，婦女梳妝用的脂粉盒子），奩上的舞女像也是長袖。古代諺語說「楚王好細腰」，「楚辭」說「小腰秀頸」，腰細能增加舞的輕盈姿態，戰國時楚國宮廷中細腰舞十分流行。漢朝的長袖舞、折腰舞，就是繼承了楚國的舞蹈藝術而發展起來的。漢畫中所表現的舞蹈女子，多是長袖細腰，有的舞女腰身甚至纖細到能向後蜷曲成環狀。東漢傅毅《舞賦》中所講的「體如遊龍，袖如素蜺（ní，與『霓』字意義相同）」，形容的正是這種長袖細腰的舞姿。據《西京雜記》說，漢高祖劉邦的戚夫人擅長跳翹（qiáo，舉起的

意思）袖折腰之舞。什麼叫翹袖折腰舞？據《漢書·張良傳》記載，有一次劉邦對戚夫人說：「你為我跳楚舞，我為你唱楚歌。」由此可見，所謂翹袖折腰舞，原來就是楚國宮廷中流行的長袖細腰舞。

　　槃舞是在槃鼓上跳舞。表演這種舞時，先在地上佈置槃鼓（多用七個），然後舞人在鼓上跳舞。從漢朝到六朝，此舞一直很受歡迎。漢武梁祠石刻中，有舞人倒立舞於槃鼓上的畫像，大概描繪的就是這種槃舞。

　　巾舞是持巾而舞，《宋書》說這種舞又名「公莫舞」。表演巾舞時，常連帶表演「白紵（zhù）舞」。巾舞和白紵舞可能是一種同類的舞蹈。漢鏡銘文中有「舞白紵（一種類似麻的植物，纖維可織布）」。這樣的話，大概白紵舞也興起於漢代。

　　此外，漢代還有鞞（bǐng）舞，不知起源於何時。鞞舞在南朝梁的名為鞞扇舞，舞者手執鞞扇，以助舞姿的蹁躚。至今流行在淮河流域一帶的花鼓燈舞和流行在雲南一帶的花燈戲，舞人也是以手巾與扇子作為不可少的舞具，可能就是古代巾舞和鞞舞遺風的流傳。

　　魏晉時代，設立樂府以收集整理民間歌舞，情況沒有太大的改變。西晉亡後，晉統治者南遷，建立東晉政權，北方歸各少數民族貴族統治；由於南北政治、經濟發展的不同，文化生活和風習好尚的不同，因此南北的舞蹈藝術也便各有不同。

　　南北朝時，舞蹈藝術有了新的發展。

　　在南朝，樂舞藝術一方面繼承了魏晉以來北方樂舞的傳統，另一方面又吸取了江南地區民間樂舞的精華。這時期，流行在南方的舞蹈主要是雅舞和雜舞。雅舞的表演是在統治階級祭祀天地祖先的場合，雜舞的表演是在一般宴會的場合。另外，這個時期在南方流行的「西曲歌」與「子夜吳歌」，其中也包括不少舞曲。西曲歌指的是傳播在今河南、湖北、湖南一帶的民歌。《古今樂錄》講，西曲歌有三十四曲，其中有十六曲為舞曲。這十六曲是：《石城樂》《烏

夜啼》《莫愁樂》《估客樂》《襄陽樂》《三洲樂》《襄陽蹋銅蹄》《採桑度》《江陵樂》《青驄白馬》《共戲樂》《安東平》《那呵灘》《孟珠》《翳（yì）樂》《壽陽樂》。十六曲中有不少是女子的情歌，可以推知這種舞必為女舞。西曲歌舞不是單人舞，而是隊舞，原為十六人，到梁代減為八人。子夜吳歌是晉朝時吳（今江蘇省）地女子子夜所作的情歌，也可作為舞曲，在民間流傳很廣。六朝和唐朝人的詩中，常把《子夜歌》和「前溪舞」連類並舉，前溪舞是晉朝吳興（在今浙江省）人沈充創作的一種舞蹈，在民間流傳也很廣。

在北朝，自北魏以來，即盛行鮮卑「北歌」：《慕容可汗》《吐谷渾》《部落稽》《鉅鹿公主》《白淨王太子》。北齊時，胡舞漸流行，其中有一種安樂舞，行列方正像城郭，是一種大型舞，北周把它叫作城舞，舞者八十人，舞時都罩上木製的彩繪獸面具，披着假髮，穿戴着皮襖、皮帽。今天，在西藏的跳神舞中，我們還仿佛能看到這種舞蹈的風姿。在這時期，今新疆一帶以及新疆以西的中亞地區，有不少樂工、舞人挾着自己精湛的技藝，先後東來；中原的人民，喜好他們的藝術，並且努力學習他們的藝術。在各族人民的長期文化交流中，中亞樂舞、新疆樂舞和中原地區原有樂舞相結合，另形成一種具有新風格的樂舞；這種樂舞，為以後隋的「九部樂」和唐的「十部樂」開闢了先路。尤可注意的是，這時期在北方出現了一些帶有情節性的舞蹈，如《舊唐書·樂志》和《樂府雜錄》等書所記的「踏搖娘（《樂府雜錄》作『蘇中郎』）」「蘭陵王」「撥頭」「蘇幕遮」等舞便是。這些新舞的出現，更使中原地區的原有樂舞增添了生命的活力。

唐代，中國的封建文化發展到一個高峰，藝術的各方面，都取得很高成就。唐代的舞蹈，融合了國內各民族和印度、波斯等民族的舞蹈藝術，孕育發展，又有了新的創造。唐太宗設置的「十部樂」（包括舞），就是集當時樂舞之大成。唐玄宗時，新創制的「霓裳羽

衣舞」曲，在樂舞藝術上達到了很高的水平。安史之亂後，唐代的樂舞日漸衰落，「十部樂」也因政治上的劇烈動盪而散亡。五代十國時期，樂舞的興盛和繁榮，始終趕不上唐朝。

宋代繼承唐代的「大曲」，並加以發展，於是宋代的歌舞劇開始登場。宋代的大曲，有歌有舞，歌舞相間進行，而且按照「歌者不舞，舞者不歌」之例，歌人與舞人分司其事，此點與明以後的崑曲及各地方戲唱做兼能者有很大不同。大曲的演奏，大體可分三部分：「散序」，「排遍」，「入破」。演奏前兩部分，舞者不出場，至「入破」，演奏到達高潮，羯鼓、蠻鼓、大鼓與各種管弦樂齊奏，舞者入場，隨着音樂的節拍，婆娑起舞。宋代大曲屬於舞曲者，有「採蓮舞」「柘枝舞」「花舞」「劍舞」「漁父舞」等多種。採蓮舞和柘枝舞都是五人隊舞，舞者多為女童。舞時有分作五方（東、南、西、北、中）的，有轉作一行的，也有分為雙行的。宋代的著名文人如鄭僅、晁（cháo）補之、秦觀、毛滂、洪适等，都有舞曲留世；文人們大量作舞曲，可見宋代的樂舞一定很興盛。宋代有些舞曲，不僅帶有故事情節，而且兼有賓白（歌唱之間的說白。兩人對語叫「賓」，一人自語叫「白」）、唸、唱。這種舞曲，為後世金代院本（劇本）與元代雜劇奠定了基礎。

明清時代，舞蹈藝術融合於戲劇的表演中，成為正式的歌舞劇，盛行於南北各大都市。

（常任俠）

本編屬於中國近代史，主要講了兩次鴉片戰爭的敗績以及太平天國運動。帝國主義的入侵讓中國逐漸淪為半殖民地半封建社會，受盡屈辱。太平天國運動則體現了中國人民不屈不撓的鬥爭精神和堅強意志。

第六編

步入近代

中國近代史的開端

中國近代史是從 1840 年開始的，在這以前，中國社會是一個封建社會；在這以後，中國社會發生了一個很大的變化，一步一步地變成了半殖民地半封建社會。

1840 年這一年，英國發動了侵略中國的「鴉片戰爭」，在這次戰爭以後，資本—帝國主義又接連不斷地發動了很多次侵略中國的戰爭，像 1957 年的英法聯軍戰爭，1884 年的中法戰爭，1894 年的中日戰爭，1900 年的英、美、德、法、俄、日、意、奧八國聯軍對中國的戰爭，等等。這些侵略者在用戰爭打敗中國之後，強迫中國簽訂了許多不平等條約，侵佔了中國許多領土，取得了很多經濟、政治和軍事的特權，任意在中國駐紮軍隊，開辦工廠、銀行，控制中國的海關、對外貿易、通商口岸，隨便傳教、辦報紙、辦學校以及進行其他文化侵略，等等。為了壓制中國人民的反抗，侵略者還和中國的封建統治者勾結起來，使中國的封建地主階級變為他們統治中國的支柱。就這樣，中國從一個獨立的國家，逐步地變成了一個半殖民地的國家。一部中國近代史，也就是帝國主義侵略中國、奴役中國人民的血腥歷史。

在中國的封建社會中，小農業和手工業相結合的自給自足的經濟佔主要地位。那時，農民不但生產自己需要的農產品，而且生產自己需要的大部分手工業品，商品經濟實際上並不發達。鴉片戰爭

以後，封建經濟在外國資本主義的衝擊下受到了破壞，農民和手工業者大批地破產，商品經濟有了發展；在封建經濟受到破壞的同時，又出現了一種新的經濟關係，就是資本主義的經濟關係。隨着資本主義經濟的產生和初步發展，中國社會裏除了原先的地主階級和農民階級之外，又出現了兩個新的階級：資產階級和無產階級。中國社會已經不是一個完整的封建社會，而是半封建社會了。

在帝國主義和封建勢力的雙重壓迫下，中國的經濟和政治始終得不到發展和進步，中國人民特別是農民一天天更加貧困。他們過着飢寒交迫的生活，政治上沒有絲毫的權利。

鴉片戰爭以後的中國，就是這樣從一個獨立自主的封建國家，變成了中國封建勢力統治下的半殖民地半封建國家，並且一天天走上了殖民地化的道路。

從外國侵略者向中國發動武裝進攻的時候起，英勇不屈的中國人民也就同時開始了反抗外國侵略者及封建勢力的鬥爭。鴉片戰爭、太平天國運動、中法戰爭、中日戰爭、戊戌變法、義和團運動以及辛亥革命，都是中國近代史上反抗外國侵略的光輝鬥爭，表現了中國人民反帝反封建的英勇鬥爭精神。所以，中國的近代史，又是中國人民不屈不撓地反抗帝國主義侵略和封建主義統治的光輝歷史。

（汝丰）

鴉片戰爭

在 19 世紀初期，英國是當時世界上最發達的資本主義國家。英國資產階級不但剝削和壓迫本國人民，而且通過種種卑鄙惡毒的手段，剝削和壓迫經濟落後的國家的人民。他們佔有很多殖民地，是

殖民主義侵略強盜。

英國資本主義發展越快，它國內被剝削的廣大人民就越貧困。生產出來的大量商品賣不出去，經濟上就出現了危機。這種經濟危機，從 1825 年開始，幾乎每隔八年到十二年就要發生一次，這對英國資產階級是非常嚴重的威脅。在這種情況下，他們迫切地需要在國外擴大商品推銷市場，掠奪新的殖民地。地大物博、人口眾多的中國，就成為英國侵略者眼中一塊鮮美的肥肉。

早在清朝乾隆五十八年（1793），英國就曾經派了一個名叫馬戛爾尼的特使到中國來，他向中國政府提出了開放通商口岸、割讓島嶼、減低關稅等無理要求，企圖打開中國的大門，達到侵略中國的目的。這種嚴重損害中國主權的侵略要求遭到了拒絕。此後，在嘉慶二十一年（1816），英國又派了一個名叫阿美士德的人來到中國，重彈二十多年前馬戛爾尼的老調，也同樣被拒絕了。

英國侵略者耍「文」的花招沒有行通，又使出了「武」的手段。早在 1808 年，英國政府就曾經把它的十三艘兵艦開到我國廣東海面，劫掠澳門，闖入虎門，後來被中國水師擊退。阿美士德到中國來的時候，護送他的英國艦隊也曾經在廣東海面轟擊中國炮台和船隻。道光十二年（1832），英國東印度公司的僱員、在中國刺探情報的傳教士郭士立，甚至狂妄地揚言「全中國的一千隻師船，不堪一隻兵艦的一擊」，氣焰十分囂張。到了 1833 年，英國派出的第一任駐華商務監督律勞卑到達中國，他為了執行英國資產階級的侵略意志，竟指揮兵艦侵入虎門要塞，發炮攻擊，只是由於中國軍隊的反擊，才狼狽退出。這些例子都表明了英國侵略者處心積慮地企圖用一切手段打開中國門戶的野心。

各種各樣的辦法都試過了，但中國的門戶還沒有被打開。怎麼辦呢？英國資產階級最後竟然利用鴉片來作為掠奪和侵略中國的工具，把鴉片運到中國大量推銷。1800 年，輸入中國的鴉片是 4570

箱，到了 1838 年，也就是鴉片戰爭爆發前兩年，已經激增到 40200 箱了。這樣，英國資產階級得到了驚人的暴利，而中國人民則嚴重地受到了鴉片帶來的禍害。

鴉片是一種毒品，俗名大煙，它含有大量嗎啡和尼古丁，毒性很強，會使吸食者受到嚴重的摧殘。吸食鴉片的人，中了毒以後，慢慢就變得身體虛弱，骨瘦如柴，精神萎靡；而且吸了就會上癮，一旦不吸，就渾身癱軟，涕淚橫流，像生了重病一樣。所以，英國資產階級在中國大量推銷鴉片，是非常卑鄙惡毒的，它利用這種毒品一方面殘害中國人民的身體健康；另一方面勾引吸食者上癮，不斷增大銷售量，來攫取暴利。結果，不但使得中國人民日益衰弱和貧困，城市工商業和農村生產力遭到很大的破壞，而且使中國的貨幣（白銀）大量地外流，國家的財政經濟也出現了嚴重的危機。這種情況，引起了廣大人民對鴉片貿易的激烈反對，清朝統治者為了維護自己的封建統治利益，才被迫進行了反對鴉片的鬥爭。

廣州「一口通商」時代

　　1838 年底，清朝政府任命林則徐為欽差大臣到廣州禁煙。林則徐禁煙十分堅決，他在人民的支持下，查繳和燒燬了運到中國的鴉片，並且要外國侵略者保證永遠不再販賣鴉片。禁煙鬥爭取得了很大的勝利。鴉片貿易是英國資產階級侵略中國的重要手段，又是英國政府財政收入的重要來源，中國嚴禁鴉片，沉重地打擊了他們。他們不肯善罷甘休，在千方百計地破壞禁煙失敗後，就不顧一切地使用武力來實行侵略了。1840 年 6 月，大批英國軍隊開到了中國，發動了武裝進攻。為了保衛國家民族利益，林則徐在人民羣眾的支持下奮起抵抗，中英戰爭就這樣爆發了。這次戰爭從 1840 年 6 月開始，到 1842 年 8 月結束。因為戰爭的爆發是由鴉片問題直接引起的，所以叫作鴉片戰爭。

　　這次戰爭，中國進行的是反侵略的民族自衛正義戰爭，英國侵略者遭受到沉重的打擊。但是，當時的清朝封建統治者極端腐朽，他們被外國侵略者的洋槍大炮嚇破了膽，最後向外國侵略者投降求和，中國因此失敗了。清朝政府還和英國侵略者簽訂了屈辱的《南京條約》，出賣了國家民族的主權和利益。從此以後，中國人民在外國侵略者和本國封建勢力的雙重壓迫之下，災難更加深重了。

（汝丰）

林則徐　虎門銷煙

　　林則徐（1785—1850）是鴉片戰爭時期反抗外國侵略的民族英雄，一個偉大的愛國者。他是福建侯官（今閩侯）人，為官清廉，辦事公正認真，深得老百姓的愛戴。

1837 年至 1838 年他擔任湖廣總督時（總督是清朝的地方政府最高長官。湖廣總督管轄湖北、湖南兩省），正是英國侵略者肆無忌憚地在中國販賣鴉片的時候，鴉片貿易不但遍及沿海各省，就是在湖北、湖南這樣的內地省份也非常猖獗。煙毒氾濫的禍害使人觸目驚心。當時廣大人民強烈地要求嚴禁鴉片，清朝政府中的一部分愛國官員，也紛紛提出禁煙的主張，林則徐就是其中最著名的一個。他在他所管轄的湖北、湖南兩省雷厲風行地實行禁煙，大大地打擊了吸毒者和販毒者，得到了老百姓的熱烈擁護。

　　但是，禁煙並不是一件簡單的事情，這是一場尖銳複雜的反侵略鬥爭。它不僅受到英國侵略者的抗拒和破壞，而且還受到許多當權的大官僚的反對和阻撓。林則徐和許多主張禁煙的官員一起，與反對禁煙的官僚集團進行了鬥爭。他大聲疾呼：「如果不把鴉片嚴加禁絕，將來國家不但無人可以當兵，而且也將無錢維持財政開支。」林則徐是從維護封建統治利益出發而說這些話的；但禁煙的正義主張，反映了廣大人民的要求，符合民族的利益，因而深得人心。清朝皇帝也不能不考慮，如果不禁鴉片，那麼皇帝的寶座也將被鴉片衝垮，最後，不得不接受林則徐的主張，並且任命他為欽差大臣，到廣州禁煙。林則徐深知在滿朝貪污腐敗的一片黑暗之中，禁煙會遇到很大的困難，但他以國家民族利益為重，勇敢地承擔了這一重大而艱巨的使命。他向自己的師友們表示：「禍福死生，早已置之度外」，定要盡一切努力，為國家除掉鴉片這一毒患。

　　道光十九年正月（1839 年 3 月），林則徐到達廣州，以禁煙為中心的反侵略鬥爭，從此進入了更加尖銳的新階段。

　　廣州是外國侵略者進行販毒活動的中心，人民羣眾反對鴉片的鬥爭也最強烈。1838 年底，廣州當局曾經處決了一個中國的鴉片販子，當時英美煙販竟糾眾阻攔，從事破壞，激起了羣眾的憤怒，有一萬多人舉行了示威，並且用石塊把這些氣焰囂張的侵略分子趕

走了。人民羣眾高昂的反抗精神，對林則徐是巨大的鼓舞。他到了廣州後，莊嚴地向外國侵略者宣佈了自己堅定不移的禁煙決心。他說：「鴉片一天不禁絕，我就一天不回去，一定要全始全終，決不半途而廢。」

在禁煙鬥爭中，林則徐做了很仔細的調查和準備工作。到廣州以前，他對廣東鴉片走私的地點及鴉片販子的姓名，都已大致調查清楚。到廣州後，他一面加緊整頓防務，一面嚴辦煙犯。他向外國煙販宣佈，必須在三天內把鴉片全部交出，並且要寫下永遠不再販煙的書面保證，否則，查出來了，不但鴉片全部沒收，販毒者也要依法處死。這種嚴正不苟的態度，使外國侵略者十分害怕，但這些老奸巨猾的家伙仍然想盡種種辦法，企圖狡賴頑抗。英國商務監督查理·義律還特別趕到廣州，親自策劃破壞。林則徐看穿了他們的陰謀，採取了斷然措施。他一方面立即把企圖潛逃的英國最大的鴉片販子顛地截回，另一方面又派兵把外國毒販的大本營——商館封鎖，把商館與海上的交通也截斷，還派水師在海面巡邏，嚴密監視外國船隻的行動。同時，他又嚴峻地宣佈外國侵略者違抗了禁煙命令，再一次通知他們把鴉片全部交出，否則就立即依法懲辦。

在林則徐的堅決鬥爭下，外國侵略者的反抗和破壞被粉碎了！他們被迫交出了兩萬餘箱鴉片，一共重 2376254 斤。1839 年 6 月 3 日，林則徐下令把這些鴉片集中在虎門海灘銷毀，一連燒了二十多天，才把所有的鴉片全部燒燬。這就是震驚世界，使外國侵略者膽寒的「虎門銷煙」。

「虎門銷煙」是一件驚天動地的壯舉，它不僅是禁煙鬥爭的一個大勝利，也是中國人民反侵略鬥爭史上的第一個大勝利。它長了中國人民的革命鬥志，滅了敵人的侵略威風。猖狂一時的侵略者萬萬沒有想到會遭受這樣沉重的打擊，他們不得不暫時低下頭來。

但是，貪得無厭的英國強盜是絕不甘心失敗的。他們在進行了

種種破壞和挑釁失敗後，就不顧一切地採取武裝侵略的手段了。

1840年6月，英國派出的艦隊到達廣州海面，向中國軍隊發動了進攻，鴉片戰爭爆發了。

在洋槍洋炮面前，林則徐承受着嚴峻的考驗。他並沒有被侵略者的武力嚇倒。在戰爭爆發前，他一直認真備戰，嚴密防守。這時，他又在各個要塞增添兵力，加強守衛，並且坐鎮虎門，親自指揮。他看到廣大人民反侵略的意志十分堅定，相信「民心可用」，因此，他不但把沿海村莊的老百姓組織起來，加以訓練，而且公開宣佈，在外國侵略者進犯時，「准許人人持刀痛殺」，這就大大地鼓舞了廣大人民奮起抗戰的革命熱情，也使他自己得到了最廣泛、最有力的支持。

正是這樣，進犯廣東的英國侵略軍在愛國軍民的銅牆鐵壁面前，一點辦法也沒有，到處碰得頭破血流。特別是沿海漁民組成的突擊隊，常常趁月黑潮退，出其不意地乘着小船，用火箭、火罐、噴筒等火攻，使英國強盜吃盡了苦頭。他們只好每天東漂西泊，不定行蹤，夜裏也不敢停下來，恐怕被火船突然襲擊。最後，他們看到在廣東佔不到便宜，只好放棄進攻廣東，而去侵犯福建、浙江。

可是，腐朽的清朝統治階級，不但不敢發動人民羣眾，就對林則徐這樣的愛國者，也不加以信任和支持。當英國侵略軍沿海北上，一直打到天津海口後，他們被洋槍洋炮嚇破了膽，原來反對禁煙、主張妥協投降的那些大官僚又重新囂張起來，硬說英國侵略者的進攻，是林則徐禁煙闖下的大禍，說什麼只有懲辦林則徐，才能避免戰禍，等等。這時，昏庸無能的道光皇帝也嚇壞了，他竟不分青紅皂白，把林則徐的官職革掉，而把主張投降妥協最賣力氣的直隸（今河北省）總督琦善，派去代替林則徐。鴉片戰爭終於因為清朝政府的腐敗和妥協而失敗了！

（汝丰）

關天培　陳化成

關天培和陳化成都是當兵出身的清軍名將，在鴉片戰爭中，他們都在抵抗外國侵略者的戰爭中壯烈犧牲，在中國近代反侵略鬥爭中，用自己的鮮血，寫下了悲壯的一頁。

關天培是江蘇淮安府山陽縣（今江蘇淮安）人。1834 年（道光十四年），他調任廣東水師提督（統轄全省海軍的長官）。當時，外國侵略者在廣東的挑釁活動日漸頻繁，中國已經面臨着日漸嚴重的武裝威脅。關天培知道自己的任務十分艱巨，臨行前，他先把妻子母親都送回故鄉，自己隻身赴任，決心應付任何事變。

到達廣州後，他便積極地整頓海防，加修工事，勤練士兵，從不鬆懈，廣東的防務大大加強了。在鴉片戰爭爆發前，英國侵略者屢次進行武裝挑釁，都遭到了有力的反擊，歸於失敗。

在抵抗外國侵略者的戰鬥中，關天培總是身先士卒，英勇奮戰。特別是在 1839 年 11 月 3 日的「穿鼻洋自衛反擊戰」中，英國軍艦集中火力向他的坐船轟擊，一時硝煙瀰漫，水浪如柱，但關天培毫不畏懼，仍然挺立桅前，揮刀督戰。甚至敵人的炮彈打壞了船桅，他被桅木的破片所傷，還是奮不顧身地指揮部下發炮還擊。經過兩小時的激烈戰鬥，打得敵人紛紛落水，裝有大炮二十尊的英艦「海阿新」號，也受了重傷，最後只好狼狽逃走。

鴉片戰爭開始時，林則徐、關天培等堅決抵抗，英國侵略軍在廣東的進攻並未得逞。但是後來浙江定海失陷，英艦北駛，清朝統治者害怕起來，走上了投降的道路。林則徐被革掉了職務，投降派的琦善反而得到了重用。自此以後，局勢就發生了變化。

琦善是徹徹底底的保守派，他以新任欽差大臣的身份到了廣州以後，一意主和。為了求和，他竟在軍事上實行撤防，把兵船裁減

了三分之二，又把海口內的木排鐵鏈等防禦設備大部分拆除，至於招募來的漁民丁勇，他乾脆全部解散了。像虎門這樣的咽喉要地，則只留下了幾百人駐守。在這種情況下，廣東的形勢已是危如累卵，而琦善卻還以為只要答應割地賠款，就可以換來「太平統治」。

就在琦善做着「太平」夢的時候，英國的軍艦在1841年1月7日，突然進攻沙角、大角兩炮台。炮台守將陳連升等率領士兵英勇死戰，但琦善不發援兵，最後陳連升壯烈犧牲，炮台也落入了敵手。從此，虎門要塞洞開，英軍長驅直入。

1841年2月25日，英軍大舉進攻虎門。這時，虎門只有少數兵力分守各個炮台，防守力量不足。關天培一面堅守，一面派人到廣州向琦善痛哭求援，很多官員也都全力懇求，但琦善仍然無動於衷，完全不理。關天培在求援落空的情況下，自知寡不敵眾，於是，抱着必死決心，率領僅有的微弱兵力，頑強奮戰。第二天，英軍發動了更大規模的攻勢。他們集中了猛烈的炮火，瘋狂地向關天培坐鎮的靖遠炮台轟擊，戰鬥異常激烈。當天下午，琦善仍然不發援兵，關天培的部下大半都已經英勇犧牲了，他自己負傷十幾處，鮮血淋漓，連衣甲都已濕透，但他仍然激勵士兵，奮力苦戰，自己還親自發炮還擊。這時，英軍已經攻下另外兩座炮台，繞道由背面攻上來，他毫不退縮，拔出戰刀與敵人白刃相接，浴血死戰。最後，敵人的一枚炮彈打來，這位六十二歲的老英雄，在抗擊外國侵略者的英勇鬥爭中壯烈犧牲了。

陳化成也是清軍中英勇善戰的愛國老將，他是福建同安人。1840年鴉片戰爭爆發時，他已經年近七十，從福建調任江南提督，駐防在上海附近的吳淞。他治軍很嚴，但對士兵非常愛護。他的作戰經驗很豐富，每戰必奮勇當先，對敵人毫不容情，所以敵人都很害怕他，把他看作「陳老虎」。

1842年5月，英軍攻陷浙江省的海防重鎮乍浦，吳淞受到嚴

步入近代。

重威脅。陳化成召集部下宣佈抗敵決心，他說：「我自從參軍入伍，已近五十年，出生入死，難以數計。人人都有一死，為國而死，死亦何妨？只要我們沒有怕死的心，那麼敵人就不能不被消滅。」他又說：「敵人依恃的不過是炮而已，但我們同樣可以用炮來制服他。西台發炮，東台響應，敵人顧此失彼，勝利必屬於我們。」將士們在他的激勵之下，一個個鬥志昂揚，決心誓死痛擊膽敢來犯的侵略強盜。

1842 年 6 月上旬，英國大批軍艦集結吳淞口，準備發動大規模的進攻。這時，清朝另一個投降派兩江總督牛鑒非常害怕，竟親自去見陳化成，說英國軍隊銳不可當，不如準備財禮迎接犒賞，妥協了事。陳化成聽到這種無恥的投降論調，非常憤慨，他表示絕不放棄戰鬥。

6 月 16 日，英國軍艦發起了猛烈的攻擊。陳化成親自駐守吳淞西炮台指揮戰鬥。戰鬥中，全體官兵英勇殺敵，擊毀了敵艦兩艘，狠狠地懲罰了侵略者。

就在這時，原來畏敵如虎的牛鑒知道打了勝仗，又耀武揚威地擺起全副儀仗出城觀戰，英軍發現目標，就用大炮猛轟，牛鑒一聽炮響，嚇得一溜煙兒地逃跑了。後來英軍打到南京，也正是他首先出面接洽投降，接著由耆（qí）英和伊里布接受了侵略者的全部條件，簽訂了屈辱的《南京條約》。

牛鑒的逃跑，嚴重地影響了軍心，駐守吳淞東炮台的指揮官也跟著逃跑了，陣地最終被敵人佔領。陳化成失去了呼應，而敵人的炮火這時更加猛烈。但是，陳化成仍然堅守陣地，寸步不移。他手持紅旗，鎮靜如常地指揮守軍作戰，連續擊傷幾隻敵艦。英軍見久攻不下，改由側面攻擊，這時陳化成已經身受重傷，仍忍痛親自發炮轟擊敵人。等到側攻的英軍登上炮台，陳化成雖然中彈倒地，仍然奮起拔刀肉搏。但是，由於受傷太重，無力再戰，終於光榮地犧牲了。臨死之前，他還用微弱的氣力低聲叫著：「不要怕！發炮！」

（汝丰）

三元里人民的抗英鬥爭

> 三元里前聲若雷，千眾萬眾同時來，
> 因義生憤憤生勇，眾民合力強敵摧。
> 家室田廬須保衞，不待鼓聲羣作氣，
> 婦女齊心亦健兒，犁鋤在手皆兵器。

在第一次鴉片戰爭時，廣州附近以三元里為中心的一百零三鄉人民，對英國侵略軍進行了英勇的鬥爭，上面的詩，就是當時詩人張維屏對這次鬥爭的描寫和頌讚。

1841 年 5 月（道光二十一年四月）英軍逼近廣州城，駐在廣州的靖逆將軍奕山，異常恐慌，派人出城向英軍接洽投降，英軍勒索了六百萬元贖城費，還逼迫清軍退出廣州六十里，才肯撤兵。奕山答應了侵略者的條件，訂立了投降條約。羣眾對清朝官僚的無恥投降非常不滿，而英軍又在廣州城外恣意橫行，無惡不作，這就更加激起了羣眾的憤怒。5 月 29 日，英軍闖到三元里，搶掠耕牛，姦淫婦女。羣眾奮起抗擊，消滅了十幾名侵略軍。次日，鬥爭進入高潮，三元里和附近各鄉羣眾大約五六千人，拿着長矛大刀和農具，舉起三元古廟的三星旗，浩浩蕩蕩地向英軍佔據的四方炮台進攻。這些侵略強盜完全沒有料到會受到赤手空拳的老百姓的攻擊，當他們被震天動地的怒吼驚醒，看到漫山遍野都是手持刀矛鋤耙的人羣，才知道大事不好，嚇得不知所措，急急忙忙派出大隊人馬下山反撲。他們以為自己有洋槍大炮，只要衝了下來，就能把羣眾嚇跑。但機智勇敢的三元里人民打了一陣以後，就邊戰邊走，把英國侵略軍引到三元里的牛欄崗一帶團團圍住。英軍看形勢不利，拔腳想跑。但是，鼓角齊鳴，殺聲震天，四面八方都是憤怒的中國人民，他們已經插翅難逃了。這時，聞聲趕來的羣眾越聚越多，成千上萬，難以計數，連婦女兒童也都出來參戰

助威。中午，恰好雷雨大作，敵人的火藥完全淋濕，洋槍失去作用。這些強盜狼狽極了，他們被大雨淋得像落湯雞一樣，外邊有羣眾的包圍，地下又滿是泥水，又餓又冷，進退不得。有的伏在瓜棚架下面，渾身發抖，有的丟下洋槍，叩頭流血求饒，「乞命之聲震山谷」。相反，三元里鄉民的鬥志更加激昂，情緒更加高漲，他們精神抖擻，越戰越勇。直到當天下午黃昏時分，雨越下越大，天也黑了，英國強盜才連爬帶滾，摸着黑逃了回去。這一天，三元里人民依靠原始的武器，打死了英國官兵二百多名，還繳獲了大批武器，取得了巨大的勝利。

牛欄崗的勝利，進一步鼓舞了人們的鬥志。第二天一清早，就有兩萬多人高舉着三星旗奔向四方炮台，把敵人密密麻麻地包圍起來。英國強盜知道突圍是沒有用的，只好向腐朽的清朝政府求救。果然，一求就靈，奕山正害怕人民羣眾的鬥爭壞了他的投降大事，馬上派廣州知府余保純，前來替英軍解圍。余保純忘記了平日知府的威風，徒步到三元里，向羣眾鞠躬作揖，替英軍討饒，忽而懇求，忽而恐嚇。但羣眾仍堅持不散，余保純又去威脅參加鬥爭的士紳（舊社會稱地方上有勢力有名望的地主或退職的官僚為士紳），這些人在他的恐嚇下開始動搖，羣眾的情緒受到影響，終於陸陸續續散開了。這一場轟轟烈烈的偉大鬥爭，不但得不到清朝統治者的支持，反而被他們破壞斷送了。

（魯素）

《南京條約》

1842 年，英國艦隊開進長江，先後攻佔吳淞、上海、鎮江，並進圍南京。清政府在侵略者的這種兇焰面前嚇破了膽，決心更加公

開地走向同人民羣眾的堅決抵抗相反的道路，向侵略者屈膝投降，並簽訂了中國近代史上第一個不平等條約——中英《江寧條約》。江寧就是現在的南京，所以《江寧條約》也叫《南京條約》。

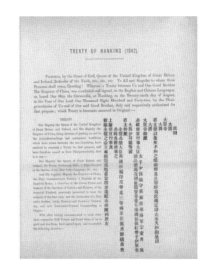

《南京條約》中英對照文本（其一）

《南京條約》共有十三款，主要有以下幾條：①中國割讓香港島。從此以後，香港就成為英國侵略中國的軍事和商業基地。②中國開放廣州、廈門、福州、寧波、上海五處為通商口岸；在這些通商口岸，英國可以派駐領事等官。這樣，封建中國的門戶被打開了。③中國賠款兩千一百萬銀元。④中國抽收進出口貨的稅率，要「秉公議定」。這就是協定關稅的開始，有了協定關稅的特權，英國資本家可以在中國市場上大量出售商品，來排擠中國的手工業生產，控制中國的市場，並且可以從中國掠取大量廉價的原料。⑤英國商人在各口岸可以自由地和中國商人交易，不受任何限制。從此英國商人可以自由地和中國商人接觸，選擇和培養他們的代理人。

1843 年英國政府又強迫清政府訂立了中英《五口通商章程》和《五口通商附黏善後條款》（《虎門條約》）作為《南京條約》的附約，其中除了具體地規定了《南京條約》的一些細則外，還增加了一些新條款，主要有：①領事裁判權，規定凡英國人和中國人交涉詞訟，「其英人如何科罪，由英國議定章程法律，發給管事官照辦」。這就是說英國人在中國犯罪，不受中國法律制裁，有這一條規定，侵略者就可以在中國領土上橫行無忌了。②片面的最惠國條款，規定中

國政府「將來設有新恩施及各國，應准英人一體均霑」。根據這個條例，任何侵略者在中國獲得特權，英國同樣可以享受。

總之，《南京條約》是中國近代歷史上第一個不平等條約，從此，中國喪失了獨立國家的地位，開始一步一步地走向半殖民地半封建社會。

（美珍）

《望廈條約》

19 世紀初期，美國的經濟發展雖然還遠遠不能和英國相比，甚至比法國也落後得多。但是，美國侵略中國和其他亞洲國家的活動卻十分積極。

和英國侵略者一樣，美國早就把鴉片作為侵略和掠奪中國的主要工具。英國煙販在中國大規模販毒的同時，美國煙販的活動也十分猖獗。當時在廣州的美商，除了一家例外，其餘全部經營鴉片貿易。從嘉慶十一年到道光十四年（1806—1834），僅僅根據海關報告，美國煙販從土耳其運入廣州的鴉片就有 8901 箱。實際上，美國煙販販運鴉片主要是依靠走私，因此，他們運到中國的鴉片要比上述的數量多得多。只是由於英國壟斷了印度這樣一個鴉片的最大產地，所以美國當時在對華鴉片貿易中，才僅次於英國而居第二位。

在鴉片走私活動中，美國毒販的手段並不比英國遜色。美國煙販的販毒船隻，常常懸掛着美國國旗作為掩護，或者把大批鴉片裝到棺材裏，冒稱船上水手的死屍，抬到陸上發售。甚至特別製造一種船隻，叫作「鴉片飛剪號」，實行武裝走私。這種特製的走私船

隻，行駛迅速，武裝齊全。有一個美國人描寫一隻叫作「安特洛甫號」的這種「飛剪號」船說：「每一邊裝置大炮兩座，船中裝置湯姆炮一座，船桅四面滿列長槍，船艙內有大箱，貯備大量手槍及刀劍。」當碰到中國的緝私船時，「鴉片飛剪號」就公開進行武裝對抗。

在鴉片戰爭時期，美國雖然由於力量不足，沒有直接參加武裝侵略，但是，從一開始，他們就和英國狼狽為奸，積極支持英國發動侵略戰爭，成為英國侵略者有力的幫兇。

還在鴉片戰爭爆發之前，美國商人就曾經積極幫助英國侵略者破壞中國的禁煙運動。英國商務監督查理‧義律在虎門銷煙後敢於長期禁止英商具結進港，主要就是倚仗美國商人的幫助。當時美商代運、代銷、代購，包辦了英國在華的進出口商務，使得英國對華貿易並未因為拒絕進港而受到任何影響，因此義律才能有恃無恐，肆無忌憚地進行頑抗。他曾親自對美國旗昌洋行（當時美國煙販在中國最大的一個販毒組織）經理福士表示：如果沒有美國商人幫忙，他早就會為了貿易利益而具結進港了。

美國傳教士十分積極地參加了這場侵略活動，他們乘坐販運鴉片的「飛剪號」來到中國，胡說什麼「鴉片無害於中國人，像酒無害於美國人一樣」，把殺人不見血的毒品，說成就像在愉快的野餐中飲一杯甜酒一樣。其目的無非是要在鴉片的麻醉之外，再加上一種精神的麻醉。1839年，有一個在廣州活動的美國醫生彼得‧巴駕還寫信給林則徐，勸林則徐「不要動武」，忘記「過去的一切仇恨」。鴉片戰爭爆發後，他們又極力為英國侵略者辯護，曾經擔任美國總統的亞當姆斯在1841年發表演說，認為英國發動侵略戰爭是完全正當的，而在中國的美國傳教士納維斯則更加狂熱地為這次侵略戰爭喝彩，他大叫大嚷：「不管正當不正當，這次戰爭是按照神意用以開創我們與這個廣大帝國關係的新紀元的。」

美國之所以極力充當英國的幫兇，根本目的是企圖通過這次戰

爭，趁火打劫，攫取侵略特權。早在 1839 年 5 月，在廣州的美國商人看到英國發動侵略戰爭已不可避免，就曾經上書美國政府，要求立即聯合英、法等國採取行動，以便「中國如果有好處給了別國」時，「美國也可以同樣得到好處」。所以，《南京條約》簽訂後，美國看見英國得到了那麼多的利益，非常眼紅，立刻跟蹤而來，利用清朝政府戰敗的懼外心理，從事訛詐和勒索。

1843 年 5 月，美國政府派顧盛為專使，統率戰艦三艘，前來脅迫中國訂約。1844 年 2 月，顧盛到達澳門，就威脅說美國艦隊正源源而來，如果清政府不接受美國的要求，就「有使中國人民再嘗戰禍之必要」。清政府被美國的戰爭威脅所嚇倒，1844 年 7 月 3 日，派耆英和顧盛在澳門附近的望廈村，簽訂了美國侵略中國的第一個不平等條約——中美《望廈條約》。

中美《望廈條約》共 34 款，除包括了中英《南京條約》所載的特權外，還增加了許多新條款，主要內容有下面四點：

一、肯定了「利益均霑」的原則。在《望廈條約》中規定，中國如果給其他侵略者任何特權和利益，美國要「一體均霑」，也就是說，美國也可以取得同樣的一份。這就等於從清政府手裏拿到了一張無限期出賣中國主權的支票，美國可以任意取得所有侵略者在中國所取得的特權和利益。此後，其他侵略者紛紛要求給予「利益均霑」的特權，「利益均霑」成為各國侵略者侵略中國的共同基礎，中國成為各國侵略者共同宰割的對象。

二、剝奪了中國的關稅主權。《南京條約》規定海關稅則由中英「秉公議定」，《望廈條約》就更進一步規定，中國海關稅則的改變，要得到美國領事的允許。從此，外國領事掌握了中國海關稅率改變的大權。正是這樣，整個 19 世紀，外國貨物進口，都按照值百抽五，或低於值百抽五的稅率納稅，一直沒有改變，大大有利於侵略者對中國人民的經濟掠奪。

三、徹底地破壞了中國司法主權。《望廈條約》把訂約國人不受中國法律制裁的領事裁判權的範圍，由刑事擴大到民事，由五口擴大到其他各地，由有約國人擴大到無約國人，徹底地破壞了中國的司法主權。美國和其他國家的侵略分子，在領事庇護下，可以為所欲為，不受中國法律的制裁。

四、進一步地破壞了中國領海主權。《望廈條約》以前，只有外國兵艦可以在五個通商口岸停泊。《望廈條約》把商船也包括在內，從此，外國的兵艦、商船可以在中國的通商口岸橫衝直撞。

總之，《望廈條約》比《南京條約》更進一步地破壞了中國的主權和獨立，它給中國人民帶來了更深重的災難。

（楊遵道）

拜上帝會

「拜上帝會」是由太平天國農民革命運動的傑出領袖洪秀全所創立的一個革命農民組織。這個組織，在宣傳革命思想、動員和團結農民革命羣眾以及後來促進農民革命戰爭的發展方面，起了極其重大的作用。

早在鴉片戰爭以前，由於嚴重的土地兼併和貧富的日益懸殊，地主階級和農民階級間的矛盾就已相當尖銳。鴉片戰爭後，一方面，封建統治者為了支出大量戰費和賠款，大大加重了對於勞動人民的剝削；另一方面，外國侵略者利用特權，無情地吸吮着中國人民的膏血。勞動人民啼飢號寒，掙扎在死亡的邊緣。他們為了生存，就只有起來鬥爭，而鴉片戰爭中清朝所暴露出來的武裝力量的腐敗情形，又加強了勞動人民起來鬥爭的勇氣和信心。所以，鴉

片戰爭後，全國各地的反封建鬥爭漸趨高漲。據不完全統計，在
1843 年到 1850 年間，規模較大的羣眾起義和騷動事件，就有七十
多起，幾乎遍及內地各省。特別是廣東、廣西、湖南一帶，由於受
到鴉片戰爭的直接影響，社會動盪特別劇烈，所以階級鬥爭也最為
尖銳。但是，遍佈這些地區的農民鬥爭，由於缺乏嚴密的組織和統
一的領導，各自為戰，所以往往是「隨起隨滅，隨滅隨起」。鬥爭
的發展要求建立一個農民的革命組織，「拜上帝會」就在這種形勢
下產生了。

「拜上帝會」的創始人洪秀全，是廣東花縣（今廣州花都區）
人。1814 年 1 月 11 日出生於一個中農的家庭，父兄都以耕田謀生。
秀全七歲入私塾讀書，聰穎異常，五六年間，就能熟讀「四書」「五
經」。後來又自讀中國史籍，但不久即因家境貧困而輟學，在家幫
助父兄耕田。隨後他受聘為本村塾師。洪秀全自幼生長在農村，又
直接參加過農業勞動，因而對農民的痛苦和要求有較多的了解。他
從十六歲起，屢次赴廣州應試，都沒有考中，很受刺激；在鴉片戰
爭中，他親眼看到清政府的腐朽無能和廣州人民英勇抗英的偉大力
量。這一切，促使他逐漸產生了反清革命的思想。

1843 年，洪秀全最後一次去廣州應試，又沒有考取。回家以
後，他偶然翻看了一本前幾年去廣州應試時得到的書——《勸世良
言》，在這本宣傳基督教的小冊子上，得到了啟示，他覺得可以利
用其中所說的一些宗教形式來進行發動和組織羣眾的工作，開展
革命活動。於是，他自稱是天父耶和華之子，基督之弟，下凡拯
救世人，創立了「拜上帝會」。

最早參加「拜上帝會」的是馮雲山，他是洪秀全的同鄉，是「拜
上帝會」的得力的組織者和宣傳者。最初，他們兩人在家附近各村
鎮間活動，吸收會眾。道光二十四年（1844）洪秀全和馮雲山遠出
到廣西貴縣（今貴港市）傳教。不久，洪秀全回花縣，馮雲山繼續

在廣西桂平縣（今桂平市）的
紫荊山區進行艱苦的宣傳組織
活動。回到花縣的洪秀全，
在 1845 年至 1847 年間，著述
了《原道救世歌》《原道醒世
訓》《原道覺世訓》等作品，進
一步闡述了「拜上帝會」的教
義。在這些作品中洪秀全利用
了基督教的一神教思想，宣佈
只有真神「皇上帝」是天下最
高的主宰，而地主階級在精神

洪秀全

上統治農民的一切神仙菩薩、妖魔鬼怪，都只是「閻羅妖」的化身。
洪秀全號召人民獨拜真神皇上帝，擊滅閻羅妖。實際上這是用宗教的
語言號召農民進行反對封建剝削和壓迫的鬥爭。洪秀全在作品中，
還巧妙地把原始基督教義和中國農民樸素的平等、平均思想結合起
來，提出了「天下多男子，盡是兄弟之輩；天下多女子，盡是姊妹
之羣」的樸素的平等主張。他宣佈人們在上帝面前是一律平等的，
號召人們去改變極不平等的現實世界，為實現「天下一家，共享太
平」的理想社會而鬥爭。洪秀全在宗教外衣下所提出的反封建的革
命思想，在百餘年前，對長期受着殘酷的封建剝削和壓迫的中國農
民來說，正是他們夢寐以求的理想，因此「拜上帝會」很快便成為
組織農民進行反封建鬥爭的有力武器。當 1847 年洪秀全到達紫荊山
區時，「拜上帝會」已擁有會員三千餘人。「拜上帝會」的羣眾在洪
秀全、馮雲山等領導下，同當地的地主武裝團練展開了鬥爭。1851
年 1 月 11 日，終於爆發了金田起義，開始了偉大的太平天國農民革
命運動。

（馬汝珩）

金田起義

　　金田村位於廣西桂平縣紫荊山南麓，這個地方萬峰重疊，形勢
險要。太平天國革命運動就是在這兒爆發的。

　　洪秀全、馮雲山等在廣東花縣創立了拜上帝會之後，就致力於
發動和團結羣眾的工作。他們先後在廣東、廣西許多地方，特別是
在紫荊山地區的農民和手工業工人中間，進行了長期而艱難的革命
宣傳和組織活動。後來成為太平天國重要領袖的楊秀清、蕭朝貴、
石達開等相繼加入，拜上帝會的革命力量迅速發展壯大。洪秀全等
祕密地建立了軍隊，製造了軍械，籌備了軍費，規定了紀律，一支
革命隊伍逐漸形成了，金田村成為鞏固的革命據點。

　　在這期間，拜上帝會與地主武裝——團練以及清軍屢次發生衝
突。武裝起義已漸趨成熟，洪秀全就向各地拜上帝會羣眾發佈了向
金田村團營（集中）的命令。先後到達金田的有一萬餘人，男女都
有，其中以農民為最多，其次是手工業工人，也有一部分遊民、知
識分子和個別的地主、商人。在這些革命羣眾中，以漢族為多數，
同時也包括不少壯族、瑤族、苗族等少數民族中的貧苦勞動者。這
是一支以農民為主體的，有不同階層、不同民族參加的革命武裝。

　　當拜上帝會會眾向金田集中時，金田村的形勢十分緊張，拜上帝
會和團練、清軍的衝突更加尖銳頻繁。洪秀全、馮雲山為了避免清軍
的追蹤，躲到離金田百里以外的平南縣花洲胡以晃家中，不料被清方
偵知，清朝軍隊包圍了花洲。團聚在金田村的拜上帝會會眾得訊，在
楊秀清等率領下前往營救，一戰大敗清軍，迎接洪秀全等回到金田。
於是就在洪秀全誕辰那天，即道光三十年十二月初十（1851 年 1 月 11
日）正式宣佈起義，建號太平天國，這就是歷史上有名的金田起義。

　　金田起義後，太平軍在金田村附近勇猛頑強地戰鬥，屢次挫敗
了在兵力上佔優勢的清軍，於咸豐元年閏八月初一（1851 年 9 月 25

日）佔領了永安州城（今蒙山縣）。洪秀全在金田起義後不久已稱天王，攻下永安後，又封楊秀清為東王，蕭朝貴為西王，馮雲山為南王，韋昌輝為北王，石達開為翼王，太平天國建立了一個比較穩固的領導核心；同時又訂立了各種制度，揭發了暗藏在革命隊伍中的奸細，革命力量進一步鞏固了。

太平軍所發動的武裝鬥爭，在清廷方面引起了很大震動，他們調集了大批軍隊，對太平軍圍堵追襲，企圖盡早把它扼殺在搖籃之中。這些軍隊雖然兵員多、武器好、糧食足，但是士氣低落，紀律鬆弛，將帥間矛盾重重，戰鬥力很差。在團結一致、勇敢善戰的農民軍面前，可謂束手無策。

1852年4月初，太平軍又突破了清軍的包圍，長驅北上。6月克全州，入湖南。9月太平軍猛攻長沙不克，轉道益陽、岳州，向湖北挺進。1853年1月，太平軍佔領了湖北省城武昌。

太平軍在湖南、湖北進軍途中，一方面和清軍進行殊死的戰鬥，另一方面殺逐官吏和土豪劣紳，焚燬田契債券，對封建統治秩序進行革命的掃蕩；同時把財物散給貧民。因此，各地貧苦群眾紛紛參軍，革命隊伍迅速擴大，太平軍剛進入湖南時，不過五六千人，但佔領武昌後，太平軍的隊伍已增加了許多倍。可惜太平天國的兩個重要領導人——南王馮雲山和西王蕭朝貴先後在全州、長沙壯烈犧牲，這是太平天國革命的重大損失。

太平軍佔領武昌後，即乘勝前進，順長江東下，水陸並發，清軍望風披靡，不戰而潰。太平軍克九江，下安慶，取蕪湖，1853年3月19日，一舉攻克了江南第一大城市——南京。

太平天國在攻下南京以前，沒有固定的根據地，攻下南京後，正式在這裏定都，把南京改名為「天京」。從這個時候起，直到1864年7月19日天京陷落止，這裏就一直成為太平天國的政治中心。

（張革非）

《天朝田畝制度》

太平天國在定都天京以後，頒佈了《天朝田畝制度》，它是太平天國進行革命和建國的偉大綱領。

《天朝田畝制度》這個文件集中反映了中國封建時代廣大被壓迫被剝削的農民羣眾的鬥爭要求。文件規定一切土地財產都不應該私有，在這個原則之下，地主階級的私有土地當然應該沒收，分配給農民耕種。文件規定：「天下田，天下人同耕」，將所有土地按好壞和產量分為九等，按人口多寡和勞力強弱，平均分配。婦女也可以和男子一樣分到土地。

《天朝田畝制度》還規定，每家種桑織布，養雞養豬，每二十五家設置木匠、石匠等搞副業和手工業生產。每年全部收成除留給自用外，其餘都歸國庫，個人不得私有。婚喪嫁娶由國庫開支，老幼無依的人由國家撫養，豐荒相濟，彼此幫助，建立一個「有田同耕，有飯同食，有衣同穿，有錢同使，無處不均勻，無人不飽暖」的人間樂園。

《天朝田畝制度》又規定兵民合一的社會組織和守土鄉官制，它的內容是：以家庭為基本組織細胞，每二十五家為一個單位，設一兩司馬，四兩司馬設一卒長，五卒長設一旅帥，五旅帥設一師帥，五師帥設一軍帥，一軍共一萬三千一百五十六家，每年每家出一人為伍卒，戰時殺敵，平時為農。軍帥以下稱鄉官，軍帥以上設監軍、總制，稱守土官。

按照這種組織制度，每二十五家自成一個獨立的政治、經濟的基層單位，統轄於兩司馬之下。兩司馬的權力很廣泛，從組織生產到居民消費，以及軍事、民政、財經、司法、教育、禮儀、宗教無所不管。其中特別規定：「力農者有賞，惰農者有罰」，獎勵好好生

產和安定社會秩序。兩司馬的權力雖然很廣泛，但規定有嚴密的保舉升貶制度，以杜絕破壞分子從中弄權作惡。好官可以隨時提升，壞官也可以及時撤掉。

太平天國洪秀全玉璽

這些都是太平天國農民革命英雄們在《天朝田畝制度》中所規定的革命和建國的綱領。這個綱領有着徹底地反對封建制度的革命意義，它激發了廣大的農民羣眾起來進行革命鬥爭。許多農民對地主不交租或少交地租，這在一定程度上打擊了封建勢力，並使農民不同程度地得到了一些好處。但是《天朝田畝制度》企圖廢除私有財產，取消商品流通，這在當時生產力還很落後並且沒有無產階級進行領導的情況下，是一種不切實際的空想，是不符合當時歷史發展要求的，因此也是行不通的。《天朝田畝制度》所規定的平分土地的辦法，在當時也沒有實行。

（張革非）

太平天國的北伐

咸豐三年四月（1853 年 5 月）初，由李開芳、林鳳祥等率領的兩萬餘名太平軍從揚州出發，太平天國史上可歌可泣的北伐戰爭正式開始。

北伐軍在初期進軍非常順利，幾個月內，經安徽、進河南、渡

黃河，轉入山西，折而進至直隸（河北），真是勢如破竹，銳不可當。可惜在渡黃河的時候，由於船少人多，一個星期才渡過一萬多人，還有三分之一的軍隊在南岸受到清軍阻擊，只得退回天京。北伐軍沒有全軍渡河，在一定程度上削弱了戰鬥力量。

1853 年 10 月底，北伐軍以迅雷不及掩耳的速度，克靜海、獨流，前鋒進抵天津西南數十里的楊柳青，北京大震。清朝皇帝把財物都運往熱河，準備逃跑。大小官員紛紛出城逃避，北京亂成一團。在清廷統治的生死存亡關頭，封建統治者調集了最精銳的軍隊，前往防堵北伐軍。天津地區的地主富商，也出於階級仇恨，自動組織起團練武裝，以阻擋北伐軍的進攻。這時正是隆冬季節，北方天寒地凍，太平軍缺乏寒衣糧草，給北伐軍增加了很大的困難。1854年年初，北伐軍進攻天津不下，便南下阜城，等待天京的援軍。

北伐軍在天津受挫的消息傳到天京，天京方面就積極抽調兵力，組織援軍。北伐援軍於 1854 年 2 月 4 日從安慶出發，3 月在豐工搶渡黃河，進入山東境內。山東當時災情嚴重，飢民遍野，太平軍經過這裏，羣眾紛紛參加進來，這就大大增強了北伐援軍的力量。4 月間，他們就攻下了山東北部重鎮臨清州，這裏離阜城只有二百多里，兩軍的會師已是指日可望了。可惜援軍沒有能繼續北上和北伐軍會合。清軍撤出臨清時，燒燬了所有不能劫走的糧草，這時又包圍臨清，斷絕了城中的接濟。北伐援軍中新參加的羣眾大都沒有受到嚴格的整頓訓練，更缺乏革命的教育和鍛煉。許多新兵到了臨清州，見到大軍糧草一時接濟不上，竟然動搖起來，紀律鬆弛，紛紛逃散。北伐援軍的領導和太平軍的老戰士屢加勸阻也約束無效，隊伍一時陷入紊亂狀態。在這種情況下，北伐援軍只好撤出臨清。在撤退的路上，援軍曾經一度打敗追擊的清軍，但是後來終於被清軍各個擊破。

當北伐援軍到達臨清州的消息傳來，李開芳、林鳳祥等非常高興。他們組織兵力於 1854 年 5 月初從阜城突圍到達直隸東光之東西

連鎮，並決定由林鳳祥留守連鎮，李開芳率馬隊二千多人進入山東高唐州迎接援軍。李開芳到這裏才知道北伐援軍已經失敗。他們不但得不到支援，反而使林、李兩軍從此分開，各自孤軍作戰，力量更加單薄。但是林鳳祥仍然率領幾千太平軍和清軍展開無數次血戰，堅守連鎮十一個月。殘暴的清將僧格林沁在連鎮周圍四十里築圍牆，挖深壕，包圍連鎮，又挖開河水灌入城內。太平軍彈盡糧絕，最後以吃樹皮充飢。在這極端困苦的情況下，他們仍然堅貞不屈，戰鬥到底。1855 年 3 月林鳳祥率餘部突圍，不幸被俘，被敵人用極刑殺害。臨刑時，他怒目看傷處，滿懷着對於清廷的深仇大恨，英勇就義。李開芳在高唐州也一直堅決抵抗清軍的圍攻，後來突圍到茌平縣的馮官屯。清軍在攻破連鎮後，便集中全力進攻馮官屯。僧格林沁又用老辦法引運河水灌入城內，李開芳在突圍中被捕，1855 年 6 月在北京英勇就義。臨死之時，他「笑語如常，旁若無人」，異常從容鎮定。與此同時，北伐軍全體將士也都壯烈犧牲，北伐戰爭終於失敗了。

北伐軍經歷了江蘇、安徽、河南、山西、直隸、山東六省，在沒有根據地和缺乏糧食軍火的情況下，轉戰幾千里，連克州縣數十個，給清朝統治以嚴重打擊，也給長江流域太平軍的活動創造了有利條件。最後，北伐軍以極微薄的兵力，堅守孤城達一年之久，才在戰鬥到最後一人的情形下宣告失敗。

（美珍）

楊韋事件

咸豐六年（1856），太平天國定都天京已經三年，這時期，太平軍一方面舉行了西征、北伐，把革命繼續向前推進；另一方面立

法建制，安定社會秩序，鞏固革命政權，革命形勢是大好的。但是，農民階級的許多弱點在革命勝利時期也愈來愈顯露出來了，如保守、狹隘、自私等觀念反映到政治作風上，就發展為鬧宗派、鬧個人權威等不良傾向。太平天國領導者沒有能力解決這一問題，最終甚至爆發了領導集團之間爭奪權力的派別鬥爭，這個鬥爭最後導致領導集團的公開分裂，這就是發生 1856 年 9 月的「楊韋事件」。

這時期太平天國的領導核心除了天王洪秀全外，還有東王楊秀清，北王韋昌輝，翼王石達開，燕王秦日綱，豫王胡以晃等。他們在革命初起時，能團結一致，保持艱苦樸素、朝氣蓬勃的革命作風，但到天京後，就逐漸起了變化。天王洪秀全在革命發動時期，表現了偉大的毅力和創造精神，但後來就逐漸沉醉於豪華的宮廷生活，很少過問政事，軍政大權都掌握在東王楊秀清手中。楊秀清出身於極貧苦的僱工家庭，從小就成了孤兒，隨伯父在紫荊山區種山燒炭過日子，為人剛強有膽識，常常領導人們反抗貪官污吏的勒索，成為燒炭工人的領袖，後來參加了拜上帝會，共謀革命。楊秀清有着卓越的軍事和政治才能，他對於太平天國革命曾經有過很大的貢獻。自從他被封為東王後，他就成為實際領導太平天國革命事業的最高指揮。太平天國之所以能有那樣巨大的發展，楊秀清的領導曾經起過重大的作用。但是，定都天京後，他逐漸驕傲自滿起來，看不起洪秀全，甚至假藉天父下凡附在他身上的名義要杖責洪秀全，對其他各王也加以排擠，隨意斥責，對部下嚴刑苛罰，引起天王和許多將領的不滿。這些情形都被北王韋昌輝看在眼裏。這時，他表面上對楊秀清表示特別恭順，卻早已拉攏了一批不滿楊秀清的諸王和高級將領，密謀伺機殺死楊秀清，篡奪革命政權。

1856 年夏天，正當革命在軍事上達到全盛的時候，楊秀清決定逼迫洪秀全讓位，要求洪秀全封他為「萬歲」。洪秀全表面上答應了，卻立即祕密派人召回在江西督師的韋昌輝、在武昌督師的石達

開和在丹陽督師的秦日綱，準備對付楊秀清。韋昌輝一接到命令，認為時機已到，立即率心腹部隊三千人趕回天京。1856 年 9 月 2 日深夜，韋昌輝到達天京，立即包圍了東王府，殺死了楊秀清及其全家。此後又藉搜捕「東黨」為名，乘機擴大事變，繼續捕殺了兩萬多名優秀的幹部。天京城內人心惶惶，造成了一種恐怖局面。10 月間，正在武昌督師的石達開聽到消息，連忙趕回天京，責備韋昌輝不該濫殺無辜。可是韋昌輝竟又想殺死石達開，石達開只好半夜縋城逃出天京，結果石達開在京的全家老小都被殺害了。韋昌輝這種極端陰險狠毒的殘暴行為，引起了太平軍全體官兵和百姓的憤慨。11 月間，石達開在安慶起兵，要求洪秀全順從民意殺死韋昌輝。洪秀全被迫把韋昌輝殺死了，同時殺死了秦日綱、胡以晃等二百多人。韋昌輝在天京將近三個月的恐怖統治這才算結束了。

經過這場大屠殺，太平天國的許多優秀幹部犧牲了，太平軍的實力大受損傷，太平天國革命形勢從此逆轉，開始由勝利發展走向停滯和衰落了。

（美珍）

石　達　開

石達開（1830—1863），廣西貴縣（今貴港市）人。他很早就參加了拜上帝會，在貴縣地區積極開展反清宣傳和組織工作。金田起義時，他帶領一支擁有三千多名武裝齊全、訓練有素的隊伍加入了太平軍，成為太平軍的主力部隊。金田起義後，石達開一直和蕭朝貴帶領着先鋒隊在最前線作戰。兩個人都以勇猛無敵著稱，軍功卓著。天王洪秀全在永安封王時，年僅二十歲的石達開便被封為翼

王,成為太平軍領袖之一。咸豐二年七月(1852 年 9 月),蕭朝貴在戰鬥中不幸犧牲,從此先鋒隊的總指揮就由石達開擔任。他率領大軍沿江東下,破漢陽,下武昌,攻安慶,克南京,大小數百戰,每戰必勝,為全軍的勝利前進打開了通道。這些勝利的取得,根本原因固然是太平軍全體將士英勇奮戰的結果,但作為軍事指揮員的石達開在戰爭中所鍛煉出來的卓越的軍事才能,也應該是一個重要的因素。石達開在指揮作戰的時候,善於審度軍情敵勢,正確制定作戰策略,採用機動靈活的戰術,避敵鋒芒,攻敵弱點,出奇制勝,所以戰果輝煌。

太平天國定都天京後,石達開又親率大軍西征,西征的目的是收復太平軍在進攻南京時放棄的長江上游各地,以便擴展太平天國佔領區,更好地鞏固天京。1854 年,石達開帶領太平軍在安徽一舉克復了二十二個州縣,擴大了太平天國在安徽的地方政權。1855 年 1 月,由曾國藩率領的湘軍圍攻九江。為了和湘軍爭奪長江上游,石達開又奉命率軍西上。石達開進駐湖口指揮時,先扼守據點,堅壁高壘,不和敵人決戰。一到晚上則虛聲恫嚇,騷擾敵人。如此月餘,弄得湘軍求戰不得而又疲憊不堪。於是石達開故意撤開湖口守兵,把一部分湘軍水師誘入湖內,然後封鎖湖口。湘軍水師被截成兩段後,太平軍再用小船火攻外江的湘軍水師,取得了湖口九江大捷。石達開乘勝西進,又一次攻克了武漢。

1855 年 10 月,湘軍兵力集中於武漢外圍,攻打武漢,江西敵人防守空虛。於是石達開採取了攻江西以救武昌的戰略,率大軍從湖北進入江西,連克袁州、瑞州、臨江、吉安等地,迫使曾國藩退入南昌困守。江西十三府中的八府五十餘州縣都落入了太平軍手中,圍困武昌的湘軍也不戰自潰了。

1856 年 9 月間,「楊韋事件」發生,不久,洪秀全下令殺死了韋昌輝,石達開回到天京。當時「全朝同舉翼王提理政務」,並

且「大家喜其義氣，推為義王」。石達開的輔政，深得全體軍民的衷心擁戴。可是洪秀全猜疑他，不肯信任他，並且封了自己的兄弟洪仁達、洪仁發為王來牽制他、排擠他。在這種情況下，石達開便於 1857 年 5 月負氣出走，離開天京，帶領了一大批軍隊，脫離太平天國的領導遠征四川去了。他的軍隊先後轉戰於江西、浙江、福建、湖南、廣西、湖北、貴州等省，直到同治二年（1863）才到雲南邊境，折入四川。5 月，石達開率軍到大渡河邊紫打地（今安順場），未及渡河，即為清軍圍住。這裏地勢險惡，前有大渡河，左有松林河。石達開的軍隊陷入了絕境，數次突圍，都未能成功，堅持了二十餘日，軍隊傷亡很重。在這種情況下，石達開竟幻想犧牲一己，換取清廷對於他部下將士的寬宥，便將自己捆綁起來，到清營中去。但清軍是非常狠毒的，他們決不放過任何殘殺革命力量的機會，終於卑鄙毒辣地將石達開軍隊兩千餘人全部殘殺了，石達開也於 1863 年 6 月 25 日在成都被殺害。

（美珍）

曾國藩　湘軍

太平天國以天京為中心，佔領了長江流域許多重要城鎮和地區，摧毀了這些地區的封建政權，沉重地打擊了封建勢力，整個清朝的封建統治有搖搖欲墜之勢。在這尖銳的階級鬥爭的形勢下，整個地主階級都動員起來，一致對付革命農民。但是，原來主要是掌握在滿族地主手中的清朝常備軍——八旗軍和綠營兵，這時已腐朽不堪，幾乎完全喪失了戰鬥力，在太平軍鐵拳的打擊下，七零八落，屢戰屢敗。因此，清朝政府便不得不更多地依靠漢族地主的力

量，號召各個地方的「士紳」，自行組織地主武裝——團練，就地抵抗農民革命軍。曾國藩就是在這種情勢下，以辦團練為名，得到了重用。

曾國藩（1811—1872），湖南湘鄉人。出身於地主家庭，從小深受封建教育。道光十八年（1838），他考中進士，後來拜在穆彰阿的門下，到道光末年已升官為禮部侍郎。咸豐三年（1853），曾國藩因喪母在家，這時正是太平軍出廣西經湖南、湖北向南京進軍的時候，清政府任命他幫助湖南巡撫督辦團練。曾國藩全力從事這項事業。在鎮壓農民起義中，因為他殺人殺得太多，像剃頭髮一樣，所以人們把他叫作「曾剃頭」。他自己也曾向皇帝表白說，為了平定太平天國運動，即使「身得殘忍嚴酷之名，亦不敢辭」。

曾國藩在團練的基礎上建立了「湘軍」。湘軍士兵以營官自招為原則，每個營只服從營官一人，全軍只服從曾國藩，就這樣形成

《剿滅粵匪圖》

了一種嚴密的隸屬關係。

　　1854 年 2 月，湘軍練成了一支包括陸軍和水師的一萬七千餘人的隊伍。於是曾國藩便正式出師與太平軍作戰。他發佈了「討粵匪檄文」，號召為保衞「孔孟聖道」、保衞清朝封建統治而戰。但缺乏戰鬥經驗的湘軍，在太平軍的打擊下，連遭慘敗。湘軍的重要將領塔齊布、羅澤南等先後被擊斃，水師戰船也不斷潰敗，損失極重。曾國藩又驚又急，曾三次要投水尋死，都被隨從救出。一直到太平天國發生內訌，力量削弱，湘軍才逃過覆滅的危險，獲得了重整力量的機會。

　　1860 年，清朝政府任命曾國藩為兩江總督，統轄江蘇、安徽、江西、浙江四省軍務。曾國藩得到了清朝政府的倚重，掌握了軍政大權，發揮了高超的才能，把國內封建勢力和外國勢力聯合起來，先後奪回了太平天國佔領的長江流域的許多重要城市，最後終於在 1864 年攻陷了太平天國首都天京。天京陷落，素稱富庶的天京，變成了一片瓦礫。

（張革非）

陳玉成　李秀成

　　楊韋事件後，楊秀清被殺，石達開出走，一時形成了「朝中無將，國內無人」的危急局面。把革命危局支撐下來、擔負起太平天國後期的主要軍事重任的是兩個青年將領英王陳玉成（1837 — 1862）和忠王李秀成（1823 — 1864）。

　　陳玉成，廣西藤縣人，貧僱農出身。他十四歲跟隨叔父陳承到金田村參加了太平軍，十八歲就帶兵在前線作戰，勇猛善戰，為

太平天國革命立過不少功勞。咸豐六年正月（1856年2月），鎮江被圍急，他被派去援救。他乘坐一條小船，衝破密密包圍的清軍水師，和鎮江守將吳如孝會合起來內外夾攻，把清軍打得大敗，解除了鎮江的危局。

楊韋事件後，陳玉成毅然承擔起革命的重擔。他聯合李秀成軍先後打垮了湘軍精銳李續賓部，擊潰了清朝江北、江南兩大營，穩定了長江上游的戰局，解除了天京的危機。1859年，天王因他戰功卓著，封他為英王。

1860年，曾國藩在做了長期的準備之後，調出他的主要兵力大舉進攻安慶。安慶是保衛天京的一個極為重要的軍事據點。陳玉成為了打破湘軍對安慶的圍困，決定先進攻武昌，直搗湘軍的後方，以便迫使包圍安慶的湘軍回救武昌，使安慶之圍不攻自破。1861年陳玉成率大軍從安徽的霍山向湖北挺進，經過十二天的日夜行軍和戰鬥，迫近武昌。武昌城內反革命催促包圍安慶的湘軍回軍救援，陳玉成解救安慶的計劃即將實現。英軍在這種形勢下竟然出面干涉，阻止太平軍進攻武昌。結果太平軍停止了向武昌的進軍，英軍的干涉拯救了武昌的守軍，也幫助了包圍安慶的湘軍。安慶的形勢越來越緊張，湘軍日夜圍攻，陳玉成千里奔波，三次浴血苦戰，救援安慶，都因眾寡不敵，沒有成功。1861年9月初，安慶失守。陳玉成退守到壽州時，由於叛徒苗沛霖出賣，被捕。同治元年五月初八（1862年6月4日）他在河南延津被殺害，犧牲時才二十六歲。

李秀成和陳玉成同鄉，也是出生在一個極其貧苦的農民家庭，常常過着挨餓受凍的日子。1851年9月，太平軍路過藤縣時，他全家都參加了革命。李秀成是一位天才的軍事家和政治家。1853年秋天，他跟隨翼王石達開西征，在安徽根據地，他一面帶兵英勇作戰，取得很大勝利；一面輔佐石達開整頓地方政事，幫助人民恢復生產、安定生活，廣大群眾都很愛戴他。

楊韋事件以後，他和陳玉成共同擔負起革命重擔，成為太平天國後期的兩大軍事支柱。1857 年後，他一直和陳玉成並肩作戰，奔走長江南北，狠狠打擊清軍，收復失地。1860 年（咸豐十年）春，在攻破江南大營後，他乘勝率軍東進，連克常州、無錫、蘇州、嘉興，解放了江蘇省、浙江省的大部分地區，把這些地區變成支撐後期太平天國革命的主要根據地。李秀成又在各地建立地方政權，救濟難民；頒發田憑，把無主土地交給佃戶；減輕稅收，扶植工商業；鎮壓反革命叛亂，穩定地方秩序，這些措施得到了廣大人民的熱烈擁護。

　　1858 年年底，滁州守將李昭壽和江浦守將薛之元相繼叛變投敵，天京受困。李秀成知道後，急忙趕回天京，鎮守浦口，他極力扼住天京北岸的門戶，防止敵人襲擊。叛徒李昭壽派人送信給李秀成，企圖誘使李秀成投降清朝，恰巧天王派侍衛查營，送信人被侍衛捕獲。天王見信，對李秀成產生了懷疑，下令斷絕天京和浦口間

1864 年，《倫敦新聞畫報》描繪了忠王李秀成在蘇州的營帳

的交通，不准李秀成的官兵來往天京。李秀成保衛天京的決心並沒有因此動搖，他仍然堅守崗位，注視着敵人的動靜。經過二十多天的考察，天王終於認識到李秀成的忠誠，深受感動，就用黃緞親寫「萬古忠義」四字賜給李秀成，並封他為忠王。

1860 年後，李秀成又親率大軍和英法美外國侵略軍展開多次的激烈戰鬥，每戰必勝，殺死殺傷大量敵人，繳獲大批洋槍洋炮，狠狠地教訓了外國侵略者。

陳玉成犧牲後，曾國荃的湘軍順江直下，包圍天京，外國侵略軍不斷增援幫助清軍，攻打江浙根據地。在中外反動勢力聯合進攻下，革命形勢急轉直下，江浙戰場相繼瓦解，李秀成雖然晝夜奔波，努力挽救，還是無力從根本上扭轉局勢。1864 年 6 月洪秀全逝世，7 月，天京陷落，李秀成辭別了老母妻兒，帶着洪秀全的兒子突圍出走，不幸在天京東南的荒山中，為清軍所俘。這年的同治三年（8 月 7 日），李秀成被封建統治者殘忍地殺害了。

（美珍）

太平軍大敗「洋槍隊」

1860 年（咸豐十年）5 月，太平軍打破了清軍包圍天京的所謂「江南大營」，接着就乘勝東進。在傑出的軍事將領李秀成的指揮下，不到五十天的時間便攻克丹陽、常州、蘇州、嘉定、青浦等重要城鎮，兵鋒直指上海。這時防守上海的清軍只有兩千多人，太平軍大兵壓境，震驚中外。聚集在上海的官僚、買辦們，通過上海地方的封建官吏，和外國侵略者勾結起來，共同對付太平軍。在美國駐上海領事的授意之下，以美國華爾為首，募集了一批包括美、

英、法、德、意等國的士兵，組織了一支以中國的地主富商出錢、外國侵略者出槍出人的武裝——洋槍隊。

洋槍隊組成以後，就立即向正往上海前進的太平軍進攻。1860年8月，華爾帶領「洋槍隊」進攻青浦的太平軍，但「第一仗就被太平軍打得大敗」。據李秀成敘述，這一仗「殺死鬼兵六七百人，得其洋槍二千餘條，得其大炮十餘條，得洋莊（一種舊式洋炮）一百餘口，得其舟隻數百餘條」。華爾本人也受了重傷，只得狼狽地逃回上海。

外國侵略者並不甘心於失敗，他們又招募了一批中外亡命之徒，把洋槍隊擴大到五千餘人。1862年1月，李秀成第二次進攻上海，上海人民紛紛起來響應太平軍。這次，英國海軍司令何伯、法國海軍司令卜羅德公開出來組織侵略聯軍，並且把李鴻章的軍隊運到上海來配合「洋槍隊」向太平軍大舉反撲。在高橋一戰中，太平軍將士們頑強地抗擊着強大的敵人武裝，把他們打得落花流水、抱頭鼠竄，幾乎抓住了何伯和華爾。英國駐上海的領事麥華陀報告說：「幸而那個地方有一隻小船，他們得以乘船逃走，不然，一定被太平軍捉去了。」

洋槍隊在太平軍面前屢戰屢敗，但在手無寸鐵的老百姓面前，卻異常兇狠殘暴。據記載，高橋戰鬥時，洋槍隊「第一件事即縱兵搶劫」。這些侵略強盜「拿取銀子多到不能不拋棄一部分，士兵們拿取之物超過他們所能攜帶的」。他們還野蠻地燒殺姦淫，洋槍隊的頭子華爾就曾親手把捉到的太平軍「斬首開膛」，來滿足他的殘殺的獸欲。侵略強盜這樣放肆地欺負和屠殺中國百姓，清朝封建統治者卻對他們感激涕零，竟賞華爾參將銜，並且把洋槍隊改名為「常勝軍」。

1862年5月，李秀成親率大軍第三次進攻上海。5月17日，太平軍與常勝軍會戰於太倉城下，當天未分勝負。第二天，又「開兵

大戰」，結果又將常勝軍打得大敗。常勝軍被斬的有幾百人，逃走落水而死的有千餘人，被繳獲大炮洋槍不計其數。在戰鬥中，太平軍還活捉了華爾的副手法爾思德。太平軍愈戰愈強，大軍直抵上海城郊的徐家匯、虹橋、法華鎮等處。英法干涉軍從此龜縮在上海城內，不敢再出來迎戰。李秀成說：「那時洋鬼並不敢與我見仗，戰則即敗。」曾國藩在給皇帝奏摺中也不得不承認，「夷人之畏長毛（長毛是對太平軍的侮稱）亦與我同，委而去之，真情畢露。」不久，在浙東戰場上，太平軍打死了這個雙手沾滿中國百姓鮮血的劊子手華爾。

　　手執土槍刀矛的太平軍英勇地抗擊裝備着最新式洋槍洋炮的外國侵略軍，並且取得了偉大的勝利。可惜當李秀成大敗「洋槍隊」，包圍了上海城的時候，天京正十分危急，李秀成不得不回援天京，侵略軍才得到死裏逃生的機會。

（美珍）

太平軍與常勝軍海戰

《資政新篇》

　　《資政新篇》是太平天國干王洪仁玕的作品。洪仁玕（1822—1864）是洪秀全的族弟，他是拜上帝會最早的信徒之一。金田起義的時候，他來不及趕去參加，以後清政府要緝捕洪氏家族，他不能在原籍安居，遂逃往香港。在香港，他與外國傳教士有較多的接觸，受到了一些西方資本主義的思想影響。咸豐四年（1854），他跑到上海，企圖奔赴天京，因為蘇、常一帶道路被清軍阻隔，未能如願，只得又回到香港。1858 年 6 月，他又喬裝成商人離開香港，從廣州經江西，於次年 4 月到達天京。洪秀全見到他非常高興，十分器重他，不久封他為干王，總理全國政事。

　　洪仁玕在當時是個思想比較新穎、知識比較豐富的人物。他在總理太平天國政事後，勵精圖治，整頓綱紀，並向洪秀全提出了一個帶有資本主義色彩的革新政治、發展工商業的綱領，這就是《資政新篇》。其主要內容包括政治和經濟兩個方面：在政治方面，他提出加強統一領導，使「權歸於一」；興鄉官，設鄉兵，健全地方政權和地方武裝；開辦新聞事業，設立不受一般官吏節制的「新聞官」和意見箱藉以溝通羣眾的意見，使「上下通情」；興辦醫院、跛盲聾啞院、鰥（guān）寡孤獨院等社會福利事業；成立士民公會以拯困扶危，以及辦理教育等主張。在經濟方面，他提出興辦近代工礦交通企業：開礦山，辦工廠，設郵局，開銀行，發行紙幣，仿造火輪車、輪船，獎勵創造發明等。此外，還主張與外國自由通商，平等往來。除這些建設性的主張之外，《資政新篇》還提出了一些革除弊政的方案，如反對貪污舞弊，取締迷信、溺嬰或販賣子女，禁止吸食鴉片和遊手好閒等。從《資政新篇》的內容中可以看出：洪仁玕想在太平天國農民革命中實行一些資本主義性質的措施，這對當時中國的封建社會來說，是有進步意義的。但是，一方面，由於洪仁

玕長期脫離了革命的實踐，對農民羣眾的強烈要求和革命鬥爭的迫切需要缺乏認識，所以《資政新篇》裏根本沒有觸及土地問題這樣一個最根本的問題；另一方面，由於中國這時還沒有出現資本主義和資產階級，還缺少實現《資政新篇》中提出的各種政策的社會條件和階級基礎。所以，這個文件就不能為農民羣眾所接受，因此沒有也不可能產生什麼實際效果。

天京失陷時，洪仁玕正在安徽，在這裏，他會合了洪秀全之子，並前往浙江，1864 年 9 月折往江西。10 月 9 日，洪仁玕被清軍襲擊俘獲，11 月 23 日在南昌英勇就義。死前，他慷慨地說：「得失生死，付之於天。文天祥就是我的榜樣！」

（美珍）

小　刀　會

以前，貧苦的勞動羣眾為了反抗統治階級的壓迫，為了患難時的互相援助，常常進行祕密結社。小刀會就是祕密結社的一種，它是勢力很大的天地會的一個支派。據傳是在道光二十九年（1849）於廈門創立的，後來在廣州、上海、寧波等地發展組織，參加者大多是農民、手工業工人、水手、失業勞動者和遊民。

太平天國革命的勝利發展，鼓舞着各地人民的鬥爭。小刀會也在太平軍的影響下發動了武裝起義，其中規模最大、堅持最久的是上海的小刀會起義。

咸豐三年八月初五（1853 年 9 月 7 日），在太平軍定都天京後不久，上海的小刀會在劉麗川的領導下發動了武裝起義。起義軍殺死了上海知縣袁祖德，活捉了上海道台吳健彰，迅速地佔領了上海城。

這一次起義組織得很好。起義以後，小刀會立即發佈告示，一面指斥清政府的罪惡，一面申明紀律，安定社會秩序。很多羣眾熱烈地參加隊伍，沒有武器，就「削竹為槍，斬木為兵」，很快就發展到一萬多人。起義的第二天，上海附近青浦、嘉定等地的農民領袖周立春又帶領四千人趕來參加戰鬥，聲勢更為壯大。起義的羣眾頭裹紅巾，身披紅帶，手執紅旗，上海變成了一個義軍的城市。

上海小刀會起義給了清政府沉重的打擊，清政府只得從原來包圍天京的江南大營中抽調軍隊，前往鎮壓。但是，小刀會鬥爭得十分英勇。清軍包圍了上海城一年多，發動了無數次的攻城戰，都被起義軍堅決擊退了。後來起義軍糧盡彈絕，清軍想趁此機會，引誘起義軍投降。小刀會殺死了前來誘降的奸細，堅持革命氣節，毫不妥協。

這時，列強便兇惡地對革命進行公開干涉。首先，法國領事荒謬地要求小刀會撤離上海。當這個無理要求被拒絕後，英、法、美三國便聯合起來，在上海城與租界之間，築造圍牆，以切斷小刀會的給養。最後，列強的軍隊更直接地以軍艦大炮向起義軍進攻。起義軍對付列強也像對付清軍一樣，給予堅決的回擊。在一次戰鬥中，「當場有法軍十三人陣亡，另有三十餘人受傷」。

小刀會的領導者劉麗川曾數次派人向太平天國報告起義經過，並表示願意接受太平天國的領導，共同作戰。但此時太平軍戰事緊張，沒有力量東顧，小刀會只能孤軍奮戰。1855 年 2 月 17 日，這支英勇的起義軍終於在中外聯合武裝的進攻下失敗。上海城失陷，劉麗川犧牲。小刀會的餘部在潘金珠率領下轉戰到達天京，參加了太平軍，繼續進行戰鬥。

除了上海以外，福建的小刀會也於 1853 年 5 月在黃位、黃得美等領導下發動了武裝鬥爭，並且曾佔領了廈門等重要城市，直至 1858 年才被鎮壓下去。

（文海）

大　成　國

　　在太平天國革命發生後的第四年，即咸豐四年（1854），兩廣（廣東、廣西）地區的人民在天地會領導下發動了一次規模巨大的反清革命運動，建立了「大成國」。

　　「大成國」反清起義的火把最先從廣東佛山鎮燃起，不久便蔓延到兩廣各地，主要領袖是陳開和李文茂。陳開是廣東佛山鎮人，出身於貧苦家庭。他曾替人打工度日，又曾當過船工，是天地會的一名領袖。1854 年 7 月，陳開和其他一些天地會領袖在佛山鎮率眾起義。起義羣眾以「紅巾為識」，因此被清廷辱罵為「紅巾賊」或「紅頭賊」。起義發動後，很快就佔據了佛山鎮，並得到了李文茂領導的另一支天地會起義軍的響應。

　　李文茂，廣東鶴山人，是當時粵劇的著名藝人，天地會中有名的拳師。陳開在佛山率眾起義後，李文茂便領導羣眾在廣州的北郊佛嶺舉起了義旗，響應陳開起義軍。

　　起義的形勢發展得異常迅速，不到十天的時間，起義軍就打下了「西至梧州，北至韶州，東至惠、潮，南至高廉」的十幾個州縣。陳、李兩支起義軍圍攻廣州達半年之久，有力地打擊了廣州的清軍。但當時兩廣總督葉名琛集中了外軍和團練的力量，向起義軍進行反撲，因而使起義軍一時遭到挫敗，不得不由廣東轉入當時革命高漲的廣西地區。

　　陳開、李文茂率軍轉入廣西後，在肇慶會合了廣西天地會梁培友、伍百吉、吳超等部的起義軍，乘船沿西江西進，一路攻梧州，過藤縣，並進攻潯州府。經過三個月的「環攻」，起義軍終於攻克了潯州城，革命的力量又恢復壯大起來。

　　起義軍攻佔潯州府城後，便建立起革命的政權，國號「大成」，

並改潯州為「秀京」。起義領袖陳開自稱鎮南王，李文茂稱平靖王。又設官分職，蓄髮易服，頒佈了一些保護人民利益的政策、法令，初步地組成了「大成國」的革命政權。從 1856 年至 1857 年間，「大成國」起義軍以潯州為中心，分路出征，向四周擴展：李文茂親率大軍北伐，攻佔了柳州、羅城、融縣與慶遠等地，接着，又「掠清流，襲思管，屯太坪，柳、慶二府，蔓延殆遍」，使起義勢力得到迅速的發展；陳開也親率大軍東征，攻佔了梧州；另有一軍西征，先後攻佔了橫州、永淳、南寧等地；與此同時，早在 1853 年起義的壯族領袖黃鼎鳳，率領壯漢人民已攻佔了上林、賓州等地，並接受了「大成國」隆國公的封號，率領部眾加入「大成國」，因而使起義勢力更加壯大。這時「大成國」的勢力範圍，已控制了東到梧州、西至南寧、南至容岑、北抵柳州的廣大地區，一時形成了廣西人民革命的高潮。

「大成國」起義的勝利發展，是同全國革命形勢的高漲分不開的。太平軍在金田起義後，於廣西各地轉戰，曾消滅了不少的清軍，太平軍離開廣西後，又吸住了大批的清軍。這就給起義軍的順利發展造成了有利的條件；同時在太平天國革命的鼓舞推動下，廣西壯漢人民又不斷掀起革命的浪潮。當時在廣西，除了「大成國」起義勢力以外，在廣西東北部有朱洪英領導的天地會起義軍，以灌陽為根據地，建立了「升平天國」；在廣西的南部有陳金剛率領的廣東起義軍；在廣西的西部有壯族領袖吳凌雲、吳亞終父子領導的壯漢人民起義軍，以新寧、太平為根據地，建立起「延陵國」的起義政權。這些起義勢力無一不有力地打擊着清廷。特別是 1859 年石達開部太平軍返回廣西後，使廣西各地的起義軍更加活躍起來。這種高漲的革命形勢，也給「大成國」起義的勝利發展帶來了有利的客觀條件。

「大成國」和其他各支起義軍沒有很好地利用這種十分有利的革命形勢，協同作戰，共同對敵，而是「各自為部，不相援應」。太

平軍石達開部返回廣西後,「大成國」也未能同太平軍很好地合作。就連「大成國」內部,也不夠團結,一些領袖,往往因個人利益的衝突而產生分裂。如和陳開在廣東共同起義的陳顯良,因「未得封王」「有不服之心」,後來竟脫離「大成國」返回廣東;再如,1858年定北王梁昌與平西王區潤不和,梁昌被逐,逃回廣東合浦,結果被當地團練逮捕殺害,區潤後來也因內部不和被其部下所殺。起義軍內部的這種不團結嚴重地削弱了起義軍的戰鬥力量。

1858年後,起義軍在清軍與團練的猛攻下,柳州等重要根據地相繼失守,李文茂率軍一度轉入貴州黎平府地區,但由於當地保守勢力猖獗,又退返廣西。不久李文茂便敗死於懷遠山中。1861年,「大成國」多年經營的根據地潯州,被清軍攻陷,陳開逃出潯州不久,也被地主團練所殺害。至此「大成國」的轟轟烈烈的反清起義,終於失敗了。

(馬汝珩)

捻　軍

「捻軍」是與太平天國同時的一支農民起義軍的名字。捻軍起義爆發在咸豐三年(1853),到同治七年(1868)失敗,前後與清軍相持達十六年之久。

捻軍最初的活動地區主要在安徽、河南一帶。早在19世紀初期,這個地區的飢餓貧困的農民和一些失業遊民,由於不堪封建政權的壓迫,便一股一股地聯合起來,打擊地主富戶。最初,人們稱他們為「捻子」。後來,參加的羣眾越來越多,逐漸形成一種羣眾性的組織,因此,就出現「捻黨」的名字,活動地區也逐漸擴展到山

東、江蘇等地。這時捻黨組織很分散，「結則為捻，散則為民」，時分時合。太平天國革命發生後，大大地推動了各個地區的農民鬥爭，捻黨也迅速地發展起來，並逐漸形成了以張樂行、龔得樹等為領導的幾支主要力量。

1853 年太平天國的大軍進入安徽，同年 5 月又舉行北伐，沿途大大打擊了長江以北各地

捻軍騎兵與清軍作戰

清軍的勢力。在太平軍的掩護和影響下，安徽、河南、蘇北、山東等地捻黨紛紛起義，號為「捻軍」。起義之初，捻軍支派很多，力量分散，經常被清軍各個擊破。為了改變這種不利的情況，1855 年各地捻黨首領大會於安徽雉河集（渦陽），推張樂行為盟主，稱「大漢明命王」，各地的捻軍都聽從他的指揮調遣。這次會議是捻軍起義的一個轉折點。從此，捻軍開始從分散作戰轉變為有統一指揮的聯合戰鬥。結果在戰鬥中取得很大勝利，初步建立起豫皖根據地，勢力波及整個淮河流域，人數發展到幾十萬。

1856 年年底，捻軍在河南、安徽交界的三河尖地區與清軍作戰，而太平軍則正在淮河以南桐城、六安等地與清軍作戰。捻軍要鞏固豫皖根據地，太平軍要鞏固淮南地區。從當時的形勢看來，只有兩軍會合才能取得勝利，在這種情況下，張樂行採取了正確的軍事路線，毅然率軍南下，於 1857 年 3 月與太平軍在安徽霍邱會師。

從此以後，捻軍與太平軍進入聯合作戰時期，張樂行正式接受太平天國的領導，太平天國封他為「征北主將」「沃王」。太平天國的後期將領陳玉成和李秀成與捻軍始終保持着密切的聯繫。這兩支旗幟不同的農民革命軍共同戰鬥，給了封建統治者以沉重的打擊。

1861 年後，由於太平軍在安慶保衞戰中失敗，使淮南戰區處於極為不利的形勢，張樂行只得率領捻軍渡淮北上，重新回到雉河集，結束了與太平軍在淮南長達五年的聯合作戰時期。但在同治元年四月（1862 年 5 月），張樂行還曾經準備在壽州攔截陳玉成的囚車，救出自己的戰友，結果沒有成功。由於捻軍失掉了太平軍的支援，從 1862 年後，鬥爭極為艱苦。清政府派僧格林沁率領着蒙古騎兵作為鎮壓捻軍的主力。1863 年 3 月，捻軍的根據地雉河集被清軍佔領，捻軍的領袖張樂行被僧格林沁殺害。捻軍雖然失去了根據地，失掉了領袖，但是，捻軍的鬥爭並沒有結束。張樂行的姪兒張宗禹又帶領隊伍重新收復了雉河集，團結捻軍餘部繼續與清軍戰鬥。

1864 年太平天國首都天京失陷後，原被陳玉成派出遠征西北的一支太平軍，回師東下，與捻軍聯合。太平軍的將領賴文光被推為捻軍首領。這時期的捻軍與以前不同，它發展成了一支正規化的戰鬥部隊，有統一的領導，有獨立作戰的戰略方針，更重要的是，它在整個抗清鬥爭中，已經不是單純起着一種配合作用，而成了一支主力軍。捻軍為了反擊僧格林沁的騎兵，便「易步為騎」，以騎兵為主，轉戰於安徽、河南、山東、江蘇等地。1865 年 5 月，終於在山東菏澤徹底擊潰了僧格林沁的騎兵。

從 1864 年到 1866 年，捻軍的戰果是輝煌的，對清政府的打擊是沉重的。可是儘管捻軍取得了如此重大的勝利，但太平天國革命已經失敗，全國的革命形勢漸趨低潮。清廷也得以集中力量專門對付捻軍了。在這種情形下，賴文光決定將捻軍分成兩支，以便互相

呼應、互相聲援。1866年秋天，捻軍開始分為賴文光所領導的東捻和張宗禹所領導的西捻。但這樣分兵的結果，卻更加削弱了捻軍的力量。

東捻軍轉戰在山東、河南、湖北等地，計劃從湖北入四川。東捻軍曾經在湖北把李鴻章的淮軍打得狼狽不堪，在山東又攻破清軍與英法侵略軍的聯合防線。但是，由於他們東西奔馳，經常處在戰鬥中，力量不斷削弱卻又得不到支援與補充，終於在同治六年（1867）底在山東被擊敗。次年初，賴文光在江蘇被俘就義。

西捻軍於1866年進入陝西，計劃聯合西北回民起義軍，然後在川陝間與東捻軍會師。西捻軍轉戰於陝西、山西一帶，並曾長驅直入河北，引起清廷極大的震動。但是，自從東捻軍被鎮壓後，鎮壓農民起義的李鴻章、左宗棠與英法侵略軍聯合攻擊西捻軍，西捻軍在優勢敵人的圍攻下，屢戰不利。最後於1868年8月在山東荏平搶渡運河時被擊敗，許多捻軍將領都壯烈犧牲。

（馬金科）

張秀眉　杜文秀　李文學

太平天國革命時期，貴州、雲南的少數民族人民，曾經響應太平天國革命，掀起了許多次的反清起義鬥爭，其中以張秀眉領導的貴州苗民起義、杜文秀領導的雲南回民起義和李文學領導的哀牢山彝族人民起義為最大。

張秀眉，貴州台拱廳（台江）人，出身於苗族的貧苦農民家庭。咸豐五年（1855）領導當地苗族人民發動了反清起義，起義軍很快佔領了凱里、施秉、都勻、黃平等城市，起義勢力震撼了整個苗

疆。在起義軍控制的範圍內，苗族人民把清政府在苗區建立的用以鎮壓苗民的堡壘，全部平毀，並且奪回了過去被苗、漢地主階級霸佔去的土地，分給農民耕種。起義軍還和漢族白蓮教系統的「號軍」聯合，共同抵抗清軍。1860 年太平軍石達開部從湖南進入貴州，苗民起義軍也配合作戰，圍攻貴陽，有力地打擊了清軍，使革命形勢得到空前的發展。

　　貴州苗民起義以後不久，1856 年雲南各地的回族人民也舉行了大規模的反清運動。其中以杜文秀領導的一支起義軍最為強大，他們以大理為中心，活動於雲南西部。杜文秀在大理建立了元帥府，被推為兵馬大元帥，設立了文武官職，成立了與清政府相對抗的起義政權。大理政權在杜文秀領導下，實行了聯合漢族及其他各族的改善民族關係的政策，同時還進行了一系列恢復社會生產和減輕人民負擔的措施：如減輕賦稅、取消地方苛派、嚴格吏治軍紀、鼓動手工業和發展貿易等，因而博得滇西各族人民的支持。到同治六年（1867）杜文秀大舉東征昆明前，起義軍已佔領了五十餘座城池，控制了雲南大半個省份。

　　差不多和杜文秀領導雲南回民起義同時，出身於彝族僱農的李文學，1856 年 5 月在哀牢山區的天生營，率領彝、漢各族人民起義。起義軍提出「鏟除贓官、殺絕莊主」的口號，表現了哀牢山彝、漢各族農民反抗清朝封建統治的決心。起義羣眾共推李文學為「彝家兵馬大元帥」，在密滴村設立了帥府，作為領導起義的中心。起義軍在李文學的領導下，同當地的封建勢力展開了堅決的鬥爭，實行了「庶民原耕莊主之田，悉歸庶民所有」的革命措施，改善了各族人民的生活，並有力地配合了雲南回民起義軍抗擊清軍，因而使革命勢力不斷擴大，到 1868 年起義軍已控制了哀牢山北部的廣大地區。

　　1864 年太平天國革命失敗，國內革命形勢發生了顯著的變化，

清政府在帝國主義進一步的援助下，調集了大批清軍，鎮壓貴州與雲南的少數民族起義運動。苗民起義軍在清軍的血腥鎮壓下，1872年最後失敗，張秀眉被俘犧牲。雲南回民起義軍於1869年東征昆明失敗後，起義勢力一蹶不振，1872年也被清軍鎮壓下去，杜文秀服毒自殺。1872年李文學率領彝族起義軍援救杜文秀，不幸兵敗被俘，1874年遇害。同年，清軍攻陷彝族起義中心——密滴村，哀牢山彝族起義最後也失敗了。

（馬汝珩）

宋　景　詩

　　宋景詩是山東堂邑人，他家幾代以來，都是貧農。咸豐四年（1854），宋景詩三十歲的時候，曾和許多農民一起，到離家鄉十餘里的冠縣迎接過太平天國的北伐軍。很多農民投入了太平軍，跟着北上了。宋景詩帶着對革命的嚮往和對地主滿腔仇恨的心情，回到了家鄉。

　　他的家鄉和當時中國的其他農村一樣，充滿着貧困、飢餓、災荒，造成這種災難的主要原因是地主、官府的殘酷壓榨。因此，他的家鄉的農民也和其他各地的農民一樣，具有反抗、鬥爭、革命的要求。這種要求，在太平天國和捻軍鬥爭的鼓舞下，更加強烈了。

　　1860年，農民們因為連年災荒，連吃糠咽菜都很困難，官府卻還要增收農民的賦稅。於是，山東各地農民到處掀起了抗糧運動。堂邑周圍的農民羣眾在宋景詩的領導下，集合了萬餘人進行反抗。

　　1861年3月29日，宋景詩帶領羣眾打進了冠縣縣城，焚燒衙

署，劫放獄囚，開倉取粟，救濟窮民，正式舉起了武裝起義的旗幟，這支起義軍叫作「黑旗軍」。

和黑旗軍同時起義的，還有屬於白蓮教系統的黃旗軍、紅旗軍、白旗軍、綠旗軍等，宋景詩與他們聯絡配合得很好。他們提出了「替天行道」「劫富濟貧」的口號，到處受到貧苦農民的擁護和支持。因此，在不到三個月的時間裏，各支起義軍先後攻佔了山東西北部的十三個縣城，聲勢盛大。

清廷見起義軍發展迅速，起義地區又靠近京城，十分害怕，便趕快調集了數萬大軍，兵分三路，想用壓倒性的優勢兵力撲滅革命力量。在這種情形下，起義軍遭到了暫時的挫折。

同治元年（1863），宋景詩重整旗鼓，帶着隊伍回到了家鄉附近的臨清。

在家鄉等着他們的，不僅有清政府的官軍，而且還有當地地主階級自己組織起來的武裝——「團練」。這些團練武裝，都是由當地的惡霸土豪所掌握，對革命農民抱着很深的階級仇恨，其中尤以楊鳴謙領導的「柳林團」和王二香領導的「岡屯團」最為兇狠毒辣。黑旗軍對這兩個「民團」「白天打，黑夜打，見天兒打」，打得這兩個兇狠的地主武裝，龜縮在圩（wéi）子裏不敢伸頭，楊鳴謙和王二香也被宋景詩用計殺死。從此以後，黑旗軍又連續戰勝了清軍的多次進攻，取得了很大的勝利。

黑旗軍的紀律是很好的。他們規定：不許敲詐民財，不許佔住民宅，不許奸盜邪淫。走路行軍絕對不踩莊稼，到一個地方只在野外紮營，不進村莊。黑旗軍每到一處，都先出告示安民，公賣公買，不賒不拿，並把逃亡地主的土地和糧食，分給貧苦農民耕種、食用。所以，人民羣眾對於黑旗軍愛護備至：婦女們為黑旗軍巡風；小孩們為黑旗軍遛馬；打仗時，農民們揚土助陣。正因為如此，後來黑旗軍雖只剩兩千多人，仍然能屢次打退三四萬反動武裝的攻擊。

清朝統治者為了拔去這個眼中釘，最後調動了它的王牌軍——僧格林沁的隊伍和直隸總督劉長佑的隊伍，聯合起來向黑旗軍進攻。1863 年 9 月 21 日，兩軍會戰。反動派的優勢兵力逼使黑旗軍不得不撤退。撤退時，宋景詩叫人在圩子上遍插旌旗，鑼鼓不停。第二天僧格林沁撲進圩子，只見綿羊倒懸，羊蹄擊鼓，老牛曳車，車插旌旗，而起義軍卻早已不見了。

可惜從此以後，起義軍就兵分四散，有一部分被清軍擊敗；另一部分人，在宋景詩率領下，和捻軍會合起來，繼續戰鬥。

（宮明）

第二次鴉片戰爭

在咸豐六年到十年（1856—1860），英、法侵略者向中國發動了一次侵略戰爭。由於這次戰爭發生的原因和性質都和第一次鴉片戰爭相同，所以叫作第二次鴉片戰爭。

通過第一次鴉片戰爭，外國侵略者雖然打開了中國閉關自守的門戶，取得了一定的侵略權利，但由於當時中國自給自足的自然經濟破壞得比較緩慢，外國商品對中國輸入的增加速度，遠不能使外國侵略者滿意。清政府雖然在第一次鴉片戰爭中被打敗並且簽訂了屈辱的條約，但它為了維護「天朝」的體面和減少人民的反抗，還不敢公開地站到侵略者方面去，因而和外國侵略者仍存在着一定的矛盾。偉大的太平天國革命運動的蓬勃發展，也使侵略者感到有喪失在華既得權益的可能。為了進一步擴大在中國的侵略權益，使清政府百依百順地為自己的侵略政策服務，外國侵略者便決定再一次向清政府動用武力，通過一打一拉的方式，達到上述侵略目的。

第二次鴉片戰爭是由英國侵略者製造「亞羅」號事件直接引起的。1856 年 10 月，廣州水師在廣州附近停泊的中國船「亞羅」號上逮捕海盜，這本是中國的內政，但是，英國駐廣州領事巴夏禮卻以該船曾在香港登記（事實上登記證已過期），應受英國保護為藉口，硬說中國水師在搜船時侮辱了英國國旗，向兩廣總督葉名琛提出釋放全部水手、賠禮道歉並允許英國人進入廣州等無理要求，蓄意發動武裝挑釁，最後終於爆發了戰爭。

1857 年 7 月，英國全權大臣額爾金率領一支海陸軍到香港。法國也以「西林教案」（1853 年，法國天主教神甫馬賴在廣西西林縣進行侵略活動。1856 年，西林知縣迫於人民公憤，依法將馬賴處死）為藉口，命葛羅為全權大臣率軍來華。美、俄兩國也派公使和英國聯繫，表示支持英、法兩國，以便趁火打劫。

1857 年 12 月，由於葉名琛不修戰備，英法聯軍攻陷了廣州，葉名琛被俘，但英法侵略聯軍立即遭到廣州人民和團練的反抗。1858 年 4 月，英、法、美、俄四國使臣北上至大沽口外和清政府代

簽訂《天津條約》，簽訂者左起分別為花沙納、額爾金、桂良、英海軍上將西摩爾

表談判。英、法兩國在談判中故意製造問題，使談判破裂。5 月英、法侵略者攻陷大沽炮台，直撲天津。清政府忙派桂良、花沙納為欽差大臣去天津議和，與侵略者訂立了《天津條約》。1859 年 6 月，英、法侵略者藉口交換條約批准書，又率軍艦到大沽口外，拒絕清政府指定的由北塘登陸的路線，炮轟大沽炮台。守軍奮起抵抗，擊沉英、法兵船十餘隻。侵略軍退回上海，經過一番休整之後，於 1860 年 8 月再度攻陷大沽、天津，直逼北京。咸豐帝倉皇逃往熱河。侵略軍攻佔圓明園，園內金銀珠寶和珍貴文物被掠奪一空，隨後他們又縱火焚燒，使這座瑰麗的園林化為一堆瓦礫。侵略軍焚燬圓明園後，跟着進佔北京，恭親王奕訢代表清政府和英、法議和，接受了侵略者的一切要求，於 1860 年 10 月簽訂了《北京條約》。《北京條約》和《天津條約》主要規定：①外國得派公使駐北京。②增闢牛莊（營口）、登州（煙台）、台南、淡水、潮州（汕頭）、瓊州、漢口、九江、南京、鎮江、天津等口岸。③割九龍給英國。④賠英、法軍費各白銀八百萬兩。⑤准許外國人在內地自由傳教，等等。

美國在第二次鴉片戰爭中，始終是英、法侵略者的幫兇。當「亞羅」號事件發生後，美國公使巴駕對英國的侵略行為表示「完全熱忱地贊成」，而且保證要和英國「行動一致」，積極支持英國發動戰爭挑釁。英國海軍開始進攻廣州，美國海軍也馬上尾隨而來。美國三艘軍艦藉口護僑，在駛向廣州途中竟發炮攻擊獵德炮台。巴駕自己承認，這種行動是「幫助英國」的。但是，當戰爭已經擴大之後，美國一方面繼續對英、法表示堅決的支持和合作，另一方面卻又向清朝政府唱起和平的調子，表示友誼，以一個和事佬的假面目出現。實際上，美國已經看準了腐朽的清朝統治者不堪一擊，所以樂得借刀殺人，等着坐收漁利。1857 年春，美國派列衛廉為駐華公使，他帶着美國政府關於聯合英、法行動，逼迫清政府修約的訓令，一方面鼓勵英、法打，另一方面又威逼清朝和，使出了最陰險

毒辣的兩面手法，最後終於在《天津條約》和《北京條約》中，「分沾」了「利益」。曾經是美國國務院歷史顧問的德涅特也不能不供認說：「美國代表在國際政治中從來沒有扮演過比這更無恥的角色了。」在第二次鴉片戰爭中，美國侵略者雖然想盡辦法，要把自己打扮得像一個和平天使，但是它的雙手沾滿了殺人的鮮血，這是永遠也洗不掉的。

第二次鴉片戰爭後，不僅外國侵略者擴大了在中國的侵略權益；而且由於外國公使駐京，侵略者與清統治者開始直接接觸，使清政府越來越受外國勢力的控制，成為外國侵略者統治中國的馴服工具，從而進一步加深了中國社會的半殖民地化。

（馬汝珩）

圓　明　園

北京西郊，從西苑到西山一帶，風景非常秀麗。遠在八百年前，封建的王侯世家便在這裏營建起行宮別苑，作為他們行樂的場所。清朝雍正皇帝即位，正式決定把這一帶定為夏宮所在，擴建了不少避暑宮殿。到了乾隆皇帝時，更大集全國名匠，從事興建。乾隆皇帝在位六十年，就沒有一天停止過營建。清政府向人民盡情勒索，花費了數以億萬計的錢財，驅使着千百萬民工日夜地勞動，終於建成了一座世界上少有的宏偉美麗的人工宮苑（從前把帝王的花園叫作苑），這就是圓明園。

圓明園包括最主要的三個園：圓明園、萬春園和長春園，所以也叫圓明三園，其中以圓明園為最大。此外還有很多屬園，散佈在圓明園的東、西、南三面，其中有香山的靜宜園，玉泉山的靜明

園、清漪園（後來的頤和園就是在這基礎上建築起來的）、近春園、熙春園（清華園內）和勺園、蔚秀園等。這些園以圓明園為中心，連綿二十多里，在這一帶地方，舉目所見，一片山水林園，殿閣亭台，非常壯麗。

圓明園是中國勞動人民智慧和血汗的結晶，是中國園林藝術的典範。園中有莊嚴宏偉的殿堂，也有玲瓏輕巧的樓閣亭台、曲徑迴廊；有象徵熱鬧街市的「買賣街」，也有象徵農村景色的「山村」。園中有很多景物是仿照各地的名勝，如杭州西湖的平湖秋月、雷峰夕照，海寧的安瀾園，蘇州的獅子林等著名園景建造的。漫步園中，有如遊歷在祖國的天南地北。園中還有很多景物是仿照古代詩人畫家的詩情畫意建造的。如蓬萊瑤台、武陵春色等，使人置身其中，仿佛進入了那些詩人畫家的幻想境界。所有的景物都是依着自然的湖山精心設計的，整個佈局非常和諧。

圓明園不但建築宏麗，而且還收藏着無數珍貴的歷史文物，上自先秦時代的鼎彝禮器，下至唐、宋、元、明、清的歷代名人書畫，所以也可以說是當時世界上一個宏大的博物館。

可是，我國千萬勞動人民憑血汗修造起來的這座傑出的建築精華，卻慘遭那些自稱為「歐洲文明者」的徹底破壞。

1860 年，英、法侵略者打到北京城，強盜們進入圓明園以後，大肆搶劫。每個強盜都腰囊累累，滿載出園。當強盜們搶走了所能搶走的東西，破壞了所能破壞的東西以後，為了掩飾這個罪惡野蠻的行為，強盜頭子便下令燒燬全園，一時煙霧瀰漫，火光衝天，火勢歷三晝夜不熄。這個世界上的名園，就這樣在侵略者的野蠻焚掠下，化為焦土。圓明園的毀滅是中國文化史上無可估量的損失，也是人類文化史上無可估量的損失。

（美珍）

北京政變

　　咸豐十一年（1861），清朝貴族統治者內部發生了一次爭奪權力的鬥爭。以慈禧太后為首的貴族集團在這次鬥爭中獲勝，奪得了清朝最高統治權力，這就是「北京政變」。政變以後，中國最腐朽的封建統治勢力和外國資本主義勢力勾結起來，組成了同盟，並且聯合鎮壓了太平天國運動，把中國進一步推向了半殖民地、半封建的深淵。

　　第二次鴉片戰爭爆發以後，腐朽的清朝軍隊被英、法侵略軍打得丟盔卸甲，節節潰敗。1860 年 8 月，駐守大沽的清軍主帥僧格林沁不戰而逃，侵略軍不費吹灰之力就佔領了天津，到了 9 月底，侵略軍逼近北京。這時，清朝統治者亂成一團，咸豐皇帝也嚇得喪魂失魄，急急忙忙帶着他的寵妃葉赫那拉氏（慈禧太后），率領着一班親信大臣逃到熱河躲了起來。咸豐的弟弟恭親王奕訢受命留在北京觀看風色，進行求降乞和的勾當，最後簽訂了喪權辱國的《北京條約》。

　　《北京條約》簽訂後，英法兩國得到了比第一次鴉片戰爭還多得多的特權，他們對奕訢在訂約過程中「有求必應」的奴才相十分讚賞，不斷地加以扶植。當時太平天國正在轟轟烈烈地進行着革命鬥爭，這不但對腐朽的清朝封建統治是致命的危險，而且對英法兩國已經取得的特權利益也是嚴重的威脅，因此，這些侵略強盜為了保住這個已經屈服了的政權，就決心要消滅抗清勢力。《北京條約》剛一簽訂，他們就迫不及待地立刻表示願意出兵幫助清朝鎮壓太平天國革命。

　　當時清朝的實權主要掌握在跟着咸豐皇帝逃到熱河去的載垣、端華、肅順等人手中，這些人在鎮壓革命這一點上，和外國侵略者

的要求是完全一致的，但他們對列強還很不放心，唯恐外國侵略者藉機改變清朝的封建統治，所以不敢輕易地「借師助剿」。這樣，他們就在中外反動勢力合作的道路上，成為外國侵略者最討厭的障礙。當時的英國駐華公使甚至說：「只消朝廷不在北京，怡親王（載垣）、端華、肅順繼續掌政，我們就不能說中國人民已確實承受了條約（指《北京條約》）。」因此，他們極力尋找機會扶持最忠實的利益代言人來掌握政權。

1861 年 8 月，咸豐皇帝在熱河病死，他的兒子載淳當了皇帝（同治皇帝）。這個皇帝當時年僅六歲，他的母親慈禧太后，有很強烈的權力慾望，很想利用皇帝年幼的機會，奪取清朝的最高統治權力。她先授意一些支持她的官僚，建議由她「垂簾聽政」，也就是說由她來實際掌握政權。但載垣等人以清朝從來還沒有太后垂簾聽政的例子為理由，極力反對。慈禧的野心未能實現，懷恨在心，就暗地裏與奕訢建立了聯繫，陰謀發動政變，宮廷中的矛盾鬥爭日益尖銳。外國侵略者認為這是一個絕好的機會，極力支持奕訢去慫恿慈禧回到北京製造政變，並且保證回來後絕不對她有任何刁難。

10 月，奕訢從北京到熱河，與慈禧密商政變，並且拉攏了在北京、天津掌握兵權的兵部侍郎勝保同謀。一切準備就緒，11 月 1 日，慈禧回到了北京。第二天，政變就發生了。他們將載垣、端華、肅順等逮捕起來，處以死刑，同時宣佈擁護慈禧太后垂簾聽政。從此，慈禧登上了清朝最高統治者的寶座，奕訢也被任命為議政王大臣輔政事，發動政變有功的桂良、文祥等人，也都做了軍機大臣。政變成功，以慈禧太后為首，一個更腐朽、更黑暗的封建統治政權建立起來了。

外國侵略者對「北京政變」早就抱有希望，美國公使曾經說：「我們應以溫和協調的態度獲致恭親王及其同僚的信任，消除他們的

驚恐，使最高權力落到他們手裏去。」現在，他們對政變的成功當然更加高興。這位公使興高采烈地說「這個令人感覺滿意的結果，全是幾個月來私人交際所造成的」，毫不掩飾地承認這次政變是在他們支持下搞成的。

通過「北京政變」，中外勢力開始結合起來了。1862 年年初，清朝統治者決定向英、法等國「借師助剿」，公開勾結列強來鎮壓革命。

（汝丰）

總理各國事務衙門

鴉片戰爭以後，清政府為了適應外國侵略者的需要，設立了「五口通商大臣」這個新職位，辦理對外交涉事務，先後由兩廣總督和兩江總督兼任。一直到 1860 年，清政府都沒有設立和外國侵略者辦理外交和商務的專門機構。

1860 年以後，中外勢力為了共同鎮壓太平天國革命而勾結起來。外國侵略者派遣了公使、領事、傳教士到中國，加強了對清政府的控制，並且在清政府內部培養了奕訢等代理人。這時外國侵略者發現，還缺少一個更加得力的機構來貫徹它們的侵略意圖。

最會看洋人臉色辦事的恭親王奕訢，為了投合列強的心意，主動地奏准設立「專一其事」地辦理外交和通商事務的機構。1861 年 1 月 20 日，總理各國事務衙門（簡稱總理衙門）成立。

總理衙門成立之初，只管外交、商務，後來隨着外國勢力的擴大，它的權力也一天天擴大，逐漸總攬了財政、軍事、教育、礦務、交通等方面的大權，並且由奕訢等這樣顯要的滿洲貴族親自主

持，實際上總理衙門已發展成為清政府的「內閣」。

　　總理衙門的經費幾乎完全靠洋人控制的海關供給，總理衙門的人員升官快、待遇高、地位突出。這種特殊現象，曾引起別的衙門的不滿。最後，連皇帝也不得不出來為總理衙門辯護解釋，皇帝的辯解很乾脆，他說：「總理衙門，辦理的都是外國事情，自然和別的衙門不同。」辦理外國事情的衙門就可以與眾不同，這種不同，恰恰表現了這個機構的半殖民地的性質。

　　清政府專門成立一個高級機構來處理與侵略者利益相關的問題，並且通過這個機構來滿足侵略者的要求和貫徹侵略者的意志，這當然使外國侵略者稱心如意。英、法公使在聽到這個消息後，就「欣喜非常」，認為這是「數十年求之不得」的，他們大為讚賞奕訢想出來的聯合中外勢力的「最妙良法」。

　　總理衙門是中外勢力結合的產物，它的成立是清政府統治機構半殖民地化的一個明顯標誌。從 1861 年總理衙門成立，到光緒

總理各國事務衙門

二十七年（1901）改為外務部，在這四十年間，它始終是聯合中外勢力的總機構，是清政府對外交涉的場所。

（楊遵道）

租　　界

　　列強為了把中國變成它們的半殖民地和殖民地，曾經對中國發動許多次侵略戰爭，強迫中國訂立了許多不平等條約。根據這些不平等條約，它們控制了中國一切重要的通商口岸，並把許多通商口岸劃出一部分土地作為它們直接管理的地方——這些地方就成了所謂的「租界」。

　　英國首先引用道光二十三年（1843 年 10 月）中英《虎門條約》

上海租界

關於外國人在各通商口岸租地建屋的規定，在 1845 年年底誘騙上海官吏公佈了《上海土地章程》，確定了英國人租地辦法，在中國神聖的領土上建立了第一個租界。當時根據土地章程規定，土地主權仍然屬於中國，中國業主可以收取一定租金，中國政府有干預租界內行政的權力。到了 19 世紀 50 年代以後，外國侵略者得寸進尺，進一步排斥了中國政府在上海租界內行使行政、司法、警察和收稅的權力，在租界內建立了一套殖民地的管理制度。上海租界儼然成為一個「國中之國」。

隨着外國侵略勢力的擴張，租界界址不斷擴大，租界的數目日益增多。英、美、德、法、俄、日等國，曾先後在上海、廣州、廈門、福州、天津、鎮江、漢口、九江、蕪湖、重慶、杭州、蘇州、沙市、鼓浪嶼、長沙等地設立了租界。

外國侵略者把租界作為走私偷運、販賣毒品、殘害和掠奪中國人民的基地。租界內煙窟、妓院、賭場林立，例如 1856 年上海法租界的預算中，煙窟、妓院、賭場的執照收入，佔全部預算收入的一半。

租界是外國人在華投資的集中地，1894 年前，外國侵略者在中國非法設立的工廠、船塢、銀行等大都集中在租界區，租界成為控制中國金融財政，利用中國廉價勞動力和原料，榨取中國人民脂膏的地盤。

租界又是外國侵略者從事罪惡勾當，在經濟上盤剝中國人民，在政治上奴役中國人民的堡壘。在租界內，外國侵略者為非作歹，為所欲為，形成一個個「國家中的國家」。

中國人民一直反對外國侵略者在中國設立租界。早在 1927 年，中國人民就在北代戰爭取得勝利的形勢之下，英勇地驅逐外國侵略者，收回了漢口、九江的租界，開始了收回租界運動。同一年，國民黨叛變了革命，成為列強的利益代言人，因此，有些租界在形式

上是收回了，但實際上沒有改變租界的性質。直到 1949 年，隨着中國人民革命的勝利，租界才被徹底清除。

（楊遵道）

中國海關

　　海關是國家對於進出國境的一切貨物進行監督檢查、徵收關稅並執行查禁走私任務的國家行政管理機關。一個國家的海關，好像是這個國家的大門。海關的管理權，好像是大門的鑰匙。大門的鑰匙怎能由外國侵略者掌管呢？可是近代中國大門的鑰匙，長期以來掌握在英國手裏。那麼，中國的海關管理權是怎樣落入外族手中的呢？

　　早在 1842 年的中英《南京條約》裏就規定，英國商人繳納進出口的貨稅，要「秉公議定」。這個規定已經開始破壞了中國海關的自主權。

　　1853 年上海小刀會起義，佔領上海縣城，駐上海的英、美、法三國領事，趁機派兵侵佔了設在上海租界內的中國海關，奪取了中國海關的行政權。為了控制中國海關，英、美之間發生了尖銳的鬥爭。最後，英、美、法在共同控制中國海關這一點上達成妥協，並聯合一致對上海地方政府進行威脅、利誘，迫使上海官吏接受英、美、法三國領事各派一個稅務司管理上海海關，主持稅收工作的要求。1854 年 6 月 29 日，英、美、法三國領事和上海道吳健彰訂立了有關上海海關的協定。7 月 12 日，根據協定，由英、美、法各派一員組成三人關稅管理委員會，由此霸佔了上海海關的稅收工作，侵略者就這樣輕易地攫取了上海海關的行政管理權。此後，外國侵略

者積極活動，企圖把上海半殖民地的海關制度推廣到各通商口岸。

1859年，野心勃勃的英國稅務司李泰國，經過上海道買辦官僚薛煥的保舉，被兩江總督任命為總稅務司，並得到了選募各通商口岸稅務司的權力。這樣李泰國抓到海關的用人大權，確立了英國人在海關中的統治地位，並在廣州建立了由英國人控制的海關制度。

同治二年（1863），英國人赫德繼李泰國為總稅務司。赫德是一個八面玲瓏、陰險狡猾的侵略分子。他一方面在保持英國對中國海關領導權的條件下，按各國在華勢力的大小，任用了其他各國的稅務司，對中國海關實行共管，緩和了各侵略者之間的矛盾，取得了其他侵略者的支持；另一方面，在清政府財政十分困難的情況下，他又把海關收入的一部分交給清政府，用來延續清政府的統治，鎮壓中國人民的起義，從而贏得了清政府對他的寵愛和信任。在中外反革命勢力的支持下，赫德成為一個不倒翁，連續把持中國海關管理權達四十多年之久。在他的任期內，赫德一手制定了一套半殖民地的海關制度，並把這種制度推廣到其他通商口岸。

外國侵略者把持了中國海關的管理權，掌握了中國大門的鑰匙，這不僅大大地便利了外國侵略者對中國實行經濟侵略，而且總稅務司和稅務司們的地位很特殊，一方面是「洋人」，是帝國主義的代表，另一方面又算是清政府僱用的人員，這種地位使他們既為清朝官僚所畏懼，而又容易取得官僚們的信任。因此他們比起外交官、傳教士有着更合適的身份來參與和支配中國的政治和外交。在19世紀末，這些掌握中國海關管理權的洋員，任意控制中國的內政外交，包攬其他權利，他們對於推行帝國主義的侵略政策，促使清政權的半殖民化起了重大的作用。

（楊遵道）

本編從中法戰爭、甲午戰爭，講到八國聯軍侵華，中國完全淪為半殖民地半封建社會，成為任人宰割的羔羊。

第七編

存亡繼絕

洋務運動

在太平天國革命時期，封建統治階級中的一部分人，為了鎮壓農民革命，採用西方資本主義的一些技術製造槍炮，以武裝軍隊。太平天國革命失敗後，這一部分統治者進一步認識到，為了要保持封建主義的統治，必須更多地學習一點西方資本主義的物質文明，當時人們把這叫作「辦洋務」，而這一部分統治者也就被稱為「洋務派」。洋務派的主要人物，有奕訢、曾國藩、左宗棠、李鴻章、張之洞等，他們實際上是地主階級當權派中最早帶有買辦傾向的一部分人。洋務派所進行的一些活動，在歷史上被稱作「洋務運動」。「洋務運動」的實質，是要求在舊的封建統治的基礎上，增加一些資本主義的皮毛，來穩定封建主義的統治地位。

「洋務運動」大致可以分成三個階段：

第一階段從 1864 年太平天國革命失敗到 19 世紀 70 年代初。在這個階段，洋務的重點集中在軍事工業方面。洋務派先後辦了江南製造局、金陵機器局、福州船政局、天津機器局等幾個軍事工廠，製造新式武器，以便繼續武裝軍隊，大力鎮壓當時尚在堅持鬥爭的捻軍和回民起義。但這些軍事工業從設計施工、機器裝備、生產技術一直到原料燃料的供應，完全都要依靠外國。而且經營管理混亂腐敗，生產成本十分昂貴，連李鴻章自己也說：「中國造船之銀，倍於外洋購船之價。」生產出來的武器軍艦，質量很壞，除了屠殺手

無寸鐵的老百姓之外，不可能用來應付任何外來侵略。

　　從 19 世紀 70 年代初期到中法戰爭（1883—1885）是「洋務運動」的第二階段。這個時期外國侵略勢力加緊了對中國的進攻，日本、英國、沙皇俄國、法國紛紛侵佔中國的邊疆地區。洋務派為了應付這種局勢，直接向外國購置了許多槍炮，並先後向英、德、美、法購買大小艦艇數十艘，建立了北洋艦隊。同時，為了籌集經費，培養洋務人才，還經營了一些採礦、運輸、電報、教育等事業。當然，這些事業在技術、裝備、原料等方面仍不得不依靠列強。洋務派在進行這些活動時，標榜的口號是「求強」，但依靠帝國主義當然不可能真正使中國強盛起來。實際上，洋務派在對外交涉和對外戰爭中，一直採取妥協投降的方針，大量地出賣了中國的主權。

　　「洋務運動」的第三個階段是從中法戰爭到中日甲午戰爭（1894）。在這個階段中，洋務派把重點從「求強」轉為「求富」。

李鴻章視察唐山鐵路

存亡繼絕。

451

他們大力投資於紡織、鐵路、煉鋼等工業部門。李鴻章主辦的上海織布局、華盛紗廠、漠河金礦、津榆鐵路等，張之洞主辦的漢陽鐵廠、大冶鐵礦、馬鞍山煤礦等，都是在這個階段中先後開辦的主要企業。但也像「求強」的口號只是個虛假的幌子一樣，洋務派的「求富」也並不是真正的求國家之富，而是求他們個人之富。這些工礦企業成為洋務派官僚發財致富的利源。

1894 年，爆發了中日甲午戰爭。在戰爭中，洋務派大力經營的北洋艦隊全軍覆沒。同時，他們經營的各種企業也因貪污腐敗而奄奄一息。洋務派散佈的「求強」「求富」的神話幻滅了，他們腐朽賣國的面目日益暴露，「洋務運動」也就此破產。

（馬金科）

天津教案

外國侵略者在用軍事、政治、經濟等手段侵略中國的同時，為了麻醉中國人民的精神，摧毀中國人民的反抗意志，還加緊進行了文化侵略。「傳教」就是外國資本主義進行文化侵略的一個重要手段。侵略者派了很多「傳教士」，披着宗教外衣來到中國蒐集情報，甚至霸佔田產，包攬詞訟，殘殺良善。中國人民對於這些無惡不作的「傳教士」恨之入骨，在 19 世紀下半期，曾經掀起過許多次反洋教鬥爭，天津教案就是其中著名的一次。

天津人民在第二次鴉片戰爭中曾遭到英法侵略聯軍的屠殺和蹂躪，戰後十年間，又受盡了外國侵略者的欺壓，新仇舊恨積壓在心頭。同治九年（1870），以教堂拐騙小孩為導火線，終於爆發了轟動中外的反侵略鬥爭，一般稱為「天津教案」。

1870 年，在天津破獲了許多起拐騙小孩的案件，都和法國天主堂育嬰堂有關。1870 年 6 月 21 日，天津地方官到教堂查問拐騙小孩的罪犯王三，教堂中的法國教士不僅隱藏罪犯，並向聚集教堂周圍的羣眾挑釁，引起了衝突。法國駐天津領事豐大業，要求清朝三口通商大臣崇厚派兵鎮壓，崇厚也已照辦，可是豐大業認為崇厚派兵太少，鎮壓不力，大為不滿，手執雙槍，怒氣沖沖地跑到崇厚衙門，一見崇厚就叫嚷說：「聽說老百姓想要我的命，你先給我死！」接着就舉槍向崇厚開火，未中，又在崇厚衙門大打出手。

　　豐大業侮辱和槍擊中國官吏的消息很快傳開，幾千名憤怒的羣眾聚集街頭。豐大業行兇未遂，在回領事館途中，十分驕橫囂張，他的祕書西蒙揮舞着利劍在前開路，向羣眾挑釁。後來，當他們遇到天津縣官劉傑時，豐大業不分青紅皂白，開槍射擊，打死劉傑的隨從，西蒙也隨之向羣眾開火。這時，羣眾已忍無可忍，一擁而上打死了豐大業和西蒙。接着鳴鑼聚眾，燒燬了法國在三岔河口的洋樓，即有名的「望海樓」，並打死無惡不作的法國教士十多人，其他國籍教士、商人七人。

　　來勢迅猛的「天津教案」發生後，嚇得列強坐臥不安，惶惶不可終日。法、英、美、俄、德、比、西等七國，在中國人民反抗鬥爭的怒火面前，狼狽為奸，聯合一起，一面對清政府施加外交壓力，一面把英、美、法等國艦隊集中至煙台與天津海口，對清政府進行戰爭恫嚇。法國趁機提出無理條件，聲稱清政府如不接受，就要把天津變成焦土，態度十分蠻橫。

　　清政府在洋大人的壓力面前驚慌失措，立即派曾國藩到天津「查辦」，辦理結果還是向法國道歉、賠款，還把天津知府、知縣等官員二十五人充軍，並且隨隨便便把十六個無辜的老百姓處死，「以服洋人之心」。

中法戰爭

　　侵佔越南並且以越南作為基地入侵中國，這是近代歷史上法國歷屆資產階級政府的一貫政策。

　　中越兩國人民間自古以來就結下了深厚的友誼。這種友誼，在法國侵略的威脅面前，在反侵略鬥爭的共同要求的基礎上，使中越兩國人民更加緊密地聯繫起來了。

　　19 世紀 60 年代，法國侵佔了越南南部後，馬上把侵略的矛頭指向越南北部和中國西南部。同治十二年（1873）底和光緒八年（1882）四月，法國對越南發動了兩次武裝進攻，妄想建立一個包括越南和中國西南地區的所謂「東方帝國」。越南人民對法國的武裝侵略進行了堅決的鬥爭。同時，劉永福率領的廣西農民起義軍——黑旗軍，應越南阮朝政府的要求，也和越南人民並肩作戰，堅決抗擊入侵的法軍。在越中人民的打擊下，法國的兩個侵略軍頭子安鄴和李維業在河內城邊先後被擊斃。

　　法國侵略者不甘心於自己的失敗，蓄意擴大侵略戰爭，決心把戰火燒到中國境內。這時清朝政府應越南政府之請，也派兵到越南。1883 年 12 月，法軍在越南山西向清軍和黑旗軍聯合防守的陣地發動進攻，開始了中法戰爭。

　　戰爭進行了一年多，在越南戰場上，法國侵略軍受到越南人民和黑旗軍及清軍官兵的英勇抵抗。法國政府為了呼應越南的戰局，又派海軍在中國沿海進行海盜式的騷擾。

　　到 1885 年 3 月底，越南戰場的法國侵略軍在越南和中國軍民英勇的抗擊之下，全線崩潰。在越南戰場的東線，清軍老將馮子材在鎮南關（今友誼關）和諒山大敗法軍，勢如破竹地節節勝利進軍。在東線大捷的同時，越南戰場的西線也頻傳捷報，黑旗軍等在臨洮

痛打了法軍，加之越南各地人民的抗法起義風起雲湧，更給法國侵略軍以沉重的打擊。就在前線勝利進軍聲中，賣國投降的清政府和法國政府加緊談判，最後竟在 1885 年 6 月 9 日簽訂了屈辱的投降條約。中法戰爭以後，中國的邊疆危機進一步加深了。

為什麼這次戰爭前線打了勝仗反而簽訂了屈辱的條約呢？最根本的原因在於清政府的無能和腐朽。

當時，清政府的統治機構已腐朽透頂，政治上十分專制，經濟上百孔千瘡，軍事上也一團糟。1884 年，在越南北寧、太原、興化的清軍不戰而逃；1884 年 7 月，福建官吏不採取任何抵抗行動，就讓敵人的戰艦開進了閩江，使中國海軍遭到失敗；1885 年 2 月，廣西巡撫潘鼎新在越南諒山的大潰退，幾乎使法軍長驅直入廣西。這些都是在清政府投降路線指導下發生的事情。

當前線官兵違反投降派的意願，在中國和越南人民支持下英勇抵抗，大敗法軍，獲得鎮南關和諒山的輝煌勝利時，清政府不是去擴大戰果，反而把前線的勝利，作為投降的資本，他們匆匆忙忙「藉諒山一勝之威」，和法國侵略者簽訂了屈辱的條約。前線官兵用鮮血換來的勝利果實，就這樣輕易地被葬送掉。

在整個戰爭過程中，英、美等帝國主義一直沒有停止過誘降活動。他們一面裝作公正人進行「調停」，一面卻供給法軍燃料、軍火、糧食，替法國修理船艦，供給法軍軍事情報和領水人員，甚至英、美的國旗也成了法軍的「遮兒布」，其軍艦和商船更成了法國艦隊的掩護物。當帝國主義看到它們的誘降和對法援助並不能阻止中國人民的勝利時，在中國當海關總稅務司的英國人赫德就挺身而出，脅迫昏庸而腐敗的清政府對法妥協，造成了「中國不敗而敗，法國不勝而勝」的局面。

中國工人階級第一次大規模的反帝鬥爭

在 1884 年中法戰爭中，中國工人階級掀起了第一次大規模的反帝鬥爭。

1884 年正當中國人民反對法國侵略的鬥爭激烈進行的時候，英國侵略者和法國串通一氣，允許法國利用香港停泊和修理戰船，補充軍用物資。香港英國殖民當局這種袒護法國侵略者的罪惡活動，引起了中國人民的無比憤怒，在香港的中國工人尤其不能容忍。1884 年 9 月 3 日，一艘在侵略戰爭中受了傷的法國兵船「加利桑尼亞爾」號駛入香港船塢，打算進行修理。中國船舶修造工人堅決拒絕修理這艘屠殺中國人民的敵艦，並且立即舉行罷工，從而揭開了這次反帝鬥爭的序幕。

9 月 14 日，又有一艘法國水雷炮艇「阿塔蘭特」號開進香港，這一次工人羣眾決定採取進一步的行動，乘機燒燬這艘強盜船隻，嚇得法國強盜連夜開船驚惶逃走。

中國船舶修造工人的愛國行動，得到了香港其他各業工人的積極支持和熱烈響應，他們廣泛地展開了反對法國侵略者的鬥爭，搬運工人不給法國兵船運送燃料，民艇工人拒絕替法國商船起卸貨物，就是在法國輪船公司做工的華工，也紛紛辭職，團結一致，共同對敵。

事後，香港英國殖民當局無理逮捕了十一名拒運法貨的民艇工人，並撤銷了許多民艇執照。殖民當局的這種高壓手段，更加激起了工人的憤慨，罷工鬥爭越發如火燎原地擴大起來，到了 10 月 3 日，罷工鬥爭達到高潮，工人羣眾舉行了一次規模空前的示威運動。這個時候，英國殖民當局，出動全副武裝的警察，向手無寸鐵的示威羣眾開槍射擊，當場殺害了一名工人，大批工人被逮捕。但是，中國工人階級在敵人的進攻面前，沒有被嚇倒，沒有被壓服，

他們繼續高舉反帝的旗幟，進行英勇不屈的鬥爭。10月5日，東區的碼頭工人又計劃舉行示威，10月7日，九龍區油麻地的工人進行示威運動，以支援香港地區工人的鬥爭。

這一次香港工人的罷工鬥爭，從1884年9月3日開始一直堅持到10月7日，前後共計35天，最後迫使英國殖民當局不得不低下頭來，釋放被捕的工人，宣佈不干涉工人「不裝法貨」的正義行動，鬥爭取得了偉大的勝利。

（林敦奎）

甲午戰爭《馬關條約》

「甲午戰爭」是日本在美英資本主義的支持下發動的一次侵略中國的戰爭。

中國的東鄰日本，原先也是個封建國家，受到西方資本主義國家的侵略。1868年，日本發生了一場不徹底、不完全的資產階級改革——「明治維新」，建立了地主和資產階級的聯合統治。明治維新後，日本的資本主義得到了比較迅速的發展，但封建勢力並未徹底鏟除，階級關係十分緊張，農民和工人不斷發動武裝起義和罷工鬥爭。日本的統治階級為了轉移國內鬥爭的視線，為了擴大商品市場、掠奪原料和資金，便把對外擴張定為國策，把中國和朝鮮作為它侵略的目標。

這時，美國為了趁機在中國和朝鮮伸展自己的勢力，英國為了利用日本的力量牽制垂涎中國東北已久的沙皇俄國，都在暗中支持和幫助日本對朝鮮和中國的侵略。

在這種情形下，日本政府千方百計地把自己的政治、經濟和軍

事力量滲入朝鮮，同時積極尋找向中國挑釁的機會，以便掀起一場大規模的侵略戰爭。

1894 年 1 月，朝鮮農民發動了大規模的武裝起義。朝鮮的封建統治者請求清政府出兵鎮壓。日本政府覺得這是趁機挑釁的大好機會，也假意竭力慫恿清政府出兵朝鮮。在清政府派葉志超率軍入朝以後，日本政府又馬上翻轉臉來，藉口清政府出兵，也派了許多軍隊侵入朝鮮，有意造成戰爭衝突的緊張局勢。清政府建議中日兩國軍隊同時撤出朝鮮，遭到日本的蠻橫拒絕。在這種情況下，中朝兩國人民一致要求出兵抵抗日本的侵略。但是，主持清政府外交的李鴻章對這些要求置之不理，而把希望寄託於英、俄等帝國主義的調停上，對日本步步退讓。7 月 25 日，日本海軍突然襲擊護送陸軍去朝鮮的中國海軍。四天後，又向在朝鮮成歡驛的中國陸軍發動進攻，挑起了中日戰爭。1894 年是舊曆甲午年，所以這次戰爭叫中日甲午戰爭。

9 月 12 日，日本軍隊又進一步向朝鮮平壤發動了猛烈的攻擊。協助守城的清軍和朝鮮人民一道，進行了英勇的抵抗。防守北城玄

《馬關條約》的簽訂

武門的清將左寶貴戰死，清軍總指揮葉志超貪生怕死，命令他的軍隊從平壤撤退，並一口氣逃回了中國。

接着在 9 月 17 日，清軍北洋艦隊在黃海海面上，與日本艦隊發生了一場激烈的海戰。戰鬥經歷了五個小時，中國的海軍士兵和一些愛國將領英勇奮戰，打傷日艦多艘，並使日旗艦「松島」號受了重傷，清軍戰艦損失四艘，最後日艦不敢戀戰，向南退走。

10 月，日本侵略軍把戰火進一步燒向中國邊境。一路從朝鮮北部渡鴨綠江；另一路從遼東半島東岸登陸，進犯大連和旅順。11 月 7 日，大連不戰而失。接着日本又於 11 月 18 日向旅順進兵。這裏的清軍守將接受了清政府的不抵抗命令，臨陣脫逃，一些愛國官兵雖然進行了抵抗，但因沒有後援，也失敗了。

日本侵略軍進入中國領土後，瘋狂地殺害中國人民。旅順市軍民被殺得只剩下三十二人。侵略軍野蠻、殘暴的獸行，激起了遼東人民的極大憤怒，人民都起來和侵略軍展開鬥爭。他們在鬥爭中發出豪言壯語：「寧做中華斷頭鬼，不做倭寇屈膝人。」

日本進攻遼東半島時，清政府仍不積極進行抵抗，卻在美國的指使下無恥地進行求和活動。1895 年 1 月 20 日，日軍在山東半島登陸，先後攻下了威海衛南北兩岸的炮台，形成了從海、陸兩路對威海衛港內北洋艦隊的包圍。港內北洋艦隊的愛國官兵，曾經幾次要求出海抗敵，李鴻章為了保存他的實力，卻下令不許艦隻出港迎敵。艦隊受包圍時，官兵們不顧李鴻章的命令，進行了英勇的抵抗。但因力量薄弱以及艦上「洋員」和賣國分子的破壞，最後，北洋艦隊被日本殲滅了。

中國人民和愛國士兵，在戰爭中進行了英勇的鬥爭，由於清政府採取了不抵抗的方針，致使中國的局勢無法挽回。1895 年 3 月，清政府派李鴻章為代表，到日本馬關進行談判。4 月 17 日，簽訂了喪權辱國的《馬關條約》。這個條約規定了中國向日本賠款二億兩

白銀；割讓中國大片領土，包括遼東半島、台灣和澎湖列島給日本；允許外國人在中國通商口岸自由開辦工廠；開放沙市、重慶、蘇州、杭州為商埠等。後來，俄、法、德三國從自己的侵略利益出發，不甘心讓日本獨自佔領遼東半島，進行干涉，結果，中國以白銀三千萬兩向日本「贖回」遼東半島。

（余西文）

鄧 世 昌

中日甲午戰爭中，中國人民為了抗擊日本侵略者，曾經進行了英勇的鬥爭。廣大勞動人民和清軍士兵，以及一部分愛國將領，在兇惡殘暴的民族敵人面前，奮不顧身，頑強戰鬥，寫下了很多可歌可泣、氣壯山河的光輝篇章。鄧世昌就是在甲午戰爭中慷慨殉國的一位民族英雄。

鄧世昌在 1849 年（一說 1855 年）出生在廣東省的番禺縣（今廣州市番禺區）。廣東是和外國資本主義侵略勢力接觸最早的地區，也是中國人民最先進行反帝鬥爭的重要地區。年幼的鄧世昌，在這樣的環境裏生長，親眼看到了外國侵略者的強暴，國家民族的苦難，以及人民羣眾英勇的反侵略鬥爭。所有這些，不但給他留下了深刻的印象，而且使他從小便痛恨外國侵略者，萌生着愛國思想。鄧世昌剛滿十四歲，就抱着學好本領、反抗外國侵略的志願，考進了福州船政學堂。他發憤苦讀，成為這個學校成績優秀的學生。

從福州船政學堂畢業後，鄧世昌在北洋水師的艦隊裏工作，歷任「振威」「揚威」「致遠」等艦的管帶（艦長）。他治軍嚴整、辦

事認真，並刻苦鑽研海軍業務，在當時腐敗的北洋水師中可以說是鳳毛麟角。1887年，鄧世昌奉派到英國接帶新艦「致遠」「靖遠」「經遠」「來遠」等回國。在歸航途中，他不畏險阻，不怕驚濤駭浪，抓緊時間，指揮這些新艦進行實地演習，使全體將士受到了一次很好的鍛煉。

1894年，日本帝國主義在美國的支持下發動了侵略朝鮮和中國的戰爭，鄧世昌積極地投入反帝鬥爭的偉大行列，站在抗日戰爭的最前線，領導士兵，揮戈殺敵。

1894年9月17日，中國北洋艦隊在黃海突然遭到日本艦隊的襲擊，雙方展開了激烈的海戰。在敵人的進攻面前，中國艦隊的大部分官兵，臨危不懼，沉着應戰，狠狠地打擊敵人，使日本旗艦「松島」等三艘受了重傷。特別是在鄧世昌指揮下的「致遠」艦的全體官兵，在戰鬥中表現得格外英勇。「致遠」艦在幾小時的浴血苦戰中，不幸中彈受傷，船身傾斜，彈藥將盡。在這樣的情況下，鄧世昌激勵兵士，大聲疾呼：「我們從軍衛國，生死早已置之度外。現在情況十分危急，今天正是我們為祖國犧牲的時候了！我們雖然犧牲了，但可以壯國家的聲威，也就達到了報國的目的！」他看到全艦士兵都同心同德，就下令「致遠」艦開足馬力，向敵人最兇猛的先鋒艦「吉野」猛撞，準備和他們同歸於盡。但不幸的是，「致遠」中途被敵人的魚雷擊中，他們的壯志未遂，全艦二百五十人都壯烈地為國犧牲。

據記載說，「致遠」沉船時，鄧世昌墜入水中，還大呼「殺敵」不絕。還有的記載說鄧世昌入水後，曾被他的一個隨從救了起來，但鄧世昌看到全船戰士都沉沒了，他自己也「義不獨生」，又重新跳入海中。

（林敦奎）

存亡繼絕。

台灣人民的抗日鬥爭

《馬關條約》簽訂後，割讓台灣的消息傳了出來。台灣人民，個個都非常悲憤。1895 年 4 月 20 日（《馬關條約》簽訂後三天），台北人民鳴鑼罷市，表示反對日本侵佔台灣和清政府的投降賣國。他們還發誓：「寧願人人戰死，也決不願意拱手把台灣讓給日本。」

這時，台南的守將正是當年在中法戰爭中打敗過法國侵略軍的黑旗軍將領劉永福。他聽到清政府出賣祖國的領土後，非常氣憤，決心和台灣人民一道，奮起抵抗日本的侵略。台灣人民熱烈擁護劉永福領導抗日，他們在各地組織了許多支義軍隊伍，團結在劉永福周圍，並肩戰鬥。

5 月底，日本侵略軍開始踏上台北土地，向南進攻。黑旗軍和以徐驤、吳湯興為首的台灣義軍充分利用了當地多山的地勢，把敵人引入深山密林中的包圍圈。侵略軍一進入圈套，他們就手持大刀、長矛和鳥槍，從四面八方向敵人殺來，把敵人打得落花流水。

8 月，彰化和雲林先後失守，同時，義軍的糧食和彈藥日益不足。劉永福曾幾次派人到大陸求援，他們得到了大陸愛國人民的熱烈支持，不少人要求參加抗日鬥爭。但是，賣國的清政府卻下令軍民「不得絲毫接濟台灣」，還封鎖了大陸到台灣的航運。

台灣軍民雖然遇到了許多困難，卻並沒有被困難嚇倒。雲林失守後，嘉義危急，劉永福調軍增援，黃榮邦、簡精華等率義民軍助戰，收復雲林一帶，軍威復振。侵台日軍遭到嚴重打擊，日本政府急派大軍來台。10 月，在布袋、枋寮先後登陸，配合陸路南犯的日軍分三路進攻台南。黑旗軍和義軍在餉械極度困難的條件下仍堅持戰鬥到最後，義軍大部分戰死，徐驤也在一次激戰中英勇犧牲了。10 月 19 日，劉永福被迫退回大陸，台灣被日本佔領了。

1896 年年初，台中義民柯鐵率領一部分抗日民眾，在嘉義東北大坪頂堅持鬥爭，不斷地給來犯敵人以打擊，贏得了「鐵虎」的稱號。同時，台北、台南人民也展開了攻打城市、襲擊官衙的鬥爭，此伏彼起地打擊着侵略者。此後，在漫長的半個世紀中，台灣人民反抗日本侵佔台灣的鬥爭，始終沒有停止過。

（余西文）

帝國主義在中國劃分的勢力範圍

甲午戰爭以後，日本通過《馬關條約》，不但取得了中國的大量賠款，侵佔了中國的大塊土地，而且還得到了在中國直接投資設廠的特權，根據「利益均霑」的侵略原則，其他各國也同樣可以享受這個特權。過去列強就已在中國開辦了一些工廠，為什麼它們還要特別把這一點在條約中明文規定下來呢？原來，這裏反映着世界形勢的一個重要變化。

19 世紀末期，世界上主要資本主義國家已經進入了帝國主義階段。以前，資本主義國家對於中國的經濟侵略，以商品輸出為主。它們強迫中國開商埠，把持中國海關，奪取中國內河航行權，都是為了方便對中國輸出商品。到了帝國主義階段，它們的經濟侵略已從商品輸出為主改變為以資本輸出為主，《馬關條約》中明文規定外國可以隨意在中國通商口岸投資設廠，就是這個變化的一個反映。

為了輸出資本，帝國主義不僅要在中國開設工廠，而且還要搶奪鐵路修築權，壟斷礦山開採權，並且進一步要求在中國劃定自己的勢力範圍。甲午戰爭以後，各帝國主義國家在中國紛紛爭奪勢力範圍，使中國的民族危機達到空前嚴重的地步。

存亡繼絕。

瓜分中國

在光緒二十一年（1895），法國首先奪佔中國雲南邊境上的一些地區，迫使清政府開放雲南的河口、思茅為商埠，並取得在廣東、廣西、雲南三省的開礦權。

沙皇俄國在 1896 年，從清政府手中取得在黑龍江和吉林兩省境內修築中東鐵路的權利，並取得對鐵路沿線地區的管理權。

英國在 1897 年，以「永租」的名義，強佔了中國雲南的猛卯三角地區，並取得了在廣東西江航行權，還迫使清政府開放廣西梧州和廣東三水為商埠。

法國在 1897 年，又迫使清政府宣佈海南島不割讓給他國，實際上是把海南島作為它的勢力範圍。

帝國主義各國對中國的這種侵略和掠奪，到了 1897 年年底，更加激烈起來。這年 11 月，德國藉口傳教士在山東曹州被殺，派軍隊強佔了膠州灣，並取得在山東修築膠濟鐵路和在鐵路沿線開採礦山的權利，從此德國便把山東劃為自己的勢力範圍。在這以後，帝國主義各國更加緊了在中國劃分勢力範圍的爭奪。

沙皇俄國在 1897 年 12 月，藉口德國佔據膠州灣，派軍艦侵佔了

旅順。1898 年 3 月，迫使清政府把旅順和大連「租借」給沙皇俄國，並且取得了修築中東鐵路支線（哈爾濱至旅順）的權利。從此，沙皇俄國便以東三省（黑龍江、吉林、遼寧三省）和內蒙古為它的勢力範圍。

法國在 1898 年 4 月，藉口沙皇俄國佔據旅順、大連，強行「租借」了廣州灣，同時還取得了滇越鐵路的修築權，並迫使清政府宣佈廣東、廣西、雲南「不割讓給他國」，實際上是把雲南和兩廣的一部分地區作為它的勢力範圍。

英國在 1898 年 6 月，以法國佔據廣州灣為藉口，強行「租借」了九龍半島。7 月，又以俄國佔據旅順、大連為藉口，租佔威海衛，並且取得津浦鐵路南段（嶧縣至浦口）的修築權，同時還迫使清政府宣佈長江流域各省及兩廣的一部分「不割讓給他國」，這一廣大地區便成為英國的勢力範圍。

日本除了侵佔了台灣以外，在 1898 年，又強迫清政府答應將福建省作為它的勢力範圍。

19 世紀末，帝國主義各國在中國劃分了這麼多勢力範圍，把中國的大片領土作為它們的侵略根據地，搶奪了中國許多重要港口和鐵路、礦山，從而形成了帝國主義瓜分中國的險惡形勢。

（榮國漢）

門戶開放

「門戶開放」政策是在光緒二十五年（1899）由美國政府以照會的形式提出來的。甲午戰爭後，帝國主義國家利用《馬關條約》規定的種種特權，一個接一個地在「利益均霑」的藉口下，在中國領土上開設工廠，掠奪開礦和築路權，更在中國領土上強佔「租借地」

和劃分「勢力範圍」，等等。這時，只有美國，因為正忙於奪取西班牙殖民地古巴、波多黎各和菲律賓的侵略戰爭，沒有能夠抽出手來，在中國也撈上一把。1899 年，當美國結束了對西班牙的戰爭後，已來晚了一步，中國沿海和西南一些地區都被其他帝國主義侵佔了。美帝國主義決心改變這種局勢。當時的美國總統麥金萊露骨地說：「中國沿海土地有落入外人手中者，此種重要變局吾美不能袖手旁觀……苟欲不受佔有中國土地之強國的排擠，非參與華事不可。」為了達到這個目的，以便逐漸變各國勢力範圍為它獨佔的勢力範圍，並最後完全奴役和統治中國，它在這一年 9 月，提出了「門戶開放」政策。

這個政策的主要內容規定：各國互相承認在中國的「勢力範圍」「租借地」和通商口岸的既得利益，彼此不得干涉；在這些「勢力範圍」裏，各國船隻的入港費和鐵路運費，都不得高於佔有這些「勢力範圍」的國家的入港費和鐵路運費。也就是說，在「列強」的「勢力範圍」之內，美國應該取得「通商和航行」的「平等待遇」。

很顯然，美帝提出的所謂「門戶開放」政策，就是要把中國的「門戶」向一切帝國主義國家都「開放」，這是因為美帝害怕把中國變為某幾個帝國主義國家直接控制的地方，就妨礙或排擠了自己對中國的進一步侵略。因此，美國提出「門戶開放」政策，是企圖通過這個政策，使美國插足到其他帝國主義國家的「勢力範圍」內，分享其他帝國主義的侵略利益；同時，更企圖憑着自己的經濟優勢，逐漸地排斥其他帝國主義，達到把中國變成它獨佔的殖民地的目的。

當時，英國、法國、俄國以及其他帝國主義國家相互之間的矛盾很多、競爭很激烈。在這種情況下，他們為了調和彼此之間的矛盾，相繼接受了美國這個「門戶開放」的主張。美國所提出的「門戶開放」政策使各個帝國主義國家結成了侵略中國的同盟，中國更加被推上遭受帝國主義瓜分的險惡處境了。

（余西文）

公車上書

「公車上書」是指 1895 年康有為（1858—1927）領導的一次舉人上書皇帝的請願運動。

光緒二十一年三月（1895 年 4 月），腐朽的清政府準備和日本訂立《馬關條約》的消息傳到北京。當時各省的舉人正在北京參加會試，聽到了這個消息後，非常氣憤。特別是台灣籍的舉人，聽到自己的家鄉將被出賣，更是憤怒萬分。大家反侵略的情緒極為高漲。

廣東舉人康有為，早在 1888 年，就曾經上書皇帝，請求變法，但受到了頑固派官僚的阻礙，沒有結果。這一次他看到羣情激昂，正是鼓動上書的大好機會。於是他和他的學生梁啟超等四處聯絡，約集十八省舉人，在松筠庵開會。開會那天，盛況空前，到會的有一千多人。個個情緒激憤，公推康有為起草奏疏。康有為趕了一天兩夜，寫成了給光緒皇帝的萬言書。在萬言書上簽名的，據說有一千三百多人。除了送給皇帝之外，還把這份萬言書，輾轉傳抄，

《公車上書記》

存亡繼絕。

很快傳播開來，轟動了北京。因為當時又把進京考試的舉人稱為
「公車」（漢代地方上舉薦人才，由公家備車送往首都，後來就用「公
車」來稱呼進京考試的舉人），所以這次上書就被稱作「公車上書」。

在這份萬言書裏，康有為慷慨陳詞，提出了「拒約、遷都、變
法」等主張。他指出如果割讓台灣，就會引起英、俄、法等列強來
瓜分中國，因此必須拒絕在條約上簽字。他要求皇帝親下詔書，檢
討國家政策得失，提拔能幹的人才，鼓勵人民發奮圖強；遷都到長
安；訓練一支強大的陸海軍，增強國防，準備長期抗戰。同時又強
調指出，這些措施只不過是暫時應敵的辦法，如果要從根本上使國
家富強起來，那就必須進行「變法」，也就是進行政治、經濟、文
化的各項改革。

康有為提出要從「富國、養民、教民」三方面着手。「富國、
養民」就是發展經濟。一方面要清政府積極修築鐵路，開發礦山，
製造機器輪船，獎勵創造發明，舉辦郵政，發行鈔票；另一方面要
「務農、勸工、惠商」，也就是鼓勵人民去經營農、工、商業。「教
民」是進行文化教育改革，要求開辦學堂，設立報館。他還強調指
出，中國貧弱落後的重要根源是政治上君與臣隔絕，臣與民隔絕，
上下不通氣，因此他提出要用「議郎」制度來改變這種情況。辦法
是全國每十萬戶公舉一個博古通今、直言敢諫的人做「議郎」，作
為皇帝的顧問，凡遇重大事情，由皇帝召集議郎會議於太和門，根
據大多數意見做出決定，付諸實行。這個辦法，有一些模仿西方資
產階級國家議會的意思。康有為提出的這些主張，實際上是一種帶
有資產階級性質的改良主義綱領，它反映了剛剛形成的資產階級和
一些開明地主的要求。

1895 年 5 月 2 日，舉人們把這份萬言書送到都察院（清政府的
最高監察機關），可是都察院卻推說皇帝已經在條約上蓋了印，拒
絕把萬言書進呈給皇帝。

「公車上書」雖然沒有能夠阻止《馬關條約》的簽訂，皇帝也沒有看到，但是它的全文，被輾轉傳誦，上海、廣州等地還特地刊行了《公車上書記》廣為宣傳。各省的舉人回去之後，也或多或少地傳播了這些主張。於是，「公車上書」所提出的資產階級改良主義的政治改革要求，廣泛地傳播開來，康有為也成為全國矚目的改良派的領袖人物。

（王德一）

強學會　保國會

　　「公車上書」以後，康有為等覺得要繼續宣傳變法維新，開通風氣，推動改良主義的政治運動，就必須把人聯絡起來，並且建立一個比較固定的組織。因此，1895 年 8 月，由康有為發起，在北京成立了「強學會」。參加強學會的有一千多人，聲勢盛大。

　　強學會的宗旨是「求中國自強之學」。在康有為起草的強學會序文中，敘述了帝國主義虎視眈眈地想瓜分中國的危急情狀，要求培養人才，講求學業，以便禦侮圖強。強學會成立後，每十日集會一次，每次都有人演說。演說的內容也主要是敘說國家民族的危機，宣傳變法圖強的辦法。

　　為了「推廣京師之會」，康有為等又到上海組織「強學分會」。上海強學分會在章程中規定主要辦四件事：①譯印圖書，②發行報紙，③開圖書館，④設博物院。分會成立後，出版了《強學報》，每日印一小冊，免費分發給讀者，宣傳變法維新。

　　然而，這年冬天，李鴻章指使他的親家、御史楊崇伊參劾（檢舉告發）強學會，說是私立會黨，議論朝政，應該禁止。慈禧太后

聞奏立即下令封閉北京強學會和上海強學分會。

強學會雖被封禁，但它的影響卻很大。維新思想在很多知識分子和一部分官僚中很快傳播開來。在北京還有一些人暗暗地組織小的學會，幾天集會一次，進行活動。上海、廣東、湖南等地的維新活動也紛紛開展起來。全國各地瀰漫了變法維新空氣。

康有為在強學會被禁後，就離開北京，回到了廣東老家講學，團聚維新人才。到了 1897 年冬，德國強佔了膠州灣，接着其他各帝國主義也紛紛強佔中國土地，民族危機達到空前嚴重的地步。康有為見此情形，立刻從廣東趕到北京，一方面繼續向皇帝上書請求變法，另一方面又在京城士大夫中間積極活動，準備重新組織學會。他先勸說各省旅京人士，組織地方性的學會，如由他自己發起組織了「粵學會」，由楊銳等發起組織了「蜀學會」，由楊深秀等發起組織了「陝學會」，由林旭等發起組織了「閩學會」等。

在這些地方性學會的基礎上，康有為又籌劃組建了一個全國性的大會。這時剛好各省舉人又來到北京應試，康有為等便邀集各省舉人和北京的一些士大夫組織了「保國會」。

1898 年 4 月，保國會正式成立。開成立大會時，樓上樓下都坐滿了人，康有為發表演說，慷慨激昂，聽的人很多都流下了眼淚。

保國會先後開了三次會，影響越來越大，這就引起了封建頑固勢力的嫉恨。有些人特地印了「駁保國會」的小冊子；有些人故意製造謠言，攻擊保國會；有些守舊官僚就上奏章彈劾保國會；甚至有些頑固派專門組織了「非保國會」，和保國會對抗。

在這種情形下，保國會的發起人之一、投機官僚李盛鐸見勢不妙，竟然自己上疏彈劾保國會。同時，守舊大臣剛毅等也極力主張查禁保國會。但這時，封建統治集團中以不當權的光緒皇帝為首的一派，表示支持維新運動，並且不顧以慈禧太后為首的頑固派的反對，下令實行變法，施行新政，發動了「戊戌變法」（1898 年是舊

曆戊戌年）。查禁保國會的事也就擱置了下來。不過，保國會雖然沒有被正式查禁，在封建頑固勢力的竭力破壞下，也就此停止了活動，實際上等於在無形中解散了。

（秦漢）

《時務報》

梁啟超（1873—1929）是康有為的學生，維新變法運動傑出的宣傳家。他所主編的《時務報》，是宣傳變法維新影響最大的一張報紙。

當時維新派很注意組織學會、開辦學堂和出版報紙的工作。上海強學分會被封閉後，由汪康年等提議，以強學分會的餘款，籌辦《時務報》。1896 年 8 月 9 日，《時務報》正式創刊，由汪康年任經理，梁啟超任主筆。每十日出版一冊，每冊二十餘頁，內容以宣傳「變法圖存」為宗旨。

《時務報》出版後，接連地刊載了許多批評封建政治、鼓吹變法維新的文章。特別是梁啟超寫的一些論著，如著名的《變法通議》等，見解新穎，文字生動，很受讀者歡迎。幾月之間，竟行銷一萬七千多份，開中國有報紙以來的最高紀錄。一個反對維新運動的封建文人記載說：《時務報》上的文字，痛快淋漓，說出了好多人想說又不敢說的話，江淮河漢之間，很多人都喜歡它文字新奇，爭着傳誦。從這裏也可以見到《時務報》影響之大了。難怪有人說，維新派的議論得以盛行，是「始於《時務報》」。

《時務報》既風行海內，主筆梁啟超也因之「名重一時」，人們談起變法維新，常常把康有為和梁啟超合稱「康梁」，梁啟超在宣

傅康有為的變法維新思想中，的確有很大的功勞。

但《時務報》在經濟上主要是靠洋務派官僚張之洞的捐助，張之洞對於《時務報》上的激烈言論，很不滿意，常常干涉《時務報》，甚至不准有些文章在《時務報》上發表。經理汪康年本來曾是張之洞的幕僚，他經常秉承張之洞的意志，因此和梁啟超發生意見分歧。1897 年冬，梁啟超辭去《時務報》主筆職務，到湖南就任時務學堂總教習。《時務報》便由汪康年一人主持。不久，戊戌變法發生，《時務報》改為官報，官報還沒有辦起來，戊戌維新運動就失敗了。

（葉黃）

嚴　　復

嚴復（1853—1921）字又陵，又字幾道，福建侯官人。1877 年至 1879 年留學英國，學習海軍。他在留學期間，讀了許多西方資產階級哲學和社會科學方面的著作，逐漸接受了資產階級民主思想。

19 世紀末，帝國主義掀起了瓜分中國的狂潮，中國面臨亡國的危機。在這種形勢的刺激下，嚴復主張向西方資本主義國家學習，按照西方國家的模樣，來改變中國的政治制度，以挽救中國的民族危亡，使中國富強起來。

在戊戌變法時期，他參加了維新運動。當時他寫了不少提倡維新變法的文章，如《辟韓》和《原強》等。他在《辟韓》中，把封建社會裏神聖不可侵犯的君主，斥責為「大盜」，並且指出君主有絕對專制的權力，並不是什麼「承受天命」，而是「大盜竊國」。他在《原強》中，提出了廢除封建專制政治，實行君主立憲的政治主張，這些主張和要求在當時是有一定的進步意義的。

嚴復認為要變法圖強，就必須向西方資本主義國家學習，為此他翻譯了許多西方資產階級的著作，如赫胥黎的《天演論》、亞當‧斯密的《原富》和孟德斯鳩的《法意》等書。這些書比較系統地介紹了西方資產階級政治、經濟、哲學等方面的學說以及某些自然科學知識，成為當時中國新興資產階級跟封建專制主義進行鬥爭的重要思想武器。

　　這些書中，《天演論》在當時的影響最大。赫胥黎在這本書中把英國生物學家達爾文關於生物進化的學說，用來解釋人類社會的發展變化，認為人類社會也像生物界一樣，適合「物競天擇」和「弱肉強食，適者生存」的規律，這就是說，人類相互之間存在生存競爭，在競爭中，只有能適應時勢的，才可以生存下去。嚴復發揮了這個論點，認為國家與國家之間也是一個競爭的局面，在競爭中誰最強硬有力，誰就能獲得優勝，就可以生存下去；否則就要遭到強者的吞併，以至滅亡。他認為當時中國正處在和其他國家爭生存的環境之中，如果中國不努力爭取自己的生存，就要永遠淪為西方國家的奴隸。他呼籲中國要想自強，就只有趕快起來，向西方資本主義國家學習，實行維新變法。

　　嚴復在 19 世紀末中國民族危亡的嚴重關頭，翻譯了《天演論》，並藉此大聲疾呼變法圖強，這在當時的歷史條件下，有着一定的積極作用，它使人們感到必須努力奮發圖強，中國才能得救。

　　戊戌變法失敗後，事實證明改良主義道路在半殖民地半封建社會的中國是走不通的，資產階級革命派開始了革命活動，但是嚴復仍堅持改良，反對革命。辛亥革命後他投靠竊國大盜袁世凱，甚至為袁世凱的稱帝捧場效勞。在五四運動時期他又提倡復古「尊孔」，反對新文化運動。這些都說明，戊戌變法後的嚴復沒有跟上時代的腳步，而逐漸變成落後和思想腐朽的人物了。

　　　　　　　　　　　　　　　　　　　　（榮國漢）

百日維新

「百日維新」又稱「戊戌變法」，是 1898 年（舊曆戊戌年）發生的一次資產階級改良主義政治運動。

「公車上書」以後，康有為等維新派到處組織學會，創辦報紙，宣傳變法主張。改良主義運動有了很大發展，贊成變法的人越來越多，1898 年時，全國有學會、學堂、報館三百多所。這時候，中國被帝國主義瓜分的危險更加迫近。這年二月，康有為從廣州趕到北京，第五次向光緒皇帝上書，懇切地說，如果再不變法，不但國亡民危，就是皇帝想做普通老百姓都要做不成了。

這時清政府內部分成了兩派：一派是「后黨」，就是以慈禧太后（西太后）為首，掌握着實權的頑固派和洋務派大官僚集團。他們在勾結外國侵略強盜鎮壓太平天國革命，以及後來的一系列政治活動中，得出了一條反革命經驗，就是對外投降帝國主義、對內鎮壓人民，一心一意投靠帝國主義以維持封建統治。只要保住他們對於中國人民的統治地位，他們哪管國家的存亡、人民的死活？所以這些人堅決反對一切政治上的革新。另一派是以光緒皇帝和他的老師翁同龢為首的少數官僚集團，稱為「帝黨」。原來同治皇帝在 1875 年死去之後，慈禧太后選中同治的一個年僅四歲的堂弟繼承皇位，改年號為光緒，自己再一次「垂簾聽政」，獨攬大權。1889 年，光緒已經十八歲，慈禧在表面上宣佈由光緒「親政」，但實際上她仍舊牢牢地控制着朝廷的一切權力，光緒依舊只是一個傀儡皇帝。光緒對慈禧太后獨攬大權十分不滿，也不甘心看着后黨賣國，斷送清朝江山，使自己做「亡國之君」，所以希望經過變法，引進新人來奪取實權，排斥后黨，救亡圖存。因此，康有為的話深深打動了光緒，他決心支持維新派的變法活動。

接着，康有為又上了一個全面籌劃變法步驟的奏摺，進一步要求光緒立即向羣臣表明變法決心，吸收維新派人士參加政權，大力改革政治機構，實行君主立憲。光緒也親自召見了康有為，詳細傾聽了他的變法意見。到了 6 月 11 日，光緒正式下令宣佈變法。在維新派的影響和直接參加下，從 6 月 11 日到 9 月 21 日，光緒皇帝一連下了幾十道實行新政的命令，對封建的政

康有為與梁啟超

治、經濟和文化教育等各個方面進行改革。這些改革的主要內容是：經濟方面，在中央設立礦務鐵路總局、農工商總局，各省設商務局；提倡設農會、商會等民間團體；保護和獎勵農工商業等。政治方面，鼓勵人民創辦報紙，給予一定的言論、出版自由；裁撤一部分無用的衙門和官員。文教方面，廢除八股，改革考試制度；在北京設立大學堂，各地設立中小學堂；設立譯書局，獎勵科學著作和發明。軍事方面，裁減舊式軍隊，訓練新式的陸海軍，加強國防，等等。

這些命令雪片似的頒佈下去，在全國引起很大震動。支持的人固然不少，可是反對的人更佔優勢。除了中央以慈禧太后為首的反動集團之外，在各省的地方大吏絕大部分也都是守舊官僚，他們仗着慈禧太后為靠山，根本就不理睬這些改革命令。加上那成千上萬的盼着「金榜題名」來升官發財的秀才、舉人，那遍佈全國反對一

切新事物的地主士紳，那被裁撤的衙門的大小官吏等一切舊勢力，都極力反對變法。各色各樣的頑固守舊的勢力結成了一個反維新的聯合陣線。但維新派除了擁有一個毫無實權的名義上的皇帝之外，絲毫沒有與頑固派較量的實際力量。他們既不敢依靠人民羣眾，自己手裏又不掌握着軍隊。因此，維新運動雖然表面上轟轟烈烈，其實卻隨時有被頑固派扼殺的可能。果然到 9 月 21 日，慈禧太后發動政變，把光緒囚在中南海四面環水的瀛台，廢除了一切新政法令，殺害了一些維新人士。維新派最重要的人物康有為、梁啟超逃亡國外。這次資產階級改良主義的政治改革只進行了一百零三天，就在舊勢力的反攻下失敗了，這就是歷史上有名的「百日維新」。

（王德一）

戊戌六君子

光緒二十四年八月十三日（1898 年 9 月 28 日），以慈禧太后為首的頑固派，屠殺了積極參與維新運動的譚嗣同、林旭、楊銳、劉光第、楊深秀和康廣仁。歷史上把他們叫作「戊戌六君子」。在這六個人中間，譚嗣同是一個最傑出的人物，他的思想最為激進。

譚嗣同，字復生，號壯飛，湖南瀏陽人，同治四年（1865）出生在北京。他的青年時代，正當帝國主義加緊侵略中國的時候。特別是中日甲午戰爭以後，民族危機日益深重，維新思想有了進一步的發展，很多愛國知識分子紛紛要求變法圖存。譚嗣同也積極主張變法維新，在湖南瀏陽發起設立學會，集合維新志士講求變法救亡的道理。後來他到了南京，和在上海主辦《時務報》鼓吹變法的梁

啟超取得密切聯繫，經常為《時務報》撰稿。

1897 年他寫成了代表他的社會政治思想和哲學思想的名著——《仁學》。在這本書裏，他尖銳地抨擊了封建君主專制統治，熱烈要求進行資本主義的政治改革，發展資本主義經濟。同時，他還深刻地批判了封建的倫理道德觀念，大膽地發出了沖決封建網羅的號召。當然，在這本著作裏也表露了他想不根本推翻封建制度而發展資本主義的改良主義幻想。

就在這一年，他回到維新運動已經發展起來的湖南長沙，參加維新活動，和梁啟超、唐才常等共同主辦「時務學堂」，並擔任《湘報》主編，在報紙上宣傳變法理論，抨擊清廷暴政。

1898 年 6 月，在維新浪潮的推動下，光緒帝正式下令實行變法。譚嗣同、林旭、楊銳、劉光第都被任命為軍機處的「章京」（「軍機處」是清代專門秉承皇帝意旨，處理軍國要政的中央最高權力機構。「章京」是一種負責具體工作的較低級的官職），專門幫助光緒皇帝推行新政，負責批閱奏摺，草擬詔書等工作。

頑固派不能容忍變法維新運動的進一步發展，慈禧太后等正在積極籌劃政變。維新派深感局勢嚴重，推舉譚嗣同去游說握有重兵的袁世凱，以武力保衛光緒帝，粉碎頑固派的陰謀。但是，袁世凱卻向頑固派告密，出賣了維新派。慈禧太后立即發動了政變，一面囚禁光緒帝，一面搜捕維新派。譚嗣同、林旭、楊銳、劉光第、楊深秀、康廣仁先後被捕。後來，慈禧太后就把這六個人殺害了。

譚嗣同臨死時，神色自若，慷慨從容。並且留下了十六個字的臨終語：「有心殺賊，無力回天；死得其所，快哉快哉！」「有心殺賊」道出了他反抗黑暗的封建專制主義統治的決心，「無力回天」反映了他走改良主義道路所造成的悲劇命運，後面兩句話，表明了他為爭取祖國進步而奮鬥的不怕流血犧牲的英雄氣概。

（方攸翰）

存亡繼絕。

《大同書》

《大同書》是康有為所寫的一本書。在這本書裏，康有為精心地設計了一個未來美好社會的藍圖——「大同世界」。康有為的「大同世界」只是一個不切實際的幻想。

《大同書》一共分十部（也就是十章）。在第一章裏，康有為詳細地描寫了人世間的種種苦難，揭露了現實生活的種種黑暗和不合理。這些描寫和揭露，一方面表現了康有為對於勞苦大眾的深切同情，譬如他說：「農民們一年到頭，辛苦勞作，但是全家人卻飢寒交迫。」又說：「每逢荒年，農民們收成很少，地主還要追討租米，交不上租就要被關進監牢。」但另外一方面，他又大肆宣傳富人、貴人也有各種苦難，用這種宣傳來抹煞階級對立，掩蓋造成勞動人民痛苦的社會根源。

康有為宣傳男女老幼、富貴貧賤都逃不脫各種各樣的苦難，目的是要說明，只有實行了他的「大同世界」的方案，才能使人人幸福。在其餘的九章裏，康有為向人們詳細地展示了「大同世界」的美妙前景。根據他的描寫，在大同世界裏，人人都只有歡樂，沒有憂愁。農工商業都歸公有，再也沒有個人的私產。生產力高度發展，每個人一天只要勞動三四個小時甚至一二個小時就可以生產出充足的東西，其餘的時間，都可以用來「遊樂讀書」。一個人從誕生起，就由社會撫育，長到六歲就上學讀書，二十歲以後就工作勞動，年老了進養老院享福。到那個時候，人人相親相愛，再沒有互相欺壓、互相仇恨……

康有為說，「大同世界」的到來，不必經過階級鬥爭，不必經過革命。因為在他看來，階級鬥爭和革命要流血，要破壞，是很可怕的。最好的辦法是，由一些聰明的「仁人」廣泛地宣傳大同世界的

好處，吸引人心，「大勢既倡，人望之如流水之就下」，等到大家都贊成「大同」了，大同世界就自然會到來。因為要經過慢慢地宣傳，要等所有的人都贊成，所以他說，大同世界的到來得等到千年之後。

在階級社會裏，剝削階級決不會經過「宣傳」就放棄剝削，反動的統治階級決不會經過「宣傳」就自動退出歷史舞台。因此，康有為的大同世界是永遠也實現不了的。

（秦漢）

義和團運動

> 神助拳，義和團，
> 只因鬼子鬧中原⋯⋯
> 兵法藝，都學全，
> 要平鬼子不費難。
> 拆鐵道，拔電杆，
> 緊接毀壞火輪船。
> 大法國，心膽寒，
> 英美德俄勢蕭然。

這是光緒二十六年（1900）義和團運動時廣泛流傳的歌謠，它表達了中國人民起來驅除帝國主義侵略者的堅強意志。

義和團原名義和拳，是白蓮教的一個支派，主要在山東西部祕密流傳，信神練功。到 19 世紀末葉，廣大人民日益高漲的反帝鬥爭，就通過義和團這一組織形式開展起來。

義和團先在山東開始鬥爭，打敗了前來鎮壓的清朝官兵，迫使

山東巡撫毓賢承認了義和團的合法地位，並提出「扶清滅洋」的口號，把鬥爭矛頭主要指向帝國主義。

帝國主義這時便指使清政府改派練有新式陸軍的袁世凱做山東巡撫，以便通過袁世凱鎮壓人民的反帝鬥爭。1900 年春天，義和團從山東逐漸擴展到直隸（今河北省）一帶。廣大鄉村的貧苦農民、運河沿岸的失業工人和京津等地的城市勞動者踴躍參加，婦女羣眾也積極組織起來。同時，山西、內蒙古和東北各地也都紛紛建立了義和團的組織，南方各省也有許多地方起來響應。面對中國人民的反帝鬥爭，列強公然派兵進行武裝干涉。

清政府是不敢開罪列強的，對於從農民中自發興起的義和團，一開始即視為「亂民」「拳匪」，一再下令「剿辦」。但是義和團衝破了清政府的鎮壓，迅速發展起來。以暴風驟雨一般的浩大聲勢，壓倒了清政府的氣焰，並最終攻入北京和天津，控制了清朝的心臟地區。這使得清政府驚惶失措，感到若不從表面改變態度，避開義和團運動的打擊鋒芒，那麼自己首先就有被推翻的危險。於是它暫時收起了鎮壓政策，轉而宣稱義和團是義民，並於該年的 6 月 21 日對帝國主義「宣戰」。但在幾天以後便又偷偷地電令駐在外國的使臣向各帝國主義解釋「苦衷」，請求諒解，並保證對於這些堅決反帝的「亂民」，還是要想辦法「懲辦」的。

隨後，英、美、法、德、俄、日、奧、意八個帝國主義國家派來了侵略軍，大舉向中國人民進攻。慈禧太后的本來面目也跟着顯露出來，她在逃往西安的路上大罵義和團是「拳匪」，並命令清政府的官兵協助帝國主義侵略軍「剿辦」義和團。在內外勢力的聯合屠殺之下，聲勢浩大的義和團運動失敗了。

（張守常）

八國聯軍

帝國主義歷來仇視各國人民的革命運動。義和團運動爆發後，帝國主義更加咬牙切齒，由英、美、德、日、俄、法、意、奧八個帝國主義國家組成了「八國聯軍」進行公開的武裝干涉。1900 年（舊曆庚子年）8 月 13 日晚上，侵略軍闖到北京城下。14 日，中國的部分愛國軍隊依託城牆，在北京城東面的齊化門（朝陽門）—東直門一線，和日、俄侵略軍苦戰了一天，殺傷敵人近五百人。這一天下午，英國侵略軍從防備空虛的廣渠門攻入北京外城，並進入了內城的使館區（天安門的左前方東交民巷一帶），15 日，北京城裏部分軍隊和義和團仍在繼續巷戰，但已不能挽救北京城的陷落。

一貫欺內媚外的封建統治者慈禧太后，根本沒有抵抗的決心，到了這時，丟下了北京的人民，化裝成農婦從西直門逃走了。平日作威作福的官吏，有的早已逃散；沒有逃散成的，也只顧自己身家，想方設法弄了洋文護照作保命符；還有一班更加無恥的家伙，幫着侵略者欺負人民。

從北京陷落的那一天起，全城就陷入了極度恐怖的境地。這羣自誇為「文明人」的侵略強盜，在北京城裏幹下了世界近代歷史上罕見的野蠻行為。侵略者一進北京，就放縱軍隊公開大搶三天，三天過後，搶劫仍沒有停止。人們家裏的金銀、首飾、糧食和一切值錢的東西，都被搶光，搬不動的家具則被劈為柴火燒掉。在各國使館和軍營裏，搶劫的東西堆積如山，侵略強盜都搶着進行分贓和買賣贓物。皇宮府庫裏保存的許多珍貴文物也紛紛被劫運到國外。靠近英國使館的翰林院，保存着我國大量的珍貴歷史文獻，不少被放火燒掉，剩下來的也被帝國主義各國囊括而去。直到現在，美國的紐約、英國的倫敦和法國的巴黎仍收存着這些贓物。此外，政府

八國聯軍穿過午門進入紫禁城

機關的錢財、倉庫的糧食，更是被洗劫一空。這羣強盜在大肆搶劫的同時，又瘋狂地進行屠殺，姦污婦女。它們公開命令：作戰時，如果碰到中國人，無論男女老幼，一律「格殺勿論」。進入北京以後，看到行跡稍有可疑的就指為義和團，立刻加以殺害。這些獸軍到處擄掠和姦淫婦女，連老嫗幼女也不能免。所有這些血腥的罪行，說明自命「文明」的帝國主義強盜，是何等的兇殘、野蠻！

（章明）

《辛丑條約》

帝國主義國家在鎮壓義和團運動之後，強迫清政府簽訂了《辛丑條約》。這是帝國主義加在中國人民身上的又一條沉重的鎖鏈。

清政府在義和團的巨大壓力下，表面上向帝國主義各國「宣戰」，暗地裏卻千方百計地破壞義和團運動，積極向帝國主義謀求妥協。1900 年 7 月 14 日，天津失陷以後，清政府更加慌了手腳，於 8 月 7 日任命李鴻章為全權大臣，正式向帝國主義乞和。

帝國主義各國本來想用武力直接瓜分中國，但中國人民頑強英勇的鬥爭，教訓了它們，迫使它們不敢動手。同時，這夥心懷鬼胎的強盜，彼此各有打算，互不相讓，矛盾重重，這也使得它們需要繼續利用和維持清朝政府，並通過這個聽話的傀儡，間接地統治中國人民。

1900 年 12 月，帝國主義各國（除了出兵的英、美、法、德、日、俄、意、奧八國之外，又加上比利時、荷蘭、西班牙三國）向清政府提出《議和大綱》十二條，以後又根據這個大綱訂立詳細條款，於 1901 年 9 月 7 日在北京正式簽字。1901 年這一年是舊曆辛丑

年，所以這個條約又叫《辛丑條約》。

《辛丑條約》全文共十二款（另有附件十九件），主要內容有：

一、懲辦「得罪」帝國主義的官員，上自親王下至府縣地方官，被監禁、流放、處死的有一百多人。同時還要派親王、大臣到德國、日本去道歉賠罪。

二、清政府明令禁止中國人民建立和參加抵抗帝國主義的各種組織。各地方官對於人民的反抗外國侵略的活動，如不立時鎮壓，即時撤職查辦。

三、賠款四億五千萬兩白銀，從 1902 年 1 月 1 日算起，分三十九年還清。加上利息，共九億八千多萬兩白銀。

四、在北京東交民巷一帶設使館區，帝國主義各國可以在使館區駐兵。中國人不准在使館區內居住。

五、大沽炮台以及北京到天津海口的各個炮台一律拆毀。

六、北京到山海關間鐵路沿線十二處，各國可以駐兵。

（章明）

東南互保

義和團運動期間，清朝中央政權在人民鬥爭的強大壓力下，為了保持自己的統治地位，不得不在表面上向帝國主義各國「宣戰」。在北方幾省義和團運動的推動下，南方各省人民也在醞釀着大規模的反帝鬥爭。這時，一直把長江流域看作自己勢力範圍的英國，為了保持它在這個地區的侵略利益，不使反帝運動在這個地區發展起來，決定聯合長江流域的軍閥官僚共同行動。

6 月中旬，英國政府向兩江總督劉坤一和湖廣總督張之洞表示

願意以武力支持他們「維持長江秩序」。當月 26 日，由大買辦盛宣懷出面，劉坤一和張之洞更與上海的各國領事商定了《東南互保章程》。章程規定「上海租界歸各國共同保護，長江及蘇杭內地均歸各督撫保護，兩不相擾，以保全中外商人生命產業為主」。根據這個章程，另外還擬定了《保護上海租界城廂內外章程》，規定「租界內華人以及產業應由各國巡防保護，租界外洋人教堂教民，應由中國官妥為巡防保護」，對於「聚眾滋事」的人，要「一體嚴拿，交地方官從重嚴辦」。

根據《東南互保章程》，在兩江總督所轄的江蘇、江西、安徽和湖廣總督所轄的湖北、湖南等東南地區的五個省份內，共同鎮壓義和團運動，實行「互保」。

後來，兩廣總督李鴻章、閩浙總督許應騤和山東巡撫袁世凱等軍閥官僚，也都表示和東南各省採取一致態度，在他們所轄的地區內加強對義和團的鎮壓。

「互保」的局面，在義和團運動期間在東南各省一直保持着。在這期間，英國曾陸續派遣軍艦開往上海、南京和漢口等沿江口岸，幫助當地督撫鎮壓人民的反帝運動。

「東南互保」的實行，使東南各省人民的反帝運動受到了壓制和阻礙，沒有能夠發展成為大規模的反抗鬥爭，一定程度上也保障當地的社會秩序。

（榮國漢）

頤 和 園

頤和園是在北京西北近郊區的一所大型園林建築。園內以萬

壽山和昆明湖為主，在湖山之間建有各式各樣的樓台殿閣、亭榭橋廊，再點綴上松柏花木，使自然山水與人工佈置結合得極為諧和，氣象壯麗而境界幽美，體現了我國園林藝術家和建築工人的高度智慧和傑出技能。

這裏原名清漪園，是 1750 年清朝的乾隆皇帝下令修建的。這年，他為了給他的母親慶祝六十歲「萬壽」，在這裏的甕山上修建大報恩延壽寺，改甕山名為萬壽山。在山前的湖水東岸築堤蓄水，使湖增大，模仿漢武帝在長安鑿昆明池練水軍的故事，也在這裏觀看水操，並命名為昆明湖。這一處湖山，從此便成了圓明園附近的又一所禁苑。

咸豐十年（1860）英法聯軍侵入北京，焚燬圓明園，清漪園也同時被毀。十幾年以後，慈禧太后想修復圓明園，供她遊樂，但因需款太大，未能進行。又過了十幾年，慈禧太后在建立海軍以加強國防的名義下，責成各省年年撥解巨款，而暗地從中提取經費，於 1888 年重修清漪園，作為她「頤養天年」的地方，園名也改為頤和園。她搜刮了人民大量的膏脂血汗，修成了這個華美壯麗的庭園，供她一人享受遊樂。1894 年，中日甲午戰爭爆發，李鴻章負責經營的北洋艦隊全軍覆沒，中國海陸軍大敗。第二年簽訂《馬關條約》，割地賠款，喪權辱國，全國人民正悲憤莫名的時候，慈禧太后卻仍舊安然地在頤和園避暑度夏。當時民間曾傳述一副對聯來表達他們的滿腔憤懣：

> 台灣島已割日本，
> 頤和園又搭天棚！

1900 年，八國聯軍侵入北京，頤和園又遭到侵略軍的破壞，慈禧太后從西安回來之後再予修整。清政府被推翻後，頤和園於 1924 年被闢為公園。但在北洋軍閥、國民黨和日偽統治時期，管理不

善，日漸殘破。中華人民共和國成立後，這所園林回到了人民手中。為了保護這一所大型園林建築遺產，經過大力修整，頤和園面貌煥然一新。頤和園經過園林建築藝術家和能工巧匠的精心創造後，獲得了新的青春生命，每日以清爽愉快的風貌接待着成千上萬的遊人。

（張守常）

慈禧太后

慈禧太后（1834—1908）出身於滿族貴族家庭，稱葉赫那拉氏。咸豐元年（1851）她十七歲時，被選進皇宮，成為清朝咸豐皇帝的嬪妃。初封「懿貴人」，是嬪妃的第五級。後來晉封為「懿嬪」。1856 年時，她生了兒子載淳，隨即晉封為「懿妃」。第二年又晉封為「懿貴妃」，僅次於一級的「皇貴妃」，列為宮廷中嬪妃的第二級了。她的「地位」扶搖直上，使她有機會參與政事，並產生了掌握統治權力的慾望。1861 年咸豐皇帝死去，她的兒子載淳才六歲，便繼承了帝位，這就是同治皇帝。同治皇帝的年齡很小，不能掌管國家政事，她就以皇太后的身份，打破清朝成例，實行「垂簾聽政」，稱為慈禧太后（或稱西太后）。

慈禧太后為了鞏固她的統治地位，頭一件事就是聯絡奕訢等洋務派勢力，取得帝國主義的同情與支持，用陰謀手段發動了 1861 年的「北京政變」，把當時掌握清朝政府中央實權的滿族親貴載垣、端華、肅順等「議政王大臣」處死，消滅了她的政敵。接着，又使用各種手段，培植她的黨羽爪牙，在她周圍形成了一個由許多滿族親貴和一部分漢族地主官僚組成的「后黨」。

慈禧太后剛剛打倒了她的政敵，鞏固了自己的統治地位，就

立刻把大屠殺的刀鋒指向了正在轟轟烈烈展開鬥爭的太平天國和捻軍，她十分明確地宣稱，這些革命農民是她的「心腹之害」。她迫不及待地和英法侵略者勾結起來，讓那些火燒圓明園、搶劫京津、屠殺中國人民、犯下滔天大罪的侵略軍隊，來鎮壓中國人民。在慈禧的主持下，中外反革命勢力對太平天國革命運動進行了聯合進攻，終於在1864年將太平天國革命鎮壓下去了。不久以後，又血腥地鎮壓了捻軍以及各地的人民起義。慈禧太后就這樣扼殺了中國近代史上的第一次革命高潮，取得了封建統治的暫時穩定。

慈禧太后勾結外國侵略者鎮壓了人民起義以後，就一方面儘量地宣揚她鎮壓人民的「功勛」，掛出一面「同治中興」的招牌；另一方面極力鋪張揮霍，追逐驕奢淫逸的生活。她最寵愛的太監，先有安德海，後有李蓮英，「招權納賄」，肆行搜刮，以供揮霍，把宮廷弄得烏煙瘴氣。今日宴會，明日賞賜，「天天過年，夜夜元宵」。除了宮廷靡費之外，她進一步大興土木，勞民傷財。例如，修建頤和園，據說，「土木之費，幾七千萬，窮極奢侈」。其實修建頤和園的花費，遠遠超過此數。因為除挪用了「籌設海軍經費」三千六百萬兩之外，還得加上各地官僚從人民身上搜刮來向她「報效」的許多銀錢。1894年，慈禧太后為了慶祝她自己的六十歲生日，下令各省準備景物「點景」。從紫禁城到頤和園的路上，各省分佈「點景」，實際成了一次鋪張浪費的大比賽。

慈禧太后整日生活在驕奢淫逸之中，對於日益嚴重的民族危機，根本不聞不問，相反地，她還常常把外國侵略勢力當作保護她統治地位的靠山。因此，她對外政策的原則就是屈辱投降，賣國求榮。她和她的集團曾經公開說過，他們對於外國侵略者的方針是：「量中華之物力，結與國之歡心」。1885年，中國軍民在抗擊法國侵略的戰爭中，和越南人民一道，在鎮南關（今友誼關）一帶打退了敵人的進攻，並且乘勝追擊逃敵，取得了輝煌的勝利。但是以慈禧

為首的清朝統治集團卻把
勝利作為議和的階梯，提
出「乘勝即收」的投降賣
國論調，立即結束戰爭，
並和法國簽訂和約，使中
國喪失了大量主權利益。

慈禧太后

在中日甲午戰爭中，
中國進行的是正義的民族
自衛戰爭，而且軍事力量
並不弱於日本，但是慈禧
太后及其統治集團執行賣
國投降的政策，始終對戰
爭抱着消極態度，不做戰
爭準備，卻把希望寄託在別國的干涉和調解上，到處求人。結果戰機
全失，海陸軍遭到慘敗，還簽訂了割地賠款的《馬關條約》，使中國
又喪失了大量的主權利益。

在義和團反抗八國聯軍的戰爭中，慈禧太后統治集團害怕義和
團強大的反帝反封建拳頭，打到自己身上。他們一面假意表示支持
義和團的反帝鬥爭，企圖利用帝國主義達到消滅義和團的目的，另
一面卻又積極準備投降帝國主義。八國聯軍打到北京，慈禧太后立
即逃往西安，她在逃跑的路上下令清軍配合帝國主義屠殺義和團，
完全公開地和外國侵略者結合起來。李鴻章、奕劻執行着慈禧太后
的對外方針，於 1901 年簽訂了喪權辱國的《辛丑條約》，徹底地出
賣中國、出賣人民。慈禧太后就這樣陰險狠毒地反對和破壞民族自
衛戰爭，又一次撲滅了中國近代史上第二次革命高潮。

中日甲午戰爭後，中國面臨着被瓜分的危機。代表中國資產階
級要求的知識分子和一部分中小士大夫，掀起 1898 年的戊戌變法運

動。企圖通過自上而下的改良主義的變法道路，使中國擺脫被瓜分的危機，走上獨立富強的道路。戊戌變法在當時的歷史條件下，具有進步性。但慈禧太后統治集團，根本拒絕和害怕在政治上做任何改革。她糾合封建頑固勢力，反對變法，反對進步，並暗中佈置力量，又一次採取宮廷政變的手段，把光緒皇帝囚禁起來，廢除維新政令，大肆捕殺戊戌變法的志士，扼殺了維新運動。

義和團運動後，資產階級民主革命運動迅速地發展起來，形成了中國近代歷史上的第三次革命高潮。直至 1911 年，終於爆發了辛亥革命，推翻了腐朽的清王朝。而慈禧太后比那個封建朝廷更早地結束了自己的生命，於 1908 年就在革命高漲的形勢下死去了。

（袁定中）

帝國主義在中國開設的銀行

帝國主義在中國開設銀行，是它們對中國進行經濟侵略和政治侵略的重要手段。

最早在中國開設銀行的是英國。鴉片戰爭以後，英國資本主義把大量的紡織品、鴉片煙和其他商品運入中國，又從中國掠取絲、茶運回本國，他們通過這種掠奪性貿易獲取暴利，剝削中國人民。為了辦理大量款項的匯兌和周轉，以便進行這樣的貿易，他們便開始在中國籌設銀行。1848 年，他們在上海設立了第一家外國銀行——東方銀行的分行，中文名字叫作「麗如銀行」。

1854 年，英國又設立了「有利銀行」，1857 年設立了「麥加利銀行」。後來，麥加利銀行又在漢口、天津、廣東、福州、青島等地先後設立了分行。這些銀行成立後，營業很興盛，獲得了高額的

利潤。特別是麥加利銀行，更成為英國在中國最老的金融侵略機構。

第二次鴉片戰爭之後，英、法等資本主義國家取得了更多的侵略特權，接着，英、美、法等國又幫助清朝封建政權鎮壓了太平天國革命運動。在這種形勢下，侵略強盜們準備對中國進行更大規模的經濟侵略活動。1867 年，在香港的英國資本家聯合了當地一部分德國、美國商人，共同創立了「滙豐銀行」，次年還在上海設立了分行。後來，滙豐銀行就逐步發展成為英國對中國進行經濟侵略的大本營。

據一個外國人的統計，英國銀行「在中國支店的數目，1870 年有十七個，1880 年有十九個，1890 年有三十個；它們的聯合資本，在 1880 年時達一千六百八十一萬英鎊」。在這些銀行中，勢力最大的是滙豐銀行，「它為了英國人的利益而用不正當的手段操縱貿易」，而且成了「壓倒一切的財政勢力」。

與此同時，其他一些資本主義國家也不甘落後，紛紛在中國開設銀行。如：1863 年前後，法國的法蘭西銀行在香港和上海設立了分行；1872 年，德國的德意志銀行也在上海設立了分行；1889 年，德國十三家銀行合資在上海創設了「德華銀行」，資本達白銀五百萬兩。

到了 19 世紀末期，世界主要資本主義國家先後發展到帝國主義階段，它們對中國的經濟侵略已不只是商品輸出，而日益注重於資本輸出了。各帝國主義國家更加積極地在中國開設銀行。銀行的作用也根本改變了，它的主要任務已不是一般的為商品輸出服務，而成為帝國主義壟斷資本輸出的指揮機構和執行機構了。

1893 年，日本的橫濱正金銀行在上海開設了分行。1895 年，沙皇俄國成立了華俄道勝銀行。1899 年，法國的東方匯理銀行在上海成立分行。1902 年，美帝國主義對中國進行經濟侵略的大本營——花旗銀行的上海分行正式開業。

這些銀行成立之後，不但經營一般的銀行業務，而且壟斷了中國的財政金融。它們掌握了清朝政府的借款（甲午戰後，清政府為償付巨額賠款，向外國大舉借債，各帝國主義國家在借款給清政府時取得很多權益），投資於鐵路和礦山，發行紙幣，操縱市場。例如，華俄道勝銀行在章程中擅自規定：「在中國境內承包稅收；經營有關中國國庫的各項業務；在中國政府授權之下，發行貨幣，償付中國政府所負的債息；修建中國境內的鐵路及安裝電線」等。

據統計，一直至中華人民共和國成立之前，帝國主義在中國先後設立過的銀行共有八十多家。直到中華人民共和國成立，帝國主義壟斷中國財政金融的狀況才被消滅。

（任紅）

退款興學

1901 年，帝國主義在鎮壓了義和團運動以後，強迫清朝政府訂立《辛丑條約》，向中國勒索了大批「賠款」。這批「賠款」就是歷史上所說的「庚子賠款」。同其他帝國主義一樣，美國在鎮壓義和團運動的血泊中，也撈得一筆為數不小的賠款。

1909 年，美國政府把從中國掠奪去的「庚子賠款」的一部分，用來在中國興辦學校，「培養」中國的留學生，「教育」中國學生。這就是所謂的「退款興學」。一貫處心積慮侵略中國的美利堅，為什麼這時居然大發「善心」，竟「幫助」中國發展教育事業呢？原來，其在實行「退款興學」手法的後面，隱藏着一個巨大的侵略陰謀。

1900 年的義和團運動，沉重地打擊了外國勢力。同其他帝國主

義一樣，美國發覺單靠武力是不能征服中國人民的，他們決定配合使用武裝侵略和精神侵略這兩種不同的侵略方式。於是就開始醞釀「退款興學」的侵略方案，企圖用這種辦法達到在政治上、思想上麻醉和俘虜中國人民的目的。

1905 年，由於美國虐待華工引起了中國人民的反美愛國運動，中國人民以抵制美貨和經濟絕交手段，給了美國重大的打擊。1907 年，一個長期在中國傳教的美國教士明恩溥出版了《今日的中國與美國》一書，積極鼓吹「退款興學」的主張。他在這本書裏還轉引了 1906 年美國伊里諾州大學校長詹姆士給美國總統的《備忘錄》。

詹姆士在《備忘錄》裏毫不隱諱地道出了「退款興學」方案的侵略目的，他說：「哪一個國家能做到教育這一代的青年中國人，哪一個國家就將由於這方面所支付的努力，而在道義的、智力的和商業的影響上，取回最大可能的收穫。如果美國在三十五年前已經做到把中國學生的潮流引向這一個國家來，並能使這個潮流繼續擴大，那麼，我們現在一定能夠使用最圓滿和最巧妙的方式，來控制中國的發展——這就是說，通過那從智力上與精神上支配中國的領袖的方式。」接着，他更加露骨地說：「為了擴張精神上的影響而花一些錢，即使從純粹物質意義上來說，也能夠比別的方法收穫得更多。商業追隨精神上的支配，是比追隨軍旗更可靠的。」詹姆士的言論，已把美國「退款興學」的陰謀實質，不打自招地供認出來了。

可見，美國「退還庚子賠款」的目的不是別的，而是為了對中國實行更為陰險毒辣的精神與文化上的侵略政策。美國對中國的精神侵略，不止於在中國辦學校，同時還擴及精神、文化領域的各個方面，「由宗教事業而推廣到『慈善』事業和文化事業」。

（馬汝珩）

存亡繼絕。
493

本編敍述了中華民國艱難誕生的歷程，在這一時期，中國工人階級的壯大也給中華民族的復興帶來了新的希望，一部中國近代史就是中華民族反帝反封建不屈鬥爭的辛酸奮鬥史。

第八編

走向共和

新政　預備立憲

從義和團運動以後，一次新的革命高潮立即在醞釀着，各地農民的鬥爭此伏彼起，資產階級革命派領導的革命運動也迅速地發展起來。

在這樣的形勢下，清政府已經不能照舊地統治下去了。為了挽救它的統治，清政府在 1901 年就發佈了「變法」的通告，宣佈要實行所謂「新政」。

「練兵籌餉」是「新政」的主要內容。為了加強鎮壓人民的武裝，清政府在中央新設「練兵處」，在地方設立「督練公所」，編練新軍；並且設立「巡警部」，舉辦警政。為了搜刮錢財，清政府又增添了許多名目的捐稅，加緊敲詐和勒索人民——這是「籌餉」的唯一手段。

為了討好列強，清政府還把原來的總理衙門改為外務部，列為政府各部之首，並且頒佈了一系列有關保護外國資本在華特權的章程，進一步出賣國家的主權。

為了拉攏當時新興的民族資產階級，清政府還採取了一些向民族資產階級讓步的措施，包括：設立商部、學部，制定實業章程，廢八股，停科舉，設學堂，派遣留學生等。

從以上這些「新政」措施可以看出，清政府實行「新政」的目的，一則是做出姿態，表示自己要「革新政治」，企圖用這些辦法

來欺騙人民，緩和人民的革命情緒，並拉攏民族資產階級；二則是為了討好帝國主義，通過實行「新政」和帝國主義進一步勾結起來；三則是想通過「新政」加強封建統治力量。

可是，清政府的「新政」並不能挽救它的垂危命運。1903年後，宣傳革命的書報雜誌像雨後春筍一樣出現，革命團體也紛紛成立，各地人民的反抗鬥爭更是風起雲湧。清政府越來越深地陷入搖搖欲墜的境地。

在革命運動蓬勃開展的同時，民族資產階級中一部分上層分子卻竭力要求清政府實行「立憲」，企圖用改良的辦法來對抗革命，以保存清朝統治，並使自己擠進這個政權中去。清政府為了抵制革命，拉攏資產階級上層，便又裝出一副準備實行「立憲」的姿態，想用這種辦法來逃脫革命風暴的襲擊。

1905年（光緒三十一年），清政府玩弄「立憲」的騙局，派遣親貴載澤等五大臣出國「考察憲政」。但是人民早看穿了清政府的這一花招。革命志士吳樾就曾寫文章揭露「立憲」的陰謀，並在五大臣啟程的那天揣着炸彈到車站去炸他們，因炸彈爆炸過早，吳樾被捕犧牲。五大臣嚇破了膽，有兩個再也不敢出頭，清政府只得重新拼湊了五大臣出洋。1906年載澤等回國奏請立憲，說它可以固帝位、減外患、除內亂，還說，今天立憲只不過是「明示宗旨」，至於真正實行立憲的時間盡可推遲。清政府自然很中意，當年9月宣佈「預備仿行立憲」。接着，一面下令在中央籌設「資政院」，並在各省設「諮議局」；一面卻以改革官制為立憲第一步的名義，積極推行由皇族獨攬大權的政策，還加緊編練新式軍隊，加強武裝力量。「預備立憲」的騙局耍開了。

資產階級改良派全力擁護清政府的預備立憲，他們在江蘇、浙江、湖南、湖北、廣東等地籌備立憲機構，並向清政府請願要求早日召開國會；流亡海外的康有為、梁啟超等也聲嘶力竭地搖旗吶喊，

請求立憲，因此，歷史上又稱他們是「立憲派」。這時，全國人民的反抗鬥爭和革命黨人的武裝起義也進一步發展了，清政府被迫在1908 年 8 月又頒佈了一個《欽定憲法大綱》，並宣佈預備立憲期為九年。這個既是「欽定」又是「憲法」的非驢非馬的「大綱」，一共有二十三條，其中十四條規定皇帝享有至高無上的權力，人民實際上得不到任何真正的權利。

「立憲派」為了取得政治地位，在 1910 年 2 月到 10 月，由各省派代表到北京連續三次請求清政府開國會、組內閣。他們向封建朝廷叩頭請願，痛哭流涕，卻得不到清政府的半點憐憫。只是在國內革命形勢更加發展的壓力下，清政府才在 1911 年 5 月成立了一個內閣，因為主要閣員都是皇族，人們管它叫「皇族內閣」。不久，辛亥革命爆發，這場醜劇才沒有繼續演下去。

（呂翼祖）

派遣留學生

中國近代史上最早的留學生是容閎，他於咸豐四年（1854）從美國耶魯大學畢業。不過，清政府正式派留學生到外國留學是從同治十一年（1872）開始的。

1840 年以前，外強中乾的清朝統治，表面上還是一個強大的封建國家，但實際上十分衰弱，早已危機四伏了。清朝統治者一方面自以為是天朝上國，對當時已經進入資本主義社會的西方國家很看不起；另一方面又很害怕本國人民與外國接觸，深恐由此招來「內憂」「外患」，危害自己的統治。所以，它嚴格地採取了「閉關鎖國」的政策，也就是拒絕和外國往來的政策。

鴉片戰爭爆發後，西方國家對中國發動了武裝侵略，昏庸無能的清政府無力抵抗，「閉關政策」被「炮艦政策」衝破了。清朝統治者被洋槍洋炮嚇破了膽，變得卑躬屈節，對洋大人恭順起來，但同時他們也發現洋槍洋炮對鎮壓人民的反抗和維護封建統治大有用處。因此，便興辦軍火工廠，製造槍炮輪船，以加強統治力量。同時，為了學會這方面的本領，清政府決定派遣留學生出國留學。

從 1872 年起，清政府每年派遣三十名十三歲至十五歲幼童去美國留學，四年之中，一共派出了一百二十名。原定留學期限是十五年，後來清朝統治者發現這些幼童受過幾年美國教育之後，舉止行動與中國封建統治階級的禮教習俗大相背離，感到大為不安。因此在 1881 年，又下令一律撤回。這樣，派遣留學生一事就中斷了一個時期。但不久由於培養封建統治工具的需要，又恢復了。

清政府早期派遣的留學生的人數不多，主要派往歐美各國，學習軍火生產的技術和軍事。甲午戰爭以後，留學生人數逐漸增

留美幼童

多，學習的內容也從軍事擴大到農業、工業、商業和礦冶、鐵路工程等方面。

派遣留學生的極盛時期是在義和團運動被鎮壓以後。當時清政府為挽救垂死的封建專制統治，實行了一套騙人的「新政」，並且為此向外國、特別是日本大批派遣留學生。全國廣大知識分子，這時基於對外國的侵略和清政府的統治的不滿，也紛紛自費出國留學，尋求救國的辦法。一時間留學外國蔚為風氣，留學生之多，達到了空前的程度。其中以去日本的為最多，在 1906 年達到了一萬二三千人，去歐美的也不下幾千人。

列強對中國實行軍事的、政治的、經濟的侵略的同時，也注重文化上的侵略。在日本，不但為接納中國留學生設立了許多學校，而且還派了大批特務在留學生中大肆活動。後來，美國也為了侵略的需要，從「庚子賠款」中拿出一部分來，名曰「退還賠款」，用來作為培養留美學生的費用。

但是，事情恰好走向了列強和清朝統治者所希望的反面，除了少數一部分人甘心替其服務，媚外賣國，成為毫無骨氣的民族敗類外，大部分留學生都是愛國的，不但不肯為保守勢力效力，而且為祖國的獨立和進步，作出了貢獻。許多留學生回國以後，致力於中國的社會改革，把西方文化介紹到中國來，如嚴復翻譯了許多資本主義社會學說的著作，並且參加了戊戌維新運動。還有許多人從事於祖國的建設事業，如第一批留美學生中的詹天佑，在中國鐵路建設上，創造了很大的成績，成為清末傑出的工程師。特別是在辛亥革命時期，大部分留日學生投身到革命的洪流之中，成為辛亥革命的先鋒、骨幹或領導人物，對於推翻清朝統治的舊民主主義革命，起了一定的作用。

（魯素）

日俄戰爭

義和團運動失敗後，列強對中國的侵略更加深入和劇烈了，中國的東北是它們爭奪得非常激烈的地區。列強之間，明爭暗鬥，互不相讓，矛盾十分尖銳，後來發展到必須用武力來解決的程度，終於在 1904 年爆發了日俄戰爭。

義和團運動期間，沙皇俄國以武力侵佔了中國東北，直到日俄戰爭前，大部分東北地區，還處在沙皇俄國的軍事佔領之下。日本對東北早有野心，力圖排擠沙俄，取代它在中國這個地區的侵略地位。美國企圖利用日本達到它插足東北的目的，英國則害怕沙俄在中國勢力的發展，影響它在中國的侵略利益，也積極支持日本。1902 年 1 月，英國和日本結成了反對俄國的軍事同盟。1904 年 2 月 7 日，日本軍隊突然襲擊在旅順口的俄國艦隊，戰爭爆發了。

日俄戰爭從開始到結束都是在中國領土上進行的，目的是搶奪中國的東北。腐朽透頂的清政府不但不採取任何保衛國家領土和主權的措施，反而宣佈在戰爭中「嚴守中立」，把遼河以東的地區劃做戰場，聽憑日俄兩國軍隊在東北殘殺中國人民，劫掠財物，焚燬房屋，破壞生產，並且嚴令各地官吏加緊監視和鎮壓反抗的人民。

這一場戰爭，打了將近一年零七個月，最後俄國被打敗了。

1905 年 9 月，日俄兩國代表在美國的樸茨茅斯締結和約，這就是《樸茨茅斯條約》，條約的主要內容是沙皇政府同意把在中國東三省的一部分侵略權益轉讓給日本，其中包括旅（順）大（連）租借地，長春到大連的鐵路（所謂「南滿鐵路」），及與這些租借地和鐵路有關的一切權利。清政府不但不反對，並且還送給日本很多額外利益。

（美珍）

英國侵略西藏

英國侵略者自從把印度變為殖民地後，就野心勃勃地企圖通過印度進佔我國西南廣闊富饒的邊疆地區——西藏。19 世紀 60 年代後，英國侵略者就從印度派遣了大批特務間諜扮作傳教士和商人，潛入西藏，蒐集情報，做進攻西藏的準備。1888 年，英國侵略者公然派出軍隊，向西藏實行武裝侵略，曾遭到西藏人民英勇的抗擊。

1903 年 12 月，英國侵略者發動了大規模的新的武裝進攻。侵略軍一踏上西藏土地，立即遇到西藏軍民的英勇反擊。藏族人民不分男女老幼，拿起土槍、土炮、大刀、長矛，甚至「惡多」（這是平時打鳥、打牲口用的，為一包小石頭和一條繩子，用時把石頭用繩纏起用力甩出），奮勇戰鬥，誓死保衛祖國，保衛家園。

江孜的保衛戰最為英勇壯烈。江孜是西藏中心拉薩的屏障，藏族人民在這裏佈下了天羅地網，英勇阻擊敵人。進攻江孜的侵略軍被西藏人民和西藏地方軍隊包圍了兩個多月，最後，率領這支侵略軍的軍官只帶領了三四十個衛兵趁夜逃出重圍。

1904 年 6 月中旬，英國重新拼湊的侵略軍，攜帶各種新式武器，再次向江孜進犯。守衛在江孜的西藏地方軍隊和藏族人民一道重新佈置戰鬥，第一天就在乃尼寺把侵略軍打退。第二天，侵略軍用大炮把乃尼寺的圍牆轟倒，從缺口爬進寺內。寺內守軍，個個手持大刀，奮勇殺敵，經過兩小時的白刃戰，殺死敵人多名，後來因侵略軍愈聚愈多，才殺出重圍退出乃尼寺。他們退到江孜城內，和守衛在那裏的軍隊會合，利用江孜城內制高點的有利地勢，向進城的侵略軍英勇反擊。侵略軍用大炮、機槍幾次發動了猛攻，都失敗了。不幸，正在緊張戰鬥之時，軍隊的火藥庫突然失火爆炸，敵人

趁機發動總攻。守在山上的軍隊在彈盡藥絕的情況下，用石頭堅持戰鬥，打退了敵人好幾次進攻，直到最後，才邊打邊撤。等敵人集中火力衝到山頂時，山上已空無一人了。

江孜失守後，7月14日，英國侵略軍開始向拉薩進攻。這時，達賴十三世已經出走，而清政府駐藏大臣有泰又存心媚外，不支持抗戰，所以，雖然西藏的人民和士兵曾經英勇抵抗，但侵略軍很快就侵入了拉薩（8月3日）。

侵略軍在西藏各地殺人放火，姦淫搶掠，破壞寺廟，無惡不作。藏民游擊隊不時出沒於拉薩城內和郊區，不斷地給敵人以意料不到的襲擊。侵略者飽嘗了藏族人民的鐵拳，知道不可能長期佔領西藏土地，便急急忙忙逼迫西藏部分地方官吏簽訂所謂《拉薩條約》，匆匆退走。

《拉薩條約》規定給英國侵略者在西藏保有極廣泛的經濟、政治特權，嚴重損害了中國主權，激起了全國人民，首先是西藏人民的堅決反對。清政府對此條約也不予承認。1906年中英雙方重訂條約，英國侵略者雖然取得了一些侵略利益，但它企圖分割中國領土西藏的陰謀終於遭到失敗。

（美珍）

中國同盟會

中國同盟會（簡稱同盟會）是孫中山建立的革命組織。早在同盟會成立以前，資產階級和小資產階級知識分子的革命活動，隨着全國革命形勢的發展，已日益活躍起來。他們組成了許多革命的小團體，分散於國內外。其中影響較大的有興中會、華興會和光復

會。興中會是孫中山於 1894 年在檀香山創立的革命組織，曾在廣州和惠州組織起義，產生了不小的影響。華興會是黃興、陳天華、宋教仁等於 1904 年在長沙建立的，它主要聯絡湖南會黨，活動於湖南、湖北一帶。光復會是蔡元培、章炳麟、陶成章等於 1904 年在上海組織的，活動於江蘇、浙江一帶。這些革命小團體，各自分散活動，行動互不一致。

1905 年 7 月，孫中山從歐洲抵達日本。在全國革命日趨高漲的形勢下，孫中山感到各革命小團體的分散活動，不利於革命鬥爭的開展，有必要把它們統一起來，匯集成一股巨大的革命力量。8 月 20 日，孫中山聯合各革命團體的領導人黃興、宋教仁等在東京集會，會上決定以興中會、華興會為基礎聯合光復會，成立一個統一的革命組織——中國同盟會。推孫中山為總理，並通過了孫中山提出的「驅除韃虜，恢復中華，建立民國，平均地權」的政治綱領。

同盟會的成員比較複雜，它包括小資產階級（中小商人、留學生）、資產階級、工人和農民（主要是會黨中的成員）、華僑，以及地主階級中的反清分子。他們是在推翻清朝統治這一共同要求的基礎上聯合起來的，雖然暫時都表示承認同盟會的綱領，但在超出推翻清朝統治這一點以外，彼此在政治思想上便產生了分歧。

同盟會成立後，創立了《民報》作為機關刊物，宣傳自己的政治綱領，同改良派進行了激烈的論戰。在國內各地也建立了組織，聯絡會黨與新軍，發動過多次武裝起義，一直到發動辛亥革命，用武裝力量推翻了清朝封建專制主義的反動統治。

《民報》

（馬汝珩）

三民主義

三民主義是我國近代民主革命的先行者孫中山提出的。孫中山（1866—1925），名文，號逸仙，廣東省香山縣（今中山市）翠亨村人，出生在一個農民家庭。他幼年就喜歡聽洪秀全、楊秀清的故事，嚮往太平天國革命。後來他依靠其經營畜牧業發了家的哥哥生活，先後在檀香山和香港接受資本主義教育，耳濡目染，產生了憧憬西方資產階級「文明」的思想。19世紀末和20世紀初，帝國主義的瘋狂侵略和我國人民波瀾壯闊的反抗鬥爭，激發了孫中山「傾覆清廷，創立民國」的志願。1894年，他到檀香山聯絡華僑，成立了革命團體興中會。次年2月他返回香港成立興中會，提出了「驅除韃虜，恢復中華，創立合眾政府」的綱領，開始為建立資產階級共和國的理想而鬥爭。到了1904年前後，他又把這個綱領豐富和發展為「驅除韃虜，恢復中華，建立民國，平均地權」。1905年，同盟會成立時，接受了這個口號為綱領。孫中山把這個綱領稱為三民主義，即民族主義、民權主義和民生主義。

孫中山倡導民族主義，是為了進行反對滿洲貴族專制統治的民族革命。「驅除韃虜」並不是要驅逐滿族人民，而是要推翻以滿洲貴族為最高統治者的清政府。孫中山雖然是一位真誠的愛國者，但是他所代表的民族資產階級的軟弱性，使得他沒有能夠提出反對帝國主義侵略，以實現民族的真正獨立的戰鬥口號，這成為他的民族主義的一個缺陷。

孫中山倡導民權主義，目的在於進行推翻「君主專制政體」，建立「民主立憲政體」的政治革命。孫中山認為，中國幾千年來的君主專制政體都不是「平等自由的」，都是「國民所不堪受的」，所以，只有民族革命還不行，必須同時進行政治革命，才能實現資產

階級民主共和國的理想。按照孫中山的想法，到了那個時候，凡國民都是平等的，都有參政權，議會由民選議員組成，總統由國民公選，制定中華民國憲法，人人共守，「敢有帝制自為者，天下共擊之！」，要求推翻君主專制制度，建立資產階級民主共和國，這在當時的政治思想中是一個很大的進步。

孫中山倡導民生主義，是因為看到歐美資本主義國家的貧富懸殊和社會革命的興起，以為只要「平均地權」，就可以使中國避免重蹈歐美的覆轍，預防將來發生社會主義革命。按照他的想法，所謂「平均地權」並非要從根本上觸動封建的土地制度，「奪富民之田為己有」，而只是由國家核實地價，原價仍歸原主，革命後因社會進步所增漲的地價，將通過徵收地價稅的方法收歸國有。這種做法正是為資本主義的迅速發展創造了條件，因為這能限制地主對土地價格的壟斷，使土地更適合於工商業的發展。

上面介紹的，是辛亥革命時期孫中山的三民主義，即舊三民主義。舊三民主義是舊的半殖民地半封建社會資產階級民主革命的行動綱領，是團結當時一切反對清朝統治、反對外國侵略的人們為建立資產階級共和國而奮鬥的旗幟。1924年，孫中山對三民主義重新做了解釋，獲得了新的歷史特點：民族主義以反對帝國主義為主要內容；民權主義主張民權「為一般平民所共有」；民生主義在主張平均地權和節制資本之外，還提出了「耕者有其田」的主張。這樣，舊三民主義就發展成了聯俄、聯共、扶助農工三大政策的新三民主義。

（苑書義）

保 皇 會

戊戌政變後，梁啟超、康有為先後逃到日本東京，他們並沒有從維新運動的失敗中吸取到教訓，在政治上仍然堅持鑽改良主義這條死胡同。那時，革命思想已經在國內外廣泛傳播，孫中山建立的革命團體興中會也有了發展。康有為、梁啟超等為了抵制革命的興起，就公開樹起保皇的旗幟，成立了保皇會。他們以擁戴光緒皇帝、反對慈禧太后、鼓吹君主立憲制度為宗旨，在日本、美洲、南洋各地的華僑中建立組織，進行活動。保皇會用詭辯的詞句把君主立憲的反動主張塗飾起來，說什麼「名為保皇，實則革命」，迷惑了不少愛國的青年知識分子，就是孫中山所領導的革命團體興中會中也有不少會員受到欺騙，竟被拉到保皇會裏去了。保皇會還在海外各地大力發展組織、興辦報刊，專門搞宣傳保皇、吹捧立憲和破壞革命的勾當。其中，梁啟超在東京主辦的《新民叢報》是保皇會的喉舌，它的宣傳使不少人在思想上分不清改良和革命的界限，對革命思想的傳播起了極有害的作用。很顯然，如果不粉碎保皇會的宣傳，不戰勝《新民叢報》的影響，革命的發動就要受到極大的障礙，甚至一時成為不可能。因此，一場思想戰線上的大鬥爭，已經是不可避免的了。

1905 年 8 月，同盟會成立，接着出版了它的機關報──《民報》。以孫中山為首的革命黨人逐期在《民報》上發表論文，宣揚資產階級的革命道理，介紹西方資產階級革命時期的進步學說，同時也刊登揭穿改良派嘴臉的文章。這樣，革命派的同盟會跟改良派的保皇會就分別以《民報》和《新民叢報》為主要陣地，展開了要革命還是要改良的激烈論戰。

論戰的主要問題有三個方面：

一、要不要革命。改良派是反對革命的，他們要保皇立憲，說

革命會帶來「內亂」，招致列強瓜分，要愛國就不能革命。革命派認為要愛國就要革命，並且指出推翻清政府，正是為了救中國，拯救國家民族的危亡；清政府是賣國的政府，一日不打倒它，瓜分危機一日不除。還指出改良派嘴裏的愛國，就是愛充當「洋奴」的清政府。

二、要不要民主共和制度。改良派是反對民主共和制度的，他們極力主張君主立憲，說中國人惡劣，不配實行民主共和制度，只能請求皇帝實行君主立憲。革命派要民主共和，說中國人並不惡劣而是清政府惡劣，還揭露了改良派這種說法是給清政府的封建專制統治打掩護。他們用「中國之蟊賊」「國民之公敵」來聲討改良派。

三、要不要改變土地制度。改良派要維護封建土地制度，謾罵革命派的「平均地權」主張是為乞丐、流氓着想，是想煽動「下等社會」的人起來騷動，實行起來會破壞社會秩序。革命派要平均地權，說平均地權是為了追求革命的平等社會，不是破壞社會秩序。改良派維護封建剝削秩序和仇恨人民的面目在這一點上完全暴露了，他們的活動就遭到了更多人的反對。

經過這一場大論戰，革命派在理論戰線上擊敗了改良派，使得革命思想大大地擴展開來，促進了革命形勢進一步的發展。

（呂翼祖）

《革命軍》《警世鐘》《猛回頭》

《革命軍》為鄒容所著，《警世鐘》和《猛回頭》為陳天華所著。鄒容和陳天華都是清末著名的資產階級民主革命宣傳家。

鄒容（1885—1905）字蔚丹，四川巴縣（今重慶）人，出身於商人家庭。1902 年留學日本，並積極參加當時留學生的革命活動。

1903年回國，與章太炎一道從事革命宣傳工作，後因著《革命軍》一書被捕入獄，1905年病死於獄中，年僅二十一歲。

陳天華（1875—1905）字星台，號思黃，湖南新化人，出身於貧寒家庭。1903年留學日本，1904年與黃興等組織革命團體華興會。1905年，孫中山領導的同盟會在東京成立，陳天華是它的發起人之一，並參加書記部工作。《民報》創刊，他又參加了編輯工作，後因日本政府頒佈取締中國留學生規則，他憂憤交集，投海自殺，年僅三十一歲。

鄒容在1903年5月寫成的《革命軍》一書中，用通俗的文字宣傳了革命的民主思想。在這本書裏，他大膽揭露了清朝的封建專制統治是使中華民族陷入帝國主義瓜分危機的根源；並且指出革命是「世界之公理」，是順天應人，符合時代潮流的。他大聲疾呼，中國人民要想擺脫清朝封建統治的壓迫，在世界上取得獨立富強的地位，就必須起來革命。他根據西方資產階級革命時期的政治學說，提出了建立資產階級共和國的政治綱領，並把這個國家稱為「中華共和國」。他認為，這個國家應該是獨立和民主自由的國家，不許侵略者沾染中國絲毫的權利，永遠根絕封建主義君主專制制度。主張全國人民不分男女，都享有言論、思想、出版的自由以及選舉、被選舉的權利；同時也都負有納稅、服兵役和忠於建設新國家的義務。他還認為，新政府的任務就在於保護人民的權利，如果政府侵犯人民的權利，人民不僅有權利而且有義務立即起來革命，重建新政府。他號召人民為在中國建立這樣的資產階級共和國而起來進行長期、艱苦的革命鬥爭。

陳天華在1903年末撰寫的《警世鐘》和《猛回頭》中，運用了羣眾喜聞樂見的說唱形式及淺顯的白話文，宣傳了激烈的反帝愛國的革命思想。在這兩本書裏，他着重地指出由於帝國主義對中國進行的政治、經濟、文化等各方面的侵略，已經使中國人民完全喪失了自由，人民處於被奴役的地位。為了改變這種悲慘的境遇，他大

聲疾呼：「改條約，復政權，完全獨立」（《猛回頭》），並認為「須知事到如今，斷不能再講預備救中國了，只有死死苦戰，才能救得中國」（《警世鐘》）。因此他號召：「洋人若來，奉勸各人把膽子放大，全不要怕他。讀書的放了筆，耕田的放了犁耙，做生意的放了職業，做手藝的放了器具。齊把刀子磨快，子藥上足，同飲一杯血酒，呼的呼，喊的喊，萬眾直前，殺那洋鬼子，殺那投降洋鬼子的二毛子。」（《警世鐘》）他呼籲婦女要和男子一樣，為保衛祖國的獨立自由和捍衛民族的生存權利，對帝國主義進行頑強的戰鬥。他還指出清政府已經成為帝國主義馴服的工具，要想抵抗帝國主義的侵略，就必須推翻清朝專制統治，「這中國，哪一點，還有我份！這朝廷，原是個，名存實亡。替洋人，做一個，守土官長；壓制我，眾漢人，拱手降洋。」（《猛回頭》）因此他號召人們革命到底，爭取獨立自由，「或排外，或革命，捨死做去；父而子，子而孫，永遠不忘。這目的，總有時，自然達到」（《猛回頭》）。

鄒容着重地宣傳了反對封建專制主義的民主主義思想，而陳天華則着重地宣傳了反帝愛國的革命思想。雖然二者有所區別，但這三本書都充滿着愛國感情和不可屈服的革命意志，在辛亥革命時期都曾起過巨大的作用。

（全國華）

《蘇報》案

「《蘇報》案」是 1903 年在資產階級民主革命形勢正日趨高漲的情況下發生的。

義和團運動後，一方面民族危機空前嚴重，另一方面清政府的

賣國面目徹底暴露，於是，革命形勢開始出現了新的高漲。這時資產階級在政治上已經分成改良與革命兩個顯然不同的派別。到 20 世紀初，資產階級革命派逐漸成為一支影響較大的革命力量。許多革命志士在國內和國外成立了革命小團體，並紛紛出版書刊雜誌，宣傳和鼓動革命。《蘇報》，就是在上海發行的一個宣傳革命思想的報刊。

《蘇報》的主辦人陳範，是清朝的退職官吏。《蘇報》最初標榜的是改良主義思想，後來在革命派的影響下，逐漸傾向革命，並且與當時的革命小團體——愛國學社建立了密切的聯繫，實際上成了愛國學社的機關報。

愛國學社是 1902 年由蔡元培等在上海組成的，形式上類似學校，吸引許多資產階級和小資產階級的青年知識分子入學，由當時著名的學者章太炎等做教員，實際上卻是用來宣傳革命思想，團結革命力量的一種組織形式。

1903 年 5 月以後，《蘇報》陸續刊登了許多激烈地宣傳革命的文章，旗幟更為鮮明。當時，鄒容的《革命軍》在上海出版，章太炎的《駁康有為論革命書》也公開發表。這兩篇極其犀利的革命文字問世之後，立即產生了很大的影響，引起了清政府的敵視。接着，《蘇報》節錄了《駁康有為論革命書》中痛罵清朝統治者和揭露康有為改良主義的一段文字發表，並且發表文章，介紹《革命軍》的內容，向讀者推薦《革命軍》。這一些激烈的革命宣傳和它所產生的影響，使清政府恐慌和震怒，便公然採取鎮壓手段，下令封閉《蘇報》，逮捕章太炎、鄒容等人。

但是，《蘇報》社設在租界內，清政府不敢輕舉妄動，便請求帝國主義幫助鎮壓。1903 年 6 月底，帝國主義的「工部局」封閉了《蘇報》，逮捕了章太炎；當天晚上，鄒容自動到「工部局」投案。他們被捕後，清政府曾要求帝國主義引渡，但是，由於列強堅持自己在中國的特權，不同意引渡，結果就在租界的法庭（會審公廨）上

開審。清政府在帝國主義的法庭上以原告的身份去控告革命黨人，這種情況徹底暴露了它的依附於帝國主義、和人民為敵的面目。當時章太炎就曾指出：「這次事件是清政府公開與四萬萬人民為敵的事件。」最後，租界法庭判決章太炎三年徒刑，鄒容兩年徒刑，並查封了《蘇報》。帝國主義還通知各地領事：禁止中國人在租界內辦報紙宣傳革命和出版革命書籍。

章太炎、鄒容在帝國主義監獄中，仍然堅持鬥爭。章太炎在獄中寫了《答新聞報記者問》，在這篇文章中他滿懷信心地說：「四萬萬人民都會同情我們，而公理一定會戰勝的。」他在獄中還參與組織「光復會」的籌劃工作。但是鄒容在帝國主義監獄生活的折磨下，於 1905 年 4 月 3 日病死在獄中，年僅二十一歲。1906 年章太炎刑滿後出獄，便動身前往日本東京，參加了孫中山先生所組織的同盟會，主編《民報》。但後來他和孫中山意見不合，脫離了《民報》。辛亥革命以後，他對中國革命的前途逐漸喪失信心，思想消極退化，提倡復古，鑽研佛學。此後，逐漸從一個早期的資產階級民主主義革命者倒退為一個政治上、思想上極其保守的人物。

「《蘇報》案」發生後，鄒容的《革命軍》風行國內外，發行數量達到了清末革命書刊發行的第一位，使革命思想在國內外產生了廣泛的影響。

（馬金科）

秋　瑾

秋瑾（1875—1907）是清末有名的資產階級女革命家，字璿卿，別字競雄，又稱鑑湖女俠，浙江紹興人。她出身於封建官僚家

庭，幼時讀書很聰明，能寫一手
好詩文。二十二歲時，在家庭的
包辦下，與湖南湘潭的封建官僚
子弟王廷鈞結婚。

秋瑾受到封建家庭的束縛，
時常感到憤憤不平。後來看到清
政府的腐朽賣國和帝國主義的野
蠻侵略，便逐漸產生了為婦女謀
求解放和推翻清朝腐朽統治的宏
大志願。1900 年，她住在北京，
親眼看到帝國主義侵略中國的無

秋瑾

數暴行，更加強了從事革命的決心。她在《致某君書》裏就堅決地
說：「吾自庚子（指 1900 年八國聯軍侵入北京事件）以來，已置吾
生命於不顧，即不獲成功而死，亦吾所不悔也。」可見這時她已下
定了為革命情願犧牲自己生命的決心。在這種強烈的革命思想推動
下，1904 年，秋瑾毅然決然地衝破封建家庭的樊籠，離開了丈夫和
子女，隻身去日本留學，開始踏上了革命生活的道路。

在日本留學期間，秋瑾積極地進行革命活動，與革命黨人劉道
一等組織了祕密團體「十人會」。1905 年，孫中山由歐洲到日本，
成立了同盟會，秋瑾立即加入，被推為評議部評議員和浙江省主
盟人。她還聯絡當時留日的女同志，組織「共愛會」，自己擔任會
長。清政府勾結日本政府，頒佈取締中國留學生規則，壓迫留日學
生，秋瑾憤然返歸祖國，在上海創辦中國公學。1906 年，由徐錫麟
介紹，加入了光復會。和一些同志在上海設立革命機關，並主持了
《中國女報》，進行革命宣傳活動。

1906 年，同盟會發動了萍（鄉）瀏（陽）醴（陵）起義，全國
革命形勢洶湧澎湃。這時秋瑾返回紹興，主持大通學堂。大通學堂

原為徐錫麟、陶成章等創辦，是光復會訓練幹部、組織羣眾的革命據點。在大通學堂，秋瑾為了進一步訓練革命力量，成立了「體育會」，招納會黨羣眾和革命青年，進行軍事操練，並積極聯絡浙江各地的會黨，組成「光復軍」，推徐錫麟為首領，秋瑾任協領，積極地進行起義的籌備工作。

1907 年 5 月間，徐錫麟準備在安慶起義，約秋瑾同期於浙江的金華、處州等地響應。但徐錫麟起義計劃先期泄露，7 月 6 日，徐錫麟倉促地刺殺安徽巡撫恩銘，在安慶發動起義。由於準備不夠充分，起義很快失敗，徐錫麟也被捕犧牲了。安慶起義的失敗，使秋瑾主持的浙江地區起義計劃完全泄露，形勢十分危急。當時有人勸秋瑾暫時走避，秋瑾毅然地拒絕說：「我怕死就不會出來革命，革命要流血才會成功……我決不離開紹興。」

1907 年 7 月 13 日，清軍包圍大通學堂，經過一場激烈戰鬥，終因寡不敵眾，大通學堂學生的抵抗失敗了，清軍逮捕了秋瑾。審訊時，敵人雖用酷刑逼供，但秋瑾堅貞不屈，沒有吐露半點革命機密，只堅決回答清吏說：「革命黨的事，不必多問！」清朝官吏只好偽造供詞，捏造罪證，草草結案。7 月 15 日，秋瑾於紹興軒亭口英勇就義，死時年僅三十三歲。

（馬汝珩）

中國最早的鐵路

中國最早的鐵路，是 1881 年修成的唐胥鐵路，從唐山到胥各莊，計十八里。修築的目的是便利開平煤礦向外運煤，把煤礦同運河銜接起來。以後，這段鐵路逐漸由兩端向東西延伸，斷斷續續

地，到了 1911 年，京瀋鐵路才全部修通。

在這以前，外國侵略者很早就想在中國修鐵路。他們知道，不僅鐵路本身可以營利，更重要的是鐵路可用來推銷他們的商品，掠奪中國的農產品和豐富的自然資源。同時，築成鐵路對他們進一步擴大政治和軍事侵略，也將提供更為方便的條件。所以，在 1864 年，就有一個叫作史提芬森的英國人，做了一份中國鐵路系統計劃，送給清政府。這個鐵路計劃是：以漢口為中心，東至上海，通向太平洋，西經四川、雲南，通往英國當時的殖民地印度，大體上是沿着長江，用一條橫貫東西的鐵路，把中國納入英國的殖民體系中去。清政府拒絕了英國人的這份計劃，說如果要修鐵路，中國人會自己來修的。腐朽落後的清政府拒絕這份計劃的真正原因，並不是為了保衛國家主權，而是害怕帝國主義修了鐵路，危脅自己的封建統治。第二年，另一個叫作杜蘭德的英國人，在北京宣武門外，私自修起了一條一里左右的輕便鐵路，用來打動清政府。清政府不但不為所動，而且下令將之拆除。可是英國人並沒有死心，1876 年，又在上海吳淞間，擅自修了一條淞滬輕便鐵路。清政府發覺後，非常生氣，提出強烈抗議，經過許多交涉，才用二十八萬五千兩銀子買了過來，全部拆除，把器材丟在海裏。這樣，外國侵略者的目的沒有達到，清政府對這種新式交通工具，也沒有發生興趣。不過此後不久，在清政府內部，關於修鐵路的問題，卻發生了很大的爭論。這一爭論一直持續了近二十年。

爭論的一方是守舊派官僚，他們從極其落後和自私的心理出發，擔心鐵路修成之後，原來的舊商路都要廢棄，商稅就要減少。他們還特別害怕鐵路修成以後，原來的船工車伕大批失業，這些人會起來造反，反對自己的統治。更可笑的是，他們還說：火車冒煙要燒壞莊稼，架橋樑，開山洞，移墳墓，會破壞風水，使祖宗之靈不安，山川之神不寧，等等。

另一方主張修鐵路的開始只是少數人，主要是一些洋務派官僚。他們在內政外交上都很有勢力，是當時的實力派。他們認為，修鐵路既便於調運軍隊，又便於轉運糧食，對加強封建政府對人民的統治，是一項非常重要的和必需的措施。同時，這些洋務派官僚知道，興辦鐵路不但可以為列強效力，加強相互之間的勾結，提高自己的政治地位；而且能夠從中漁利，大發橫財。因此，儘管朝廷內外輿論激烈反對，他們還是堅持要修。

在這場統治階級的內部爭論中，清政府對修路的政策也反反覆覆，動搖不定。比如前面說到的唐胥鐵路的修築，起初本來批准了，但是還未動工，又改變主意，不許修建了。後來再次同意修建了，可是仍然不准使用機車。所以唐胥鐵路在開始的時候，竟出現了用騾馬拉着列車在軌道上行走的怪現象。

經過洋務派的力爭，守舊派的阻撓逐漸被戰勝了，然而清政府籌不出資金，不能大舉興辦鐵路。主持修築鐵路的洋務派官僚非常腐敗，辦不好事情，已經修建的鐵路，效率很差。特別是外國侵略勢力，通過不平等條約和借款，攫取了在中國修築鐵路的特權，幾乎完全控制了鐵路的修造和經營管理，這就更加妨礙了中國鐵路事業的正常發展。所以在清末，中國自辦的鐵路，不但少得可憐，而且辦得很糟。百分之九十以上的鐵路都直接或間接落在帝國主義控制之下。

（潘喆）

保路運動

保路運動又稱「鐵路風潮」，是廣東、湖南、湖北、四川等省人民反對清政府將民辦的川漢、粵漢鐵路（合稱為湖廣鐵路）出賣

給帝國主義的羣眾運動。

　　帝國主義為了進一步奴役中國人民和掠奪中國財富,從 19 世紀末以來,便開始對中國進行鐵路投資,爭奪鐵路的修築權。粵漢、川漢鐵路是溝通南北和深入內地的兩條重要幹線,因而就成為帝國主義爭奪的目標。

　　早在 1898 年,大買辦盛宣懷和美國就訂立合同,借美金四千萬元,把粵漢、川漢鐵路的修築權讓給美帝國主義。這個賣國行為立即遭到羣眾的堅決反對。後來經過廣大人民,特別是廣東、四川、湖南、湖北四省人民和紳商的長期鬥爭,才收歸自辦。當時,由於清政府缺乏財力,一般工商業者的經濟力量又很薄弱,無力籌劃築路經費,因此,便採用徵集「民股」的辦法,由地方政府在稅收項下附加租股、米捐股、鹽捐股來聚集資金。負擔最重的是廣大窮苦的勞動人民,他們掙扎在飢餓線上,還要在苛捐雜稅的重重剝削之外,勉力繳納「股金」,甚至為此賣兒賣女。當時四川有一首歌謠裏說:「最可憐的是莊稼漢,一兩糧食就要出這項錢」,正是當時情況的真實反映。經過幾年的籌集,鐵路股本已收集了不少,四川、廣東收到一半以上,粵漢鐵路已開始修築,川漢鐵路從宜昌到萬縣的一段也已動工,從當時實際情況來看,這兩條鐵路是可以自力修成的。但是,帝國主義不肯讓中國自己修成鐵路,它們利用清政府財政困難進行要挾。1911 年 1 月,清政府在大買辦盛宣懷的「利用外資開發實業」的建議下,又大借外債,和美、英、法、德組成的四國銀行團訂立了鐵路借款合同,宣佈鐵路幹線國有政策。

　　根據借款合同,美、英、法、德等帝國主義不但掌握了路權,而且還要以湖南、湖北兩省的鹽稅厘金作為抵押,所以,所謂鐵路「國有」,不但剝奪了中國人自辦鐵路的主權,而且實際上是把全部川漢、粵漢鐵路完全拍賣給帝國主義了!廣大人民在兩路籌辦的時期內,吃盡了苦頭,現在看到清政府公然出賣路權,更加憤恨;許

多紳商也因鐵路國有損害了他們的利益，非常不滿，於是，一個具有廣泛羣眾基礎的、轟轟烈烈的保路運動爆發了。

保路運動是由民族資產階級上層的代表立憲派發起的。他們叩頭請願，向清政府請求「收回成命」。湖南的紳商，聚集於諮議局開會，散發傳單，指責鐵路國有政策。湖北紳商派代表去北京請願。廣東也召開粵漢路股東會議，要求維持商辦。四川成都的立憲派要市民供奉光緒帝神位，並從光緒帝的立憲論旨中摘出「庶政公諸輿論」「鐵路准歸商辦」兩句話作為口號，表示他們不反對朝廷，只為「爭路」的政治態度。

在各省紳商向清政府請願的同時，各省的廣大人民突破請願運動的限制，掀起了激烈的反抗鬥爭。四川各府州縣遍設保路同志會，參加者數十萬人；萬餘湖南長沙、株洲工人舉行了罷工示威，湖南學生也舉行罷課；數千湖北宜昌築路工人與清軍發生了武裝衝突；留日學生也聲援保路運動，提出「路存與存，路亡與亡」的口號；旅美的廣東華僑也集會反對，決議：「粵路股銀，皆人民血汗⋯⋯有劫奪商路者，格殺勿論。」這時，革命黨人乘機展開活動，湖北詹大悲在《大江報》上發表文章，鼓吹革命；同盟會員陳少白在香港主辦的《中國日報》及其他港報，都刊載了反對鐵路國有的言論，抨擊清政府。

在保路運動中，以四川人民的反抗最為激烈。工人、農民、學生、市民紛紛投身到運動中來。在四川總督趙爾豐用武力血腥鎮壓成都請願市民而造成「成都慘案」之後，四川人民更被激怒了，保路運動很快發展成為聲勢浩大的武裝起義。同盟會積極地展開了革命活動。同盟會員龍鳴劍、王天傑等人聯合哥老會，組成保路同志軍，佔據了一些州縣，圍攻成都，鄰近各州縣的農民也紛起響應。當時，回到四川工作的同盟會員吳永珊（玉章）也於榮縣組織起義，而且一度宣佈獨立，建立革命政權。這樣，就更促進了革命形勢的

高漲。就在四川人民展開聲勢浩大的武裝鬥爭，而清政府加緊鎮壓的時候，1911 年 10 月，湖北新軍中的革命黨人（文學社、共進會）發動了武昌起義，辛亥革命爆發了。

（馬汝珩）

黃花崗七十二烈士

　　同盟會成立以後，曾多次發動武裝起義，結果都失敗了。到 1910 年春，部分革命領導者如黃興等，對革命前途產生了悲觀失望的情緒。為了鼓舞士氣，準備再舉，孫中山召集他們在馬來西亞的檳榔嶼開會。孫中山鼓勵大家說：「今日革命風潮已盛，民心歸向我們，只要我們意志不衰，困難是擋不住我們前進的！」經過討論，大家決定：1911 年春在廣州集合各省革命之精英，發動大規模起義，先佔廣州，再由黃興統率一軍出湖南湖北，由趙聲帶領一軍出江西攻南京，兩軍會師長江，然後長驅北上直搗北京，傾覆清廷。

　　會後，一部分革命黨人到南洋和歐美各地，向華僑募集革命經費，經過革命黨人的宣傳鼓動，各地愛國僑胞，都積極捐款相助，有的人甚至變賣家產以助之。這次捐款共得十幾萬元，經費問題基本解決。1910 年底，黃興、趙聲等返回香港，着手籌備起義，成立了領導機關──「統籌部」，黃興任部長，趙聲為副部長，統一領導起義的準備工作。接着，革命黨人紛紛潛入廣州，熟悉環境，刺探敵情，還設立了許多祕密機關。為了轉運軍火，他們常常將女同志打扮成新娘，利用花轎來抬運槍支、炸彈。經過幾個月的籌劃，準備工作大體上就緒，革命黨人摩拳擦掌，只等一聲號令，就發動起義。

黃花崗起義浮雕

　　起義的日期原定在 1911 年 4 月 13 日，不料在 4 月 8 日發生了革命黨人溫生才刺殺廣州將軍孚琦的事件（他本來計劃刺殺水師提督李准，結果刺中的是孚琦），清廷立即加強了戒備，廣州戒嚴，並且到處搜捕革命黨人。這樣，原定的起義計劃受到了影響。

　　以後，形勢日有變化，起義日期幾次改變，最後確定在 4 月 27 日發動起義。

　　4 月 27 日下午，黃興在小東營住所召集了隊伍，每人發給白毛巾一塊，纏在左臂作為標誌。許多革命黨人抱定為革命犧牲的決心，事先寫好了絕命書，如林覺民給他父親寫的絕筆信說：「兒死矣！唯累大人吃苦，弟妹缺衣食耳。然大有補於全國同胞也。」起義即將發動，白髮蒼蒼的譚人鳳趕到，要求加入，黃興婉言拒絕說：「先生年老，後方尚需人照料，這是決死隊，望老先生不要去。」譚人鳳很生氣地說：「你們不怕犧牲，難道唯獨我怕死嗎？」黃興等

很受感動，只好發給他兩支手槍。

　　下午五點半鐘，螺號齊鳴，起義的時間到了。革命隊伍人人精神抖擻，鬥志昂揚。黃興率領先鋒隊直撲總督衙門，兩廣總督張鳴岐聞風逃跑，黃興等找不到張鳴岐，就放起火來，當他們退出衙門的時候，碰到了敵人的大隊人馬。林時爽誤信其中有革命黨人，便挺身向前，企圖曉以大義，不幸，話未說完，便中彈犧牲了。接着，激烈的戰鬥開始了。革命黨人數雖少，但人人奮勇當先，十分英勇，給敵人很大打擊。如喻雲紀等一路，先由後面進攻總督衙門，後又攻打督練公所，喻雲紀胸前掛着滿滿一筐炸彈，所向披靡，敵人十分害怕。不過，由於革命黨人沒有發動廣大羣眾參加鬥爭，仍然以單純的軍事行動為主，結果，在寡不敵眾的情況下，犧牲很大，不得不退出戰鬥，起義終告失敗。

　　這次起義，因為是在陰曆三月二十九日發動的，所以叫作辛亥三月二十九日廣州起義。在這次起義中，許多革命黨人壯烈犧牲，一部分人被捕後英勇就義。後來廣州人民收得屍體七十二具，合葬於黃花崗。因此，這次起義又稱作「黃花崗起義」。

（胡俊明）

文學社　共進會

　　文學社和共進會是兩個資產階級性質的革命團體，是武昌起義的發動者。

　　文學社，1911 年 1 月成立於武昌，它是同盟會在湖北新軍中的革命團體（新軍是清政府採用新式武器裝備的，以「西法」編練起來的一支近代化的軍隊），領導人蔣翊武（社長，同盟會員）、王憲

章（副社長）、劉堯澂（評議部長，同盟會員）等都是貧寒家庭出身的知識分子。他們投身行伍，在新軍士兵中進行了艱苦的革命宣傳和組織工作，同時還出版《大江報》，公開宣傳民主革命思想，他們曾以「大亂者救中國之藥石也」「亡中國者和平也」等為題發表評論，猛烈地抨擊清政府，熱情地讚美革命。文學社的這些活動大大加強了新軍士兵的革命情緒，不到半年，參加文學社的便從八百餘人驟增至五千人以上。

共進會於 1907 年秋成立於日本東京，組織者是同盟會內一部分和會黨有聯繫的會員，如四川張伯祥，湖北劉公、孫武，湖南焦達峰等。他們希望藉此改變同盟會與會黨隔絕的局面，把全國所有的會黨通通聯合起來。共進會的入會誓詞與同盟會相同，其中只有「平均地權」改為「平均人權」。當時的解釋是：「滿人壓迫漢人，人權不平均，所以要平均人權。」其實當時壓迫「漢人」和其他各族人民的，除了以滿族貴族為首的反動統治者以外，還有帝國主義。1908 年秋，共進會着手派人回國，「運動軍隊，運動會黨」。第二年春天，孫武回到武漢，創立了共進會鄂部總會，以孫中山名義相號召，積極開展活動。他們聯絡會黨羣眾祕密編成五鎮（一鎮相當於一師）軍隊，準備待機起事。但因會黨不受約束，編制未成，起義計劃即遭破壞。從此共進會鄂部總會便將工作重心從會黨轉向新軍，希望依靠新軍為主力，以會黨做補充，爭取武裝起義的勝利。

文學社和共進會的基本成員都是新軍士兵。當時湖北新軍共約一萬六千人，參加文學社的有五千多人，有兩千多人參加了共進會；文學社和共進會在各標、營、隊都建立了比較嚴密的代表制度，因而在事實上已經控制了湖北的新軍。這就為武昌起義的迅速勝利創造了條件。

文學社和共進會本來是各自為政、不相統屬的。同盟會領導人

譚人鳳曾經勸導他們要「和衷共濟，相輔而行」。加上革命形勢的突飛猛進，客觀上也要求他們儘快聯合起來。因而他們幾經磋商，終於在 1911 年 8 月建立了暫時的聯盟，成立了臨時組織，劉公任總理部總理，孫武、蔣翊武分任軍務部正副部長，並組成總指揮部，蔣翊武任總司令，孫武為參謀長，統一領導起義的準備工作。武昌起義就是依靠這個聯盟發動的。武昌起義後，文學社社員全體加入同盟會，共進會會員有的參加了同盟會，有的另組民社，和同盟會分庭抗禮。

（苑書義）

武昌起義

　　武昌起義發生在 1911 年 10 月 10 日。這次起義是中國資產階級、小資產階級和廣大的人民羣眾，為反對帝國主義的代言人——清朝封建政權而掀起的革命鬥爭，是在同盟會的影響和湖北革命團體文學社、共進會的直接組織領導下進行的。

　　自 1905 年孫中山領導組織了同盟會以後，中國革命運動進入了一個新的發展時期。到了 1911 年，革命高潮已經到來。這一年春天，緊接在全國各地爆發的搶米、抗捐、抗稅的鬥爭之後，又爆發了轟轟烈烈的廣州（黃花崗）起義，接着，兩湖、四川、廣東等地人民又掀起了洶湧澎湃的保路運動。清朝反動統治好比一所即將倒塌的破屋，完全呈現出土崩瓦解之勢。

　　湖北在中國近代史上歷來是一個重要的革命地區。武漢素稱九省通衢，既是清廷統治的心腹要地，也是革命勢力活動的中心之一。在這裏，早在 1904 年便成立了革命團體「科學補習所」，以

後又有日知會、共進會等革命團體的建立。同盟會成立後,曾經派人到這裏成立湖北分會,與日知會建立了聯繫。日知會很重視革命的宣傳組織工作,他們在當地的新軍中曾經做了許多深入、細緻的工作。以後成立的軍隊同盟會、臺治學社、振武學社、文學社等,幾乎都是新軍中的革命組織。文學社繼承着日知會的傳統,他們不但在新軍中發展了很多革命同志,而且培養了一批骨幹力量。當時湖北新軍約有一萬六千人,參加文學社的就有五千多人,還有許多參加了共進會。共進會主要在會黨中做工作,在下層羣眾中很有影響。由於這兩個革命團體的積極努力,湖北地區的革命運動獲得了深厚的羣眾基礎和良好的條件。

「保路運動」爆發以後,文學社和共進會認為發動起義的時機已經成熟,便於八月間組成湖北革命軍總指揮部,推定文學社負責人蔣翊武為總司令,共進會負責人孫武為參謀長,劉堯澂、彭楚藩等為軍事籌備員,籌劃起義工作,並定於中秋節(10月6日)起義。後因準備不及,又決定將起義日期推後十天。

10月9日孫武等在漢口俄租界寶善里十四號製造炸彈,不慎失事,彈藥爆炸。孫武頭部受傷被送入醫院,其餘各人被迫倉促轉移。該處所藏準備起義的旗幟、符號、文告、印信等物,為聞聲趕來的軍警搜去,起義領導機關及其主要人物因此暴露。清政府立即派軍警四處搜捕。蔣翊武看到事機危迫,發出緊急命令,決定當晚十二時舉行起義。規定由南湖炮隊在晚間十二時鳴炮為號,城內外新軍各標營聽到炮聲一齊動作。這時,劉堯澂、彭楚藩、楊洪勝等先後被捕,形勢已十分緊張,但起義命令沒有送到、信炮未發,各標營還在等待觀望。

劉堯澂、彭楚藩、楊洪勝被捕後,表現了革命英雄堅貞不屈的高貴品質。他們在敵人的酷刑之下,毫不動搖,直到10月10日清晨湖廣總督瑞澂下令殺害他們,仍然堅定不移,高呼革命口號,從

容就義。三烈士被害後，瑞澂等一面繼續搜捕革命黨人，一面嚴禁新軍各標各營互相往來，情況更加緊急。

清廷以為恐怖的屠殺足以遏制革命的爆發，然而事實恰好相反，革命熱情高漲的廣大新軍士兵，懷着滿腔憤怒，自發地起來進行武裝反抗。當天晚上（10月10日），駐武昌城內黃土坡的第八鎮所屬工程第八營，革命黨人熊秉坤、金兆龍等打響了第一槍，轟轟烈烈的武昌起義，就這樣開始了。

起義發動以後，熊秉坤等率眾直奔楚望台軍械局。把守軍械局的工程營士兵紛紛加入起義隊伍，大大加強了起義士兵的戰鬥力和信心。駐守軍械局的工程營左隊隊官吳兆麟，曾經參加過革命團體日知會，被推為臨時總指揮，帶領隊伍往攻總督衙門。這時各標營新軍革命士兵聽到槍炮聲和工程第八營起義的消息後，也都紛紛起義，聲勢更加浩大。在猛烈的攻擊下，瑞澂破牆而逃，跑到停泊在長江的楚豫兵艦上躲了起來。第八鎮統制張彪聞變後也

武昌起義

逃往漢口劉家廟。經過一夜戰鬥，到 11 日拂曉，武昌就被革命軍全部佔領了。

起義取得了第一步的巨大勝利後，如何建立一個革命的政權，就成為刻不容緩的大事。然而，起義的士兵在當時還不能認識到由自己掌握政權的重大意義。在他們看來，新的革命政權的領導者，應該是社會上有聲望的人物。當時，孫中山還在國外，起義前原推定的總司令蔣翊武因機關破壞逃亡在外，孫武又因製造炸彈受傷，還在醫院治療，各標營代表資歷較淺，而且各不相下。怎麼辦呢？一時都拿不出主意。這時立憲黨人就乘虛而入，他們推薦了曾經殺害起義士兵的原清軍協統（相當於旅長）黎元洪，認為他是最合適的人選。當天午後就在立憲派首領湯化龍主持之下，開會決定成立湖北軍政府，以黎元洪為都督，湯化龍為民政總長。這樣，起義後第一個建立起來的革命政權，就被封建官僚和立憲派分子竊據了重要的職位。

在廣大人民的響應和支持下，革命形勢在全國範圍內迅猛地向前發展，到了 11 月下旬，全國二十四個省區，已經有十四個省先後宣佈獨立。腐敗不堪的賣國的清政府，終於被推翻了，兩千多年的封建帝制也從此結束。

（應清）

中華民國的成立

武昌起義以後，各省紛紛響應。到 11 月間，全國絕大多數省份都已宣告獨立，與清政府斷絕關係。清政府陷入土崩瓦解的局面。客觀形勢要求有一個統一的領導機構，作為革命的領導中心。

11 月初，宣告獨立的各省的代表開始商討組織臨時中央政府。12 月 29 日選舉孫中山為臨時大總統，1912 年元旦，孫中山在南京宣誓就職，宣告成立臨時中央政府，中華民國正式誕生。

　　中華民國的誕生不僅宣佈了統治中國兩千多年的封建君主專制制度的死刑，而且在廣大群眾面前樹立了資產階級共和國的具體形象，從而使民主共和國的觀念深入人心。但是中華民國並不是在徹底打碎舊的國家機器的基礎上建立起來的。辛亥革命並沒有觸動舊的封建的、半封建的、半殖民地的經濟和政治制度，而且領導這次革命的資產階級既沒有掌握一支革命武裝作為支柱，又不能充分發動群眾，尤其是以農民群眾來作為自己依靠的力量。因此，中華民國雖宣告成立，但是它如同建築在沙灘上的房屋一樣，沒有什麼基礎，在帝國主義和封建勢力的反擊之下，很快就只剩下一個空名，而實際上仍為大地主、大買辦階級統治的國家。

　　從中華民國的誕生開始，帝國主義便採取了種種卑劣手段，力圖絞殺它。在經濟上，它們一方面扣留革命勢力管轄地區的全部海關收入，另一方面對北洋軍閥的頭子、大地主、大買辦的代表人物袁世凱給予大量的經濟援助。在外交上，一方面拒絕承認中華民國，另一方面極力扶持袁世凱竊奪政權。不僅如此，帝國主義還以軍事行動恫嚇革命派，長江上集中着英、日、美、德各國的軍艦，日、俄兩國還把軍隊直接開入東北，企圖乘機打劫。

　　袁世凱由於得到了帝國主義的支持，便肆無忌憚地對革命派實行一打一拉的狡猾伎倆，向革命猖狂進攻。混入革命的立憲派則聯合資產階級右派（妥協派）逼迫孫中山向袁世凱妥協，叫嚷如果不向袁世凱讓步，就有亡國的危險。孫中山在中外反革命勢力的夾攻和妥協派的壓力下，表示如果清帝退位，袁世凱宣佈贊成共和，誓守參議院所定的《臨時約法》，即選袁世凱為臨時大總統。袁世凱便抓住機會，逼迫清帝於 1912 年 2 月 12 日宣佈退位，並致電南京

政府聲明擁護共和。南京參議院這時只好選舉袁世凱為臨時大總統。

　　孫中山被迫與袁世凱妥協，但對袁世凱是存有戒心的。因此，在辭去臨時大總統的職位時，就提出了一些條件來束縛袁世凱。然而，因為沒有實力做後盾，這些條件不但沒有什麼約束的力量，而且很快就被袁世凱用狡猾手段破壞了。3月10日，袁世凱在北京就任臨時大總統。4月5日參議院又議決將臨時政府遷到北京。中國人民經過長期努力而爭得的革命果實，就這樣被大地主、大買辦的代表人物袁世凱所篡奪。

（全國華）

《中華民國臨時約法》

　　《中華民國臨時約法》（以下簡稱《臨時約法》）是在1912年3月，經南京臨時參議院制定，由中華民國第一任臨時大總統孫中山頒佈的一部法律。這是一部具有資產階級共和國憲法性質的法律。

　　《臨時約法》是辛亥革命的重要成果之一。清朝末年，中國人民為了爭取國家的獨立和民主，進行了不懈的鬥爭。以康有為為首的資產階級改良派，發動了著名的戊戌變法運動，幻想在保持清朝統治的基礎上，實行君主立憲，結果，遭到了清政府的鎮壓而失敗，改良主義的道路並沒有走通。以孫中山為首的資產階級革命派和改良派不同，他們的理想是從根本上推翻清朝的統治和封建君主專制制度，在中國實行資產階級的民主政治。因此他們採取了革命的手段，屢蹶屢起地進行武裝鬥爭，終於推動了辛亥革命的爆發。這次革命推翻了清朝的統治，結束了中國兩千多年來的封建帝制，產生了中華民國和以孫中山為首的革命的南京臨時政府。有了這個勝

利，資產階級革命派才能把自己的理想制成法律，並且把它頒佈出來。因此，《臨時約法》是革命鬥爭的產物。

《臨時約法》一共七章五十六條，主要內容可以分成三個方面：

第一，規定了國家的政權性質。約法明確規定：「中華民國之主權，屬於國民全體。」宣佈了中國已不再是皇帝或少數人壟斷的專制國家，而是「國民全體」的民主的國家。

第二，規定了國民的民主權利。約法寫下了國民有言論、著作、出版、集會、結社等自由權，有保有財產和營業的自由權，有選舉和被選舉權等。

第三，規定了國家的政治制度。中國資產階級革命派為了防止專制獨裁的再現，採取了內閣制。約法規定由參議院、臨時大總統、國務員和法院行使國家的統治權，對臨時大總統的權力做了限制。臨時大總統不但要執行參議院的決議，而且還要受國務員的制約。參議院是國家的立法機關，由各省選派的議員組成，有權議決一切法律，決定國家大政。臨時大總統由參議院選舉產生，代表臨時政府，總攬一切政務。但臨時大總統在制定官制官規、任命國務員和外交使節、宣戰媾和、締結條約以及宣告大赦等問題上，都必須取得參議院的同意。國務總理和各部總長都稱為國務員，國務員輔佐臨時大總統擔當政府工作。臨時大總統在提出法律案、公佈法律和發佈命令時，需要由國務員副署，表明國務員也要負其責任。臨時大總統和國務員的這種關係，就是內閣制的體現。

可惜，《臨時約法》最終並沒有得到實現。辛亥革命是一次不徹底的革命，革命的果實不久就被帝國主義和封建勢力的代表袁世凱竊奪了。袁世凱竊取政權之後，為了恢復封建的獨裁統治，立即破壞了資產階級民主共和的原則，撕毀了《臨時約法》，把中華民國變成一塊空招牌。

（潘喆）

走向共和。

袁 世 凱

袁世凱（1859—1916）是河南項城人，號慰亭，別號容庵。他的伯祖父袁甲三是清朝的大官僚，在太平天國時期，以鎮壓捻軍出名袁保中（袁世凱生父）在老家仗勢作惡，是當地地主武裝的首領。袁世凱從小就過繼給他的叔父袁保慶做兒子，袁保慶亦在清朝軍隊中當官，長期跟隨袁甲三鎮壓革命。

袁世凱年輕時候是一個花花公子，整天遊手好閒，尋歡作樂，學會了一套流氓無賴的本領。他為人十分陰險、奸詐，無惡不作。在其生父、叔父都死去以後，他參加科舉屢試不中，這才跟隨著他叔父的一個朋友到軍隊中當了一名很低的文職官員，開始了他的政治生涯。

袁世凱原先只是一個微不足道的小官，但因為他很會鑽營拍馬，又諳於洋務，很合李鴻章的心意，就逐漸得到了重用。中日戰爭後，他被派到天津附近的小站訓練新式陸軍，從此掌握了一支軍隊，有了發家的本錢。以後，他就靠着這支反動武裝，從事反革命活動，步步高升。

1898 年，袁世凱向慈禧太后告密，使康有為等領導的戊戌變法運動遭到鎮壓而失敗。1900 年，他又幫助列強在山東鎮壓義和團運動。這樣，就更加得到了清朝統治者和帝國主義的賞識。1901 年，李鴻章臨死時，特地向清朝皇帝推薦袁世凱為直隸總督兼北洋大臣。從此他成為清朝統治集團中很有權勢的一個大官僚了。

為了報答帝國主義和中國封建統治者的賞識和提拔，袁世凱一方面繼續擴充軍隊，增強自己的實力，另一方面更加緊了反革命活動。1905 年，他鎮壓了反美愛國運動，此後又在轟轟烈烈的收回路權運動（收回帝國主義在中國修築鐵路的特權）中，不顧中國人民

的反對，和英、德兩國訂立津浦鐵路借款合同，和英國訂立滬杭甬鐵路合同。

1911 年武昌起義爆發，清朝統治迅速走向崩潰。帝國主義看到這種情況，決心另找代言人來代替清朝統治者。他們認為袁世凱是最合適的人物。但這時的袁世凱因為滿洲貴族的排擠，已經被迫辭職，賦閒在家。於是帝國主義就極力製造言論，說收拾殘局「非袁不可」。清朝統治者這時已經走投無路，見帝國主義如此推重袁世凱，權衡輕重，覺得除了起用袁世凱也別無他法。於是，袁世凱在 1911 年 11 月，被重新起用，擔任內閣總理大臣，掌握軍政大權。帝國主義看到他們中意的人選上了台，非常滿意，英國政府甚至在袁世凱就任之前，就迫不及待地表示「這樣的政府將會得到我們所能給予的一切援助。」

袁世凱在帝國主義支持下上台後，立即着手對付革命勢力。他知道在當時那樣高漲的革命形勢之下，光用武力不可能把革命鎮壓下去，於是施展了陰險詭詐的兩面派手法：一方面派他的北洋軍向革命軍猛攻，以武力相威脅；另一方面又虛偽地表示願意和革命派談判議和，放出「和平」的煙幕。這種一打一拉，軟硬兼施的手法非常毒辣。革命派果然被袁世凱的「和平」偽裝蒙蔽了。他們沒有識破袁世凱的面目，反而以為袁世凱傾向革命，可以利用，因而接受了和平談判，甚至推遲了臨時大總統的選舉，虛位以待袁世凱倒戈反正。

1911 年 12 月 18 日，雙方開始談判。在談判中，帝國主義一直給予袁世凱極大的支持。它們表面上偽裝中立，實際上卻張牙舞爪，對談判橫加干涉。談判才一開始，英美等六國就聯合發出照會，威脅革命派必須盡速和解，以後又動員帝國主義報紙，製造輿論壓力，硬說談判如果破裂，要由革命派負責，甚至表示如果談判不成功，就要實行武裝干涉。談判期間，革命派在南京成立了中華

民國臨時政府，選舉了孫中山為臨時大總統，帝國主義非常恐懼，於是更加惡毒地進行攻擊，英國甚至陰謀支持袁世凱在北方另組臨時政府來對抗。由於中國資產階級的軟弱性，革命派經不住帝國主義的威脅、詭詐，對袁世凱抱有很大幻想，被迫節節退讓，最後以袁世凱逼清帝退位，就選他做臨時大總統為條件，達成了協議。

袁世凱的和平欺騙手法達到了目的，1912 年 2 月，他就轉過來逼迫清朝皇帝退了位，孫中山也就按照協議讓出了臨時大總統的職位。

（汝丰）

宋 教 仁

宋教仁是辛亥革命時期的一個資產階級政治活動家。

1904 年，宋教仁和黃興等一起在長沙創立了革命團體「華興會」。這個革命團體成立以後，就決定於該年陰曆十月慈禧太后的生日那天，在湖南發動起義。但是，由於計劃被泄露，起義沒有成功。參加起義的革命者被清政府到處追捕，宋教仁在國內無法存身，只好逃亡日本。1905 年，孫中山在日本聯合「華興會」「光復會」等革命團體組織「同盟會」，宋教仁便是其中一個積極的參與者。

1912 年，袁世凱竊取了辛亥革命的勝利果實以後，宋教仁和當時許多同盟會會員一樣，並不認為把革命的政權交給袁世凱是一個嚴重的錯誤。他反而認為民國已經建立，革命已告成功了，於是就沉浸在建設這個空有其名的資產階級共和國的夢幻之中。

袁世凱所要的不是什麼資產階級民主共和國，而是代表舊勢力的獨裁統治。他上台以後，就開始集中權力，排擠革命勢力，逐漸暴露出其面目。當時迫切的問題是通過革命手段與其進行鬥爭，把

革命果實奪回來。但是，作為同盟會實際負責人之一的宋教仁，放棄了這一主張，仍然力謀和袁世凱妥協。他提出了「新舊合作」「朝野合作」的口號，幻想通過所謂資產階級的「政黨政治」來限制和約束袁世凱。他特別熱衷於選舉活動，親自游說各地，宣傳說：「世界上的民主國家，政治的權威是集中於國會的，在國會裏頭，佔得大多數議席的黨，才是有政治權威的黨，所以我們要致力於選舉運動……」當時的宋教仁，十分迷戀資本主義國家的議會政治，認為只要通過政黨的「合法」活動，就可以掌握到實際權力。

為了爭取在國會中佔到絕對的優勢，實現所謂「政黨政治」，宋教仁把同盟會改組為國民黨，不加區別地濫肆吸收黨員，把許許多多投機政客、封建舊官僚，以及向來與革命為敵的立憲派分子都拉進國民黨。這樣一來，本來就十分鬆懈的同盟會，完全變成了一個七拼八湊的攤子，很難發揮什麼戰鬥力了。在國會選舉中，國民黨人多勢大，果然表面上獲得了壓倒多數的勝利。於是，國民黨人大為歡欣，並且宣稱要以多數黨的資格，成立一黨內閣，而宋教仁出任內閣總理的呼聲，也在這一片選舉的勝利聲中越來越高。這時的宋教仁，滿以為經過議會鬥爭完全可以取得勝利，對資產階級議會的幻想達到了頂點。

宋教仁的這些活動，對袁世凱實行專制獨裁的野心是很大的妨礙，早就引起袁世凱的注意。袁世凱在他以金錢誘惑宋教仁，遭到了拒絕以後，就決心用毒辣的手段拔掉這顆眼中釘。當宋教仁游說各地的時候，袁世凱派遣暗探，隨時密報宋教仁的行動。當他看到宋教仁的活動已經日益嚴重地威脅着自己的統治地位，就通過他的爪牙——內閣總理趙秉鈞和國務祕書洪述祖，祕密安排了刺殺宋教仁的陰謀。這時，宋教仁正風雲一時，沿着京漢路南下，到湖南、湖北、安徽、南京、上海等地，到處發表演說，批評時政，抒發抱負，滿以為勝利在望。1913 年 3 月 20 日，他正準備結束南下的宣

傳活動返回北京，就在上海車站被袁世凱派出的特務暗殺了。他臨死以前，還留下一個遺電給袁世凱，對袁抱着殷切的希望說：「望總統開誠心，佈公道，竭力保障民權，俾國會確立不拔之憲法，則仁雖死猶生。」他哪裏知道，殺死他的正是他所殷切期望的「袁大總統」呢！在暗殺宋教仁以後，袁世凱發動內戰，打敗了南方革命勢力的反抗，最後乾脆把國會也解散了。至此，宋教仁一心為之勞碌奔波、極力宣傳的議會內閣制也就結束了。

（汝丰）

二次革命

「二次革命」發生在宋教仁被袁世凱暗殺以後，是孫中山企圖挽回辛亥革命的失敗而發動的一次革命鬥爭，目的是要推翻袁世凱，重新恢復資產階級革命派的領導權。

宋教仁被暗殺以後，袁世凱為掩蓋全國耳目，還裝腔作態，命令江蘇地方當局，要「窮究主名，務得確情，按法嚴辦」。但「窮究」結果，從捕獲的兇手和搜到的密電、密信等一切罪證證實，謀殺的主使人就是大總統袁世凱自己。真相大白，全國輿論譁然。這時，孫中山從日本回到上海，他看清了袁世凱的面目，認識到「非去袁不可」，極力主張出兵討袁，發動二次革命。

本來，暗殺宋教仁只不過是袁世凱徹底鎮壓革命力量的信號。袁世凱左手拿着槍，右手也拿着槍，只有照他那樣也拿起槍來反抗，才是辦法。但是，在國民黨領導人之間，孫中山的主張，除了擔任江西都督的李烈鈞和其他的一些人積極支持外，很多人都不同意。黃興、陳其美等，認為武裝反抗的條件還不成熟，主張等待法

律解決；在北京的國民黨議員，大唱「法律倒袁」的高調，仍舊在做着合法鬥爭的迷夢；國民黨在南方握有一些實力的其他幾個都督則各有打算，也不積極。這樣，由於組織渙散，意見分歧，二次革命遲遲不能發動。

政權掌握在袁世凱手裏，所謂「法律解決」自然只是一種空想。實際上，當謀殺宋教仁的真相敗露以後，袁世凱已經決心進一步用武力來徹底消滅國民黨的反抗。他一面向帝國主義借錢求援，一面祕密地調兵遣將，積極準備發動內戰。

帝國主義知道袁世凱要鎮壓革命，就積極出來支持。1913 年 4 月，英、法、德、日、俄五國，聯合借給了袁世凱二千五百萬英鎊（這就是所謂的「善後大借款」），同時，各帝國主義都紛紛表示，將正式承認袁世凱政權，從政治上給袁世凱撐腰。他們說：「承認袁世凱政權，不僅意味着袁世凱權力實際增加，而且將相當加強其反對中國南部分裂運動的地位。」

有了帝國主義的支持，袁世凱膽子更大了。5 月 24 日，他殺氣騰騰地說：「現在看透孫（中山）、黃（興），除搗亂外無本領……彼等若敢另行組織政府，我即舉兵討伐之。」接着就在 6 月裏先後撤銷江西李烈鈞、廣東胡漢民、安徽柏文蔚的都督職位，同時命令事先已經集結在九江、南京附近的軍隊發動進攻。於是，李烈鈞於 7 月 12 日在江西湖口宣佈獨立，發表討袁通電，起兵討。黃興也在 15 日趕到南京響應。其餘安徽、廣東、福建、湖南、四川及上海等地也先後宣佈獨立。至此，討袁戰爭爆發，孫中山號召的「二次革命」，在十分倉促的被動局面下開始了。

這時，列強又直接或間接地在軍事上給了袁世凱很多援助，德國還派了軍官，出動了軍艦，幫助北洋軍隊作戰。1913 年 7 月 30 日，德國外交大臣曾說：「德國因為它的重大經濟利益，不得不要求立即撲滅革命。」

「二次革命」的領導者沒有發動廣大的人民羣眾參加討袁鬥爭，宣佈獨立的各省之間又缺乏統一指揮，因此，袁世凱在帝國主義支持下，以優勢的武力，很快就把討袁軍打敗。8月18日，南昌落入敵手，9月1日，南京又被攻佔，原來宣佈獨立的各省，在戰爭失利的情況下，先後撤銷獨立。二次革命就這樣在不到兩個月的短時間內失敗了。領導這次革命的孫中山，又一次被迫逃亡日本，重新組織力量，準備發動新的革命鬥爭。

（汝丰）

袁世凱的皇帝夢　護國運動

袁世凱盜竊了辛亥革命的勝利果實以後，立即着手鞏固和加強他的大地主大買辦階級的反動專政。他表面上口口聲聲民主共和，實際上實行獨裁專制。

帝國主義和封建勢力是不容許中國實現資產階級的民主政治的。袁世凱不但是民主政治的死對頭，而且是一個永不滿足的野心家。他暗殺了宋教仁、鎮壓了二次革命之後，又玩弄權術，當上了正式大總統。到1914年1月，他就下令解散了國會；5月，又宣佈廢除了《臨時約法》，把辛亥革命奠立的最後一點民主原則全部破壞。這時，他把自己的權力擴大到了最大限度，但還不滿足，決心要去掉「民國」這塊空招牌，恢復封建帝制，來一個黃袍加身，由他來當袁氏朝廷的始皇帝。

他在廢除了《臨時約法》後所頒佈的新《約法》中，把責任內閣制改為總統制，規定的總統權力和世襲皇帝相差無幾；把國務院改為政事堂；內閣總理改為職位和名義都與封建朝廷的宰相相仿的

國務卿；各省都督也改稱將軍，民政長則改稱為巡按使……一切都按封建帝王的老辦法來做，恢復帝制的陰謀活動，在「民國總統」的外衣的掩蓋之下，越來越積極，越來越露骨了！

辛亥革命雖然把封建帝制摧毀了，但是對封建帝制的根子——封建土地制度，連一根毫毛也沒有動。帝國主義和中國封建勢力在這個基礎上照舊進行統治，袁世凱也在這個基礎上大做皇帝夢。

帝國主義為了擴大它在中國的侵略權利，積極支持袁世凱恢復帝制的陰謀活動，以便趁機多撈一把。袁世凱的顧問、美國人古德諾寫了《共和與君主論》一文，為袁世凱恢復帝制鼓吹，文中胡說八道，誣衊中國民智低下，不適於共和制度，只適於君主制度。甚至威脅中國人民說：「如果不採君主制，將會引起外國的武裝干涉。」德皇威廉二世接見袁世凱的大兒子袁克定時就露骨地表示：「……革命分子勢力甚脆弱」，要袁世凱「挾大總統之威權，一變中華民國為帝國皇帝」。還說：「我德誓以全力贊助……」英國也不落後，駐中國公使朱爾典就曾經多次向袁世凱表示極力贊成帝制。但是，當時第一次世界大戰已經爆發，袁世凱看到這些國家無力東顧，最有力量的還是日本，因此極力討好日本，乞求支持。日本當時想乘機獨霸中國，於是提出了極為苛刻的「二十一條」，作為支持帝制的交換條件，表示只要袁世凱承認了，就可以請「貴大總統再高升一步」。「二十一條」的內容實際等於滅亡中國，但袁世凱為了實現他的皇帝夢，竟不顧中國人民的反對，喪心病狂地簽字接受了。

袁世凱

　　有了帝國主義的支持，帝制活動逐漸走向高潮。各種反動勢力，牛鬼蛇神都忙碌起來了。以楊度為首的擁戴和鼓吹帝制的「籌安會」出現了，接着各式各樣的支持帝制的「請願團」也出現了。這些請願團，名目繁多，不但有所謂「乞丐請願團」，還有所謂「妓女請願團」，真是五花八門，無奇不有。分散在中央和地方的袁世凱的嘍囉們，這時又是通電，又是公函，紛紛「勸進」，說什麼「恭戴今大總統袁世凱為中華帝國皇帝，並以國家最上完全主權奉之於皇帝，承天建極，傳之萬世」。

　　到了 1915 年 12 月，袁世凱迫不及待地要參政會出面，召集了所謂國民代表大會，進行所謂國體投票。在開會期間，袁世凱又是武力威脅，又是金錢收買，各省投票結果，全部同意改行君主政體，推戴袁世凱為皇帝。12 月 11 日，參政院以代表民意的資格，上書勸進，袁世凱還假惺惺地表示謙遜，退還了推戴書。參政院於是再次開會，在十五分鐘之內完成了第二次推戴書，當晚再度送去。第二天，袁世凱裝成不得已的樣子，正式接受了帝位，第三天，袁世凱就在居仁堂受百官朝賀，並封黎元洪為武義親王，宣佈將民國五年改為「洪憲」元年，積極準備登基做洪憲皇帝了。

　　但是，就在袁世凱揚揚得意，準備登上皇帝寶座的時候，反袁的烽火已經燃燒起來了。以孫中山為代表的革命派是反袁最堅決的力量，他們在各地組織暴動，策劃起義。可是由於他們沒有發動廣大羣眾，停留在單純的軍事冒險上，因此不斷失敗。然而，反袁的火種既已點燃，就難以撲滅，人民羣眾是絕不容許封建帝制再現於中國的。

　　1915 年 12 月 25 日，雲南宣佈獨立，爆發了護國起義，組織護國軍分兵北上。護國軍的力量並不大，但由於反袁是人心所向，所以很快就得到了廣大人民的擁護和支持。隨着護國軍的勝利，1916 年 1 月，貴州宣佈了獨立，接着廣西也宣佈獨立，四川、湖南、廣

東等省，形勢亦十分緊張。帝國主義這時害怕反袁的怒火燒到自己身上，也來了一個向後轉，拒絕繼續支持袁世凱稱帝。袁世凱開始感到大事不好，在 3 月 22 日被迫宣佈撤銷帝制，還想繼續當大總統。但護國軍不答應，他們聲明袁世凱是叛國的罪人，不能再當總統，要他辭職。形勢急轉直下，對袁世凱越來越不利，4、5 月間，廣東、浙江、陝西等省又先後宣佈獨立，最後連北洋派系控制的四川、湖南兩省在廣大人民的壓力下，也宣佈了獨立。眾叛親離，袁世凱走到了絕境。6 月 6 日，這個竊國大盜在全國人民的唾罵聲中死去了！

（魯素）

張勳復辟

「張勳復辟」發生在 1917 年 7 月。提起這件事來，還得從張勳頭上的「辮子」以及他率領的「辮子軍」說起，因為張勳和他率領的軍隊，在民國建立以後，是以留辮子出名的。

把頭上四周的頭髮剃掉，在中間留起一條辮子垂在背後，這是從前滿族人的習俗。滿洲貴族建立了清朝政權以後，強迫其他各族人民也遵照這種習俗。無論是誰，都必須剃去頭髮，留起辮子，不這樣，就是謀反，就要砍頭。這就是所謂的「留頭不留髮，留髮不留頭」。成千上萬的漢族和其他各族人民，因為反抗清朝統治者這一野蠻殘酷的壓迫措施，遭到了殘酷的屠殺。在遭受剝削和壓迫的廣大人民心目中，辮子便成了清朝反動統治的標記。那些依附清朝統治者的忠實奴才，則把留起辮子當作投靠滿洲貴族，感恩獻媚的手段。

　　張勳就是這樣的奴才，他做過清朝署理兩江總督、江蘇巡撫、江南提督等要職，一貫善於壓榨和迫害廣大人民，對清朝皇帝則十分忠心。在清朝統治之下，他對那根奴才的辮子視同珍寶是十分自然的。到了辛亥革命之後，清朝皇帝已經被推翻了，全國人民都興高采烈地剪掉了辮子。但是，已經換上了民國衣冠的張勳，不但自己捨不得剪掉那根辮子，他的軍隊，也都仍然留着辮子。因此，他的軍隊被稱作「辮子軍」，他自己也得到了「辮帥」的稱號。

　　張勳為什麼要留着辮子呢？用意非常清楚。他雖然被迫歸順了民國，但無時無刻不在夢想着復辟。復辟，在當時就是要恢復封建皇帝的專制統治。因此，張勳為了表示自己曾是大清的忠臣和對皇帝的懷戀，就把辮子保留着。這個頑固透頂的軍閥，對清朝封建帝制的覆滅是不甘心的，對革命抱有刻骨的仇恨。武昌起義時，他率領軍隊盤踞南京，與革命軍頑抗；袁世凱竊國後，他拖着辮子做了民國的大官，但仍然企圖恢復清朝帝制。袁世凱鎮壓「二次革命」，他最為賣力。「辮子軍」攻下南京，他下令放假三日，任憑他們殺人放火，姦淫搶掠，使南京人民遭受了劫難。

　　辛亥革命是一次不徹底的資產階級民主革命，清朝統治下的孤臣遺老、皇親貴族無一不想捲土重來。儘管他們頭上的辮子被迫剪掉了，但心裏的辮子仍牢固地存在着。一旦機會到來，他們就要復辟。袁世凱就是辛亥革命後第一個企圖復辟的人物，不過他是把原先的清朝皇帝擱在一邊，而夢想自己登上皇帝的寶座罷了。袁世凱做了八十三天皇帝夢就倒台了，接着而來的就是張勳。他自知力量遠遠不如袁世凱，還不敢夢想自己做皇帝，但是他夢寐以求的是擁護清朝廢帝重掌江山，做一個復國元勛。到了 1917 年，民國的總統黎元洪和國務總理段祺瑞爭權奪利，發生了尖銳的矛盾，張勳看到有機可乘，就擁兵北上，演出了復辟的醜劇。

　　段祺瑞是北洋軍閥中皖系的首領，很有實力。黎元洪雖然是

總統，但政府的實權操縱在段祺瑞手中，他等於是一個傀儡。第一次世界大戰爆發以後，段祺瑞在日本的支持下，以參戰為藉口，企圖驅逐黎元洪。但黎元洪得到美國的支持，反對參戰，極力向段反擊。後來段祺瑞跑到天津以辭職相威脅，黎元洪就以罷免段祺瑞的國務總理職務相報復。雙方的矛盾達到了不可調和的程度。這時，段祺瑞決心以武力來對付黎元洪，在他的唆使下，北洋軍閥皖系、直系督軍紛紛宣佈獨立，準備進兵北京。久謀復辟的張勳就利用這個機會，一面通電要求黎元洪退職，以此討好段祺瑞；另一面又表示願意入京調停黎段之爭，為擁兵復辟設下圈套。段祺瑞為了利用張勳推翻黎元洪，極力慫恿他來北京，甚至暗中表示支持復辟。黎元洪正在四面楚歌之中，見有非皖系的張勳出來調停，想藉張以對抗段祺瑞，因而也表示接受張勳的調停。1917 年 6 月，張勳就打着調停的旗號率軍北上。到天津後，這個以調停為名、復辟為實的「辮帥」就改了腔調，發出通電，威逼黎元洪解散國會，否則就不負調停之責。黎元洪知道上了大當，但已經無力挽救，被迫於 6 月 13 日宣佈解散國會，張勳隨即進入北京，着手復辟。

　　張勳入京後，頭一件大事就是到紫禁城向清朝廢帝溥儀（宣統皇帝）叩頭請安。清朝皇室和那些貴族王公早就盼望有死灰復燃的一天，這時，他們從張勳身上又找到了希望。一時之間，什麼「恢復祖業」啦！「光復舊物」啦！「還政於清」啦！這些奇聲怪調立即囂張起來。保皇黨的首領康有為也趕來北京，為張勳出謀獻計。復辟的活動進入了高潮。

　　1917 年 7 月 1 日，經過一番倉促的準備，張勳正式宣佈清帝溥儀復辟，恢復清朝舊制。同時還頒佈了許多上諭：改民國六年為宣統九年，封黎元洪為一等公爵，馮國璋（原副總統）為兩江總督兼南洋大臣，張勳為直隸總督兼北洋大臣，各省督軍改稱巡撫，等等。這時，北京街頭龍旗飄揚，多年不見的清朝袍服也重新出現，

那些曾經被迫剪掉辮子的封建餘孽，用假辮子拖在腦後，搖頭擺尾地慶賀大清一統重建，十分得意。

張勳宣佈復辟，黎元洪逃到東交民巷日本使館，一面通電由馮國璋代行總統職務，一面被迫重新任命段祺瑞為國務總理。段祺瑞見解散國會和驅逐黎元洪的目的都已達到，又看到復辟非常不得人心，就乘機而起，宣佈反對復辟，自任「討逆軍」總司令，在天津馬廠誓師，北上討伐張勳。

「討逆軍」於 7 月 12 日攻進北京，張勳慌忙逃到外國使館避難。這時，先前那一切烏七八糟的景象，又煙消雲散了。大街小巷，到處都是辮子軍逃命時剪下來的辮子，復辟的醜劇，前後只演了十一天！

此後，段祺瑞重新掌握了軍政大權，民國有名無實依然如故，但是中國人民反抗軍閥的鬥爭卻進一步發展了！

（魯素）

北洋軍閥

「北洋軍閥」是近代中國社會的一支軍閥勢力，它們在帝國主義的支持下，擁有以新式武器裝備着的軍隊，控制着北京政權，代表帝國主義和中國大地主大買辦階級的利益，對廣大人民實行黑暗而殘酷的統治。在辛亥革命後的十多年中，中國社會一直處在北洋軍閥的統治之下。

中日甲午戰爭後，清政府在 1895 年開始編練新軍。袁世凱被派在小站（天津附近）編練「新建陸軍」，他把原來淮系官僚胡燏棻（yù fēn）所練「定武軍」四千七百五十人接收過來，並擴充到七千人，這就是後來「北洋軍閥」武裝的基礎。以後北洋軍各派系

的首領如段祺瑞、馮國璋、曹錕、王士珍等，當時都在袁世凱手下當軍官。

1898 年後，袁世凱的「新建陸軍」和董福祥的「甘軍」，聶士成的「武毅軍」同屬清政府首腦之一的北洋大臣榮祿統率，並稱「北洋三軍」。「北洋」的名稱自此開始。在「戊戌變法」運動中，袁世凱用出賣維新派的卑劣手段，得到了慈禧太后的信任。到 1899 年，「新建陸軍」改編為「武衛右軍」（「武衛軍」分左、右、中、前、後五軍），編制達萬人左右，歸武衛軍統領、大學士榮祿節制。

在義和團運動期間，袁世凱積極鎮壓人民的反帝鬥爭，得到了帝國主義的賞識。1901 年李鴻章死後，在中外反動派的共同支持下，袁世凱繼任為直隸總督兼北洋大臣。這時的北洋「武衛軍」中的其他四軍都在八國聯軍的進攻下潰散了，只有袁世凱的右軍因隨他到山東屠殺義和團羣眾而保存下來。這支此後不斷擴充，並改名「北洋常備軍」，幾乎完全由袁世凱一人控制。到辛亥革命前，北洋軍的勢力由直隸擴展到了山東、河南、江蘇以及東三省等地。依靠這支武裝和帝國主義的支持，袁世凱成了清廷中「舉足輕重」的人物。辛亥革命爆發後，他利用這種地位和實力，對抗以孫中山為首的革命勢力，竊奪了革命果實，自己當大總統，開始了以他為首的「北洋軍閥」的反動統治。

袁世凱大量地出賣民族利益，換取各帝國主義對他的支持，成為各帝國主義共同統治中國的總工具。因此，在他死前，「北洋軍閥」集團尚能維持表面的「統一」。他死了以後，「北洋軍閥」在帝國主義強盜分別收買和互相爭奪之下，開始分裂，在分裂的各派軍閥中，比較大的是直系、皖系和奉系。

直系軍閥的首領是馮國璋、曹錕和吳佩孚等，他們主要投靠英、美帝國主義，是英、美侵略中國的工具。

皖系首領是段祺瑞、徐樹錚等，他們和直系的首領原來都是袁

世凱手下的重要角色。袁死後，兩系間爭權奪利的鬥爭特別厲害。

奉系首領是張作霖，盤踞在東北地區。

皖系和奉系都是投靠日本帝國主義的，成為日本侵略中國的工具。

此外還有很多大小不同的軍閥派系，各自佔據一塊地盤，掌握一部分武裝。這些軍閥為了爭權奪利，經常互相發生衝突，形成了連年不斷的軍閥混戰局面。

袁世凱死後，黎元洪繼任大總統，直系馮國璋任副總統，皖系段祺瑞任國務總理，掌握實權。為了對付非北洋系的黎元洪，直、皖系曾暫時合作，但由於投靠的帝國主義不同，互相間的利害衝突和矛盾還是很大的。1917年，馮、段終於藉「張勳復辟」事件，擠走了黎元洪。接着，馮國璋當了大總統，段祺瑞仍做國務總理，他們變本加厲地出賣民族利益，繼續北洋軍閥的專制統治。不久，馮、段之間為了擴充勢力、搶佔地盤，矛盾逐漸尖銳起來。1920年7月，直系聯合奉系打皖系，皖系戰敗，中央政權開始由直、奉兩系聯合控制。

直、奉軍閥也只是暫時的聯合，因為它們投靠的帝國主義不同，帝國主義之間的矛盾必然影響它們之間的利害關係。1922年4月終於又爆發了直奉戰爭，結果奉系戰敗，退出關外，中央政權由直系全部控制。奉系軍閥不甘失敗，1924年9月又挑起了第二次直奉戰爭，這次奉系取得了勝利，皖系段祺瑞也乘機攫取了北京「臨時執政」的地位，在奉系卵翼下重新把持中央政權。

五四運動以後，中國人民革命進入了一個全新的歷史時期，就是新民主主義革命時期。在這一階段，革命的面目煥然一新，反軍閥的鬥爭迅速向前發展。1926—1927年，廣東的革命政府舉行了「北伐戰爭」。在全國人民的積極支援下，終於摧毀了「北洋軍閥」的統治。

（劉守詒）

護法運動

1916 年袁世凱死後，北洋政府的政權落在親日派段祺瑞的手裏。段祺瑞想獨攬大權，但 1912 年公佈的《臨時約法》，對他實行獨裁統治是不利的，因此他解散了舊國會並廢除了《臨時約法》。

當時的很多資產階級革命家是把 1912 年的《臨時約法》和國會作為共和國的象徵的，堅持民主主義革命的孫中山便起來號召保護約法，召集舊國會。1916 年 7 月，孫中山到達廣州，大部分國會議員也跟着南下。海軍受了革命影響，也宣佈「擁護約法，恢復國會」，並且將艦隊開到廣州。當時，盤踞在兩廣的桂系軍閥陸榮廷和稱霸雲南的滇系軍閥唐繼堯在爭權奪利上和段祺瑞的矛盾很大，又感到自己的力量不足，想利用孫中山的名義來對抗段祺瑞，於是假意地也表示擁護約法。9 月孫中山在廣州召集了非常國會，組成了護法軍政府，孫中山為大元帥，陸榮廷、唐繼堯為元帥，和段祺瑞的北京政府相對立。

北洋軍閥中，以段祺瑞為首的皖系，和以馮國璋為首的直系之間，也存在很深的矛盾。當時段祺瑞決心「武力統一」中國，派直系軍隊進入湖南攻打護法軍。馮國璋卻企圖勾結西南軍閥，排擠段祺瑞，因此，指示他的軍隊採取消極態度，並提出了「和平統一」的口號，對護法軍政府表示讓步。

以政治投機為目的的陸榮廷、唐繼堯這時也大肆活動，拉攏國會議員，共同排斥孫中山，破壞護法運動。1918 年 2 月擁護孫中山的軍政府海軍總長程璧光被人暗殺，甚至孫中山招募的衛隊也被捕殺。南部軍閥在解除了孫中山控制下的軍事力量以後，接着又進一步改組軍政府，取消大元帥制，改為七總裁制，由老官僚岑春煊當主席總裁，把孫中山變為一個毫無實際權力的七總裁之一。孫中山

見護法運動毫無進展，在廣州也無法立足，就在 1918 年 5 月離開廣
州去上海。離開廣州時發表宣言說：「南北軍閥都是一丘之貉。」他
開始了解到依靠這些人是不能護法的。孫中山離開廣州以後，軍政
府便完全操縱在桂系軍閥的手中。後來南方和北方進行和平談判，
護法運動就這樣不了了之地失敗了。

（魯素）

京　劇

　　提起京劇的歷史，有近兩百年了。如果從它的前身徽戲說起，
那還要再往前早個四五十年。

　　安徽戲班從乾隆五十五年（1790）開始，先後有三慶、四喜、
春台、和春等班，來到北京，被稱作四大徽班。他們豐富多彩的演
出，和一些思想內容較好的劇目，受到北京觀眾的歡迎，逐漸地取
代了本來在北京流行的崑曲、京腔、秦腔等劇種的地位，成為北京
劇壇的主力。

　　徽戲的唱腔以二黃調為主。到了道光年間（1821—1850），湖北
的湖廣調（楚調，也就是漢劇）也進入北京，帶來了西皮調的唱腔。
這兩個本來有着血統關係的姊妹劇種，很快地結合起來，使西皮調和
二黃調在北京同台演唱。以這兩種唱腔為主，然後又吸收融化了崑
曲、京腔、秦腔等劇種的精華部分，構成了本身唱（歌唱）、唸（說
白）、做（身段動作）、打（武打）一套完整的體系，逐漸形成了一
種新的戲曲，人們把它叫作京調或皮黃，也就是今天的京劇。

　　到了同治、光緒年間（1862—1908），京劇進一步發展，不僅
出現了許多優秀演員，同時逐步地向外發展，較大的都市如天津、

上海、漢口、長沙，都先後有京劇班子演出。

京劇的表演（包括唱、唸、做、打），無論生、旦、淨、丑，都有一定的程式，但在京劇的發展過程中，不少傑出的表演藝術家在傳統程式的基礎上，經過自己的藝術實踐，不斷地豐富和創造，形成了各種不同流派的藝術風格。

沒有一種藝術能夠超越於時代之外。京劇和許多別的藝術一樣，有着自己的戰鬥歷程。辛亥革命前後，有許多京劇藝人基於祖國的危亡，曾經演出了不少適應當時政治形勢要求的劇目，有些愛國藝人還直接參加了當時的革命鬥爭。他們當中，如汪笑儂，不但是一位傑出的表演藝術家，而且是一位愛國志士。袁世凱竊國後，他編演了《黨人碑》，諷刺這個專制獨裁者。劉藝舟編演的《皇帝夢》，把袁世凱的奸相和醜態，演得淋漓盡致，儘管當時袁世凱已經死了，但對於北洋軍閥的醜惡本質，仍然是有力的揭露和抨擊。在抗日戰爭時期，梅蘭芳、程硯秋、歐陽予倩等，都編演了一些具有愛國主義思想的劇目。如梅蘭芳的《抗金兵》《生死恨》，程硯秋的《亡蜀鑒》《荒山淚》，歐陽予倩的《梁紅玉》《木蘭從軍》等。由此可見，京劇在它的歷史發展中，有着戰鬥的優秀傳統，這是非常可貴的。

（龔書鐸）

現代話劇

中國傳統戲曲着重唱、唸、做、打。除了唱和做屬於歌唱和舞蹈外，唸和打可以說是語言和動作，這已經包含現代話劇的因素。所以，中國現代話劇在古典戲曲中就可以找到它的基礎。但是，完

全以語言和動作為主要表演手段，採用分幕分場的近代編劇方法和寫實的化妝、服裝、裝置、照明，以及表現當代的生活鬥爭和歷史故事的現代話劇，只有百餘年的歷史。它是 20 世紀初期中國社會激烈動盪的產物。

20 世紀初期的中國，已經處於辛亥革命的前夜，民族矛盾和階級矛盾十分尖銳。當時，許多愛國青年看到國家民族的危亡，紛紛到外國留學，渴望從國外找到救國救民的好辦法，找到使國家獨立富強的出路。

日本是中國留學生最多最集中的地方，留學生中的革命活動和革命宣傳也最活躍。他們有的直接參加了孫中山領導的革命組織同盟會；有的翻譯介紹歐美資產階級革命時期的進步著作；有的則通過文學藝術的武器，創作通俗的詩歌、鼓詞等，宣傳救亡圖存的道理，倡導革命。中國現代話劇就是在這樣蓬勃發展的革命潮流中產生發展起來的。

1907 年 2 月，留日學生曾孝谷、李息霜等受日本新派劇的影響，組織了一個演劇團體，叫「春柳社」。後來曾孝谷還把林紓、魏易翻譯的小說《黑奴籲天錄》改編為五幕話劇，並於這一年 6 月初，在日本東京正式公演。著名的戲劇家歐陽予倩就是在這時加入春柳社的，並且參加了這一次演出。

《黑奴籲天錄》的演出獲得了很大的成功。演員們的出色表演和話劇這一新穎的藝術形式大大地吸引了觀眾，當時看過這次演出的日本著名戲劇家也給了很高的評價。尤其是劇中所揭示的反對列強壓迫黑人的主題思想，對於長期遭受帝國主義侵略的中國人，可謂引起了強烈的同情和共鳴，這就更使這次演出受到了熱烈的歡迎。

小說《黑奴籲天錄》原名《湯姆叔叔的小屋》，原作者是 19 世紀 50 年代美國進步作家斯托夫人，這是一部揭露和反對美國上層社會虐待黑人的作品。作者以深刻有力的筆觸，描繪了美國黑人所

遭受的駭人聽聞的奴役和虐待，揭露了美國奴隸主迫害黑人的滔天罪行，在當時是有進步意義的。翻譯者的意圖也就是要藉此警醒中國人民。林紓在為譯本所寫的序言、跋文和譯例中曾經一再強調翻譯這本書的目的是由於帝國主義的侵略日益加深，「不能不為大眾一號」，激發國人「振作志氣」。他不但反覆表示了對列強殘酷壓迫的憤慨，警告中國人民必須獨立自強，而且指出美國統治階層虐待華工也一樣殘酷，華工比起美國黑人的遭遇只有過之而無不及，批評了那種認為帝國主義也能寬待殖民地人民的謬論。從這裏可以看出，春柳社當時選擇了這一小說編為劇本，是適應客觀形勢的要求，用來表達他們的愛國主義的思想感情和激發羣眾的民族意識。

話劇《黑奴籲天錄》雖然是由翻譯小說改編的，但在此以前，中國還沒有過自己編寫的如此完整的多幕話劇，因此可以說，《黑奴籲天錄》不但是中國現代話劇最早的一次演出，而且是中國最早創作的一個話劇劇本。

春柳社為中國現代話劇的開創做了許多工作，可說是中國最早的話劇團。它在中國現代話劇事業上邁出了第一步後，影響很快就擴大到國內。1907 年，王鐘聲在上海創立了「春陽社」，第一次演出也是《黑奴籲天錄》。1910 年，春柳社員任天知又組織了「進化團」。在此期內，宣傳革命、鼓吹進步的劇團風起雲湧。辛亥革命後，春柳社員陸鏡若在 1912 年又成立了「新劇同志會」（春柳劇場），接着歐陽予倩等許多春柳舊人回國，也都加入演出，形成了中國現代話劇創始期的熱潮。所以，1907 年「春柳」的《黑奴籲天錄》，可說是我國現代話劇的起點。

很有意義的是，《黑奴籲天錄》在 1957 年由當時參加演出的歐陽予倩重新改編，以《黑奴恨》的劇名再次上演。這時，中國現代話劇已經走過了五十年的戰鬥途程。

（汝丰）

中國工人階級的成長和壯大

辛亥革命以後，中國民族工業曾有些發展。在第一次世界大戰期間，由於歐洲列強忙於廝殺，暫時放鬆了對中國的壓迫，民族工業獲得了進一步的發展。從 1911 到 1919 年的八年間，近代工業中的民族資本，增加了一億三四千萬元，超過了以往的五十年。但是因為半殖民地半封建的社會情況沒有什麼改變，民族工業的發展主要只表現在某些輕工業上，特別是紡織業和麵粉業發展得比較迅速。1911 年投資紗廠的資本，不過一千七百萬元；到 1919 年，投資總數達到六千萬元，增加了兩倍半還多。1911 年全國麵粉廠和機器磨坊只有四十家，資本不過六百多萬元；1919 年增加到一百二十多家，資本達四千五百萬元；每晝夜生產麵粉的能力，也從四萬三千袋增加到十八萬八千袋。生產出來的麵粉還大量運銷國外，變過去的入超為出超，1919 年的出超額在一千萬海關兩以上。

隨着民族工業的發展，中國工人階級的隊伍，也很快壯大起來。辛亥革命以前，中國近代產業工人約有五六十萬人；到 1919 年，已增加到二百萬人左右。他們大都集中在上海、天津等少數幾個大城市裏，集中在礦山、鐵路、紗廠、麵粉廠等少數近代工廠大企業裏。這種高度集中的情況，在世界上是少有的，這使他們便於聯合和團結，容易組織起來進行鬥爭。

在北洋軍閥統治期間，中國工人階級沒有從辛亥革命得到任何實際利益，他們仍然受着帝國主義、封建主義和資本主義的三重殘酷的剝削和壓迫，過着極其苦痛的生活。一般工人的工資，每天只有兩三毛錢，連最低的生活都很難維持。女工和童工的收入，比這還要少。工人的勞動時間，一般在十二小時左右，有些廠礦甚至長達十六至十八個小時。由於設備簡陋，勞動條件十分惡劣，工傷事

故層出不窮。撫順煤礦從 1913 至 1917 四年之內，發生工傷事故一萬六千多起，死傷工人七千二百八十人。許多廠礦中還普遍地存在着把頭制、包身工和養成工等野蠻的超經濟的剝削，把工人的血汗榨得乾乾淨淨。在這段時間，工人階級所遭受的政治壓迫也越來越重。工人本來就沒有絲毫政治權利，軍閥政府又頒佈了一些像《暫行新刑律》《治安警察法》等法令，嚴格限制工人的活動。同時，這些軍閥還一貫用野蠻的血腥鎮壓的手段來對付工人的反抗。

黑暗的軍閥統治帶給底層工人如此殘酷和沉重的剝削和壓迫，自然就激起了他們反抗鬥爭的高漲。因此，隨着階級隊伍的壯大，中國工人的罷工鬥爭也迅速發展起來。

在這段時間，工人為提高工資，縮短工作時間，改善工作條件，反對非人的待遇和野蠻的壓迫，掀起了多次的反抗鬥爭。據統計，從 1912 年 1 月至 1919 年 5 月的短短七年半，發生了一百三十多次罷工，這比以往七十年裏罷工的總次數還要多。這期間的罷工次數也有逐年增加的趨勢，例如 1916 年為十七次，1918 年增加到三十次。同時，罷工鬥爭的規模和激烈程度也遠遠超過了以往。

1915 年 4 月，湖南乾城大王岩煤礦工人因要求增加工資和反對延長勞動時間而舉行罷工，曾對軍警和地主武裝的聯合鎮壓進行了堅決抵抗。同年 7 月，蘇州全城三千絲織業工人要求增加工資，舉行了同盟罷工，並組織了糾察隊。1916 年 3 月，北京政府財政部印刷局工人舉行罷工，軍閥政府派員警鎮壓。被激怒的工人羣眾搗毀印刷局，奪取員警槍械，進行抵抗。1917 年 7 月，上海英美煙廠工人三千人，為反對減低工資而舉行罷工，堅持了三個星期。

特別值得提出的是，工人在進行這些罷工鬥爭的同時，積極參加和開展了反對帝國主義和封建勢力的政治鬥爭。1915 年，反對日本「二十一條」、抵制日貨運動和 1916 年反對法國強佔老西開做租界的鬥爭，是這一時期兩次大規模的羣眾性的反帝運動。工人階級

在這兩次運動中都起了主力軍的作用,把運動推向高潮。在抵制日貨運動中,全國各地工人先後舉行了罷工和示威遊行。上海所有在日本企業裏做工的工人,幾乎都參加了鬥爭。上海日商大阪公司和三井煤棧的碼頭工人舉行了罷工,並散發了「不准給日商做工」的傳單。工人抵制日貨,也最為堅決而徹底。在反對法國侵佔老西開的罷工鬥爭中,天津工人顯示了工人階級堅定和團結的力量。他們在罷工期間,組織了「工團」,成立了「工團事務所」,指揮罷工,領導示威遊行。他們以一致行動粉碎了法國勢力的分化和破壞。法商電燈公司中國工人的罷工,使法租界「化為一片黑暗」,靠這個公司供電的工廠,也只得停工。在全國人民聲援之下,這次罷工堅持了五六個月,沉重地打擊了法國的侵略野心,迫使它最後不得不同意將老西開劃為中法共管。

中國工人階級,從一次又一次的反抗鬥爭中,受到了鍛煉,提高了階級覺悟,他們的力量很快地壯大起來。隨着鬥爭的發展,工人迫切要求有自己的組織。1912—1913 年間,在上海、武漢、廣州、香港等地已經出現了最初的工會。1917 年,商務印書館工人在罷工中,還提出要把「不得干涉工會活動」作為復工條件之一。在這段時期,工人階級雖然還沒有作為一個獨立的階級力量登上政治舞台,但是,他們是中國新的生產力的代表,終究要成為中國革命的主要動力。他們的成長壯大,預示着中國的革命形勢即將發生重大變化,中國人民的革命鬥爭即將進入一個新的歷史時期,這就是新民主主義革命時期。

（鍾青）

參與本書撰稿與審定的著名專家簡介

汪籛（1916—1966），江蘇人，北京大學教授。曾受業於陳寅恪，著有《汪籛隋唐史論稿》等著作。

白壽彝（1909—2000），河南開封人，北京師範大學教授，中國著名史學家、回族史和伊斯蘭教史專家。學術成果宏富，主要編著有《中國通史》《中國通史綱要》《中國史學史》等。

鄧廣銘（1907—1998），山東臨邑人，著名宋史專家，北京大學教授，宋史研究會會長，著有《岳飛傳》《辛稼軒年譜》《稼軒詞編年箋註》等。

鄭天挺（1899—1981），福建長樂人，著名史學家，先後任教於西南聯大、北京大學、南開大學，著有《清史探微》《清史簡述》等。

翁獨健（1906—1986），福建福清人，著名史學家。1938 年獲哈佛大學博士學位，先後擔任雲南大學、北平中國大學、燕京大學等校教授，在蒙元史上有很高造詣。

胡厚宣（1911—1995），河北人，著名甲骨學家，先後任職於齊魯大學、復旦大學、中國科學歷史研究所（後屬中國社會科學院），主要著作有《戰後寧滬新獲甲骨集》《戰後南北所見甲骨錄》《戰後京津新獲甲骨集》《甲骨續存》《五十年甲骨發現的總結》等。

陳樂素（1902—1990），廣東人，先後任職於浙江大學、浙江師範學院（杭州大學前身）、人民教育出版社、暨南大學，著有《求是集》。

陰法魯（1915—2002），著名的中國古代音樂文化研究專家，北京大學中文系教授，編著有《中國古代文化史》等。

丁名楠（1917—1999），浙江紹興人，中國社會科學院近代史研究所研究員、博士生導師，著有《中國近代史稿》部分章節、《台灣歷史概述》（合著），主編《帝國主義侵華史》一、二卷等。

何茲全（1911—2011），山東人，著名史學家，北京師範大學教授，主要著作有《魏晉南北朝史略》《中國古代社會》等。

謝承仁（1924—2013），湖北人，首都師範大學教授，主要著作有《戚繼光》《李自成新傳》《楊守敬集》等。

戴逸（1926—2024），江蘇常熟人，著名清史專家，人民大學教授，主要著作有《簡明清史》等。

中國歷史常識（典藏本）

吳晗　主編

責任編輯　黃嗣朝
裝幀設計　鄭喆儀
排　　版　黎　浪
印　　務　劉漢舉

出版　開明書店
　　　香港北角英皇道 499 號北角工業大廈一樓 B
　　　電話：（852）2137 2338　傳真：（852）2713 8202
　　　電子郵件：info@chunghwabook.com.hk
　　　網址：http://www.chunghwabook.com.hk

發行　香港聯合書刊物流有限公司
　　　香港新界荃灣德士古道 220-248 號
　　　荃灣工業中心 16 樓
　　　電話：（852）2150 2100　傳真：（852）2407 3062
　　　電子郵件：info@suplogistics.com.hk

印刷　美雅印刷製本有限公司
　　　香港觀塘榮業街 6 號 海濱工業大廈 4 樓 A 室

版次　2022 年 5 月初版
　　　2024 年 3 月第二次印刷
　　　© 2022 2024 開明書店

規格　32 開（220mm×143mm）

ISBN　978-962-459-255-9